Ernst Boll

Flora von Mecklenburg

Ernst Boll

Flora von Mecklenburg

ISBN/EAN: 9783743412521

Hergestellt in Europa, USA, Kanada, Australien, Japan

Cover: Foto ©Andreas Hilbeck / pixelio.de

Manufactured and distributed by brebook publishing software (www.brebook.com)

Ernst Boll

Flora von Mecklenburg

Flora von Meklenburg

in

geographischer, geschichtlicher, systematischer,
statistischer u. s. w. Hinsicht geschildert

von

Ernst Boll.

Neubrandenburg.

C. Brünslow. 1860.

Separatabdruck aus dem Archiv des Ver. der Freunde der
Naturgeschichte in Mecklenburg J. XIV.

Die Botanik ist die Wissenschaft, mit welcher ich meine naturhistorischen Studien zuerst begonnen habe. Schon im J. 1839 legte ich dem leider so früh verstorbenen Prof. Meyen in Berlin, dessen anregende botanischen Vorlesungen ich damals besuchte, eine von mir gefertigte tabellarische Uebersicht der mecklenburgischen, pommerschen und holsteinschen Flora vor, und wurde von ihm zur Herausgabe derselben ermuntert. Die Veröffentlichung unterblieb aber, theils weil bald darauf andere Studien mich mehr fesselten, theils aber, weil ich Gelegenheit hatte mich zu überzeugen, wie sehr alle Angaben der gedruckten Florenverzeichnisse jener drei Länder, die ich bei der erwähnten Arbeit als Quellen benutzt hatte, einer sorgfältigen kritischen Revision bedurften, bevor sich ein zuverlässiges Resultat aus ihnen gewinnen ließe. Ich gab daher meinen Plan auf, und wendete nun fast gänzlich meine Thätigkeit einem noch brachliegenden Felde der vaterländischen Naturkunde zu, nämlich der Erforschung der Geognosie Mecklenburgs, indem ich mir dabei im Stillen mit der Hoffnung schmeichelte, daß inzwischen einer unserer vielen Botaniker, die das Studium der heimischen Flora ausschließlicher betrieben, als dies mit mir der Fall gewesen

1

war, uns mit einer neuen, sorgfältig gesichteten Uebersicht derselben beschenken würde.

Da aber diese Hoffnung unerfüllt blieb, entschloß ich mich endlich selbst wieder die Hand an das Werk zu legen. Mein früherer Plan genügte mir aber jetzt nicht mehr, denn seit dem J. 1839 hatten meine Anforderungen an eine Landes=Flora sich wesentlich gesteigert und erweitert. Dadurch aber waren auch die Schwierigkeiten, die sich mir in den Weg stellten, nur um so größer geworden, und oft noch, selbst nach dem Beginne der neuen Arbeit, war ich im Begriffe die Feder niederzulegen, weil ich fürchtete, meine Kräfte würden für dieselbe nicht ausreichen. Aber das lebhafte Interesse, welches ich an der Sache selbst nahm, gestattete mir nicht, mich von derselben wieder los zu machen. So habe ich denn, freilich mit vielen Unterbrechungen, die Arbeit fortgesetzt, und sie nun, zwar nicht vollendet, aber doch zum Abschluß gebracht, was mir darum nöthig zu sein schien, weil sie mir täglich unter den Händen mehr und mehr anwuchs, und sie das bescheidene Maaß, welches die Geldmittel unseres Vereins für den Druck vorschreiben, weit zu überschreiten drohete.

Die Hülfsmittel, die mir bei dieser Arbeit zu Gebote gestanden haben, waren theils die sämmtlichen älteren, in dem langen Zeitraume von mehr als achtzig Jahren von den Freunden unserer Flora beschafften und an Werth sehr ungleichen literarischen Materialien, welche es hier nicht bloß zu sammeln, sondern auch zu prüfen, zu sichten und auf's Neue zu verarbeiten galt, — theils neue Mittheilungen vieler kenntnißreicher Botaniker, wie des Hrn. Dr. Betcke in Penzlin, des Hrn. Ober-Medic.

Rath **Dr.** G. Brückner in Ludwigslust, des Hrn. **Dr.**
Fiedler in Dömitz, des Hrn. Pastor C. Griewank in
Dassow, des Hrn. Apotheker F. Timm in Malchin,
des Hrn. **Dr.** Weidner in Sülz, des Hrn. Zabel in
Greifswald, des uns leider inzwischen durch den Tod
entrissenen Wüstnei in Schwerin u. m. a., denen ich hier
noch einmal öffentlich meinen Dank für ihre Mitwirkung
ausspreche; endlich auch noch meine eigenen auf zahlreichen
Excursionen in verschiedenen Landestheilen gesammelten Erfahrungen. — Die Art, wie diese Materialien verwendet
sind, habe ich allein zu verantworten.

Die Aufgaben, welche ich mir zu besprechen gestellt habe,
sind in der Kürze folgende: Erforschung der für viele Pflanzen
unserer Flora noch streitigen Artenrechte; Feststellung der
Pflanzennamen; Ermittelung derjenigen Pflanzenspecies, denen wirklich das Bürgerrecht in der mecklenburgischen Flora
zukommt, sowie die Berichtigung ihrer Fundorte; Darlegung der geographischen Verbreitung dieser Pflanzen und
Sonderung derselben in Gruppen, welche verschiedenen
Perioden der Blüthezeit entsprechen; Angabe des Nutzens
und Schadens, den die einheimischen Pflanzen stiften;
Erörterung der Geschichte und Statistik unserer Flora;
endlich eine systematische Aufzählung aller vom J. 1777
bis zum J. 1860 in Mecklenburg entdeckten Pflanzen. —
Wir wollen diese einzelnen Punkte in dem Nachfolgenden
noch etwas genauer ins Auge fassen. Wie aber immer aus
denselbigen farbigen Glasstückchen durch Herumdrehen des
Kaleidoskops verschiedenartige Bilder hervorgebracht werden,
muß auch ich zu den floristischen Bildern, die ich hier
vorzuführen gedenke, mich immer derselben Objecte bedienen.

Die Gefahr, den Leser durch dies Verfahren zu ermüden, liegt sehr nahe, und ich bitte daher um Nachsicht, wenn es mir nicht gelingen sollte, diese Klippe glücklich zu umschiffen.

I. Die Artenrechte.

Was zunächst die Abgränzung der einzelnen Pflanzenarten gegen einander betrifft, so fühle ich selbst sehr wohl, daß mir die Lösung dieser schwierigsten meiner Aufgaben nur sehr unvollkommen gelungen ist, und daß ich wahrscheinlich bei sehr vielen Botanikern durch die hier von mir befolgten Grundsätze großen Anstoß erregen werde. Ich kann mich nämlich, so weit meine eigenen Forschungen reichen, nicht davon überzeugen, daß alles das, was man in neuester Zeit als Species in Anspruch genommen hat, auch wirklich eine solche sei, sondern glaube, daß gar vieles ganz anders aufgefaßt werden müsse. Man hat sich hier (wie so oft nicht bloß im Leben, sondern auch in der Wissenschaft,) vor den Extremen zu hüten: der Speciesbegriff darf nämlich weder einem weiten Reisemantel gleichen, unter dem man gar manche Contrebande mit fortschaffen kann, noch auch einer Zwangsjacke, welche ihrem Träger auch nicht die geringste freie Bewegung gestattet. Während die älteren Botaniker gar häufig in das erste dieser beiden Extreme verfielen, sind in neuester Zeit die Floristen noch viel häufiger auf den zweiten jener Irrwege gerathen: Sie haben die Species mit wahrer „Kümmelspalterei" auf die allerkleinlichsten Unterschiede begründet, und wenn sie dann die geringste Abweichung von dem Signalement auffinden, sind sie sogleich mit der Aufstellung einer neuen Species fertig. Auf diese Weise sind in neuerer Zeit selbst sehr ansehnliche phanerogamische Pflanzenarten in mehrere Species zerlegt worden, welche in ihrem ganzen Habitus sich so gleich sind, daß man die Unterschiede kaum herausfinden kann. Aber die Natur spottet dieses künstlich hinaufgeschraubten Speciesbegriffes. Sie rächet sich an den Botanikern durch endlosen Hader über diese angeblichen Arten und durch endloses Verkennen derselben, indem sie sich in ihren Schöpfungen den so sehr ins Kleinliche gehende Diagnosen nicht immer gelassen fügt. Daher die vielen unglückseligen neuen Namen, welche die Folgen dieses Zwistes zu sein pflegen, und welche sicherlich da zum Vorschein kommen, wo die Pflanze sich nicht ganz genau dem polizeilichen Signalement der Diagnose anpassen will. So wächst die Masse der Synonymen lawinenartig von Tage zu Tage, und drohet mit baldigem Sturze Floras Reich unter einer starren und undurchbringlichen Decke zu begraben. — Und welcher Inconsequenz machen sich nicht die Naturforscher (denn das hier Gesagte gilt nicht von den Botanikern allein,) in der Verfolgung dieses Weges schuldig? Während sie einerseits durch die geringste Abweichung im Bau der Pflanzen und Thiere zur Creirung einer neuen Species sich berechtigt glauben, vertheidigen sie (wenigstens der Mehrzahl nach) noch immer die ebenso unberechtigte Meinung, daß alle habituell so sehr differirenden Menschen- und Hunderacen nur je eine einzige Species bildeten. Das heißt doch in der That Mücken durchseihen und Kameele mit Haut und Haar hinunterschlucken!

Wären die Floristen nicht so sehr dazu geneigt jede Erscheinung im Pflanzenreiche so isolirt aufzufassen, ohne

auf die Analogien Rücksicht zu nehmen, welche andere
Pflanzen und selbst die Thierwelt darbieten, und welche
zur Deutung des einzelnen vorliegenden Falles oft von
großer Wichtigkeit sein können, so würde man den Species=
begriff nicht willkürlich in so sehr enge Gränzen einge=
zwängt haben. Aber die subjective Beschaffenheit dieses
künstlichen Begriffs verkennend, glaubt man daß er ob=
jectiv in der Natur begründet sei. Auch leistet ihm das
fast jedem Floristen, man möchte sagen, angeborne Verlangen,
als der Entdecker einer neuen Pflanzenspecies genannt zu
werden, nicht geringen Vorschub, da es bei engen Species=
definitionen am leichtesten zu befriedigen ist. Ebenso auch
die Sucht, für die Flora seines eigenen Landes eine mög=
lichst große Anzahl von Pflanzenarten herauszurechnen;
denn wie der erste jugendliche Ehrgeiz sich darin zu zeigen
pflegt, daß jeder Knabe den Kirchthurm seines Wohnortes
für den höchsten hält, scheint der floristische Ehrgeiz sehr
häufig darin gesetzt zu werden, daß man sich bemühet aus
seinem Landesgebiete die möglichst größte Anzahl von
Pflanzenarten namhaft zu machen.

Manche berühmte Botaniker sind erst mit zunehmen=
den Jahren auf den bezeichneten Abweg gerathen, wie z. B.
E. Fries, dessen vielfache großen Verdienste um die
Wissenschaft ich gewiß nicht verkenne; überblicke ich aber
die ganze Reihe seiner botanischen Arbeiten, wie sie der
Zeit nach auf einander folgen, werde ich recht lebhaft an
die Gefängnisse erinnert, deren sich die Inquisition in
Venedig bedient haben soll, und die angeblich so einge=
richtet waren, daß ihre beweglichen Wände täglich mehr
und mehr sich näherten, bis endlich der unglückliche In=

fasse zwischen ihnen zerdrückt wurde. Ebenso beweglich rücken die Speciesgränzen von Jahr zu Jahr näher zusammen. Dies ist ganz besonders bei Fries der Fall, wenn man seine früheren Arbeiten mit den späteren vergleicht; wie liberal und philosophisch spricht er sich in jenen (namentlich in den Novitiis) über die Natur der Species aus, und wie verfährt er nachher in der Summa vegetabilium nach ganz anderen Grundsätzen, wo nun, nachdem das Eis einmal durchbrochen, und die frühere Scheu neue Arten aufzustellen überwunden ist, eine nova species über die andere zum Vorschein kommt.

Langjährig fortgesetzter Verkehr mit der Natur, der nicht auf das Pflanzenreich allein beschränkt blieb, und bei welchem es mein hauptsächlichstes Bestreben war, ohne mich durch herkömmliche Meinungen leiten zu lassen, mit möglichst unbefangenem Blicke selbst zu prüfen, hat mich zu der Ueberzeugung hingeführt, daß wir die Hunderttausende von organischen Wesen, welche den Erdball bewohnen, überhaupt gar nicht mit einem und demselben starren Speciesmaaße messen dürfen.

Eine sehr große Anzahl derselben scheint zwar allerdings bei ihrem ersten Entstehen ein ganz bestimmtes Gepräge erhalten zu haben, von welchem die einzelnen, zu dieser Art gehörigen Individuen wenig oder gar nicht abweichen. Diese sind daher so unbeugsamen Characters, daß sie, wenn sie verschiedenen Lebensbedingungen ausgesetzt werden, dieselben, falls sie kräftig genug dazu sind, ertragen ohne sich zu verändern, oder sie erliegen den Einflüssen dieser neuen Bedingungen und gehen zu Grunde. Species von dieser Beschaffenheit gränzen sich scharf und leicht von einander ab, weshalb ihre Determination und Classificirung den Botanikern und Zoologen keine große Schwierigkeit bereitet.

. Es giebt aber neben diesen Arten auch noch gar viele organische Wesen, welche kein so unwandelbares Gepräge erhalten haben, sondern welchen eine größere Freiheit in der Entwickelung ihrer Formen verliehen ist, weßhalb man sie in der beschreibenden Botanik und Zoologie nicht mit demselben starren Maaße messen darf, wie jene. Sie schwanken in ihren Formen um einen gewissen Mittelpunkt herum, indem sie einen kleineren oder größeren Cyclus von Abänderungen durchlaufen, und ihre Formen sich bald nach der einen, bald nach der andern Seite hin von dem Grundtypus entfernen. Was in jedem einzelnen Falle die Ursache sei, warum sie gerade nach dieser oder jener Richtung hin abändern, kann bei der großen Complication der Ursachen, und bei der geringen Aufmerksamkeit, welche man diesem Gegenstande bis jetzt gewidmet hat, nur erst selten nachgewiesen werden. Eine sehr wichtige Rolle bei diesem Formenwechsel spielen die veränderten Lebensbedingungen, denen diese Wesen ausgesetzt werden; es kommen dabei aber auch noch andere Ursachen ins Spiel, denn die Erfahrung hat gezeigt, daß Varietäten trotz eines Wechsels der Lebensbedingungen ihre Eigenthümlichkeiten von Generation zu Generation vererben können.

Unter jenen Lebensbedingungen, welche so wesentlich zu diesem Formenwechsel beitragen, verstehe ich Alles, was von außen her auf die organischen Wesen einwirkt: Temperatur, Druck und Feuchtigkeitsverhältnisse der

Luft, sonnigen oder schattigen Standort, geognostische und chemische Beschaffenheit des Bodens, und bei den Wasserpflanzen die Beschaffenheit des Wassers, in welchem sie leben, ob es seicht oder tief, ruhig oder bewegt, klar oder schlammig, süß oder salzig sei. Gerade diese letztere Klasse von Organismen, welche so ganz unter dem Einflusse eines Mediums stehen, das viel kräftiger auf sie einwirkt, als die Luft auf die in ihr lebenden Landpflanzen und Landthiere, zeigen fast alle eine der großen Veränderlichkeit jenes Mediums entsprechende Unbeständigkeit ihres Characters, welche z. B. bei den Algen so groß ist, daß Kützing durch das specielle Studium dieser Pflanzenclasse sogar zu dem Ausspruch veranlaßt ist: „es gäbe keine feststehende Species in der Natur, und alle Bestrebungen für exacte Begränzung der Species seien unnütz."

Dennoch bemühen sich die Botaniker unablässig diese proteischen Gestalten zu erfassen, aber vergebens! Die Pflanzen des süßen Wassers (denn diese trifft das hier Gesagte vorzugsweise, da das Meereswasser auf großen Räumen einen viel beständigeren Character zeigt,) lassen sich nun einmal nicht in enge Speciesgränzen einzwängen. Hätten die Botaniker nur den verwandten Bestrebungen der Zoologen größere Aufmerksamkeit geschenkt, so würden sie durch die traurigen Erfahrungen, welche z. B. die Conchyliologen in Betreff der Formveränderlichkeit der Süßwassermollusken gemacht haben, an dem Erfolge ihrer eigenen Bestrebungen schon etwas zweifelhafter geworden sein. Mit der Gattung Unio z. B. war man in Deutschland schon bis zu mehr als 30 Arten hinaufgestiegen und noch immer fanden sich neue Formen, die sich den zahl-

reichen Diagnosen nicht anpassen wollten und daher mit
demselben Rechte, wie ihre unfügsamen Vorgänger, zu neuen
Arten erhoben werden mußten, als endlich tüchtige Forscher
den eingeschlagenen Irrweg erkennend, die proteische Natur
der Unionen richtig würdigten, und eine massenhafte Reduction der angeblichen Arten vornahmen. [1.]

Aehnlich verhält es sich mit den Pflanzen der süßen
Gewässer, wofür uns sogleich eine der ersten Gattungen
der mecklenburgischen Flora ein lehrreiches Beispiel darbietet. Linnees Ranunculus aquatilis, jetzt den Typus der
Gattung Batrachium bildend, ist von den neueren Botanikern in eine große Anzahl von Arten zerspalten worden.
Die deutschen Florenverzeichnisse führen jetzt als solche auf:
1. Batr. aquatile L. 2. hololeucum Lloyd. 3. minutum
Döll. 4. divaricatum Schrk. 5. paucistamineum Tausch.
6. fluitans Lam. 7. Bachii Wirtg., welche alle im süßen
Wasser vorkommen, und außerdem noch 8. confusum Godr.
(tripartitum Nolte) und 9. Baudotii Godr. aus dem Brack-
wasser, denen Fries für Schweden noch ein B. marinum
und mehrere andere hinzufügt. Auf den ersten Blick erscheinen allerdings manche dieser angeblichen Arten so verschieden, daß man eine specifische Trennung derselben für

---

1. T. Pfeiffer und Roßmäßler. — Eine gleiche Unbeständigkeit
des Speciescharacters zeigen fast alle Gattungen der Süßwassermollusken, nicht allein in Europa, sondern auch in Amerika und
wahrscheinlich auch in den anderen Erdtheilen, wo man sie bis jetzt
noch wenig beachtet hat. Man denke nur an das zahllose, jährlich
noch wachsende Heer der nordamerikanischen Unionen! -- Der Einfluß
mancher Gewässer auf die in ihnen lebenden Mollusken ist so groß,
und ertheilt ihnen ein so eigenthümliches Gepräge, daß ein geübter
Conchyliologe sogleich die ihnen entstammenden Exemplare herausfindet,
wenn sie ihm mit denen anderer Fundorte gemischt vorgelegt werden.

gerechtfertigt halten möchte; allein bei genauerer Betrachtung
des Verhältnisses, in welchem sie zu einander stehen und
der Formveränderlichkeit, die sie zeigen, halte ich es dennoch nicht für unmöglich, daß ein tieferes Studium dieser
merkwürdigen Formenreihe die Botaniker noch einmal ver-
anlaßte, sie sammt und sonders wieder auf einige wenige
Arten zurückzuführen. Gesteht doch selbst Fries in der
Summa S. 140 zu: florum magnitudinem, staminum et
carpellorum numerum manifeste variare vidimus, ut
etiam foliorum natantium praesentiam et defectum. Er
hätte nur noch einen kleinen Schritt weiter zu gehen brauchen,
und sämmtlichen Pflanzentheilen eine Veränderlichkeit innerhalb gewisser Gränzen zugestehen, so wäre das Räthsel
vielleicht befriedigend gelöset gewesen. Denn außer den
von Fries namhaft gemachten Organen, möchte auch noch
der Stengel abändern (rund, oder etwas kantig, fluthend[1]
oder aufrecht), die Gestalt und Festigkeit der Blattzipfel,
die Anheftung der Blätter (sitzend, und kürzer oder länger
gestielt), die Anzahl der Blumenblätter (5 bis 12), und
die Oberflächenbeschaffenheit der ganzen Pflanze, besonders
der Karpelle (glatt oder behaart). Je nachdem mehr oder
weniger dieser Modificationen bei einem und demselben
Pflanzenindividuum zusammentreffen, entfernt sich dasselbe

---

1. Daß der lange, fluthende Stengel des R. fluitans nichts für
die specifische Trennung dieser angeblichen Art von R. aquatilis be-
weiset, zeigen die analogen Erscheinungen bei Montia fontana, Polygonum amphibium, Sparganium simplex, Juncus supinus und
Hippuris vulgaris, die auch alle mit fluthendem Stengel abändern.
Mit der Var. fluitans der letztgenannten Art kommt R. fluitans auch
noch in seiner häufig stattfindenden Unfruchtbarkeit überein. — Hinsichtlich der Veränderlichkeit der Blätter bei den Wasserpflanzen erinnere
ich nur an das bekannte Beispiel des Alisma Plantago.

mehr oder weniger von dem Grundtypus und kann dadurch
ein so eigenthümliches Gepräge erhalten, daß die Zer-
splitterung in mehrere Arten dadurch erklärlich, wenn auch
nicht gerechtfertigt wird. Aehnlich, wie mit Batrachium,
verhält es sich mit der Gattung Potamogeton; auch diese
ist in so viele angebliche Arten zersplittert worden, daß
z. B. Sonder aus dem kleinen Gebiete der Flora von
Hamburg deren nicht weniger als 21 aufzählt, zu denen
dann noch 13 Varietäten hinzukommen. In der Gattung
Callitriche begnügen sich die teutschen Floren zwar mit
5 Arten, aber diese ändern nach dem Compendium florae
Germanicae (ed. 2. 1836) von Bluff, N. v. Esenbeck
und Schauer in 36 Varietäten ab. Auch die Gattung
Zannichellia, von der man vor etwa 40 Jahren nur eine
einzige Art in Deutschland kannte, ist durch Zerspaltung
derselben jetzt schon auf 5, und Nymphaea alba L. auf
fast ein Dutzend Species gebracht worden. Erwägt man
nun endlich noch die schon oben erwähnte Formveränderlichkeit
der Algen, so wird es überflüssig sein, noch weitere Beispiele
für die polymorphe Natur der Wasserpflanzen anzuführen. [1]

---

1. Außer in ihrer Wandelbarkeit bieten die Süßwasserpflanzen
Deutschlands auch noch eine andere Analogie mit den deutschen Süßwassermollusken dar, indem sie eben so weit und allgemein verbreitet
sind, wie diese, während sich in den Landpflanzen (wie bei den Land-
mollusken) der einzelnen deutschen Florengebiete eine viel größere
Differenz zeigt. Der Grund dieser Erscheinung liegt wohl hauptsächlich darin, daß erstere durch ihre Wasserbedeckung einer viel gleich-
mäßigeren Temperatur ausgesetzt sind, wie letztere, und daher
von klimatischen Einflüssen, die in der Atmosphäre stärker hervortreten,
weniger abhängig sind. Doch trägt zu ihrer weiteren Verbreitung
ohne Zweifel auch die Leichtigkeit bei, mit der ihre am Gefieder der
Wasservögel festklebenden Samen von einem Gewässer zum anderen
verschleppt werden können.

Aber auch manche Landpflanzen verändern je nach dem Standpuncte ihre Formen oft auf eine merkliche Weise, obgleich nicht so ins Unendliche wie die oben be= zeichneten Wasserpflanzen; es finden sich zwar bei ein= zelnen Gattungen derselben, wie z. B. bei Rubus, Mentha, Salix, Viola, Verbascum u. s. w., ebenso zahlreiche und fast unentwirrbare Formenreihen, wie bei Potamogeton und Callitriche, doch haben zur Hervorbringung derselben andere Umstände eingewirkt, auf die wir hernach zurückkommen werden. Für die durch locale Einflüsse hervorgerufene Veränderlichkeit der Landpflanzen mag hier das Beispiel des Lotus corniculatus genügen. In allen nur einiger= maßen sorgfältig durchsuchten deutschen Florengebieten wird man ihn in Gesellschaft des L. uliginosus antreffen; ich fand beide am Rhein unter denselben Verhältnissen, unter welchen sie hier in Mecklenburg vorkommen, und auch noch nach Schweden hinüber begleiten sie sich. Ihr Ha= bitus ist so gleich, daß Anfänger in der Botanik sie in der Regel kaum zu unterscheiden vermögen, denn L. uliginosus erscheint nur als der üppigere corniculatus. Läßt sich nun diese üppigere Entwickelung, wodurch einzelne Theile eine kräftigere Ausbildung und etwas abweichende Ge= staltung bekommen, nicht ganz naturgemäß aus den ver= schiedenen Standpuncten der beiden Formen erklären, indem corniculatus an trockenen, sonnigen Plätzen (auf Triften, trockenen Wiesen, an Wegerändern, Dämmen, Ackerrainen und auf Sandplätzen) vorkommt, während die Form, welcher man den Namen uliginosus beigelegt hat, nur an feuchten, sumpfigen und schattigen Standorten angetroffen wird?

Von L. corniculatus ist in neuerer Zeit noch ein L. tenuifolius als dritte Art abgezweigt worden, welche nur auf salzhaltigem Boden am Seestrande gefunden wird. Sie leitet uns dazu hinüber, den wichtigen Einfluß, den ein solcher salzhaltiger Boden auf die Pflanzen aus= übt, etwas genauer ins Auge zu fassen. Die am Seestrande wachsenden Pflanzen lassen sich in folgende Gruppen sondern:

1. Es findet sich daselbst eine beträchtliche Anzahl binnenländischer Pflanzen, welche mit einer so kräftigen Organisation begabt sind, daß sie den Salzgehalt des Bodens ertragen können, ohne die geringste Verände= rung zu erleiden. So wachsen z. B. auf dem mit Geröllen bedeckten Seestrande der Halbinsel Jasmund Rubus cae- sius, Convolvulus arvensis, Stachys palustris, Rumex crispus, Equisetum hiemale, an steilen Lehmufern, Hippo- phaë rhamnoides, Medicago falcata und lupulina, Tussi- lago Farfara, Equisetum Telmateja u. s. w., auf sandigen Strecken Ammophila arenaria, Elymus arenarius u. s. w., welche sich alle von den gleichnamigen binnenländischen Pflanzen durchaus nicht unterscheiden.

2. Andere binnenländische Pflanzen wachsen zwar gleich= falls am Meeresstrande, erleiden dort aber eine mehr oder weniger auffallende Abänderung ihres ursprünglichen Habi- tus. Theils wirkt der Salzgehalt fördernd und kräftigend auf sie ein, und sie entwickeln sich entweder im Allgemeinen oder in einzelnen Organen üppiger, — theils aber tritt auch das Gegentheil ein. Ersteres zeigt sich z. B. bei der Chondrilla juncea β. robusta, welche Detharding früher sogar unter dem Namen Ch. acanthophylla als eigene Species unterschied; bei anderen Pflanzen wird die Be-

haarung stärker, wie z. B. bei Ranunculus polyanthemos var. littoralis Zab. (der auch größere Blumen, aber einen niederigeren Wuchs erhält), Trifolium pratense var. maritimum Zab., Anthyllis Vulneraria, Galeophis Tetrahit, Euphrasia officinalis β. maritima, Taraxacum officinale β. hirtum, Plantago lanceolata β. lanuginosa, Artemisia campestris β. sericea; bei Sonchus oleraceus werden die sonst glatten Blüthenstiele drüsig behaart, Equisetum arvense[1] wird ganz rauh von scharfen Puncten; andere Pflanzen, wie z. B. Malva neglecta Wallr. β. litoralis Deth. erhalten größere Blumen, andere aber fleischigere Blätter, wie z. B. Linaria vulgaris, Viola tricolor var. syrtica, Polygonum aviculare var. salinum, Plantago major var. scopulorum Fr., Senecio vulgaris var. squalidus Mey., Chrysanthemum inodorum β. maritimum, Sagina procumbens β. maritima Fr.; auch Atriplex latifolium durchläuft an salzhaltigen Orten eine ganze Reihe von Formveränderungen. — Eine Verkümmerung dagegen zeigt sich z. B. bei dem ästigen Centunculus minimus, von welchem Fries an dem schwedischen Strande eine var. simplex fand; bei Polygonum aviculare β. littorale und Erythraea ramosissima, welche gleichfalls weniger veräftelt am Meeresufer auftreten; Centaurea

_____

1. Daß diese Art zwischen den Geröllen am Strande auf Jasmund (wo sie dem Wellenschlage häufig ausgesetzt ist,) wächst, habe ich schon in Archiv II S. 80 gesagt; Hr. Dr. Meyn hat dies in seiner Abhandlung über „die nachhaltige Vertilgung des Durvods" (Weimar 1854) S. 40 übersehen, indem er aus meiner Schilderung der Seestrands- und Salinenflora einen Beweis dafür ableitet, daß alle Equisetaceen den Salzboden fliehen. Auch E. Telmateja und hiemals wachsen auf Jasmund so, daß sie nicht selten mit dem Meereswasser in Berührung kommen.

Jacea, Bupleurum tenuissimum, Sonchus arvensis, Capsella bursa pastoris und Jasione montana ſind gleichfalls
im Binnenlande viel kräftiger, Cerastium semidecandrum
kommt an der Küſte mit 4 theiligen und 4 männigen Blumen
vor, und Taraxacum officinale ändert auf recht naßſalzigem
Boden mit ſehr ſchmalen Blättern ab.

3. Zu allen dieſen Pflanzen geſellen ſich aber auch
noch eine Anzahl ſolcher, die ausſchließlich auf ſalz-
haltigem Boden (am Meeresſtrande und um Saliuen)
vorkommen, und welche ſich ſogleich auf den erſten Blick
als von unſeren binnenländiſchen Arten gänzlich ver-
ſchieden zeigen. Dahin gehören z. B. an unſerem
Oſtſeeſtrande: Cochlearia Linnaei und danica, Cakile
maritima, Crambe maritima, Halianthus peploides, Pisum
maritimum, Eryngium maritimum, Aster Tripolium,
Artemisia maritima, Samolus Valerandi, Glaux maritima,
Statice Limonium, Plantago maritima und Coronopus,
Chenopodina maritima, Obione pedunculata, Salsola
Kali, Salicornia herbacea, Juncus maritimus, Carex
extensa und Triticum junceum.

4. Neben dieſen ſoeben genannten und von allen Botanikern als gute Arten anerkannten Pflanzen wachſen am
Strande aber auch noch andere, die meiſtens gleichfalls
als gute, dem Salzboden eigenthümliche Pflanzen gelten,
bei denen aber die Berechtigung als ſelbſtſtändige Arten
beanſprucht werden zu müſſen, nicht ſo ſehr in die
Augen fällt, da ſie mit anderen Strand- und binnenländiſchen Pflanzen in mehr oder weniger nahen verwandt-
ſchaftlichen Beziehungen ſtehen. In unſerer mecklenburgiſchen
Flora ſind dies folgende:

Cochlearia anglica + officinalis.

Sagina stricta + procumbens.

Lepigonum marinum, medium + rubrum.

Lotus tenifolius + corniculatus.

Chrysanthemum maritimum + inodorum.

Erythaea linarifolia + Centaurium.

Euphrasia verna + Odotites.

Statice maritima + Armeria.

Atriplex litorale + hastatum.

Potamogeton marinus + filiformis.

Ruppia rostellata + maritima.

Zannichellia pedicellata + palustris.

Juncus balticus + glaucus.

Juncus Gerardi + compressus.

Blysmus rufus + compressus.

Glyceria maritima + distans.

Diese Gegenüberstellung der verwandten Arten darf aber nicht etwa so verstanden werden, als wollte ich damit bezeichnen, daß die im ersten Gliede stehenden Strandpflanzen alle auf die im zweiten Gliede genannten als Varietäten zurückzuführen wären; bei manchen aber wird dies geschehen müssen, und bei welchen ich mich dazu genöthigt gesehen habe, darüber werde ich in der späteren systematischen Uebersicht der Flora weitere Auskunft geben. Ich kann nicht umhin bei dieser Gelegenheit unseren Botanikern das sorgfältige Studium dieser Pflanzen ganz besonders dringend ans Herz zu legen. Denn der Einfluß, welchen salzhaltiger Boden oder salziges Gewässer auf die Umgestaltung der Pflanzen ausübt, ist noch viel zu wenig erforscht worden, und ich halte es nicht für unwahrscheinlich, daß er sich in der Folge noch als größer herausstellt, wie man jetzt zuzugeben geneigt ist. Ich habe diesen Ge-

2

genſtand ſchon früher einmal zur Sprache gebracht[1], und gezeigt, wie vorſichtig wir in Beurtheilung der Artenrechte der in der Oſtſee lebenden Pflanzen und Thiere ſein müſſen, weil dies Waſſerbecken ein Mittelding zwiſchen Meer und Landſee iſt, und es ſeine Bevölkerung theils aus der Nordſee, theils aus den Flußmündungen erhalten hat, und daß Pflanzen und Thiere in dieſem ſchwachſalzigen Waſſer eine ſolche Umgeſtaltung erlitten haben, daß man manche derſelben für neue, der Oſtſee eigenthümliche Arten hielt. So machte man z. B. aus der Clupea Harengus der Nordſee eine baltiſche Cl. Membras, aus der **Tellina solidula** der Nordſee eine **T. baltica**, aus der Neritina fluviatilis unſerer Landſeen und Flüſſe eine N. baltica, aus dem Fucus vesiculosus einen F. balticus u. ſ. w. — lauter Trennungen, die gänzlich unberechtigt waren. Dies Beiſpiel, im Verein mit den Thatſachen, die ich S. 14 f. ſchon über den Einfluß mitgetheilt habe, welchen ſalzhaltiger Standort auf manche binnenländiſche Pflanzen ausübt, rechtfertigt es gewiß, wenn ich die Ueberzeugung hege, daß die Acten über die Artenrechte mancher der obengenannten Pflanzen noch keineswegs geſchloſſen ſind.

Der bequemern Ueberſicht wegen will ich ſchließlich alle diejenigen angeblichen Arten, die ich als Varietäten einzuziehen mich genöthigt geſehen habe, hier zuſammen= ſtellen. Es ſind folgende:

Thalictrum flexuosum.	Cardamine sylvatica.
Ranunculus paucistamineus.	Camelina dentata.
tripartitus.	Cochlearia anglica.
nemorosus.	Viola Riviniana.
Barbaraea arcnata.	Polygala comosa.

1. In meiner Schilderung der Oſtſee im 1. Bde. unſeres Archivs.

Sagina depressa.

Spergula maxima.

Spergularia media.

    marginata.

Alsine viscosa.

Cerastium glutinosum.

Elatine triandra.

Malva Dethardingii.

Lotus uliginosus.

    tenuifolius.

Vicia sativa.

Rubus suberectus.

    affinis.

    sylvaticus.

    discolor.

    villicaulis.

    corylifolius.

    Wahlbergii.

    thyrsiflorus.

Potentilla cinerea.

Crataegus monogyna.

Callitriche stagnalis.

    platycarpa.

Montia rivularis.

Sedum purpurascens.

Pimpinella nigra.

Chrysanthemum maritimum.

Senecio aquaticus.

    barbaraeifolius.

Lappa minor.

    tomentosa.

Hieracium vulgatum.

    boreale.

    rigidum.

    stoloniflorum.

Myosotis caespitosa.

Solanum miniatum.

    humile.

Verbascum thapsiforme.

    Moenchii.

Potentilla opaca.

    polita.

Euphrasia verna.

Thymus angustifolius.

Lamium incisum.

Galeopsis versicolor.

    bifida.

    pubescens.

Ballota borealis.

Anagallis coerulea.

Statice maritima.

Atriplex prostratum.

    Sackii.

    laciniatum.

Rumex palustris.

Ulmus suberosa.

Salix vitellina.

    amygdalina.

    aquatica.

    uliginosa.

    repens.

    fusca.

    argentea.

    rosmarinifolia.

    laeta.

    angustifolia.

Potomogeton fluitans.

    nitens.

    acutifolius.

Zannichellia pedicellata.

2*

Platanthera montana.

Juncus effusus.

   sylvaticus.

   alpinus.

   Gerardi.

Heleocharis uniglumis.

Scirpus Tabernaemontani.

Carex divulsa.

   ericetorum.

   Oederi.

Alopecurus fulvus.

Koeleria glauca.

Poa fertilis.

Bromus racemosus.

   commutatus.

Endlich finden sich an unserer Seeküste auch noch einige sehr merkwürdige Pflanzen, welche im Binnenlande noch nicht gefunden sind und die in ihrem ganzen Habitus geradezu die Mitte zwischen je zwei anderen am Strande häufigen Pflanzen halten. Es sind dies **Ammophila baltica**, zwischen **A. arenaria** und **Calamagrostis Epigeios** stehend, — **Triticum strictum**, zwischen **Tr. acutum** und **Elymus arenarius**, und **Triticum acutum**, zwischen **Tr. repens** und **junceum**. — Hrn. Prof. Röper gebührt das Verdienst uns diese räthselhaften Pflanzen zuerst richtig gedeutet zu haben, indem er es bei der ersteren derselben mit Bestimmtheit, und hinsichtlich der anderen beiden als sehr wahrscheinliche Vermuthung aussprach, daß sie nichts anderes als Bastarde jener Arten seien, deren Kennzeichen sie theilweise in sich vereinigen.[1]

Man hat sich in neuerer Zeit Seitens der Naturforscher schon mehrfach bequemen müssen althergebrachte Meinungen fallen zu lassen, und man wird sich endlich auch wohl zu dem Zugeständnisse entschließen, daß Bastardbildungen nicht allein weit häufiger sind und in weiteren Kreisen vorkommen, als man früher einräumen wollte, sondern auch, daß die Bastarde keineswegs immer un-

---

1. Röper zur Flora Mecklenburgs II. S. 192. 269—271.

fruchtbar sind. Zu Gunsten dieser so manches Räthsel
lösenden Lehre von den Bastardbildungen erheben sich schon
nach und nach immer mehr gewichtige Stimmen unter den
Botanikern, wie z. B. von Wimmer, welcher in der Denkschrift der Schlesischen Gesellschaft für vaterländische Cultur im J. 1853 (S. 143 ff.) 92 Pflanzenbastarde, worunter
56 allein der Gattung Salix angehören, aufzählt, und bei
dieser Gelegenheit sagt: „so weit meine Erfahrungen bei
den Weiden reichen, sind allerdings manche Bastarde
unfruchtbar; andere dagegen geben keimfähigen Samen,
wie ich dies namentlich bei S. silesiaca – Lapponum beobachtet habe, und wie Hr. Wichura an S. ambigua
Ehr. und S. Doniana Sm. unzweideutig erwiesen hat.
Durch die Versuche desselben scheint es auch dargethan zu
sein, daß ein Bastard sich mit demselben Bastard, wie auch
mit einem anderen befruchten lasse." — Muß man dies
endlich in Bezug auf die Pflanzen als Thatsache zugestehen, so wird man auch wohl nicht umhin können, diese
Lehre auf die Thiere anzuwenden, eine Lehre, durch welche
die Entstehung der mannigfachen Gestaltungen, in denen
sich z. B. das Menschengeschlecht zeigt, am einfachsten würde
erklären lassen.[1]

Man verliert sich aber durch Anerkennung fruchtbarer
Bastardbildungen hinsichtlich der Erkenntniß der Species, —

---

1. Diese ganz aus der Luft gegriffene Idee von der specifischen
Einheit des Menschengeschlechtes ist für die Entwickelung des
Speciesbegriffes ebenso verderblich gewesen, als die mosaische Kosmo-
logie für die Geologie. Die sogenannten Menschenraçen mußten alle
in eine Species hineingepreßt werden, die Hunde gleichfalls, um für
ersteres eine Analogie zu haben, und als man so Verschiedenartiges
unter einen Hut gebracht hatte, da konnte man mit den „Species"
der übrigen organischen Wesen schalten und walten, wie es beliebte!

wenn dieselbe auch sehr dadurch erschwert wird, — nicht
so völlig ins Bodenlose, wie dies auf den ersten Anblick
erscheinen mag. Denn wie bei Weitem die Mehrzahl
(wenigstens der phanerogamischen Pflanzen) einen durchaus
constanten Artencharacter an sich trägt, und nur der
Minderzahl ein variabler Character verliehen ist, ebenso
verhält es sich mit den geschlechtlichen verwandtschaftlichen
Beziehungen, welche zwischen den einzelnen Arten stattfinden.
Zwischen den meisten scheinen gar keine solche vorhanden
zu sein, und sie vermischen sich weder im freien Zustande,
noch auch durch künstlichen Zwang mit einander. Unter
manchen Arten aber giebt es eine Verwandtschaft, und je
nachdem dieselbe schwächer oder stärker ist, kommen seltener
oder häufiger Bastardbildungen zwischen ihnen vor. Locke=
rer ist offenbar diese geschlechtliche Verwandtschaft z. B.
zwischen Anemone nemorosa und ranunculoides, zwischen
Geum urbanum und rivale, als zwischen unseren Ver-
bascum- und Salix-Arten; denn obgleich die ersteren der
genannten Pflanzen so häufig in Mecklenburg durch= und
nebeneinander wachsen, werden Bastarde unter ihnen doch
nur selten angetroffen, während dort, wo mehrere Arten
der beiden letzteren Gattungen zusammen vorkommen, auch
ihre Bastarde nicht weit zu suchen zu sein pflegen. Es ist
also der Bastardbildung von der Natur selbst eine ganz
bestimmte Schranke gesetzt, und die Besorgniß, daß die
Anerkennung dieser Bildungen die Erkenntniß der wirklichen
Pflanzenarten aufheben würde, indem damit die Möglich=
keit einer unendlichen Wandelbarkeit aller Pflanzenformen
gegeben sei, ist eine durchaus unbegründete. In einigen
Gattungen zwar, deren Arten sich geschlechtlich vorzugs=

weise nahe stehen, ist allerdings jene Befürchtung zur Wirklichkeit geworden, und ihre Arten sind theils durch ihren
wandelbaren Character selbst, theils durch die in verschie-
benen Richtungen dazwischen tretenden Bastarde, so un-
kenntlich gemacht und durcheinander gewirrt worden, daß
die Botaniker fast daran verzweifelt sind, die ursprünglichen
Arten noch herausfinden zu können.

Was die Pflanzen nun betrifft, die mir in unserer
mecklenburgischen Flora für Bastarde gelten, so sind dies
nicht etwa bloß Strandpflanzen, sondern sie finden sich
durch das ganze Land zerstreut. Ich rechne dahin nämlich:

Anemone sulphurea Pritz.

Nasturtium anceps Reich.

Tilia intermedia DC.

Geum intermedium Ehr.

Circaea intermedia.

Galium ochroleucum Wolf.

Cirsium hybridum Koch, oleraceo-acaule.

Hieracium Pilosello-Auricula Griew.

Verbascum ramigerum Lk., collinum Schr., adulterinum Koch,
    Schottianum Schr., collino-nigrum Brockm.

Mentha nepetoides Lej.

Lamium intermedium Fr., purpureo-maculatum.

Stachys ambigua Sm.

Rumex maximus Schr.

Salix cuspidata Sch., Russeliana Sm., undulata Ehr. ambigua Ehr.,
    angustifolia Fr.

Populus canescens Sm.

Calamagrostis baltica Schr.

Festuca loliacea Huds.

Triticum strictum Deth., acutum DC.

 . Wahrscheinlich wird sich dies Verzeichniß mit der
Zeit noch durch mehrere Bastarde, zu denen auch wohl

die Gattung **Rubus** noch ihr Contingent stellen wird, ver=
größern lassen. — Manche der vorstehend genannten
Pflanzen sind durch künstliche Befruchtung schon als
Bastarde erwiesen, andere sind durch das Consortium der
Stammpflanzen als solche indicirt, und bei noch anderen
macht sie der Doppelcharacter, in welchem sie sich zeigen
(bald der einen, bald der anderen Stammpflanze in ihrem
Habitus sich stärker zuneigend,) im höchsten Grade eines
hybriden Ursprungs verdächtig.

Ich habe hier einige der hauptsächlichsten Schwierig=
keiten angedeutet, mit denen der Botaniker bei der Ab=
gränzung der Species zu kämpfen hat. Diese Schwierig=
keiten für alle Pflanzen selbst nur eines so kleinen Pflanzen=
gebietes, wie das unserige, genügend zu beseitigen, über=
steigt bei weitem die Kräfte eines einzelnen Beobachters.
Nur Theilung der Arbeit kann hier zu einem genügenden
Ziele hinführen, und ich halte es für meine Pflicht unsere
Botaniker darauf hinzuweisen, daß sie durch Lösung der
vorstehend angedeuteten Fragen und Zweifel mehr zur
wahren Förderung der Wissenschaft beitragen können,
als wenn sie etwa eine neue, bisher innerhalb der Gränzen
des meklenburgischen Landes noch nicht gesehene Pflanzenart
aufspüren.

Denn außer dem, daß die Befolgung der von mir im
Voraufgehenden entwickelten Grundsätze meiner Ueber=
zeugung nach eine naturgemäßere Erkenntniß des
Pflanzenreiches, als man durch das jetzt beliebte Zer=
splitterungssystem erlangt, anbahnt, wird dadurch auch die
Orientirung unter den Gewächsen in vielen Fällen sehr
erleichtert werden. Der Botaniker findet z. B. unter

den Bürgern seiner Flora **Thalictrum** minus und flexuosum
aufgezeichnet: ersteres kennt er schon und will nun letzteres
aufsuchen, geht aber lange daran vorbei, weil er, — wozu
der eigene Speciesname ihn berechtigt, — eine von minus
wesentlich in ihrem Habitus verschiedene Pflanze sucht.
Wird er dagegen auf Thal. minus **var.** flexuosum ver-
wiesen, so wird ihn dieser Fingerzeig viel schneller ans
Ziel führen. Warum also den Weg absichtlich erschweren,
wenn dies auf eine so einfache Weise vermieden werden
kann?

II. Die Pflanzennamen.

Der schwankende Zustand des Gattungs- und Arten-
begriffes wirkt höchst nachtheilig auch auf die Namen der
Pflanzen ein. Hinsichtlich dieser letzteren befinden sich
unsere Floren fast in einem Zustande, wie der alte
Heraklit die ganze Welt sich dachte, nämlich in einem
beständigen Flusse ($\pi\acute{\alpha}\nu\tau\alpha$ $\acute{\rho}\epsilon\~{\iota}$). Rastlos treiben sich viele
Species von Gattung zu Gattung, nirgends wird ihnen
eine bleibende Ruhestätte gewährt, weil beständig an den
Gattungsgränzen gerückt wird, indem man dieselben bald
enger bald weiter steckt. Wenn wir nun auch der Species
(wenn wir gleich den Begriff derselben noch nicht bestimmt
definiren können!) eine objective Gültigkeit zugestehen müssen,
so ist dies doch mit der Gattung keineswegs der Fall.
Diese ist nichts objectiv in der Natur begründetes, in dessen
Auffassung sich endlich alle Botaniker nothwendig einigen
müßten, sondern sie ist und bleibt etwas S u b j e c t i v e s,
zur Erleichterung der Orientirung in dem großen Pflan-
zenheere durch menschlichen Scharfsinn Erdachtes, daher

aber auch etwas Schwankendes. — Würde man nun nicht mehr in dem wahren Interesse der Wissenschaft handeln, wenn man jetzt, wo man kaum erst die Hälfte der Bau= materialien kennt, die zur Errichtung der Flora universalis benutzt werden müssen, einstweilen ruhig weiter bauete, um doch endlich einmal eine, wenn auch nicht fehlerfreie, Uebersicht über den ganzen Formenreichthum und viele andere Beziehungen der Flora, die wichtiger, als die end= liche Feststellung der Gattungen sind, zu erhalten, als daß man fortwährend den kleinen schon bastehenden Theil des Gebäudes umgestaltete? Etwas conservative Gesinnung ist mitunter ganz gut, und ich glaube, daß sie bei der jetzigen Lage des botanischen Wissens gerade hier am rechten Orte sei. Ich werde daher in der später folgenden Aufzählung der mecklenburgischen Pflanzen manche Neuerung, die von anderen hinsichtlich der Gattungen vorgenommen ist, unberücksichtigt lassen.

Wo ich aber Umstellungen vorgenommen habe, da habe ich mir (wenigstens vorläufig bei den phanerogamischen Pflanzen,) hinsichtlich der lateinischen Speciesnamen eine Aenderung erlaubt, die mir sehr nothwendig erschien.

Die Ehre der Namengebung gebührt nämlich ohne Frage dem ersten Entdecker der Species. Indem nun aber späterhin die Gattungen andere Abgränzungen erfahren haben und daher viele Arten in andere Gattungen versetzt worden sind, als welchen sie von ihren ersten Ent= deckern zugewiesen wurden, ist bei den Botanikern leider die Unsitte eingerissen, dann nicht den Entdecker der Art, sondern denjenigen, durch den die Versetzung bewirkt wor= den ist, als Autor der Species zu nennen. Auf diese

Weise wird Jahr für Jahr namentlich den älteren großen
Koryphäen der Wissenschaft eine Art nach der anderen ent=
zogen, und wenn dies noch einige Jahrzehnte so fortgeht,
könnte es sogar dahin kommen, daß wir z. B. Linnees Namen
ganz und gar aus unseren floristischen Handbüchern ver=
schwunden sähen! Das darf nicht sein. — Ich habe da=
her die jetzt von den Paläontologen gebrauchte, zuerst von
den Engländern vorgeschlagene Methode der Benennung
auch auf die Pflanzen angewendet, und bei der Versetzung
einer Species in eine andere Gattung den Namen ihres
Entdeckers mit dem Zusatze sp. (species) als Autornamen
hinzugefügt. Sollten dabei meinerseits einige Mißgriffe
vorgekommen sein, so bitte ich dieselben durch den Mangel
mancher literarischer Hülfsmittel, die zur genauen Fest=
stellung der ersten Autorschaft nöthig sind, zu entschuldigen:
ich wollte auch hier wenigstens den Weg andeuten, den
man auch in dieser Hinsicht meiner Ueberzeugung nach
zu gehen hat.

Auch die in Meklenburg gebräuchlichen deutschen
Pflanzennamen, zu deren näherer Begründung und
Erklärung bis jetzt so gut wie Nichts geschehen ist, habe
ich zwar mit in den Kreis meiner Forschung gezogen, aber
hier bleibt noch gar vieles zu leisten übrig. Denn die
Unsicherheit in der Benennung der einzelnen Pflanzen ist
selbst bei den Leuten, welche ihr Lebensberuf am meisten
in practische Berührung mit dem Pflanzenreiche bringt,
zum Erstaunen groß. Befragt man die Landleute, so
wissen sie viele sehr hervorragende Pflanzenarten entweder
gar nicht zu benennen, oder sie taufen sie nach Belieben,
oder sie bringen sie bei gewissen sehr dehnbaren Collectiv=

namen unter. Die Zahl derer, denen in weiteren Kreisen durchgängig ein bestimmter Name beigelegt wird, ist nur geringe.

Es giebt nun zwar schon ein älteres Verzeichniß der meklenburgischen Pflanzennamen, welches Siemssen im J. 1793 im 2. Bde. des von ihm herausgegebenen Magazins veröffentlicht hat, und auch Niemann [1] u. a. haben später-hin dazu noch einige Beiträge geliefert, aber diese Ver-zeichnisse leiden an dem großen Uebelstande, daß sowohl manche Pflanzennamen aus Mangel einer feststehenden Schreibart sehr entstellt worden sind, als auch daß manche, da sie von Leuten gesammelt wurden, die keine Botaniker waren, eine unrichtige Deutung erfahren haben.

Man wundere sich daher nicht, wenn man in meinem nachfolgenden alphabetisch geordneten Namensverzeichnisse viel weniger Namen, als bei meinen Vorgängern an-trifft. Ich habe nämlich nicht allein manchen mir zweifel-haften Namen ausgeschlossen, sondern auch alle die plattdeutschen Namen, welche bloße Uebersetzungen der hochdeutschen sind. Von letzteren (den hochdeutschen) habe ich nur einige wenige aufgenommen, welchen bei uns eine andere Bedeutung, als im übrigen Deutschland, beigelegt wird, oder über deren Etymologie einige Bemerkungen zu machen waren, — von den plattdeutschen nur diejenigen allgemeiner verbreiteten, die wirklich einen von der hoch-deutschen Benennung ganz abweichenden Namen führen. Eine Vergleichung dieser letzteren Namen mit den ver-wandten Sprachen zeigt, daß darunter noch manche alte

---

1. T. Niemann diss. inaug. sistens prodromum Idiotici Meck-lenburgensis etc. Rostock 1798. 8to. 28 pag.

germanische Benennungen sind, die im Hochdeutschen verloren gegangen sind, sich aber im Plattdeutschen erhalten
haben und deshalb auch festgehalten zu werden verdienen;
doch darf dabei nicht außer Acht gelassen werden, daß
vielleicht manche dieser Namen, besonders die mit den
schwedischen verwandten, vielleicht durch die engen Beziehungen, in denen Meklenburg und Vorpommern seit dem
30jährigen Kriege mit Schweden gestanden haben, erst in
neuerer Zeit in unseren Gegenden wieder eingeführt worden sein mögen. Hinsichtlich der dänischen und schwedischen
Pflanzennamen habe ich mich an Oeders **Nomenclator
botanicus** (zum Gebrauche bei der **Flora Danica**, Copen-
hagen 1769 8to) gehalten. Einige Ableitungen aus dem
Gothischen theilte mir Hr. **Stud. jur.** R. Schröder (aus
Treptow) mit.

Abebarsbloom, — brod (Abebar = Storch) soll Iris-Pseud-
acorus heißen.

Abebarskasbeeren oder — kaspern auch Ahlbeeren, sind die
Früchte des Ribes nigrum, das von seinen stark duftenden Blättern
auch den Namen Stinkstruhk führt. — Kasbeeren oder Kaspern
ist corrumpirt aus dem alt-plattdeutschen Karsebeeren, welches wiederum
von (Prunus) Cerasus abstammt; Abebarskasbeeren heißt also „Storch-
kirschen.“

Acker, Eker ist die Eichel; engl. acorn, gothisch akran (=Frucht.)

Aegel, Egelhörn, Säkel und Säker sollen alles Namen der
Stratiotes aloides sein, wofür aber die verwandten Sprachen gar
keine Analogien darbieten.

Aepelbuhrn, Eperle soll Acer campestre genannt werden.

Aesche und Aespe, — diese Schreibart ist wohl nach Analogie
der verwandten Sprachen der gewöhnlichen (Eiche und Espe) vor-
zuziehen. Ersterer Baum (Fraxinus excelsior) führt in Meklenburg
auch den Namen zähe Aesche, — die faule Aesche ist Populus nigra.

Die Aespe ist Populus tremula, die in M. auch Bewer-Aesch genannt wird.

Ahl nennen die Kinder die jungen Pflanzen des Acorus Calamus, mit denen sie im Frühlinge unter sich einen lebhaften Handel treiben.

Ahlbeeren s. Abebarslasbeeren.

Ahlboom aber ist Lonicera Xylosteum.

Ahntenflott wird in M. die Wasserlinse (Lemna) genannt, in Schweden heißt sie Andmat, in Dänemark Andemad, d. i. Entenspeise; flott stammt von flöttern (engl. to float) und bezeichnet im Plattdeutschen die Sahne, weil sie oben auf der Milch schwimmt. Entenflott wäre demnach Enten-Sahne d. h. eine Lieblingsspeise der Enten.

Alfranke, ist in Mecklenburg und Vorpommern Lonicera Periclymenum, in anderen Gegenden Deutschlands soll es Solanum Dulcamara sein.

Amtswieb wird in M. Salix viminalis genannt, weil diese Weide in den großherzogl. Aemtern von den Insassen vorschriftsmäßig in bestimmter Anzahl gepflanzt werden muß; auch Elfwieb (Elbweibe) wird sie genannt.

Apen-ärseken soll nach Siemssen die Mispel in M. genannt werden, mir ist der Name noch nicht vorgekommen. Es wäre dies ein merkwürdiges Zusammentreffen mit dem englischen Volkswitz, der diese Frucht auf gleiche Weise bezeichnet, wie z. B. Mercutio in Romeo und Julie (II, 1) sagt: maids call medlars, when they laugh alone, — an open arse.

Beesinge stammt (nach Maßmann) von dem alt-gothischen Worte basi ab, und ist also nur ein Gattungsname, welcher „Beere" bedeutet. Demgemäß deutet man bei dem Worte Beesinge durch hinzugefügte Bestimmungen an, welche Art von Beere gemeint sei: schwarze Beesinge sind Vaccinium Myrtillus, rothe B. Vac. Vitis Idaea, Erd-Beesinge aber Erdbeeren. — In Meklenburg ist dies Wort wenig gebräuchlich, desto mehr aber in der benachbarten Mark Brandenburg.

Bewer-Aesch — s. Aesche.

Bewergras, von „bewern" d. h. zittern, ist Briza media; im Dänischen heißt sie Befvergraes und im Schwedischen Baefwegraes.

Bitterwied (wegen des bitteren Geschmacks der Rinde) und Blankwied (wegen ihrer glänzenden Blätter) heißt Salix pentandra.

Bißbeeren, Bickbeeren, — aus Bocksbeeren corrumpirt, heißen die Früchte des Vaccinium Myrtillus; hin und wieder hört man in M. dafür auch wohl den Namen schwarze Beesinge, er ist aber wenig gebräuchlich.

Blankwied s. Bitterwied.

Blaugras ist Carex stricta, wegen der bläulichen Farbe ihrer Blätter, — nicht C. acuta.

Boarenbreck d. i. Bärenbreck, Brummelbeeren werden in M. die Brombeeren genannt; auch Theerbeeren soll man sie nennen.

Brookwied ist Salix triandra und cinerea, welche beide feuchte Standorte lieben.

Bullgrawen, Drunkelbeeren, Puttgnaben sind Namen, welchen die Früchte des Vaccinium uliginosum führen sollen, von denen ich aber nur den zweiten aus eigener Erfahrung verbürgen kann.

Bullenpäsel heißen durch Metapher die Blüthenkolben der Typha-Arten; in England heißt die Pflanze bullrusch (rusch, welches sich in der deutschen Redensart „Rusch und Busch" noch erhalten hat, bezeichnet überhaupt Sumpfgewächse verschiedener Art mit gras- und binsenartigen Blättern). Ob bei Shakespeare in Heinrich IV. Th. 1. A. 2. Sc. 4. Falstaff mit dem Bull's pizzle auch unsere Pflanze bezeichnet, oder ob der Ausdruck ohne Metapher zu verstehen sei, muß ich dahingestellt sein lassen. — In M. soll die Pflanze auch Kettik heißen, und in der Mirower Gegend Dunnerkuel, dem dänischen donnemorsköller entsprechend.

Butterblume heißt ganz allgemein in M. das Taraxacum officinale.

Dag un Nacht ist in vielen Gegenden Mecklenburgs Parietaria erecta; auch im Dänischen führt sie diesen Namen (dag og nat); bei Ludwigslust aber (wie im Schwedischen natt og dag) bezeichnet dieser Name eine andere Pflanze, nämlich Melampyrum nemorosum.

Dowe (b. i. taube) Rattel f. Rattel.

Dreeblatt (b. h. Drei-Blatt) ift Menyanthes trifoliata.

Drunkelbeeren f. Bullgrawen.

Dull Billerkruth, Dull Dill, Dullkruth ift alles Hyoscyamus niger.

Dunnernettel (b. h. Donner-Neffel) ift Urtica dioica.

Duwik, Duwok (bei Hamburg Dunop) Equisetum spec.

Eenbeeren, Enekenbeeren find die Früchte des Juniperus communis, der in M. die beiden Namen Wachholder und Knirk führt; im Schweb. heißt er En, Enbuske, Enebaerstraed und im Dän. Enebaertrae, Jenbaertrae, Ene, Ener, und Eine.

Egelhörn f. Aegel.

Eibenbaum f. Ibenboom.

Elfwieb f. Amtswieb.

Eller, im Schweb. alder ift der niederdeutsche Name für die Erle oder Else (Alnus glutinosa); das sehr ähnliche englische Wort elder bezeichnet aber eine ganz andere Pflanze, nämlich den Hollunder (Sambucus nigra).

Eperle f. Aepelduhrn.

Erd-Beesinge f. Beesinge.

Eselsfortt, ein unästhetischer Name, den Onopordon Acanthium in M. führen soll.

Fettgras Triglochin spec.

Fimmstaart soll Fumaria officinalis sein.

Foßbeeren, b. i. Fuchsbeeren, auch Hundsbeeren (?) find die Früchte des Rubus caesius.

Fotzenkruth Chenopodium Vulvaria.

Fuhl-Aesch f. Aesche.

Fuhl-Boom b. h. Faulbaum, wird gewöhnlich Prunus Padus genannt, aber auch Rhamnus Frangula wird darunter verstanden.

Fuhl-Liese, robe Mihre ift Anagallis arvensis.

Gähl (b. h. gelb) Wied ift Salix vitellina.

Gerste; sollte der engl. Name Barley wohl nicht mit dem gothischen Baris zusammenhängen?

Gleusen sind die zum Gelbfärben benutzten Blumen der Genista tinctoria.

Gölling ist in M. Calendula officinalis.

Goosfleber, d. h. Gänseflieber, ist Viburnum Opulus.

Grän, — im Dän. und Schweb. Gran, ist Pinus Abies, — nicht Picea.

Grasnelke, ist Statice Armeria var. maritima.

Grundnettel (b. h. Grund-Nessel) ist ein Collectionname für verschiedene am Boden der Gewässer wachsende Pflanzen, namentlich Potamogeton spec. Batrachium spec und? Chara spec. Vergl. Schwändel.

Habbik, ist Raphanus Raphanistrum. — Als hochbeutscher Name für diese Pflanze, wie auch für Sinapis arvensis, wird in den Floren immer Heberich angegeben, ein Name, der in den verwandten Sprachen für diese Pflanzen fehlt und welcher, wie ich glaube, nur der Glechoma hederacea gebührt, — vergl. Huber.

Haffburn, d. i. Meer- oder Seeborn, im Dän. und Schweb. Haftorn, ist Hippophaë rhamnoides.

Hagebuche, Weißbuche Carpinus Betulus.

Hambutten, Luus- (b. h. Läuse) Beeren, sind die Früchte der wilden Rosen.

Hartboom Cornus sanguinea.

Hasenbraam, englisch broom, Sarothamnus scoparius.

Hasenklewer (-klee), Schwedisch harsyra (Hasensäure) ist Oxalis Acetosella. Vergl. Kukukssalat.

Hasenpöppeln Malva sylvestris; die Früchte dieser und der M. neglecta sind Pöppelkees (b. i. Käse) und Kattenkees.

Hibbernettel, (corrumpirt in Hirrenettel) hochbeutsch Eiber- oder Eiternessel, ist Urtica urens, schweb. etternässla, von dem alt-hochbeut. eidan brennen; (bes schweb. ettar und bän. edder heißt Eiter, Schlangengift).

Himbeere, engl. hind-berry, (Beere der Hindin) bän. hind-baer, himbaer, schweb. hinnbaer, ist die Frucht des Rubus Idaeus; bei Toitenwinkel sollen sie Hinselbeeren genannt werden.

Höltik- (d. h. Holz) Appel und — Beer sind die Früchte der wilden Apfel- und Birnbäume.

Huber ist corrumpirt aus Hedera (terrestris), dem pharmaceutischen Namen für Glechoma hederacea; vergl. Habbik.

Hülsbusch, holländ. hulst, angelsächs. holegn, engl. holly, ist Ilex Aquifolium, anderweitig auch Stechpalme genannt, wegen des Gebrauchs, den die katholische Kirche am Palmsonntage hin und wieder von den immergrünen Blättern dieses Strauches macht, wie Göthe dies in folgenden Zeilen erklärt:

„Im Vatican bedient man sich
Palmsonntags ächter Palmen,
Die Cardinäle beugen sich
Und singen alte Psalmen.

Dieselben Psalmen singt man auch,
Oelzweiglein in den Händen,
Muß im Gebirg zu diesem Brauch
Stechpalmen gar verwenden,
Zuletzt, man will ein grünes Reis,
So nimmt man Weidenzweige" —

und zwar nahm man ehemals in Norddeutschland dazu die Zweige der schönen, schon sehr früh im Jahre blühenden Saalweide (Salix caprea), die daher hier auch noch hin und wieder Palmweide genannt wird.

Hundeblume, Hundecamille Anthemis Cotula.

Hundsbeer s. Foßbeeren.

Ibenboom, Eibenbaum Taxus baccata, so benannt, weil sein zähes Holz früher zur Anfertigung der Eiben (d. i. Armbruste) und Bogen benutzt wurde.

Iloff Hedera Helix.

Johannisblut Scleranthus perennis, an dessen Wurzeln der scharlachrothe Coccus polonicus lebt.

Iper, die kleinblätterige Ulme, Ulmus campestris.

Kattenkees s. Hasenpöppel.

Kenster, Marentaken soll Viscum album genannt werden.

Kettik s. Bullenpäsel.

Klaap Pedicularis palustris? (Siemſſen).

Klette, plattdeutſch: Klieben (Lappa spec.), heißt im engl. burr, im Schweb. burrar und im Dän. burrer und burre, dieſer Name ſcheint in den deutſchen Dialecten aber nicht vorzukommen.

Klewer, hochdeutſch: Klee; däniſch: klefver; engl. clover.

Klöter-Jacob (Klapper-Jacob) Rhinanthus Crista galli. Dieſe Pflanze führt auch den Namen Dowe (taube) Rattel, engl. rattle-grass, däniſch rassel, — lauter Namen, die von dem Umſtande ent-lehnt ſind, daß ihre Samen in den Kapſeln „klötern oder raſſeln.‟

Knickelbeeren ſind die Früchte der Fragaria collina (nicht vesca!) weil das Abpflücken derſelben vom Kelche einen knackenden Ton erzeugt.

Knirk ſ. Eenbeeren.

Knoop, ſchweb. knopp-graes iſt Centaurea Scabiosa, deren Blüthenköpfe ſehr groß und kugelig ſind: daher erklärt ſich auch der obſcöne Name Papenklöten.

Kopp-Wieb ſ. Kroppweide.

Kramsbeeren heißen auf Rügen die Früchte des Vaccinium Oxycoccos.

Krazbeeren ſollen nach Weigel und Siemſſen die Früchte des Rubus fruticosus heißen, wahrſcheinlich iſt dies aber eine Verwechs-lung mit R. saxatilis, der im Schwediſchen den Namen krass-baer führt.

Krekenboom Prunus insititia.

Kronsbeere (d. h. Kranichbeere) engl. cran-berry, Tytebeer dän. tyttebaer, Preuſſelbeere (ob von dem ſlaviſchen brussnitza durch Einſchiebung der Sylbe — el, wie in Brummelbeere von Brombeere, und Hinſelbeere von Himbeere?) auch rothe Beeſinge, — ſind alles Bezeichnungen der Früchte von Vaccinium Vitis Idaea. Schon im J. 1795, und früher, kam dieſe wohlſchmeckende Frucht in kleine Tönnchen eingemacht, unter dem Namen „Lingon‟ aus Nor-wegen nach Mecklenburg, und ſie wird hier auch noch jetzt hin und wieder von dorther eingeführt.

Kropp-Kruth iſt Tanacetum vulgare, weil es gegen den Kropf der Pferde gebraucht wird.

Kropp-Weide, Kopp-Wieb ist die geköpfte (vergl. das engl. to crop d. h. abstutzen) Salix alba, deren Stamm durch diese Behandlung eine kopfförmige Anschwellung erhält.

Kübik, dän. kidike, ist Sinapis arvensis.

Kuhblume ist in M. durchgängig Caltha palustris; auch im Dän. heißt sie koeblomer.

Kukuksfalat nennen die Kinder die säuerlich schmeckenden Blätter der Oxalis Acetosella; auch Hasenklewer heißen die Blätter.

Lügenblatt, schweb. laekeblad von laeka heilen, ist Plantago major, deren Blätter auf Wunden gelegt, für ein gutes Heilmittel galten. Der corrumpirte Name Lügenblatt hat zu einem Kinderspiele Veranlassung gegeben, indem die Kinder aus der Anzahl der aus einem durchrissenen Blatte hervorragenden Blattnerven die Anzahl der Lügen, die sie sich haben zu Schulden kommen lassen, ermitteln wollen.

Leetharl ist Lolium arvense; sollte der Name mit dem englischen darnel zusammenhängen?

Liesch, Lüsch, Rusch werden die breiten, schwerdtförmigen Blätter monocotyledonischer Wasserpflanzen (Iris, Typha) genannt. Erstere Namen könnten mit dem Namen flower de luce zusammenhängen, den die Schwerdtlilie (Iris) im Englischen führt.

Liese, die Faule, ist Anagallis arvensis.

Lilgenconfalgen, eine Corruption aus Lilium convallium, dem pharmaceutischen Namen der Convallaria majalis.

Lingon s. Kronsbeeren.

Löhn, dän. lönn, schweb. lonn, lunn, ist Acer platanoides.

Lünich, dän. lemmike, ist Veronica Beccabunga.

Lungraff Lobaria pulmonaria.

Luusbeeren, d. i. Läusebeeren (wegen der rauhen, kratzenden Samenkörner), s. Hambutten.

Luuskrut heißt bei Ludwigslust Pedicularis palustris, weil dort, wo diese Pflanze wächst, das Heu nur lausig (d. h. schlecht) gedeihet. Im Dän. entsprechend: luuseurt, luusegraes.

Maibuche, Rothbuche Fagus sylvatica.

Marentaken s. Kenster.

Marl ist Melica coerulea.

Mar-retsch, engl. horse-radish, ist Cochlearia Armoracia; dieser Etymologie gemäß ist also auch im Hochdeutschen „Märrettig" zu schreiben, da der Name von Mähre = Pferd, und nicht von Meer abzuleiten ist. — Andere Beispiele ähnlicher aus Mißverstand des Plattdeutschen entsprungener hochdeutscher Wortverdrehungen bieten die Namen Maulwurf und Reitwurm dar, welche Mullwurf und Reißwurm lauten müssen, so wie die bekannte Redensart: „sein Schäfchen ins Trockene bringen," in welcher aus dem „Schiffchen" (plattd. Scheepken) gar ein Schaf gemacht worden ist.

Mihre ist Alsine media.   Rode Mihre Anagallis arvensis.

Möhsch, schweb. möska, myska, myskja, dän. myske, mysike, heißt in M. der Waldmeister (Asperula odorata).

Muusklewer (Mäuseklee) ist Trifolium arvense, wegen seiner grauen, haarigen Blüthenköpfe.

Nägenknee, d. h. mit 9 Knieen versehen, dän. knaegraes, heißt Spergula arvensis, wegen ihrer vielen (bis 9) starken Internodien.

Oschen, corrumpirt aus Osterchen d. h. Osterblume, ist die um Ostern schon blühende Anemone Hepatica.

Palmweide s. Hülsbusch.

Papenklöten s. Knoop.

Plogstiert, Wriewkruth ist Ononis spinosa. Diese Pflanze wird in M. als Anzeichen eines mergelhaltigen Bodens betrachtet, ist aber doch, wo sie häufiger vorkommt, dem Landmanne sehr unangenehm, da ihre starken, zähen und tief in den Boden hinabreichenden Wurzeln beim Pflügen sehr hinderlich sind; die Pflugschar soll sich mitunter eher umbiegen, als daß sie die Wurzel herausrisse.

Pöppeltees s. Hasenpöppeln.

Poggenstohl, engl. ebenso toadstool, ist eine generelle Bezeichnung der Pilze in Mecklenburg. Was mögen nach dem Volksaberglauben die Poggen (Frösche) mit diesen Pilzen zu thun haben?

Porst und Post, diese beiden Namen werden bei uns vielfach mit einander verwechselt, ersterer gebührt aber nur dem Ledum palustre, und mit letzterem bezeichnet man in Mecklenburg die Wasserleuchter-Arten (Characeen). Im Schweb. und Dän. ist pors = Myrica Gale, ᷓᷓ

Preesterkragen, dän. praestekrage, schweb. praestkrage, ist

eine von der Gestalt der Blume hergenommene, sehr bezeichnende Benennung des Chrysanthemum Leucanthemum.

Preusselbeeren s. Kronsbeeren.

Puttgnaben s. Bullgrawen.

Quecke (spottweise auch wohl Sandklewer genannt,) engl. quickgrass, schweb. quicka, quickrot, quickhwete, dän. quikku, quikketa, ist Triticum repens, weil es so quick d. h. voller Lebenskraft und schwer auszurotten ist. — Von eben diesem Worte stammt auch ab der Name:

Quitschenboom, engl. quicken-tree, wohl so benannt wegen der lebhaften rothen und weithin scheinenden Farbe ihrer Beeren. =

Rakel s. Klöterjacob.

Reeth, engl. reed, ist Phragmites communis. Im hochdeutschen hat sich der Name nur in dem Worte Riedgras (Carex) erhalten.

Remaas, ein jetzt verschollener Name, den noch im 16. Jahrhundert in Vorpommern das Allium ursinum führte, gehört wohl der slavischen Sprache an. In Schlesien heißt die Pflanze noch jetzt Ramisch.

Rode Mihre s. Mihre.

Röleke, dän. und norweg. röllike, schweb. rölleka, ist Achillea Millefolium.

Rothbuche s. Maibuche.

Rusch s. Bullenpäsel.

Saalweide ist Salix caprea, im Dänischen Selje Vidje, Schwedisch Sälg.

Säkel, Säter s. Aegel.

Salomonsjägel, — siegel (hochd.), Salomons Segl, S. Signet (dänisch), Salomon's Seal (engl.) Sceau de Salomon (franz.), trägt seinen Namen von den kreisrunden, siegelförmigen Narben, die der absterbende Stengel am Wurzelstock zurückläßt. Eine so wunderbar von der Natur gezeichnete Pflanze mußte nothwendig früher officinell sein.

Salzkraut, schweb. salt-graes, ist Triglochin maritimum, welches salzhaltige Standorte liebt, obgleich es nicht ausschließlich an solchen vorkommt.

Schalmboom, dän. und schweb. alm, ist Ulmus campestris.

Schawrusch (nicht Schaffrush!) engl. shavegras, schweb. skafroer von skafva schaben, also Schabe-gras oder -rohr, ist Equisetum hiemale, dessen rauhe Stengel zum Glätten und Abschaben von verschiedenen Handwerkern benutzt werden. Die Endsylbe Rusch ist schon erklärt.

Schinnwatt, in der Umgegend von Münster (Westphalen) Schienesoot, ist Chelidonium majus.

Schmargeln und Schmarten sollen die Beeren des Rubus alpinum benannt werden.

Schnittgras sind Carex spec., wegen der scharfen, beim Abpflücken schneidenden Kanten, welche die Stengel mancher Arten haben. Der hochdeutsche Name Segge findet sich auch in dem engl. sedge wieder. Vergl. Reeth.

Schriep wird in der Umgegend von Sülz Plantago maritima genannt.

Schwabengrütze sind die Samenkörner des Mannagrases (Glyceria fluitans).

Schwäubel sind die Wasserranunkeln (Batrachium aquatile divaricatum, fluitans), oder auch Potamogeton spec., also ein Collectivname, wie Grundnettel.

Schwienkohl (d. h. Schweine-) ist Sonchus oleraceus und asper.

Schwulstkruth, Vögelkruth ist Senecio vulgaris.

Spierboom ist Sorbus torminalis.

Spillboom d. h. Spindelbaum (engl. spindle-tree) ist Evonymus europaeus.

Sprikkern, schweb. sprakved d. h. Holz, welches im Feuer knackt oder prasselt, ist Rhamnus Frangula.

Spriklilgen, Waldwinde, engl. woodbine (vielleicht aus woodbind, d. h. auch Waldwinde, corrumpirt?) ist Lonicera Periclymenum.

Sprockwied (sprock = brüchig) ist Salix fragilis.

Stähkkührn (d. h. Stechkörner) sind die als Volksmittel gegen Seitenstechen verwandten Samen der Datura Stramonium und des Silybum Marianum.

Stah up unb gah weg (ſtehe auf unb wanbele!); mit dieſem Namen bezeichnete man nach Simon Pauli ſchon um das J. 1640 in Meklenburg Erythraea Centaurium, unb zwar ohne Zweifel, weil dieſe Pflanze früher als Mittel gegen das Podagra gebraucht wurde. — In neuerer Zeit ſcheint aber jener Name für dieſe Pflanze gänzlich verloren gegangen zu ſein, unb man hat ihn irrthümlich auf die etwas ähnliche Gentiana campestris übertragen, wo er aber gar nicht motivirt iſt. F. Schultz ſagte mir vor etwa 25 Jahren einmal, daß man damals jene beiden Pflanzen ſo benenne, — jetzt verſteht man nur noch die letztere allein darunter.

Stechpalme ſ. Hülsbuſch.

Stiernſchott d. i. Sternſchuß ober — ſchuuppe, iſt Nostoc commune, welches ſich nach warmem Regen oft plötzlich in Menge auf den Wieſen zeigt; daher im Schweb. ähnlich sky-fall d. h. aus den Wolken gefallen, unb im Dän. skyefald.

Stinkſtruhk ſ. Adebarskasbeern.

Sührken, dat rohde, iſt Rumex Acetosella.

Taage (d. h. zähe) Aeſche ſ. Aeſche.

Teufelsabbiß (Succisa pratensis), dievelsbid (dän.), devil's-bit (engl.), mors de diable (franz.), iſt von dem Eindruck der Zähne ſo benannt, den man an der Wurzel zu bemerken glaubte unb den man dem Teufel zuſchrieb; er biß die Wurzel ab, weil er ihre Heil-kraft (gegen Zauberei) den Menſchen nicht gönnte.

Theerbeeren ſ. Boarnbreck.

Thremſe iſt Centaurea Cyanus.

Thunriebe iſt ein Collectivname für verſchiedene die Zäune durchrankende Pflanzen, wie Galium Aparine, Bryonia alba, Convolvulus sepium.

Thunſiede (Zaunſeide) aber iſt Cuscuta europaea.

Tytebeeren ſ. Kronsbeeren.

Unvertreeb (d. h. was nicht vertreten werden kann) iſt Polygonum aviculare, eine äußerſt wehrſame Pflanze, die daher auch im Schweb. den Namen trampgraes d. h. Tretgras führt.

Bögelkruth iſt Senecio vulgaris, ein Lieblingsfutter für manche Stubenvögel, wie z. B. die Canarienvögel; ſ. auch Schwulſtkruth.

Walbwinde f. Sprikfilgen.

Wäpelburn soll Rosa canina sein; ebenso auch Weichelburn und Weichselburn, doch möchte ich glauben, daß mit letzteren Namen, wie mit dem schweb. wigeltorn, vielmehr Rhamnus catharcticus bezeichnet werde.

Weebwinde ist Convolvulus arvensis.

Weißbuche f. Hagebuche.

Weizen stammt von dem gothischen hvaiteis.

Wesselbeeren (b. h. Weichsel-) heißen im Plattdeutschen die Vogelkirschen (Prunus avium).

Wieb (Weide) f. die verschiedenen Arten unter „Amts=W., Bitter=W., Blank=W., Brook=W., Elf=W., Gähl=W., Kopp=W., Kropp=W., Palm=W., Saal=W., Sprock=W.‟

Wintergrön (—grün) ein Collectivname für verschiedene immergrüne Pflanzen, wie Hedera und Vinca; im Dän. bez. vintergrön Hedera, Pyrola und? Trientalis.

Witt Wäselken, b. h. weißes Wieselchen, ist Draba verna.

Wöbenbunk Cicuta virosa.

Wörmth, engl. worm-wood b. h. Wurmholz, ist Artemisia Absinthium; Water=W. ist A. maritima.

Wriewkruth f. Plogstiert.

Wulverlei, b. h. Wohl verleih, ist Arnica montana.

Zesenbraam ist Mentha viridis.

III. Das Bürgerrecht.

Hinsichtlich des dritten Punktes auf den ich bei meiner Arbeit besonders Rücksicht genommen habe, tritt uns sogleich die Frage entgegen: „darf jede innerhalb der Landesgränzen gefundene Pflanze mit gleichem Rechte Anspruch an das Bürgerrecht erheben, oder sind in dieser Beziehung bestimmte Unterschiede zwischen ihnen zu machen?‟ Ich glaube, daß letzteres geschehen muß, indem man einen viel klareren Ueberblick über die Landesflora gewinnt, wenn

man ihre Bestandttheile nach verschiedenen Kategorien trennt.
Ich unterscheide demnach in unserer Landesflora die einge=
borenen, die recipirten und die erratischen Pflanzen als
besondere Gruppen.

1. Unter den eingeborenen oder Urpflanzen verstehe
ich natürlich nicht diejenigen Pflanzen, welche während einer
der früheren geologischen Epochen zuerst auf dem Raume
der Erdkugel, welcher jetzt Mecklenburg genannt wird, em=
porkeimten, sondern diejenigen, welche in dem ersten Zeit=
raume der gegenwärtigen Epoche, bevor der Mensch seinen
cultivirenden Einfluß auf unseren Boden ausübte, sich aus
freien Stücken hier ansiedelten. Dies geschah nachdem die
tertiäre Flora, deren reiche, leider noch unerforschte Reste
in den Braunkohlenlagern bei Malliß und Parchim be=
graben liegen, durch die Diluvialkatastrophe vernichtet wor=
den war, denn durch diese erhielt unser Boden eine neue,
aus den Trümmern zerstörter Felsmassen bestehende Decke.
Wie diese sich wieder mit neuem Pflanzenwuchs, — dem
Grundbestandtheil unserer jetzigen Flora, — bekleidete, ist
ein Räthsel zu dessen vollständiger Lösung uns die Hülfs=
mittel durchaus fehlen. Einzelne Arten tertiärer Pflanzen
mögen in ihren Samen jene Katastrophe überdauert haben
und von Neuem auf dem Diluvium emporgekeimt sein;
die Samen anderer mögen uns mit den Diluvialmassen
selbst aus nördlicheren Gegenden zugeführt sein[1]; andere

---

1. Auf diesen Gegenstand hat G. Brückner zuerst meine Auf=
merksamkeit gelenkt, und damit einen neuen Berührungspunkt zwischen
den Botanikern und Geognosten Mecklenburgs aufgefunden. Wenn
diese Hindeutung auch jetzt noch ohne bestimmte Begründung dasteht,
so kann sie vielleicht bei fernerer besonnener Forschung eine solche er=
halten, und dann zu interessanten wissenschaftlichen Folgerungen führen,

wurden über den neuen Boden hin durch Wind, Vögel und
andere Zufälle verbreitet, deren nähere Erörterung für uns
von keinem erheblichen Interesse sein kann. Wie viel Zeit
darüber verfloß, bevor das Land seinen neuen, aus den
eben bezeichneten Bestandtheilen zusammengewebten Pflanzenteppich erhielt, kann uns ebenfalls gleichgültig sein; die
Hauptsache für uns ist es, daß bei allen diesen Vorgängen
die Mitwirkung des Menschen völlig ausgeschlossen war.
Diese Pflanzen, welche sich ohne alle menschliche Beihülfe
in der Urzeit der jetzigen geologischen Epoche hier ansiedelten, und welche auch jetzt noch immer der Zahl ihrer
Arten nach ein großes Uebergewicht über die späteren Ein-
bringlinge behaupten[1], betrachte ich als den wichtigsten Theil,
den eigentlichen Stamm unserer Flora; ihnen, deren An-
siedlung allein durch Naturgesetze und Naturkräfte bedingt
war, würde, wenn man mit aller Strenge verfahren wollte,
auch nur allein das Bürgerrecht in unserer Flora zukommen.

2. Neben diesen Pflanzen hat sich aber später, seit
Menschen dies Land bewohnten und cultivirten, noch eine
ansehnliche Zahl von Arten unter der Aegide dieser Cultur
hier eingenistet und sich ebenso völlig heimisch gemacht,
als jene ersten Ansiedler es schon waren. Diese Pflanzen

weßhalb man sie im Auge zu behalten hat. Vielleicht, daß es noch
einmal gelingt, eben so für die auffallenden Verbreitungskreise mancher unserer Pflanzen bestimmte, durch die Diluvialbildung bedingte
Ausgangspunkte nachzuweisen, wie dies schon jetzt in Betreff mancher
Gesteine, aus denen die Diluvialmassen bestehen, der Fall ist.

1. Fast völlig rein hat sich die große, wenigstens zwei Drittheile
der mecklenburgischen Pflanzenarten enthaltende Classe der Acotyle-
donen von späteren Beimischungen erhalten, indem wir nur ein
einziges Lebermoos und einige wenige auf bestimmten cultivirten
Pflanzen schmarotzirende Pilze als solche nachweisen können.

sind es, welche ich unter dem Namen der recipirten oder eingebürgerten zusammenfasse, und welche einen zweiten, secundären Bestandtheil unserer Flora bilden. Diese recipirten Pflanzen sind theils solche, welche man in früherer Zeit als Nahrungspflanzen, Färbepflanzen, officinelle Pflanzen und auch Zierpflanzen allgemeiner cultivirte, und welche entweder aus angebornem Freiheitstrieb der Aufsicht entschlüpften, oder, weil man ihrer bei verändertem Culturzustande nicht mehr bedurfte, vernachlässigt die dargebotene Freiheit benutzten, und nun in Feld und Wald entschlüpfend, sich in ihrer Lebensweise den alten Bürgern unserer Flora völlig gleich stellten, wie dies z. B. mit Humulus Lupulus, Cochlearia Armoracia, Carum Carvi, Oenothera biennis, Anthemis arvensis, Onopordon Acanthium, Acorus Calamus, Datura Stramonium, Hyoscyamus niger, Artemisia Absinthium, Ornithogalum nutans u. s. w. der Fall gewesen zu sein scheint. Noch weit zahlreicher aber waren diejenigen Pflanzen, welche seit den ersten Anfängen der Acker- und Garten-Cultur hieselbst als unzertrennliche Begleiter der Culturpflanzen, wider den Willen des Menschen, mit diesen zusammen als Unkräuter in das Land eingeschleppt wurden, und welche vermöge ihrer kosmopolitischen Natur, welche leider auch so vieles thierische Ungeziefer besitzt, dies Land bald völlig als ihre Heimath zu betrachten anfingen[1]. So schleppten z. B. die Cerealien

---

1. Bei manchen dieser Pflanzen ist aber (worauf Wahlenberg schon vor längerer Zeit aufmerksam gemacht hat,) die Einbürgerung nur eine scheinbare, indem die Samen der Unkräuter jährlich mit den Culturpflanzen unabsichtlich eingeerndtet und auch wieder ausgesäet werden; ohne menschliche Beihülfe würden sie, der winterlichen Kälte ohne Schutz Preis gegeben, bald zu Grunde gehen.

die Papaver-Arten, Agrostemma Githago, Centaurea Cyanus, Ranunculus arvensis, Lolium temulentum, Avena strigosa, Sinapis arvensis u. f. w. ein; der Lein: Camelina sativa, Neslea paniculata, Lolium arvense, Lepidium sativum, Cuscuta epilinum; der Hanf: die Orobanche ramosa, die Küchengewächse: Euphorbia Peplus, Solanus nigrum, Fumaria officinalis u. f. w. Einzelne Arten endlich haben auch durch anderweitige Zufälle noch in neuerer Zeit sich völlig bei uns eingebürgert, wie z. B. Erigeron canadense, Leersia oryzoides und? Alyssum calycinum; noch andere scheinen sogar noch gegenwärtig damit beschäftigt zu sein,. wie z. B. Galinsogea parviflora, Rudbeckia laciniata und Collomia grandiflora.

3. Zu allen diesen vorstehend bezeichneten Pflanzen gesellen sich nun noch einige, die ich mit dem Namen der erratischen bezeichne. Ich verstehe darunter solche, welche durch ihren frembartigen Character, ihr vereinzeltes und unbeständiges Vorkommen und ihre auffallenden Standorte als nur temporär verwilderte oder durch Zufall ausge= säete Pflanzen sich zu erkennen geben. So ist z. B. durch Zufall manche cultivirte Pflanze zeitweise den Gärten ent= schlüpft, was namentlich bei Ludwigslust geschehen ist, wo im Laufe des letzten Jahrhunderts theils in den fürstlichen, theils in privaten Gärten so viele ausländische Arten ge= zogen worden sind, von denen nun z. B. Epimedium al= pinum, Potentilla recta, Rosa pimpinellifolia, Ompha= lodes verna, Geranium phaeum, Biotia macrophylla, Allium carinatum und manche andere über die Grän= zen der Gärten hinausgeschweift sind, — lauter Pflanzen, welche unserer eingebornen norddeutschen Flora völlig fremd

finb. Manche Gartenpflanzen werden auch nicht selten mit
Dung auf die Felder verschleppt, wo sie sich dann auf
längere oder kürzere Zeit in kleinen Colonien ansiedeln,
wie z. B. Ornithogalum umbellatum, Muscari botryoides
u. a. Andere Fremdlinge zeigen sich hin und wieder unter
dem Getreide, der Luzerne, dem Lein, aber stets nur vereinzelt und bald wieder verschwindend, weil ihr Same nur
zufällig mit ausländischer Saat eingeführt wurde und sie
sich hier nicht zu acclimatisiren vermögen, wie dies z. B.
der Fall ist mit Adonis aestivalis, Papaver hybridum,
Saponaria Vaccaria, Silene noctiflora, Centaurea solstitialis und Calcitrapa, Helminthia echioides, Specularia
Speculum. Noch andere Pflanzen dieser Art kommen
endlich zufällig durch Schiffsverkehr an unsere Küsten, und
zeigen sich an den Ballaststellen unserer Häfen und in der
Nähe derselben, was namentlich bei Warnemünde und
Rostock schon mehrfach beobachtet worden ist (z. B. Fumaria
densiflora, Diplotaxis tenuifolia, Hordeum maritimum,
Bunias orientalis).

Alle diese erratischen Pflanzen können nun ebenso
wenig auf das Bürgerrecht in der mecklenburgischen Flora
Anspruch machen, als z. B. die nordafrikanische Otis hou-
bara und die südeuropäische Sphinx Nerii zu unserer Fauna
gehören, obgleich beide schon einmal innerhalb der Gränzen
unseres Landes als Streifzügler gesehen worden sind. Erwähnt müssen in den Florenverzeichnissen zwar auch diese
verirrten Pflanzen werden, es muß aber in der Weise geschehen, daß sie als ein fremdartiger Bestandtheil der Flora
sogleich in die Augen fallen. Ich habe sie daher in dem
späterhin folgenden Pflanzenverzeichnisse zwar namhaft ge-

macht, sie aber in der fortlaufenden Reihe unserer Pflanzenbürger ohne Zahl und mit kleinerer Schrift gedruckt, ein-
geschoben, so daß sie bei den statistischen Berechnungen nicht
mit in Anschlag kommen.

Sehr wünschenswerth würde es sein, wenn wir auch
die Gruppe der recipirten Pflanzen auf gleiche Weise
aus unseren Florenverzeichnissen ausscheiden könnten, denn
sie trüben sehr wesentlich die wissenschaftliche Erkenntniß
und klare Anschauung der eigenthümlichen Landesflora, indem sie deren individuelle Eigenthümlichkeit verdunkeln und
besonders die Vergleichung verschiedener Floren mit einander sehr trüglich machen. Will man z. B. zwei deutsche
Florengebiete (etwa die von Meklenburg und Nassau) mit einander vergleichen, und berechnet, wie viele gemeinschaftliche
Pflanzen beide haben, und wie viele jedem dieser Länder
nur allein zukommen, so wird man, wenn die recipirten
Pflanzen nicht vorher ausgeschieden werden, zu einem gänzlich falschen Schlusse über den Grad der Verwandtschaft
zwischen diesen Floren gelangen, indem die große Anzahl
der in beiden eingebürgerten Pflanzen dieselbe weit größer
erscheinen lassen wird, als sie in der That ist, wenn man
nur die ihnen ursprünglich angehörigen in Anschlag bringt.
Für die wissenschaftliche Betrachtung der Landesflora wäre
es also, wie gesagt, sehr vortheilhaft, wenn man auch alle
diese Eindringlinge ganz unberücksichtigt lassen könnte, —
allein dem steht leider ein großes Hinderniß dadurch im
Wege, daß man bei vielen Pflanzen nicht mit Bestimmtheit nachweisen kann, ob sie eben Eindringlinge sind, oder
nicht. Zwar tragen sie eine Art von Geburtsschein in der
eigenthümlichen Weise ihres Vorkommens bei sich, indem

sie meistens ausschließlich, oder doch vorzugsweise auf cultivirte Plätze beschränkt sind, und daher wohl anzunehmen
ist, daß sie, bevor es Bodencultur im Lande gab, aus
Mangel an zusagenden Wohnplätzen nicht vorhanden waren;
allein allzu fest dürfen wir auch auf diese Annahme nicht
bauen, da (wie Röper schon darauf hingewiesen hat,) auch
einzelne Urpflanzen, deren Wohnplätze sich die Cultur be-
mächtigte, sich auf die cultivirten Räume geflüchtet und
dort auch behauptet haben mögen. Doch dürfen wir wohl
alle diejenigen Pflanzen wenigstens, welche durch weite
Ländergebiete hindurch gleichmäßig und ausschließlich nur
an cultivirten Orten vorkommen (wie sehr auch die Urpflanzen in diesen Ländern verschieden sein mögen), als
fremde Eindringlinge betrachten, und von diesem Grund-
satze ausgehend, werde ich in der später folgenden Uebersicht
unserer Flora alle diejenigen Arten, bei denen es mir
wahrscheinlich ist, daß sie in die Kategorie der recipirten
Pflanzen gehören, zwar nicht aus der Zahl unserer Pflanzenbürger ausschließen, aber doch durch einen vorgesetzten S t e r n
sogleich kenntlich machen.

Stellen wir alle unserer Flora ursprünglich fremden Pflanzen, nach der Art, wie sie ihr Eindringen in
Meklenburg bewerkstelligt haben mögen, zusammen, so
wird sich etwa folgendes Resultat ergeben:

1. Es haben sich wider den Willen des Menschen,
in den meisten Fällen aber doch mit dessen unabsichtlicher
Beihülfe, eingeschlichen und vollständig eingebürgert:

Ranunculus arvensis.	Papaver Rhoeas.
Delphinium Consolida.	dubium.
Papaver Argemone.	Chelidonium majus.

Fumaria officinalis.
Barbaraea praecox.
Sisymbrium officinale.
Erysimum cheiranthoides.
Sinapis arvensis.
Alyssum calycinum.
Camelina sativa.
Thlaspi arvense.
Lepidium campestre.
    sativum.
Senebiera Coronopus.
Neslea paniculata.
Raphanus Raphanistrum.
Agrostemma Githago.
Oxalis stricta.
    corniculata.
Ervum hirsutum.
    tetraspermum.
Oenothera muricata.
Bryonia alba.
Falcaria Rivini.
Aethusa Cynapium.
Caucalis daucoides.
Chaerophyllum bulbosum.
Sherardia arvensis.
Asperula arvensis.
Valerianella olitoria.
    coronata.
    dentata.
    Auricula.
Erigeron canadensis.
Anthemis arvensis.
    Cotula.
Chrysanthemum segetum.
Senecio vulgaris.

Cirsium arvense.
Carduus acanthoides.
Onopordon Acanthium.
Centaurea Cyanus.
Sonchus oleraceus.
    asper.
Xanthium Strumarium.
Campanula Rapunculus.
    rapunculoides.
Cuscuta Epilinum.
Lithospermum officinale.
    arvense.
Anchusa arvensis.
Solanum nigrum.
Hyoscyamus niger.
Antirrhinum Orontium.
Linaria minor.
    Elatine.
    vulgaris.
Veronica agrestis.
    Buxbaumii.
    hederaefolia.
Melampyrum arvense.
Orobanche ramosa.
Nepeta Cataria.
Lamium amplexicaule.
    purpureum.
Galeopsis Ladanum.
    ochroleucum.
Stachys arvensis.
    annua.
Marrubium vulgare.
Leonurus Cardiaca.
    Marrubiastrum.
Anagallis arvensis.

4

Chenopodium hybridum.
 urbicum.
 murale.
 album.
 glaucum.
 polyspermum.
 Vulvaria.
Blitum bonus Henricus.
 rubrum.
Artiplex roseum.
Polygonum Convolvulus.
 dumetorum.
Euphorbia helioscopia.
 Peplus.
 exigua.
Mercurialis annua.
Urtica urens.
 dioica.

Panicum filiforme.
 crus galli.
Setaria verticillata.
 viridis.
 glauca.
Alopecurus agrestis.
Leersia oryzoides.
Apera Spica venti.
Avena strigosa.
 fatua.
Bromus secalinus.
. mollis.
 arvensis.
Gaudinia fragilis.
Hordeum murinum.
Lolium temulentum.
 perenne.
 arvense.

2. Verwilderte, der Cultur entflohene Pflanzen, von denen nur die mit einem * bezeichnete Minderzahl als local oder allgemein eingebürgert zu betrachten ist, sind nach meinem Dafürhalten folgende:

Eranthis hiemalis.
Helleborus viridis.
 foetidus.
Berberis vulgaris.
Epimedium alpinum.
Brassica oleracea.
 Rapa.
 Napus.
 nigra.
*Sinapis alba.
Hesperis matronalis.
*Cochlearia Armoracia.

*Viola odorata.
*Reseda luteola.
*Saponaria officinalis.
Silene Armeria.
 conica.
Malva mauritiana.
Geranium phaeum.
 pyrenaicum.
Erodium moschatum.
Cytisus nigricans.
Medicago sativa.
*Melilotus alba.

*Trifolium pratense.
    *repens.
Galega officinalis.
Ervum monanthos.
*Prunus insititia.
    *avium?
Potentilla recta.
    alba.
Rosa pimpinellifolia.
    cinnamomea.
    turbinata.
*Oenothera biennis.
Portulaca oleracea.
Sedum album.
    hybridum.
*Ribes grossularia.
    *rubrum.
*Carum Carvi?
Bupleurum rotundifolium.
Levisticum officinale.
*Pastinaca sativa?
Anthriscus Cerefolium.
Sambucus Ebulus.
    *nigra?
Aster salicifolius.
    Novi Belgii.
Biotia macrophylla.
*Inula Helenium.
Galinsogea parviflora.
Rudbeckia laciniata.
Helianthus tuberosus.
*Artemisia Absinthium.
    pontica.
*Matricaria Chamomilla?
*Chrysanthemum Parthenium.

*inodorum.
Calendula officinalis.
Echinops sphaerocephalus.
Silybum marianum.
Tragopogon porrifolius.
Lactuca virosa.
Ligustrum vulgare.
Collomia grandiflora.
Omphalodes verna.
Borago officinalis.
Physalis Alkekengi.
Nicandra physaloides.
Atropa Belladonna.
Lycium barbarum.
*Datura Stramonium.
Verbascum speciosum.
    Blattaria.
Scrophularia vernalis.
Elsholtzia cristata.
Amaranthus Blitum.
    retroflexus.
Blitum virgatum.
Atriplex hortense.
Daphne Mezereum.
*Aristolochia Clematitis.
*Parietaria officinalis.
Cannabis sativa.
*Humulus Lupulus.
*Acorus Calamus.
Narcissus Pseudo-Narcissus.
Leucojum vernum.
    aestivum.
Tulipa sylvestris.
*Ornithogalum nutans.
    umbellatum.

4*

Allium Schoenoprasum.

    carinatum.

*Muscari botryoides.

Colchicum autumnale.

*Panicum sanguinale.

Phalaris canariensis.

Avena flavescens.

Lolium italicum.

3. Für verirrte, b. h. nur zufällig mit anderen Sämereien verstreuete, aus den Gärten entflohene, oder durch den Schiffsverkehr mit der Ballasterde fremder Länder an unsere Küste verschleppte Pflanzen, welche nur zeitweise in unserer Flora auftauchen und immer bald wieder verschwinden, halte ich folgende:

Adonis aestivalis.

Papaver hybridum.

Fumaria densiflora.

Arabis pauciflora.

Diplotaxis tenuifolia.

Lepidium latifolium.

Bunias orientalis.

Viola uliginosa?

Reseda lutea.

Saponaria Vaccaria.

Silene noctiflora.

Dianthus barbatus.

Lathyrus tuberosus.

Ononis arvensis.

Medicago maculata.

Rosa lucida.

Scandix Pecten.

Asperula tinctoria.

Carduus pycnocephalus.

Centaurea calcitrapa.

    solstitialis.

Helminthia echioides.

Specularia Speculum.

Nonnea pulla.

Linaria arvensis.

Echinopsilon hirsutus.

Obione portulacoides.

Chenopodium Botrys.

Polygonum tataricum.

Calamagrostis litorea.

Avena brevis.

Polypogon monspeliensis.

Poa procumbens.

Hordeum maritimum.

Lunularia vulgaris.

4. Endlich kommen auch noch einige für unsere Flora zweifelhafte Pflanzen in Betracht. Es sind dies theils Pflanzen, deren ganzes Vorkommen zweifelhaft ist, da dasselbe niemals durch einen bestimmt nachweisbaren

Fund dargethan worden ist, theils diejenigen, bei denen die Richtigkeit der specifischen Bestimmung Zweifel erweckt. Es gehören in diese Kategorien:

Glaucium luteum.	Pulmonaria angustifolia.
Viola persicifolia.	Veronica praecox.
Dianthus arenarius.	Teucrium Scorodonia.
Cerastium brachypetalum.	Utricularia spectabilis.
Trapa natans.	macroptera.
Bryonia dioica.	Asarum europaeum.
Galium parisiense.	Narthecium ossifragum.
Convolvulus Soldanella.	Stipa pennata.

Welche Ursache des Zweifels in Betreff jeder einzelnen der hier aufgezählten Pflanzen obwaltet, wird in der systematischen Uebersicht der Flora genauer erörtert werden, da diese ohne Ausnahme alles enthalten wird, was bis jetzt (mit Recht oder Unrecht) zur meklenburgischen Flora gerechnet worden ist. Wie sehr man daher auch von den Principien abweichen möge, welche ich bei dem später folgenden Floren=Verzeichnisse befolgt habe, so wird es doch bei dem practischen Gebrauche, wie ich hoffe, Niemand im Stiche lassen; denn wenn man nur wissen will, was bis jetzt gefunden worden ist und wo es vorkommt, so bleibt es gleichgültig, ob eine Pflanze als Species, Varietät oder Bastard, aufgeführt, und ob ihr das Bürgerrecht ertheilt oder vorenthalten worden ist.

Standorte habe ich nur bei den Phanerogamen, Farnen und Algen angeführt, und zwar auch nur bei den seltneren, nicht allgemein durch das Land verbreiteten Pflanzen. Auch hier that eine Revision sehr Noth, und ich habe stillschweigend manchen verdächtigen Fundort, der

von meinen Vorgängern angegeben war, ausgeschlossen. —
Den einzelnen Arten Beschreibungen hinzuzufügen,
würde eine überflüssige Raumverschwendung sein, da es
ja schon so viele allgemeine deutsche Floren mit Gattungs-
und Speciesdiagnosen giebt (z. B. von Garcke für die
Phanerogamen und von Rabenhorst für die Kryptogamen),
aus denen der Botaniker sich Raths erholen kann.

IV. **Geographische Verbreitung der Pflanzen.** [1]

Wenn auch das gesammte Gebiet unserer Flora nur
klein ist, indem es nur einen Flächenraum von etwa 292
☐M. umfaßt, so treten darin dennoch, wenn man die
geographische Verbreitung der einzelnen Pflanzen ins Auge
faßt, einige der näheren Berücksichtigung werthe Erscheinungen hervor. Da unserem Lande Gebirge gänzlich fehlen,

---

1. Bei der Ausarbeitung dieses Abschnittes ist mir das botanische Tagebuch sehr zu Statten gekommen, welches ich auf den
Rath meines Oheims G. Brückner seit dem Jahre 1834 über alle
meine Excursionen geführt, und worin ich Namen und Standort jeder Pflanze aufgezeichnet habe, die mir von einigem Interesse
zu sein schien. Jetzt thut es mir Leid, daß diese Notizen nicht noch
umfangreicher ausgefallen sind, denn vieles, was mir damals der
Aufzeichnung nicht werth schien, hat bei der vorliegenden Arbeit große
Bedeutung für mich erlangt. — Durch eigene Erfahrung belehrt,
kann ich daher nicht unterlassen allen denen, welche die Natur zu
ihrem Studium machen, noch einmal (vergl. Archiv IV. 178 ff.) dringend ans Herz zu legen, alle ihre Beobachtungen sogleich an
Ort und Stelle niederzuschreiben, und die eingesammel-
ten Objecte sogleich sorgfältig zu etikettiren. Ich berufe mich
für diesen Rath auf eine Autorität, die kein Naturforscher unbeachtet
lassen darf, — auf Saussüre. Derselbe sagt: „Eine sehr häufige
Quelle von Irrthümern ist es, wenn man der Treue seines Gedächt-
nisses oder der Richtigkeit seiner ersten Wahrnehmung ein allzu großes
Vertrauen schenkt. Zu diesen beiden Arten von Vertrauen ist man
sehr leicht geneigt, und man kann sich gegen die häufig aus denselben
entspringenden Irrthümer nur dadurch sichern, daß man sogleich an

— denn die höchsten Erhebungen des Bodens erreichen kaum die Höhe von 600 Fuß, — so können auf diesem kleinen Areale klimatische Ursachen, die sonst einen so bedeutenden Einfluß auf die Vertheilung der Pflanzen ausüben, hier zur Erklärung der angedeuteten Erscheinung nicht herbeigezogen werden. Es verbleibt uns dazu nur die verschiedenartige geognostische Beschaffenheit des Bodens in einzelnen Landestheilen, so wie der Einfluß, den eine gewisse chemische Beschaffenheit des Wassers, durch welches die Wurzeln der Pflanzen getränkt werden, an einigen Localitäten auf dieselben ausübt.

Auch hinsichtlich der geographischen Vertheilung der einzelnen Pflanzenspecies läßt sich unsere Flora in mehrere Elemente zerlegen. Nämlich während gewisse Species in größerer Anzahl durch das ganze Gebiet ziemlich gleich-

---

Ort und Stelle alle Beobachtungen, welche von einiger Wichtigkeit zu sein scheinen, vorzüglich wenn sie etwas verwickelt sind, aufschreibt, und sorgfältig etikettirte Proben der Gegenstände mitnimmt, welche das Object der Beobachtung bilden: denn es sind nicht allein die seltenen und außergewöhnlichen Gegenstände, von welchen man Proben einsammeln muß. Der Zweck des Naturforschers ist nicht der, eine Sammlung von Curiositäten zusammen zu bringen, sondern er muß Proben von den scheinbar gemeinsten Dingen einsammeln, weil die genaue Untersuchung ihrer Beschaffenheit für die Wissenschaft von Interesse sein kann. Er sichert sich dadurch die Mittel seine ersten Wahrnehmungen zu bestätigen oder zu berichtigen, und tiefere Untersuchungen und Vergleichungen anzustellen, welche sogleich an dem Fundorte selbst vorzunehmen ihm unmöglich war." — An einer anderen Stelle sagt Saussüre noch über denselben Gegenstand: „Zuweilen habe ich aus kleinen Umständen Licht gezogen, die ich, ohne ihren Werth zu kennen, aus bloßer Liebe zur Genauigkeit an Ort und Stelle selbst zu Papier gebracht hatte. Allein wie oft habe ich nicht herzlich bedauert, daß ich die Aufzeichnung von irgend einem Detail vernachläßigte, dessen Werth ich erst einsah, wenn es mein Gedächtniß nicht mehr zurückrufen konnte."

mäßig verbreitet sind, andere Arten aber nur vereinzelt
und so sporadisch vorkommen, daß sich daraus bei uns
wenigstens keine gesetzmäßige Beziehung zu den geognostischen
Eigenthümlichkeiten des Bodens erkennen läßt, bleibt endlich noch eine beträchtliche Anzahl von Pflanzen übrig, bei
denen eine solche Beziehung mehr oder weniger deutlich
zu Tage tritt, indem sie entweder ausschließlich, oder vorzugsweise in Gegenden von einer bestimmten geognostischen
Bodenbeschaffenheit zum Vorschein kommen. Doch ist die
Abhängigkeit der Pflanzen von der mineralischen Beschaffenheit des Bodens hier lange nicht so groß und in
die Augen fallend, als man dies in anderen Ländern mit
schärfer ausgeprägten geognostischen Eigenthümlichkeiten gefunden haben will. „Beobachtung der einheimischen Flora,
(so habe ich mich über diesen Gegenstand schon an einer
anderen Stelle ausgesprochen [1].), würde unsere Botaniker
nimmer auf die Lehre von den bodensteten, bodenholden
und bodenvagen Pflanzen geführt haben, da erstere (mit
Ausnahme der ausschließlich auf Salzboden wachsenden,)
hier fast gar nicht vorkommen, die bodenholden aber, je
nachdem sie den Kalk, Thon oder Sand lieben, meistens
mit so geringen Quantitäten dieser Stoffe sich begnügen,
daß sie die zu ihrer Existenz nöthige Menge derselben in
unseren buntgemischten biluvialen Lagern häufig auch da
antreffen, wo keins dieser Mineralien vorzugsweise den
Character des Bodens bestimmt, — ja mitunter dem
bloßen Auge gar nicht einmal vorhanden zu sein scheint.“
Dennoch können wir, je nachdem auf der Oberfläche un-

---

1. Die Insel Rügen. Reise = Erinnerungen von E. Boll.
Schwerin 1858 S. 170.

seres diluvialen Bodens in größerer Erstreckung Haide,
Sand oder Lehm vorwaltet, auch drei diesen Bodenarten entsprechende Florengebiete unterscheiden, deren characteristische
Eigenthümlichkeit aber weniger in dem ausschließlichen Vorkommen gewisser Pflanzenarten innerhalb der einzelnen
Gebiete, als in dem häufigeren Vorkommen, der üppi-
geren Entwickelung und in der bestimmten Zu-
sammengruppirung gewisser Pflanzen besteht, von
denen wir aber die meisten vereinzelter, und mit anderen
Arten vergesellschaftet, auch noch in anderen Florengebieten
wieder antreffen. Es scheint also weniger der mineralische
Stoff des Bodens, als (wenn ich mich so ausdrücken
darf,) die ganze physische Constitution desselben zu
sein, welche die Wahl der Pflanzen auf bestimmte Standorte hinlenkt.

1. Das Hauptgebiet unserer **Haideflora** ist die
40 bis 50 ☐M. große Haideebene, welche von der Stör
und Elbe im O., der Elbe im S. W., Lauenburg im W.
und durch eine vom Nordende des Schalsees bis zur
Südspitze des Schweriner Sees gezogene Linie im N. be-
gränzt, den südwestlichen Theil Meklenburgs bildet. Sie
bildet einen Theil der großen Haidesteppe, die in Jütland
beginnend, durch Schleswig, Holstein, Hannover und
Holland bis zur Mündung der Schelde sich hinzieht, und
ist eine an Seen und Teichen sehr arme, aber von vielen
Nebenflüssen der Elbe durchzogene, von N. O. (Spiegel des
Schweriner Sees c. 118' Par.) nach S. W. (Elbspiegel
bei Dömitz 32' Par.) allmählig sich senkende Fläche, aus der
nur sporadisch und inselartig einige unbeträchtliche Bodenanschwellungen hervortreten. In malerischer Hinsicht eine

traurige Einöde, ist sie für den Geognosten von großem
Interesse. Denn außer dem mächtigen Gypsstock, der hier
bei Lübtheen und Probst Jesar auftaucht, so wie der unsern
Carenz entspringenden Salzquelle, nebst den bei eben diesem
Orte entdeckten, der Kreideformation angehörigen Lagern,
entwickelt sich in dieser Haibeebene die Tertiärformation
am mannigfaltigsten und ausgedehntesten. Man kennt
hier ein ansehnliches Braunkohlenlager, Alaunerde und
Septarienthon, — kurz, tertiäre Schichten scheinen hier
vorzugsweise die nächste anstehende Unterlage für die diluviale Bodendecke zu bilden. Letztere zeigt hier
eine ganz eigenthümliche Beschaffenheit, welche es mir
sehr wahrscheinlich macht, daß hier die Diluvialmassen
ihren Ursprung hauptsächlich zerstörten tertiären Lagern
verdanken. Denn das nordische Diluvialmaterial tritt hier
auffallend gegen die tertiären Stoffe zurück, namentlich
sind Gerölle sehr selten. Die tieferen diluvialen Boden-
schichten bestehen aus mannigfach wechselnden Lagern eines
Sandes, welcher viel feiner ist, als der gewöhnliche Di-
luvialsand, und unverkennbar aus tertiären Lagern stammt;
aber er ist nicht mehr in seiner ursprünglichen Reinheit
vorhanden, sondern mit den diluvialen Feldspathcrystallen
gemengt. Darüber pflegt die verrufene Fuchserbe zu
lagern, ein braungelber, stark eisenschüssiger und bisweilen
steinartig verhärteter Sand, welcher diesen Eisengehalt ohne
Zweifel gleichfalls zerstörten tertiären Lagern (in denen er
z. B. in Meklenburg durch den Sternberger Kuchen und
den Limonitsandstein vertreten war,) verdankt, und welcher
wahrscheinlich wieder das Material zur Bildung des Ra-
seneisensteines abgiebt, der in so großer Menge in der

Haideebene vorkommt. Die oberste Decke des Bodens, wo der flüchtige Sand nicht unmittelbar zu Tage tritt, bildet ein saurer, kohlig=harziger Humusboden, zu dessen Bildung wahrscheinlich zerstörte tertläre Torfmoore, vielleicht auch Braunkohlenlager, das hauptsächlichste Material hergegeben haben.

Stellenweise tritt auch auf größeren Strecken der feine und daher auch sehr flüchtige Sand unmittelbar zu Tage. Wer ihn genauer kennen lernen will, darf nur einmal die beweglichen Felder von Bokup, Wendisch=Wehningen oder Belsch (südwestlich von Schwerin) im trockenen Sturme gesehen haben. Auf halbe Meilen weit trüben gelbe Sandwolken die Luft bis zu einer Höhe von mehr als 100', und der Landmann ist in solchen Gegenden genöthigt, seine Felder durch Anpflanzung von Tannen vor der Versandung zu schützen, aber auch diese vermögen nur unter dem Schutze von Tannenreifern, mit denen die ganze junge Pflanzung überdeckt werden muß, Wurzel zu fassen und empor zu wachsen. Ein kleines Loch in der schwachen Narbe solcher Sandfelder erweitert der Sturm oft binnen wenigen Jahren zu einem wahren Sandsee, aus dem noch einzeln stehende Bänke, wie Inseln von 4 bis 6' Höhe, hervorragen, als Merkzeichen, wie groß die Masse des weggeführten Sandes sei. An diesen Bänken sieht man denn auch deutlich, wie dünne Schichten von Dammerde wohl 3 bis 4 Mal und öfter mit mehr als fußdicken Sandschichten wechseln, und wie also dieselbe Stelle schon mehrere Male das Schicksal der Versandung erlitten hat. In dem großen Bauerdorfe Jabel, 2 M. südwestlich von Ludwigslust, ist der Sand so flüchtig, daß ich dort die

Särge auf dem Kirchhofe theilweise entblößt sah, weil der
Wind die sie bergende Decke hinweggewehet hatte.

Lehmboden kommt nur in den vorhin erwähnten iso=
lirten hügelartigen Bodenanschwellungen zum Vorschein:
es sind dies gleichsam kleine fruchtbare Oasen in der
großen meklenburgischen Haidesteppe.[1]

Der flüchtige Sand, die Fuchserde und jener saure
Humusboden gehören alle zu denjenigen Stoffen, welche
einer gedeihlichen Pflanzenentwickelung am wenigsten
günstig sind, und daher zeigt denn auch die Flora überall
wo sie zu Tage tritt im Allgemeinen einen sterilen, krän=
kelnden Character. Doch giebt es auch manche Pflanzen=
arten, denen ein solcher Boden besonders zusagt, und die
daher in Meklenburg nur hier, entweder ausschließlich,
oder doch in größerer Anzahl und Ueppigkeit, angetroffen
werden, so daß also auch dies Gebiet dem Botaniker
manches Eigenthümliche und Interessante darbietet. G.
Brückner hat schon im Jahre 1841 im Anhange zu Lang=
manns Flora von Meklenburg eine so treffliche Schil=
derung der Haideflora gegeben, daß ich nicht umhin kann,
dieselbe der nachfolgenden Darstellung zu Grunde zu legen.

Die Nadelholz=Waldungen der Haidebene werden
durch Pinus sylvestris gebildet, die aber sich hier lange
nicht so kräftig entwickelt, als dies in dem Gebiete der
später zu erwähnenden Sandflora der Fall ist. In diesen

---

1. Weitere Auskunft über die geognostische Beschaffenheit der
verschiedenen meklenburgischen Landestheile geben meine Geognosie der
deutschen Ostseeländer (Neubrandenburg 1846), und meine geognostischen
Wanderungen durch Meklenburg (im Archiv f. meklb. Landeskunde,
Schwerin 1855 S. 335 ff. und 525 ff.).

Wäldern herrschen von den Laubmoosen **Hypnum cupressiforme** und **uncinatum** vor, — merkwürdiger Weise aber
fehlen alle **Usneen**; unter den Pilzen sind häufig **Agaricus muscarius** und **emeticus**, **Cantharellus cibarius**,
Boletus luteus und **edulis**. Eine mehr vereinzelte Erscheinung in den Tannenwäldern der Haide bleibt **Anthericum Liliago**, **Hypericum pulchrum**, und ganz wieder
ausgerottet soll **Lycopodium Chamaecyparissus** bei Quast
sein. Auf den großen o f f e n e n Haibeflächen bildet **Calluna vulgaris** die vorwaltende Bedeckung des Bodens, und
dazwischen treten, wo derselbe sandiger wird, **Hypnum albicans**, **Racomitrium canescens** und **ericoides**, so wie
auch **Cladonien** sehr häufig auf; auch **Trematodon ambiguus** ward bei Ludwigslust an einer solchen Stelle gefunden. Wo der Boden etwas feuchter wird, mischt sich
die zierliche **Erica Tetralix** in großen Rasen darunter, und
wird stellenweise sogar überwiegend. Zwischen diesen beiden
Haidekräutern finden sich häufig **Genista anglica** und
pilosa, **Potentilla Tormentilla**, **Anthericum ramosum**,
Rhynchospora alba und **fusca**, **Triodia decumbens**, **Nardus stricta**, **Molinia coerulea**, **Juncus squarrosus**, **Succisa pratensis** und (wenngleich einzeln, doch gar nicht
selten,) die prachtvolle **Gentiana Pneumonanthe**, **Cicendia
filiformis**, **Arnica montana**, **Pedicularis sylvatica**, **Thesium ebracteatum**, **Sanguisorba officinalis**, und, obwohl
nicht häufig, und in neuerer Zeit immer mehr verschwindend,
gruppenweise **Scorzonera humilis**. Nimmt die Nässe des
Bodens zu, so zeigen sich einzelne Polster von **Sphagnum cymbifolium** und **Dicranum glaucum** auf denen **Drosera rotundifolia** und **intermedia** häufig sind, während zwischen ihnen

Litorella lacustris, Sagina procumbens, Peplis Portula und Ranunculus Flammula var. reptans in Menge vorkommen; feuchten sandigen Boden liebt Galium saxatile. Die Wiesen characterisiren sich durch das häufige Vorkommen von Senecio paludosus, Euphorbia palustris, Thalictrum flavum, Cnidium venosum, (seltener Seseli annuum), Helosciadium inundatum, Gratiola officinalis, Veronica longifolia und Teucrium Scordium; unter den Laubmoosen finden sich Hypnum cuspidatum und filicinum nebst Climacium dendroides sehr häufig. Wird der Boden torfiger, so gewinnen Vaccinium uliginosum und Oxycoccos, Ledum palustre und Andromeda polifolia die Oberhand. — Bei zunehmender Trockenheit des Bodens treten nächst den Haidekräutern (Calluna und Erica) die beiden Scleranthus, Alchemilla Aphanes, Spergula arvensis und Spergularia rubra häufig auf, zwischen denen Corrigiola litoralis, Illecebrum verticillatum und Anemone pratensis gedeihen. Noch größere Dürre bezeichnen Anemone Pulsatilla und A. vernalis (welche aber in diesem Gebiete nur ein einziges Mal gefunden wurde, ebenso wie Jurinea cyanoides), Genista anglica und pilosa, Viola canina und tricolor, Corynephorus canescens, Nardus stricta, Carex arenaria, — seltener Ammophila arenaria und Elymus arenarius. Es finden sich in den Sandschollen und Tannenwäldern dieses Gebietes fast alle gewöhnlichen Sandpflanzen (auch die meisten Pyrola-Arten), aber weit seltener und kümmerlicher, wie in der eigentlichen Sand-Flora. Eine eigenthümliche Erscheinung (auf welche mich G. Brückner aufmerksam machte,) ist es aber, daß lange anhaltende Dürre den

tiefwurzelnden Culturpflanzen der Haideebene weniger nach=
theilig wird, als denen des Sandgebietes. Es muß dies
in den geognostischen Verschiedenheiten beider Gebiete seinen
Grund haben.

Den Uebergang der Haide in trockenen Laubwald=
boden bezeichnet vorzugsweise Vaccinium Myrtillus, seltener
V. Vitis Idaea, Genista tinctoria und germanica, Trientalis
europaea, Galium saxatile und Ilex Aquifolium, welcher,
obgleich nicht häufig und in neuerer Zeit in seinem Vor=
kommen immer mehr beschränkt, doch mit Salix aurita,
Prunus Padus, Rhamnus catharcticus, Birken, Erlen
und Brombeergesträuchen, das sparsame Unterholz dieser
Waldungen bildet, die selbst aus Birken, Eichen (seltener
aus Buchen), und wo es feuchter wird, aus Erlen bestehen, —
in der Lewitz sogar stellenweise aus Acer Pseudo–Pla-
tanus. Die Hauptbedeckung des feuchten Waldbodens ist
Pteris aquilina, dem sich an Farnen auch noch Polystichum
spinulosum und Asplenium Filix femina, Osmunda regalis, an Laubmoosen Hypnum squarrosum häufig zu=
gesellen; auf offeneren Stellen sind häufig: Mercurialis
perennis, Melandrium rubrum, Lamium maculatum, Ga-
lebodolon luteum, Paris quadrifolia, Oxalis Acetosella,
Viola palustris (und stellenweise auch canina var. lactea),
Circaea lutetiana und alpina, Cardamine pratensis,
amara, hirsuta, Melampyrum cristatum, und in Sümpfen
Calla palustris, Utricularia vulgaris, intermedia und
minor. — Diese Laubwälder entbehren mit dem Unter=
gebüsch der Waldungen in dem Gebiete der Lehmflora,
welches aus Haseln, Linden, Cornus sanguinea, Lonicera
Xylosteum u. a. besteht, auch viele der häufigsten und

schönsten Schützlinge desselben, die hier entweder gänzlich fehlen, oder doch nur so selten und vereinzelt vorkommen, daß sie auf den Character dieser Flora keinen Einfluß haben können, wie z. B. Anemone Hepatica und ranunculoides, Pulmonaria officinalis, Dentaria bulbifera, Corydalis cava, Asperula odorata, Melica nutans, Campanula persicifolia, Orobus vernus und niger, Polystichum Filix mas. — Den Ackerfeldern, auf denen nur Roggen, Hafer und Buchweizen cultivirt wird, fehlt fast gänzlich die Zierde des Papaver Rhoeas, Delphinium Consolida, der Chamille und die Plage des Bromus secalinus: sie besitzen dafür strichweise häufig Muscari botryoides, Galeopsis ochroleuca, und leider zu häufig Chrysanthemum segetum. Den Hügeln und Weideplätzen fehlen Viola hirta, Trifolium montanum, Salvia pratensis, Barbaraea vulgaris, Malva Alcea und Plantago media; an Sumpfpflanzen fehlt Helosciadium repens; an Ruderalpflanzen fehlen oder sind sehr selten Hyoscyamus niger, Marrubium vulgare, Xanthium strumarium und Anthemis tinctoria, statt deren aber stellenweise Atriplex rosea und Atropa Belladonna, doch letztere nur auf Bauerhöfen verwildert. An alten hölzernen Zäunen findet sich Weisia cirrhata sehr häufig; den Granitgeröllen fehlt Lecidea geographica gänzlich. — Als eine characteristische, wenn auch nicht häufige Pflanze unseres Haibegebietes nenne ich endlich noch Gnaphalium luteo-album, welches an Kirchhofsmauern (z. B. bei Konow!) u. a. O. vorkommt. Auch zwei Pflanzen, welche keineswegs gerade Haidepflanzen sind, wurden bis jetzt nur erst in diesem Gebiete gefunden, nämlich Chrysosplenium oppositifolium und Potamogeton

densus. Häufiger, als in anderen Gegenden des Landes
kommt Callitriche autumnalis hier vor.

Das Aussehen der Haideebene hat sich übrigens im Laufe
der Zeit sehr verändert. Sie war nicht allein früher
viel waldreicher, indem auf einer Charte vom Jahre 1552
unter dem Namen der Jabelhaide ein großer Wald dar=
gestellt ist, der den ganzen Raum zwischen Walsmühlen,
der Sude, Redefin, Picher und Kraak ausfüllte, sondern auch
noch im Anfange des zweiten Decenniums unseres Jahr=
hunderts waren ihre flachen breiten Thäler, durch welche
die oben erwähnten inselartigen Höhen getrennt werden,
namentlich die Thäler Elbe, Rögnitz und Sude, regel=
mäßig im Frühling und Herbst größtentheils von dem sich
dort ansammelnden und bei der geringen Neigung des
Bodens keinen Abfluß findenden Regenwasser bedeckt, und
in sehr nassen Jahren verlief sich das Wasser das ganze
Jahr hindurch nicht. Jetzt ist aber durch zweckmäßige
Abzugsgräben fast das ganze Terrain trocken gelegt, und
bedeutende Ortschaften (z. B. Langenhaide, Neu=Bresegard,
Menckendorf, Neu=Karstädt, Neu=Fresenbrügge u. a.) sind
dort im Laufe der letzten Jahrzehnte entstanden, deren
Obstpflanzungen und Getreidefelder den Beweis liefern, daß
auch dieser Boden dem fleißigen Arbeiter den Ertrag
nicht versagt. — Bei Langenhaide sind jedoch noch einige
Wasserlachen übrig geblieben, die eine bemerkenswerthe
Erscheinung zeigen. Sie sind von nur geringer Ausdehnung,
sehr flach, und entstehen ebenfalls durch Ansammlung
von Regenwasser, welches in der wärmeren Jahreszeit
austrocknet, so daß der Boden der Lachen dann zum Vor=
schein kommt. Dieser besteht aus einer ganz schwarzen,

5

oft nur wenige Zoll dicken Erdschicht, welche unmittelbar auf Sand lagert; es zeigt sich dann aber auf ihm auch nicht die geringste Spur einer Vegetation, sondern ganz nackt bleibt er den Sommer über liegen. Auf diesem schwarzen, pflanzenleeren Boden erheben sich aber inselartig in großen Zwischenräumen einzelne schroff aufsteigende Bänke, deren Oberflächen = Ausdehnung durchschnittlich 9 bis 12 Quadratfuß, und deren Höhe 2 bis 4 Fuß betragen mag; ihre Seiten fallen senkrecht zum Boden der Lache ab. Nach G. Brückner's Ermittelung [1] bestehen diese Bänke aus den abgestorbenen Wurzeln verschiedener Sumpfpflanzen, die an diesen vereinzelten Stellen einen ihnen zusagenden Boden fanden. Da sich aber diese Pflanzen nicht über die ihnen von der Natur gesteckten Gränzen hinaus in horizontaler Richtung verbreiten konnten, mußten sie sich nach oben hin auszudehnen suchen, und so siedelte sich denn die eine immer wieder auf den abgestorbenen Resten der anderen an. Carices legten das Fundament, auf welchem später Vaccinium Myrtillus und uliginosum, so wie Calluna vulgaris fortbaueten; zuletzt erschienen sogar einige Salices. Diese Bänke, mit so scharf begränzten Umrissen auf dem pflanzenlosen Boden ruhend, sind so auffallend, daß sie gewiß von jedem bemerkt werden, den sein Weg durch diese Gegend hinführt. — Erst in neuester Zeit hat eine ganz ähnliche Erscheinung, welche die Moore Ungarns in der Gegend von Pesth zeigen, die Aufmerksamkeit der Forscher auf sich gezogen. Auch dort erblickt man auf nacktem künstlich trocken gelegtem Moorboden derartige aus Wurzelgeflecht bestehende

1. S. m. Geognosie der deutschen Ostseeländer 1816 S. 18 f.

isolirte Säulen von 2 bis 4′ Höhe, — daselbst **Zsombék**
genannt, — deren Hauptmasse, nach **Dr. A.** Kerners Un=
tersuchung, aus den Stolonen und Wurzeln der **Phragmites communis** besteht, auf denen sich dann oben Rasen
von **Carex stricta** angesiedelt haben; ja bei einzelnen der
von ihm untersuchten **Zsombég**-Säulen, waren die ver=
flochtenen Rhizome der **Phragmites** noch gar nicht abge=
storben, sondern vegetirten noch fort, indem sie rings um
die Säule herum Rohrhalme trieben.[1].

Auch der eigentliche trockene Haideboden wird in
Mecklenburg durch die Cultur von Jahr zu Jahr mehr
beschränkt. Seine waldfreien, uncultivirten Flächen werden
meistens zur Viehweide benutzt, aber auch durch das so=
genannte Abplaggen (d. h. Abschälen der bewachsenen
Boden = Narbe durch eine eiserne, sehr breite Hacke,)
sehr ruinirt. Der so gewonnene dünne und sehr trockene
Rasen (Plaggen genannt,) wird mit wenigem Dunge ge=
mischt in viereckigen Bänken aufgeschichtet, um später als
sehr mittelmäßiger Dung für den Acker zu dienen. Die ab=
geplaggten Stellen aber tragen viele Jahre hindurch nichts
als **Ceratodon purpureus** und einige andere kümmerliche
Kryptogamen, wie z. B. **Polytrichum piliferum, aloides**
und **nanum,** mehrere Cladonien, so wie **Stereocaulon
tomentosum.** — Mit besserem Erfolge wird dort jetzt
seit etwa 10 Jahren die Gründüngung mit **Lupinus luteus** betrieben; ich sah sie daselbst auf einer Reise, die

---

1. Kerner in den Verhandlungen der zool. botan. Gesellschaft
in Wien Bd. VIII. Sitz.-Ber. S. 35 und Abhandlungen S. 315
wozu auch auf Taf. 7 ein anschauliches Bild dieser Zsombék-Moore
gegeben ist.

mich im Jahre 1852 durch diese Gegend führte, zum ersten Male, und vernahm, daß sie erst seit kurzer Zeit dort zur Anwendung käme.

Eine besondere Zierde erhält dies Haidegebiet an seiner südwestlichen Gränze, so weit die Elbe dasselbe bespült, noch daburch, daß diesem Strome mehrere Pflanzen, ohne grade Haidepflanzen zu sein, hierher aus dem süblichen Gränzgebiete gefolgt sind, und nun einen Bestandtheil seiner Uferflora bilden. Dahin rechne ich **Erysimum strictum, Oenothera muricata, Eryngium campestre, Petasites tomentosus, Senecio nemorensis, Villarsia nymphaeoides, Mentha Pulegium, Scutellaria hastifolia, Salsola Kali, Plantago arenaria, Euphorbia Esula, Allium acutangulum** und **Scirpus maritimus;** auch **Cucubalus baccifer** und **Cuscuta monogyna** mögen auf diesem Wege nach Meklenburg verschleppt sein. Eine ganz vereinzelte Erscheinung an unserem Elbstrande aber ist **Ononis arvensis.** [1]

Ein anderer gleichfalls zum Gebiete der Haideebene gehöriger höchst eigenthümlicher Landstrich ist leider in botanischer Hinsicht fast noch eine **terra incognita**. Es ist dies die gegen 2 □M. große ungefähr 120 Par. Fuß über dem Ostspiegel liegende Bruch- und Wiesenniederung, die den alten slavischen Namen Lewitz (d. h. Wald, Holz) führt, und sich vom süblichen Ende des Schweriner

---

1. Malva rotundifolia gehört gleichfalls zu den Zierden der Elbflora, ist aber dieser nicht ausschließlich eigen, da sie noch zahlreicher in der Seestrandsflora vorkommt. Anemone pratensis wächst in einer merkwürdigen grünblühenden Varietät auf den Elbdeichen bei Boitzenburg.

Sees bis zur Mündung der Stör in die Elbe, nördlich
von Neustadt, herabzieht. Sie wird in der Richtung
von N. nach S. von der Stör durchflossen, und ihr
Boden liegt so horizontal, daß die Geographen früher in
Zweifel darüber waren, ob jenes Gewässer als ein Abfluß,
oder als ein Zufluß des Schweriner Sees zu betrachten sei.
Nach einer Notiz aus dem 16. Jahrhundert wurde sie damals als fürstlicher Thiergarten benutzt, und noch zu Anfang
des 17. Jahrhunderts gab es dort „wilde" (d. h. verwilderte) Pferde. Wie Siemssen berichtet, wurde auch
früher die herzogliche Küche aus der Lewitz mit Wasser-
nüssen (**Trapa natans**) versehen, — einem Gewächs, welches
seit die Botanik in Meklenburg wissenschaftlich betrieben
wird, hier im Lande nicht mehr gesehen worden ist. Ob
es jetzt auch dort (wie in manchen anderen Gegenden
Deutschlands und im ganzen Schweden,) ausgestorben sei,
bleibt noch sorgfältig zu ermitteln, da jenes negative
Zeugniß, daß keiner unserer Botaniker diese Pflanze gesehen hat, nichts entscheidet. Denn nur selten betritt der
Fuß eines solchen jenes schlangen⸗[1] und wasserreiche, von
einem Labyrinth von Flüssen, Canälen und Gräben durch-
schnittene Gebiet, und er beschränkt sich dann auch wohl
nur auf den etwas zugänglicheren Rand desselben; ein
Versuch das Innere genauer wissenschaftlich zu durchforschen,
ist wenigstens noch niemals zur öffentlichen Kunde gelangt,
und auch wahrscheinlich noch niemals — gemacht worden.

---

1. Die giftige, sonst nur sporadisch in Meklenburg vorkommende
schwarze Otter (Vipera Berus) soll in der ganzen Haideebene,
— vorzüglich aber in der Lewitz, — noch sehr häufig sein. Vergl.
Archiv 5, 199.

Zur Zeit des 7jährigen Krieges war die Lewitz noch in
ununterbrochenem Zusammenhange mit der Neustädter
Bürgerhorst, dem Wöbbelin=Warlow=Ludwigslust=Cum-
merschen Holz und die Zuflucht für Männer, Pferde und
Rind vor den aufgreifenden Preußen. Noch vor wenigen
Decennien sah man durchreisend auf den freien Wiesen=
flächen Heerden von 20—30 Hirschen ruhig weiden oder
im Grase liegen und die Zahl der Hirsche in der Lewitz
wurde damals auf 3000 geschätzt.

Ein zweites kleineres Haidegebiet liegt im nord=
östlichen Meklenburg zwischen Rostock, Warlow, Ribnitz
und der Ostsee, und erstreckt sich von da in das angränzende
Neu=Vorpommern hinein, über den Dars, den Zingst bis
nach Barth und Stralsund. Seine Flora ist der jenes
größeren sehr ähnlich, und an besonderen Eigenthümlich=
keiten wüßte ich nur das häufigere Vorkommen der Anemone vernalis, so wie das Auftreten der in jenem Ge=
biete fehlenden Myrica Gale zu nennen. Das isolirte
Erscheinen von Allium ursinum muß in besonderen
Verhältnissen (des Standortes?) seinen Grund haben, da
diese Species auch anderweitig als eigentliche Haidepflanze
nicht vorkommt.

2. **Die Sandflora.** — Ihr Gebiet ist ein
sandiger Landstrich, welcher den südlichen Theil von Meklen=
burg=Strelitz, in der Breite von Weisdin (½ M. nördlich
von Neustrelitz) bis Fürstenberg einnimmt und sich dann
in nordwestlicher Richtung bis auf das südliche Ende des
Schweriner Sees hin fortzieht, bevor er dasselbe aber er=
reicht, sich nordwärts wendet, und in allmählig abnehmender
Breite endlich bei Kirch=Mulsow ausläuft. Grünow,

Weisdin, Waren, Serrahn, Zehna und Sternberg bezeichnen ungefähr die nördliche Gränzlinie dieses Gebietes, während die südliche durch Fürstenberg, die Müritz, den Kölpin, den Flesen=See, Malchow, das nördliche Ende des Plauer Sees, Goldberg und Krivitz angedeutet wird. Diese im ganzen sehr flache und einförmige Gegend gehört dennoch zu den am höchsten gelegenen Theilen Meklenburgs, indem sie den Rücken einer durch Seen = Reichthum ausgezeichneten, etwa 250—300' hohen Bodenanschwellung einnimmt, welche in der Richtung von S.=O. nach N.=W. unser Land durchzieht, und hier die Wasserscheide zwischen Ost= und Nordsee bildet. Ihre Oberfläche besteht aus nordischem Geschiebesande, welcher viel reicher an Feldspath ist, wie der im vorigen Abschnitte erwähnte Haidesand. Unter demselben kennt man an einigen Punkten Kalklager, welche der Kreideformation angehören (bei Bable, Roggentin, Nossentin, Sparow, Malchow), und bei Grünow in Meklenburg=Strelitz bildet tertiärer Septarienthon die Unterlage des Bodens.

Der Reichthum dieses Sandes an Feldspath, der sich unter atmosphärischen Einflüssen leicht zersetzt, erklärt es, warum seine Flora lange nicht so kümmerlich ist, wie die der Sandschollen der Haideebene, obgleich sie mit diesen, wie schon oben bemerkt wurde, viele gemeinschaftliche Pflanzen besitzt. Auch hier ist die Tanne der vorherrschende Waldbaum, aber sie ist von schlankem, kräftigen Wuchs, und der Boden des Waldes ist mit reichen Laubmoospolstern bedeckt, in denen alle Arten von Pyrola, zumal die schöne P. umbellata, ferner Lycopodium complanatum, annotinum und Selago, Goodyera repens, Monotropa hypopithys, Empetrum nigrum, Linnaea borealis, Epilobium angustifolium, Senecio viscosus und sylvaticus, hin und wieder auch Genista pilosa und germanica üppig vegetiren. In Wâldlichtungen erblickte ich stellenweise häufig ein großes Verbascum, — wahrscheinlich thapsiforme, an den Wâldrândern den prachtvollen, goldgelben Hafenbram. Die ziemlich trockenen begrasten Hügel schmücken sich zeitig mit Anemone Pulsatilla und pratensis, Potentilla opaca und verna (nebst deren Varietät cinerea), Viola canina, Carex praecox, ericetorum und montana, seltener mit Berteroa incana und Plantago arenaria. Nackte Stellen werden hin und wieder mit Teesdalea nudicaulis, Cerastium semidecandrum, Spergula arvensis und Illecebrum verticillatum bekleidet. Oestlich von der Müritz ist im südlichen Theile von Meklenburg-Strelitz, etwa von Neustrelitz an, Euphorbia Cyparissias sehr häufig, und sie läßt sich von da in fast ununterbrochenem Zuge bis 2 M. südwärts von Berlin verfolgen; vereinzelte Erscheinungen in eben diesem Meklenburg-Strelitzschen Landestheile sind Arabis arenosa und Astragalus arenarius, — das Vorkommen von Dianthus arenarius ist aber noch sehr zweifelhaft. — In manchen Gegenden dieses Gebiets, z. B. bei Neustrelitz, Mirow, Wesenberg, Fürstenberg u. s. w. haben die Tannenwälder eine eigenthümliche Physignomie und ihr Boden ist mit Ausnahme einer dünnen Narbe von Laubmoosen und Gräsern fast völlig kahl! Dies rührt daher, daß die Bewohner dieser Gegenden aus Mangel an Stroh gezwungen sind Fichtennadeln als Streue zu gebrauchen, und sie diese in den Wäldern zusammenharken, wodurch alle an-

deren aufkeimenden Pflanzen zerstört werden. Dieser Industriezweig ist dort so wichtig, daß im Jahre 1848 unter
den vielen an die Landesherrschaft gestellten Forderungen
auch mehrere Petitionen um freies Fichtennadeln-Sammeln
vorkamen.

Andere durch häufiges Vorkommen charakteristische
Pflanzen unseres Sandgebietes sind außer den schon genannten Sagina procumbens, Spergularia rubra, Potentilla argentea, Galium verum, Erigeron acris, Helichrysum arenarium, Carlina vulgaris, Arnoseris minima,
Hieracium Pilosella, Calluna vulgaris, Arctostaphylos
Uva ursi (selten), Vaccinium Vitis idaea, Thymus angustifolius, Trientalis europaea, Salix repens, Betula
alba, Carex hirta, arenaria, Agrostis vulgaris, Aira
flexuosa, Corynephorus canescens, Nardus stricta,
Blechnum Spicant, Bryum argenteum, Hypnum albicans,
purum, strigosum und Crista castrensis, Polytrichum
piliferum, Racomitrium canescens und ericoides, Ceratodon purpureus, Jungermannia albicans u. s. w. — Besonders interessant durch eine reiche Sandflora ist der
große Tannenwald zwischen Jabel, Nossentin und Carow,
der es verdiente, einmal in botanischer Hinsicht gründlich
ausgebeutet zu werden.

Auch hier sind Roggen, Hafer und Buchweizen die
wichtigsten Culturpflanzen auf den Aeckern; die Brachfelder
haben Ueberfluß an Filago arvensis und minima, so wie
an Rumex Acetosella; alle diese aber werden an Menge
noch weit übertroffen durch den Mäuseklee, dessen Blüthenköpfe oft die Felder wie mit einem dichten, grauen Schleier
überdecken.

Auffallend ist der Reichthum der Seen dieses Gebietes an Charen, welche mit einem Kalküberzuge bedeckt,
suderweise aus dem Wasser herausgefischt und unter dem
Namen „Post" zur Düngung der Sandfelder verwendet
werden.[1] Ihr reichliches Vorkommen ist aber nicht
dem Sande, sondern ohne Zweifel dem unter diesem
lagernden Kalk zuzuschreiben, der ihnen das Material zur
Bildung ihrer Incrustationen liefert. Welche Chara=Arten
dort gefunden werden, ist aber leider eine noch nicht zu
beantwortende Frage, weil ihnen unsere Botaniker bis jetzt
noch gar keine Aufmerksamkeit geschenkt haben, wie über=
haupt das ganze Sandgebiet in botanischer Hinsicht noch
sehr vernachläßigt geblieben ist.

3. Die Lehmflora. — Den größten Theil
der meklenburgischen Bodenoberfläche, nämlich fast das
ganze Ostseegebiet hindurch, — mit Ausnahme des kleinen,
oben erwähnten Haidedistricts und einiger vereinzelter
Sandschollen, — bildet glücklicher Weise der diluviale
Lehmboden, welcher nach seinem geringeren oder größeren
Kalkgehalt von zähem, strengen Thonboden in den mannig=
fachsten Abstufungen in lockeren Mergelboden übergeht;
auch an der südlichen Landesgränze, zwischen der Müritz
und der Elbe=Mündung, ist der Boden von ähnlicher
Beschaffenheit. Seine Unterlage bilden theils Schichten,
welche der Kreideformation angehören, theils Thonlager,
die wahrscheinlich tertiären Ursprungs sind. Diese, dem
Anbau des Weizens, Roggens, der Gerste, des Hafers,
Rapses, Tabacks, Leins, der Runkelrübe, des Klees und

---

1. Vergl. darüber E. Boll im Archiv für meklenburgische
Landeskunde 1855 S. 567.

der Luzerne so günstigen Gegenden sind es, auf denen der gepriesene Bodenreichthum Meklenburgs beruht, und in diesem Gebiete ist es denn auch, wo unsere Flora ihre üppigste Fülle und die Natur überhaupt ihre größten Reize entwickelt.

Die vorherrschenden Waldbäume sind hier entschieden die Roth-Buche und die Eiche, die erstere besonders da, wo der Boden einen stärkeren Kalkgehalt besitzt. Beide entwickeln sich mitunter in majestätischer Pracht, wie z. B. die Eichen bei Jvenack, deren stärkste unten am Stamme (4 Fuß über dem Boden gemessen,) einen Umfang von 31' 6" Par. besitzt; Buchen kamen noch vor etwa hundert Jahren 160 Fuß hohe, mit einem unteren Durchmesser von 8' vor, und auch noch jetzt giebt es sehr schöne z. B. bei Doberan und auf dem Sonnenberge bei Parchim.[1] Auch Birken und Tannen sind nicht selten, und vereinzelter kommen in den Laubholzwaldungen vor: die Weißbuche, die kleinblätterige Linde, Ahorne (Acer Pseudo-Platanus und platanoides), Ulmen (Ulmus campestris und effusa), Eschen, Holzapfel- und Holzbirnbäume, Faulbaum, Vogelkirsche und stellenweise auch Sorbus torminalis. Ein mannigfaches und schönes Unterholz von Linden, Ulmen, Haseln, Weiden (S. caprea, pentandra, aurita), Cornus sanguinea, Viburnum Opu-

---

[1] Archiv XI. 135 ff. — Diesen riesenhaften Eichen und Buchen reihen sich noch einige colossal Linden an, über die ich im Archiv XI, 138 schon berichtet habe. Schon den früheren slavischen Bewohnern Meklenburgs war die Linde ein wichtiger Baum, wie die vielen von seinem Namen Lipa abgeleiteten Ortsnamen „Liepen, Lieps u. a." zeigen. Was für Oerlichkeiten aber mögen unter dem Namen „die Liep" eigentlich bezeichnet werden? Es giebt deren z. B. bei Ludwigslust, bei Sildemow unweit Rostock und bei Königsberg in Ostpreußen.

lus, Lonicera Xylosteum, Rosa canina und auf kalk-
reicherem Boden rubiginosa, Prunus spinosa, Acer campestre, Craetaegus, Rhamnus catharcticus, Evonymus,
Sorbus Aucuparia, Populus tremula und alba, so wie
Juniperus zeichnet diese Laubwälder aus; stellenweise tritt
darin auch die schöne duftende Lonicera Periclymenum
in üppiger Entwickelung als Schlingpflanze auf.

Doch es möchte am besten sein, die Schilderung dieses
Florengebietes nicht in der begonnenen allgemeinen Weise fort-
zusetzen, sondern dieselbe an einen bestimmten concreten Fall
anzuknüpfen. Ich wähle dazu die reiche Flora der Umgegend meines eigenen Wohnortes Neubrandenburg,
welche seit etwa 1780 von A. F. T. Brückner und dessen
Söhnen A. und G. Brückner,[1] so wie von Blandow,
F. Schultz und mir selbst durchforschet worden ist. Schon
innerhalb der Stadt selbst trifft man auf einige interessante
Pflanzen, indem in den Gärten Oxalis corniculata, Elsholtzia cristata und Linaria minor als Unkräuter vorkommen, und an der aus Feldsteinen erbaueten Stadtmauer Asplenium ruta muraria, Hypnum exiguum und
murale wachsen, während in den Spalten und Fugen derselben eine Conchylie lebt, die bisher in ganz Norddeutschland
nur an dieser einzigen Stelle entdeckt worden ist, — nämlich Balea perversa. Die westliche Seite des Stargarder
Thores überkleidet prachtvoller, blühender Ephen bis zur
Höhe von etwa 40 Fuß. Sehr lohnend aber sind für
den Botaniker die Wanderungen in die Umgegend, nach

---

1. A. Brückner schrieb im J. 1804 als Diss. inaug. einen
Prodromus Florae Neobrandenburgensis, in welchem 679 Phanerogamen und 198 Kryptogamen aufgezählt werden.

welcher Seite hin man sich auch wenden mag. So trifft
man z. B. auf dem Wege nach dem Brodaer Holze,
einem schönen Buchenwald am westlichen Ufer des Tolense=
Sees schon vor dem Treptower Thore in den Pappeln
und Obstbäumen die schmarotzirende Mistel, in den Gräben
an der Bleiche (neben Vergißmeinnicht und der weißen
Brunnenkresse,) Stratiotes aloides, Hydrocharis M. ranae
und Potamogeton pusillus; im Tolensefluß Ranunculus
divaricatus und Lingua, Butomus umbellatus, Sagittaria,
Menyanthes, Potamogeton compressus und mucronatus,
Sium latifolium, während am Ufer desselben Melilotus
macrorrhiza sehr häufig, sehr selten aber Potentilla supina
vorkommt. Die aus Dornen geflochtenen Gartenzäune
bei Broda sind durchrankt von Convolvulus sepium,
Bryonia alba, Galium Aparine, und auf dem Hahnen=
berge daselbst trifft man außer einigen stolzen Königskerzen
(V. thapsiforme) auch Campanula bononiensis und Stachys
germanica, zwei schöne, gleichfalls hochstrebende Pflanzen,
die überhaupt in den Umgebungen der Tolense viel häufiger
vorzukommen scheinen, als in anderen Gegenden Mecklen=
burgs; ferner Gentiana campestris und Polycnemum
arvense, welches letztere im ganzen Strelitzschen Lande
bisher nur an dieser einzigen Stelle gefunden worden ist.[1]
Geht man weiter, so trifft man auf Belvedere Bromus
tectorum, Phleum Boehmeri, Orobus tuberosus, Vicia
tenuifolia, Salvia pratensis, Stachys recta, Veronica
latifolia, Saxifraga granulata, Cynanchum Vincetoxicum,

---

1. Neben dem Hahnenberge, rechts von dem Fahrwege, der nach
Belvedere hinaufführt, fand Schultz seine Sagina ciliata; ich habe sie
dort später vergebens gesucht.

Dianthus prolifer und Armeria, Poterium Sanguisorba, so wie mehrere Arten der schwer zu enträthselnden Gattungen Rubus und Verbascum. Im Brodaer Holz endlich selbst wachsen Viola hirta, Ulmus campestris var. suberosa, Astragalus Cicer, Vicia angustifolia, Pyrola minor, Neottia Nidus avis, Hypericum humifusum, Polypodium Phegopteris und Dryopteris, am Seeufer Mentha sylvestris und am Rande· eines kleinen Fennbruches unter den Raumen=Eichen Myosotis versicolor, so wie in dem Bruche selbst Scheuchzeria palustris, Lysimachia thyrsiflora, Utricularia minor, Droserae, Spargania, Hypnum stramineum, Aulacomnion palustre, Meesia tristicha u. dgl.; außerdem kommen an nennenswerthen Moosen im Walde noch vor: Trichostomum pallidum, Dicranum majus, Leptohymenium filiforme, Hypnum loreum, longirostrum, brevirostrum, piliferum, Diphyscium foliosum, Jungermannia trichophylla, Liochlaena lanceolata, Scapania nemorosa und undulata, Sarcoscyphus Ehrharti und Chiloscyphus pallescens; ferner Polyporus giganteus und viele andere Pilze. Aus diesem Walde holen die Kinder im Frühlinge vorzugsweise den schön duftenden Waldmeister, hier „Möhsch" genannt, um ihn zu Kränzen gewunden in der Stadt zu verkaufen.

Das auf dem jenseitigen Seeufer gelegene Nemerower Holz ist ein schöner, mit Buchen gemischter Eichwald, der außerdem auch noch alle oben als für dies Florengebiet characteristisch bezeichnete Baum= und Straucharten enthält, und aus welchem Neubrandenburg im Frühlinge besonders mit „Liljenconfalgen" versorgt wird, die für die ärmeren Kinder einen Handelsartikel bilden. Auf meinen

Spaziergängen habe ich mehr als 150 Arten phaneroga=
mischer Pflanzen angezeichnet, welche den bunten Teppich
des Waldbodens bilden. Ich nenne darunter nur folgende
in diesem Gebiete weit verbreitete:

Anemone Hepatica, nemorosa, ranunculoides und pratensis,
Ranunculus polyanthemos, Philonotis, lanuginosus, Turritis glabra, Corydalis intermedia, Viola sylvestris, Orobus vernus, niger
und tuberosus, Lathyrus pratensis, Genista tinctoria und germanica, Astragalus glyciphyllos, Vicia cassubica, Trifolium alpestre,
montanum und agrarium, Lychnis Viscaria, Silene nutans, Dianthus Carthusianorum, Stellaria Alsine, Holostea, palustris und
graminea, Rubus Idaeus, saxatilis u. a., Fragaria vesca, Geum
urbanum und rivale, Potentilla reptans und Tormentilla, Hypericum montanum, quadrangulare und perforatum, Lysimachia Nummularia, Asperula odorata, Galium sylvaticum, Sedum reflexum
und Telephium, Saxifraga granulata, Cynanchum Vincetoxicum,
Hedera Helix, Epilobium montanum, Sanicula europaea, Pimpinella Saxifraga und magna, Laserpitium pruthenicum, Solidago
Virga aurea, Gnaphalium sylvaticum, Hieracium murorum, vulgatum und umbellatum, Campanula Trachelium, patula und persicifolia, Phyteuma spicatum, Myosotis intermedia, Pulmonaria
officinalis, Vaccinium Myrtillus, Pyrola rotundifolia, minor und
secunda, an feuchten Orten Impatiens Noli tangere, Melampyrum
pratense und nemorosum, Scrophularia nodosa, Veronica Chamaedrys, officinalis und latifolia, Ajuga genevensis, Stachys sylvatica,
Thymus Serpyllum, Calamintha Acinos, Galeopsis versicolor,
Clinopodium vulgare, Origanum vulgare, Primula officinalis, Plantago media, Mercurialis perennis, Humulus Lupulus, Orchis maculata und latifolia, Neottia Nidus avis, Convallaria majalis und
multiflora, Gagea lutea, Carex digitata, vesicaria, Drymeja, remota
und flava (Oederi), Agrostis arundinacea, Melica nutans, uniflora,
Briza media, Festuca duriuscula, Poa decumbens, Phleum Boehmeri, Calamagrostis Epigeios, Bromus asper, tectorum und pin-
natus, Polypodium vulgare und Dryopteris, Botrychium Lunaria,

Polystichum spinulosum unb Filix mas, Asplenium Filix femina, Equisetum sylvaticum.

Von besonderem Interesse in diesem Walde ist für den Botaniker das sogenannte „hohe Ufer", eine bewaldete Anhöhe, die sich mehr als 100' über den Seespiegel erhebt. Er findet dort den in Meklenburg so seltenen Sorbus torminalis, Lonicera Xylosteum, Dentaria bulbifera, Corydalis cava, Viola mirabilis, Veronica spicata, Cardamine Impatiens, mehrere seltenere Carices, Botrychium Lunaria, Encalypta streptocarpa, Phascum nitidum, Didymodon capillaceus unb nicht weit von demselben Vinca minor, Betonica officinalis, Dianthus Armeria, Campanula glomerata, Fragaria elatior, die schön duftende bei uns seltene und von mir nun auch hier schon seit Jahren vergebens gesuchte Convallaria Polygonatum, unb am Seeufer Arabis hirsuta unb Equisetum hiemale. Hier ist auch die einzige Stelle, unb zwar an dem steilen Uferabsturze zwischen dem Wege unb der Tolense, wo ich in Meklenburg den Epheu in freiem, wilden Zustande blühend angetroffen habe (zuerst im J. 1835), was mir um so auffallender ist, da er angepflanzt in unserem Lande eben gar nicht selten zur Blüthe gelangt; jetzt ist aber leider auch dies blühende Exemplar am hohen Ufer nicht mehr vorhanden, entweder durch Frost getödtet, oder durch muthwillige Knaben vernichtet.

Tiefer hinein im Walde trifft man in einer Schlucht, durch welche ein Fahrweg aus der Nähe des Tannenkruges zum See hinabführt, gleichfalls eine sehr schöne Flora. Die Bergabhänge sind vor einigen Jahren durch Holzschlag sehr gelichtet worden, unb daher haben sich dort nun manche Waldpflanzen, welche lichtere Standorte lieben, in großer Ueppigkeit entwickelt. Niemals habe ich die zierliche, weißblühende **Vicia sylvatica** und den schönen, rothen **Lathyrus sylvestris** in solchen Massen gesehen, wie dort; stellenweise waren die Gebüsche, und selbst der Erdboden, von ihnen wie mit einem dichten, bunten Teppiche überdeckt, und man hätte dort auf kleinem Raume einen Fracht= wagen mit diesen beiden prachtvollen Pflanzen beladen können. Auch die weiße, wohlriechende Orchis (**Platanthera bifolia**), welche in den der Stadt näher gelegenen Theilen der Waldung durch die Kinder, die deren Knollen zum Verpflanzen in die Gärten ausgraben, schon ausgerottet ist, findet sich dort noch häufig, desgleichen die in Mecklenburg seltene **Actaea spicata**. Hier ist endlich auch der Zweifel gelöset worden, den ich selbst und auch andere meklenburgische Botaniker bisher an dem Indigenat der schönen, auch in den Gärten häufig cultivirten **Aquilegia vulgaris** gehegt haben, völlig beseitiget. Schultz nahm im J. 1806 diese Pflanze in seiner Stargardschen Flora zwar unter die Zahl der einheimischen auf, strich sie aber im J. 1819 in dem Nachtrage zu seinem **Prodromus** wieder, weil sie bis dahin nur in einem einzigen Exemplare in diesem Walde gefunden wäre, welches durch Zufall dahin gekommen sein könne. In den J. 1819 bis 55 wurde abermals (1835) nur wieder ein vereinzeltes Exemplar am Rande des Waldes gefunden, aber im J. 1855 entdeckte ich zur Seite der erwähnten Schlucht auf einer der höchsten Bergkuppen mitten in diesem großen Walde, — also an einer Stelle, wo an zufällige Verwildung gar nicht zu denken ist, — diese Pflanze in größerer Anzahl, und zwar auf dem humus=

6

reichen Boden so kräftig entwickelt, daß einzelne Ex. die
Höhe von 3' 8'' erreichten; die Blumen aller Ex. waren
schön hellblau. Auch im Jahre 1859 habe ich sie an
derselben Stelle in üppigster Blüthe angetroffen.

Noch weiter waldeinwärts, nach Kl. Nemerow zu,
wird der Boden sandiger, und es treten Tannen an die
Stelle der Eichen und Buchen. Hier erscheinen nun sogleich
Viola canina, Monotropa Hypopithys, Goodyera repens,
Senecio sylvaticus, Epilobium angustifolium u. a. der=
artigen Boden liebende Pflanzen. Bei dem Dorfe Kl.
Nemerow tritt aber wieder Lehmboden mit starkem Kalf=
gehalte auf, und hier findet man nun Thalictrum minus,
Allium Scorodoprasum, Vicia tenuifolia, Campanula
bononiensis, Malva Alcea, Sedum reflexum, Veronica
spicata und latifolia, Circaea lutetiana, Arabis hirsuta
und Stachys germanica, — letztere in solcher Menge
auf den Feldern, wie ich sie nie an einem anderen Orte
gesehen habe.

Auch die dritte der Stadt benachbarte Waldung, das
hauptsächlich mit Eichen bestandene Mühlenholz, liefert
manches Interessante. Am Eingange in dasselbe findet
man Campanula latifolia, Vicia dumetorum und auch
sylvatica; tiefer hinein birgt es Silene inflata, Lonicera
Periclymenum, Lathraea Squamaria (in einem kleinen
Erlenbruch in großer Menge), Equisetum hiemale und pratense, Funaria hygrometrica, Dicranum longifolium, Leskea attenuata, Mnium stellare, Bryum roseum, Polytrichum angustatum, Marchantia conica, sowie das zarte
Asplenium Trichomanes; sogar A. septentrionale soll nach
Schultz bei der hintersten Mühle vorkommen, ich habe es aber

noch nicht finden können, eben so wenig wie den **Dipsacus pilosus**, der dort gleichfalls früher gesehen worden ist. — Dieser Wald ist für Neubrandenburg der Hauptlieferant an „Oeschen", welche als zeitige Frühlingsblumen viel von den Kindern gesammelt und verkauft werden. — Auch mit Him=beeren und Erdbeeren wird die Stadt aus diesen drei be=nachbarten Waldungen versorgt. Bickbeeren sind nicht in der nöthigen Menge hier vorhanden, und Preißelbeeren fehlen ganz und gar; letztere kommen in M.=Strelitz nur in dem südlichen Sandgebiete vor.

Ungemein buntfarbig und anmuthig ist die Pflanzen=bekleidung der begrasten, sonnigen Hügel um Neu=brandenburg, wie des Stargarder Berges, des Gerichts=berges und des Datzberges. — Ich nenne unter den dort vor=kommenden zahlreichen Arten nur folgende, nicht durch ganz Meklenburg verbreitete: Ranunculus Philonotis, Turritis glabra, Arabis hirsuta, Alyssum calycinum, Helianthemum vulgare, Polygala comosa, Dianthus Carthusianorum, Tri-folium alpestre, montanum, agrarium, Medicago falcata, minima, Vicia tenuifolia (an dem Bierkeller auf dem Ge-richtsberge und dem Datzberge sehr häufig), Anthyllis Vulneraria, Fragaria collina, Poterium Sanguisorba, Saxifraga tridactylites, granulata, Sabiosa suaveolens, Tragopogon pratensis, Achyrophorus maculatus, Chon-drilla juncea, Anthemis tinctoria, Centaurea maculosa, Gentiana cruciata (nur am Datzberge), Veronica spi-cata, latifolia, Melampyrum arvense, Salvia pratensis, Plantago media, Orchis Morio, Asparagus officinalis (nur am Datzberge), Phleum Boehmeri, Bromus tectorum, Brachypodium pinnatum, Botrychium Lunaria. — Diese Hügel sind auch im ganzen norddeutschen Flachlande die einzigen bekannten Fundstätten der Pupa tridens Müll., einer kleinen, sehr zierlichen Schnecke, die hier (namentlich auf dem Datzberge häufig) den bunten Pflanzenteppich bewohnt. Auch für den Geognosten und Petrefactologen ist wenigstens einer dieser Hügel von Interesse, nämlich der Gerichtsberg, indem derselbe aus einem durch Auf= wühlung mit Diluvialmassen verunreinigten Lager von Septarienthon besteht, welches aber nur arm ist an den diese Tertiärschicht characterisirenden Versteinerungen. — Am Rande des hinter diesem Berge gelegenen kleinen Ihlenpohls trifft der Botaniker Potentilla supina, Myos- otis caespitosa, Limosella aquatica, Phascum patens var. megapolitanum, Physcomitrium sphaericum.

Unter den Neubrandenburger Wiesen sind in flori= stischer Hinsicht die Kuhwiese, nebst den Torf= und Birk= buschwiesen, am Tolensefluß gelegen, die wichtigsten, da sie gleich manchen anderen großen Wiesenniederungen im östlichen Mecklenburg und Pommern (z. B. die Peene=, Trebel= und Recknitzwiesen), den merkwürdigen Anblick einer subalpinen Vegetation darbieten, die hier im Nor= den Deutschlands fast bis zur Meereshöhe herabgestiegen ist, denn diese Tolensewiesen liegen kaum 40′ über dem Spiegel der Ostsee. Man erblickt hier die zierliche Gen- tiana Amarella, die goldgelbe Saxifraga Hirculus, ver= einzelt auch die schöne rothe Mehlprimel (Primula fari- nosa), welche im nordöstlichen M.-Strelitz, z. B. auf den Wiesen bei Galenbeck (wo auch Poa sudetica wächst,) in solcher Menge vorkommt, daß dieselben wie mit einem

röthlichen Schleier bedeckt erscheinen; ferner die schwarz-
blaue Sweertia perennis, die kleine gespornte, ultramarin-
blaue Pinguicula vulgaris, die wohlriechende, rothe Gymnadenia conopsea, die so eigenthümlich gestaltete Ophrys
Myodes, und neben der Betula pubescens noch eine andere strauchartige Birke mit kleinen, rundlichen, spitz-ge-
kerbten Blättern, die früher unsern Botanikern unter dem
Namen B. fruticosa bekannt war, jetzt aber B. humilis
heißt, weil man ermittelt hat, daß die ursprünglich von
Pallas mit ersterem Namen belegte Pflanze in der That
mit der unserigen nicht identisch ist; auch Pedicularis
sylvatica kommt dort vor, aber die prachtvolle P. Sceptrum Carolinum, welche noch zu Anfange dieses Jahrhunderts auf jenen Wiesen gar nicht selten war, scheint
durch Torfstich jetzt völlig ausgerottet zu sein. Alle diese
Pflanzen, welche zu den Zierden unserer Flora gehören,
finden sich im mittleren und südlichen Deutschland nur in
den Gebirgsgegenden wieder. Außer ihnen kommen an
nennenswerthen Arten hier noch vor: Lathyrus palustris
und Veronica longifolia im Ufergebüsch der Tolense, sowie
auf den Wiesen: Trollius europaeus, Cardamine hirsuta,
Dianthus superbus, Stellaria crassifolia, Helosciadium
repens, Peucedanum Oreoselinum, Hieracium pratense,
Crepis paludosa, Cineraria palustris, Serratula tinctoria, Limosella aquatica, Utricularia vulgaris und minor,
Salix rosmarinifolia, Orchis incarnata, Myriophyllum
verticillatum, Stratiotes aloides, Triglochin maritimum,
palustre, Scirpus pauciflorus, Schoenus ferrugineus, Carex
pulicaris und dioica, Calamagrostis neglecta und Ophioglossum vulgatum. — Von der Kuhweide wird die Stadt

auch mit Champignons (Agaricus campestris) versorgt.
— In dem an dieselbe stoßenden Brüderbruche wurden
Ribes nigrum, Spiranthes autumnalis, Galium boreale
und Mnium stygium gefunden.

Als Ruderalpflanzen kommen hier z. B. vor:
Asperugo procumbens, Hyoscyamus, Datura, Anthemis
tinctoria, Marrubium vulgare, Hordeum murinum, —
Xanthium Strumarium aber scheint in neuerer Zeit ver=
schwunden zu sein. — Auf den Ackerfeldern erblickt man
als Unkräuter Papaver (alle drei Arten), Centaurea Cyanus, Agrostemma Githago, Delphinium Consolida, Ranunculus arvensis, Ervum tetraspermum, Melampyrum
arvense, Sinapis arvensis, Raphanus Raphanistrum,
Matricaria Chamomilla, Anthemis arvensis, Bromus
secalinus, Lolium temulentum.

An Pflanzen, welche in andern Gegenden des Lehm=
Flora=Gebietes (aber zum Theil nur sehr sporadisch) vorkommen, fehlen bei Neubrandenburg z. B.: Aconitum Napellus, Corydalis solida, Viola epipsila, Rubus
horridus, rudis, Potentilla sterilis, Hypericum hirsutum,
Ribes alpinum, Inula salicina, Centaurea phrygia, Senecio campestris, Echinospermum Lappula, Myosotis
sparsiflora, Digitalis ambigua, Orobanche ramosa, coerulea, arenaria, Prunella grandiflora, Polemonium coeruleum, Orchis purpurea, Herminium Monorchis, Anacamptis pyramidalis, Gagea minima, Anthericum Liliago, ramosum, Carex Buxbaumii, strigosa, Poa bulbosa, sudetica, Festuca Myurus, borealis, Equisetum
Telmateja, Timmia megapolitana. Manche dieser Pflan=
zen scheinen überhaupt nur dem Westen Mecklen-

burgs anzugehören, wie z. B. Potentilla sterilis, Hypericum hirsutum und Carex strigosa, der Osten hat dafür Erſatz z. B. an Trollius europaeus, Viola epipsila, Nuphar pumilum, Polygala comosa, Fragaria collina, Saxifraga Hirculus, Campanula bononiensis, Gentiana Amarella, cruciata, Sweertia perennis, Primula farinosa, Polemonium coeruleum, Echinospermum Lappula, Myosotis sparsiflora, Stachys germanica, Salvia pratensis, Pedicularis Sceptrum, Orobanche (jene 3 Arten), Betula humilis, Alisma parnassifolium, Orchis purpurea, Ophrys Myodes, Carex Buxbaumii, Poa bulbosa, Festuca borealis.

Werfen wir nun, bevor wir von dieſer Gegend Abſchied nehmen, um auch den floriſtiſchen Character unſerer Landſeen kennen zu lernen, noch einen Blick auf die mehrfach ſchon erwähnte Tolenſe.[1] Dieſer ſchöne See iſt 1½ M. lang und durchſchnittlich etwa ⅙ M. breit. Seine Längenachſe liegt in der Richtung von S. W. nach N. O., und ein anſehnlicher Theil ſeines öſtlichen, ſo wie ſeines weſtlichen Ufers wird durch bewaldete Hügelketten gebildet, indem auf erſterer Seite das Nemerower Holz in einer Längenausdehnung von ⅝ M., und auf letzterer das Broder Holz ſogar faſt 1 M. lang den See umſäumt. Die größte gemeſſene Tiefe des Waſſers beträgt 100', der Boden iſt Kiesgrund, ſtellenweiſe mit vielem Geröfle bedeckt. In ſeiner Flora ſpielen Binſen (Juncus communis) und Rohr entſchieden die Hauptrolle; gleich einem grünen Kranze umſchließen ſie faſt den ganzen ſchö-

---

1. Eine ausführliche Beſchreibung dieſes Sees habe ich 1853 im Archiv für mecklenburgiſche Landeskunde S. 1 bis 39 gegeben.

nen, klaren Wasserspiegel, und wenn man denselben
von einem höher gelegenen Uferpunkte überblickt, sind sie
es allein unter allen Seepflanzen, die durch ihre Masse
sich bemerklich machen. Durchmustert man aber die See-
flora aus größerer Nähe, — was am besten geschieht, wenn
man mit einem Kahne am Ufer entlang fährt, — so bieten sich
auch noch manche andere Pflanzen den Blicken dar. Hin und
wieder tritt die zierliche Helcocharis palustris in größerer
Menge auf, mehr vereinzelt die hoch emporstrebenden Rohrkol-
ben (Typha latifolia und angustifolia), Scirpus lacustris,
der schöne Butomus umbellatus, Alisma Plantago, Sagittaria sagittaefolia, Lythrum Salicaria, Nasturtium amphibium, Lysimachia thyrsiflora, Equisetum limosum und
palustre. An Pflanzen mit schwimmenden Blättern erscheinen stellenweise die prachtvolle weiße Seerose (Nymphaea
alba), eine der schönsten Blumen unserer Flora, sowie das
gelbe Mümmelchen (Nuphar luteum), die goldgelbe Utricularia vulgaris, das zierliche, eine rothblühende Aehre
über dem Wasserspiegel emporhebende Polygonum amphibium. Noch andere Pflanzen bleiben mit Stamm und
Blättern unter dem Wasser verborgen, und stecken nur zur
Blüthezeit ihre Blumen und Köpfchen etwas daraus hervor, wie die weiße Wasserranunkel (Ranunculus divaricatus), Myriophyllum spicatum und mehrere Samkräuter
(Potamogeton lucens, perfoliatus, praelongus, pectinatus
und filiformis). Manche Arten endlich bleiben gänzlich
unter dem Wasser verborgen, wie Najas, Hippuris, Fontinalis antipyretica und sehr selten (bei Broda zwischen
Steinen) squamosa und mehrere Species aus den Gattungen Chara (foetida, hispida und ceratophylla) und Nitella,
so wie aus den Familien der Nostochinae und Conservaceae.

Manche seltnere Pflanzen, die in anderen mekenbur=
gischen Seen vorkommen, fehlen leider der Tolense, wie
Nuphar pumilum, Lobelia Dortmanna, Alisma ranunculoides und parnassifolium, Ceratophyllum demersum,
Myriophyllum alterniflorum, Elatine Hydropiper und
Alsinastrum, Callitriche autumnalis, Potamogeton nitens, Villarsia nymphaeoides (falls sie wirklich im
Schweriner See vorkommt), Heleocharis ovata, Pilularia
globulifera, Nostoc pruniforme, Aegagropila Froelichiana. — Vielleicht werden auch noch einmal Hydrilla
verticillata, Najas minor und flexilis; so wie Isoëtes
lacustris, die in den Nachbarländern vorkommen, in unse=
ren Seen entdeckt, wenn dieselben genauer durchforscht wer=
den, als dies bis jetzt geschehen ist, was ich hiermit unsern
Botanikern bringend ans Herz gelegt haben will.

Für denjenigen Botaniker aber, für welchen nicht
bloß die einzelne Pflanzenspecies als solche ein Interesse
hat, sondern der sich auch an schönen Vegetationsansichten
erfreuet, bieten die Fahrten auf der Tolense dazu eine
reiche Gelegenheit dar. Die großen, dicht bis an den
Rand des Sees herantretenden Waldungen bestehen an
manchen Uferstrecken aus dem mannigfaltigsten und bunte=
sten Gemisch von Baumarten und Gesträuchen, (und zwar
nicht bloß Laub=, sondern auch Nadelholz). Ganz be=
sonders zeichnet sich in dieser Beziehung eine Strecke am
westlichen Ufer aus, nämlich die letzte Viertelmeile vor
Meiershof, wo die am Ufer stehenden Bäume nicht selten
ihre unteren, dichtbelaubten Zweige bis zum Wasserspiegel
herabsenken, und im Sommer durch die mannigfache Ge=
stalt ihres Laubes und die verschiedenartigen durch einander
gemischten grünen Farbentöne ein reizendes Bild hervor=

zaubern, welches aber im Herbste noch viel effectvoller wird, indem sich dann dem Grün noch gelbe, braune und rothe Farbentinten in allen möglichen Abstufungen beimischen.

Eine besondere Berücksichtigung und Beschreibung verdiente die Flora des Kreidegebietes um den Malchiner See herum (ausgezeichnet durch Orchideen-Reichthum!), so wie des Malchower (bei Poppentin, Wendhof, Nossentin u. s. w.), Wittenborner, Salower u. s. w. Kreidegebietes. Wenn die Puncte, wo die Kreide zu Tage tritt, auch zu isolirt und die floristischen Erscheinungen, welche sie darbieten, nicht characteristisch genug sind, um daraus ein eigenes von dem der Lehmflora getrenntes Florengebiet construiren zu können, so trägt doch die Vegetation an den bezeichneten Oertlichkeiten dazu bei, den Reiz und die Mannigfaltigkeit des eben geschilderten Gebietes local noch wesentlich zu erhöhen. Da es aber zu einer botanischen Beschreibung jener Kreidegebiete noch an allen Vorarbeiten fehlt, muß dieselbe der Zukunft vorbehalten bleiben.

4. Die **Seestrands-** und **Salinenflora** bildet das vierte floristische Gebiet Meklenburgs.[1] Erstere umsäumt unseren Ostseestrand, und ihre wesentlichsten Pflan-

---

1. Ich habe dasselbe schon einmal in Archiv 2, 67 ff. beschrieben. Auch in meiner Schilderung der Insel Rügen (1858 S. 183) habe ich ein Verzeichniß der salzsteten Pflanzen gegeben, und deren geographische Verbreitung am südlichen Rande der Ostsee hinzugefügt; letztere Angaben aber bedürfen mancher Berichtigungen, indem ich aus Fr. Schmidts Flora des silurischen Bodens von Ehstland, Nord-Livland und Oesel (Dorpat 1855), die mir erst nachträglich zu Gesichte gekommen ist, erfahre, daß manchen jener Pflanzen in nordöstlicher Richtung ein größerer Verbreitungsbezirk zukommt, als ich nach anderen älteren Angaben anzunehmen mich für berechtigt halten durfte.

zen sind, mit Ausschluß der im salzigen Wasser selbst wachsenden, folgende:

Cochlearia Linnaei Griew. (officinalis und anglica L.) Meklenburg, Rügen O, in Pommern und Preußen selten | .

C. danica Meklenburg, Rügen, Waigat-Insel östlich von Oesel | .

Cakile maritima Meklenburg, Pommern, Preußen u. s. w.

Crambe maritima Meklenburg, Rügen, Ehstland | .

Lepidium ruderale.

Viola tricolor var. syrtica.

Sagina maritima Meklenburg, Rügen, Pommern | .

Spergularia rubra var. media.

      var. marginata.

Honckenya peploides Meklenburg, Rügen u. s. w.

Althaea officinalis.

Anthyllis Vulneraria var. maritima.

Melilotus dentata Meklenburg, Rügen, Pommern, Ehstland | .

Lotus corniculatus var. tenuifolius.

Pisum maritimum Meklenburg bis Preußen, und noch weiter?

Hippuris vulgaris var. maritima.

Eryngium maritimum Meklenburg bis Preußen | .

Apium graveolens.

Bupleurum tenuissimum Meklenburg, Rügen, Vorpommern | .

Oenanthe Lachenalii.

Aster Tripolium Meklenburg, Rügen u. s. w.

Artemisia campestris var. sericea.

A. maritima Meklenburg, Vorpommern, Rügen, Insel Oesel | .

Chrysanthemum inodorum var. maritimum.

Taraxacum officinale var. lividum.

Sonchus arvensis var. maritimus.

Jasione montana var. litoralis.

Erythraea linariaefolia Meklenburg bis Ehstland. | .

E. pulchella var. inaperta.

Odontites rubra var. litoralis.

Samolus Valerandi Meklenburg bis Preußen | ; früher auch auf Oesel.

Glaux maritima Mek(enburg u. ſ. w.

Armeria vulgaris var. maritima.

Statice Limonium Mek(enburg, Vorpommern | .

Plantago lanceolata var. sericea.

P. maritima Mek(enburg biš Petersburg.

P. Coronopus Mek(enburg biš Danzig | .

Suaeda maritima biš Ehſtland | .

Salsola Kali Pommern u. ſ. w.

Salicornia herbacea biš Ehſtland | .

Obione pedunculata biš Ehſtland | ; in Preußen 0?

Atriplex litoralis c. var. Pommern u. ſ. w.

A. latifolium var. prostatum.

   — Sackii.

   — laciniatum Schk.

Rumex maritimus.

Polygonum amphibium var. maritimum.

P. aviculare var. litorale.

   — salinum.

Hippophaē rhamnoides.

Salix repens var. argentea.

Triglochin maritimum.

Asparagus officinalis.

Juncus balticus Pommern u. ſ. w.

J. compressus var. Gerardi.

Scirpus lacustris var. Tabernaemontani.

Blysmus rufus biš Oranienbaum bei Petersburg.

Carex extensa Vorpommern, Rilgen, Ehſtland | .

C. arenaria.

Phleum arenarium.

Calamagrostis armaria.

C. baltica (Baſtard).

Koeleria cristata var. glauca.

Glyceria maritima biš Ehſtland | .

G. distans noch weiter alš die vorige.

Triticum junceum biš Preußen | .

T. acutum (Bastarb).

T. strictum (Bastarb).

Elymus arenarius.

Hordeum secalinum.

Lepturus incurvatus (et var.? filiformis?) Mecklenburg, Rügen | .

Betrachten wir dies Verzeichniß etwas genauer, so
werden wir sehen, daß die darin aufgezählten Pflanzen
sich in folgende drei Gruppen bringen lassen:

a. den Grundbestandtheil, auf welchem der Character
dieses Florengebietes vorzugsweise beruht, bilden die (mit
gesperrter Schrift gedruckten) salzsteten Pflanzen, d. h.
solche, die zu ihrer Existenz nothwendig einen salzhaltigen
Standort bedürfen, und daher auf dies Gebiet ausschließlich
beschränkt bleiben. Ich habe bei der Aufzählung dieser
Pflanzen, welche ohne Ausnahme auch an der deutschen
Nordseeküste vorkommen, zugleich ihre Verbreitung am süd=
lichen Ostseestrande durch Pommern, Preußen und die
russischen baltischen Provinzen nachzuweisen versucht[1], wobei
das Resultat sich herausstellt, daß ihre Anzahl sich nach
dieser Richtung hin bald wesentlich vermindert. Dies
könnte lediglich von klimatischen Ursachen herrühren, ob=
gleich es auch möglich wäre, daß auch schon bei dieser
Erscheinung, wie es unzweifelhaft bei der Verminderung
der baltischen Flora und Fauna der Fall ist, die Abnahme
des Salzgehaltes in der Ostsee nach der bezeichneten
Richtung hin mit im Spiele wäre. — Diesen salzsteten
Pflanzen gesellt sich am sandigen Meeresufer, auf den
Dünen und Strandwiesen

---

1. Der senkrechte Strich hinter dem Fundorte bezeichnet, daß
die Pflanze dort die Endschaft ihres Vorkommens erreichen soll.

b. eine Anzahl salzholder Sand- und Wiesen-
pflanzen, welche, da sie auch auf nicht-salzhaltigen binnenländischen Standorten gefunden werden, diesem Florengebiete zwar nicht eigenthümlich sind, aber durch häufiges
Vorkommen doch zu dessen Characteristik mit beitragen. —
Endlich finden wir noch

c. manche binnenländische Pflanzen, welche hier in
eigenthümlichen, durch den salzigen Boden bedingten Varietäten auftreten, die zum Theil von ihren Stammpflanzen so stark abweichen, daß die Mehrzahl der Botaniker sie als selbstständige Art anerkennt, eine Auffassung,
der ich mich aus den S. 14 f. angedeuteten Gründen nicht
anschließen kann.

d. Außer den auf jene drei Gruppen vertheilten
Pflanzen giebt es nun noch eine große Anzahl von
Binnenpflanzen, die ohne irgend eine erhebliche Ab-
änderung zu erleiden, auch am Seestrande vorkommen.
Alle diese gleichfalls namhaft zu machen, würde von
keinem Interesse sein, und deshalb übergehe ich sie mit
Stillschweigen.[1] Nur das auffallende Vorkommen unserer
zwei (oder nach anderen Ansichten gar drei) Botrychium-
Arten in den Dünenkesseln, darf wohl nicht ganz unerwähnt
bleiben.

e. Daß endlich auch noch einige ausländische Pflanzen mit Ballasterde oder auf andere Weise zufällig an unsere
Küste verschleppt worden sind, ist früher (S. 46 52) schon
erwähnt worden. Dahin gehören: **Fumaria densiflora,
Diplotaxis tenuifolia, Lepidium latifolium, Bunias**

---

1. Manche derselben hat G. Griewank in seinen Kritischen
Studien S. 27. ff. aufgezählt.

orientalis, Reseda lutea, Medicago maculata, Rosa lucida, Carduus pycnocephalus, Helminthia echioides, Polypogon monspeliensis, Poa procumbens unb Hordeum maritimum. Alle biefe Pflanzen find in ihrem Verbleiben hier fehr unbeftändig, unb gehören gar nicht zu ben Bürgern unferer Flora.

Im Binnenlande treffen wir die Salzflora, wenn auch nicht in der Vollftändigfeit, wie am Seeftranbe, um die Salzquellen herum an. So wachfen z. B. um die Saline zu Sülz, wie Herr Dr. Weibner mir brieflich mittheilt, Spergularia media Wahlb., Apium graveolens L., Aster Tripolium L., Erythraea pulchella Fr., Glaux maritima L., Plantago maritima L., Chenopodina maritima L. sp. (sec. Zabel!), Atriplex latifolium Wahl. var. Sackii unb prostratum, Triglochin maritimum L., Scirpus Tabernaemontani Gm., Scirpus rufus Schrad. unb Juncus Gerardi Lois. — Bei Sülten unweit Brüel fanben C. Griewant unb Wüftnei Salicornia herbacea, Aster Tripolium, Atriplex latifol. var. Sackii, Triglochin maritimum, Apium graveolens, Spergularia media, Juncus bottnicus, Lepidium ruderale, Statice Limonium, Samolus Valerandi, Glyceria distans unb Cochlearia officinalis.[1] — Bei Sülz im Amte Elbena fommen nach G. Brückner vor: Spergularia marina, Atriplex latifol. var. Sackii, Juncus Gerardi, Glyceria distans, Triglochin maritimum. — Bei Soltow unb Timkenberg in der Telbau wachfen Spergularia marina, Aster Tripolium, Atriplex

---

1. Auch bei Neuenkirchen im Amte Bulow giebt es eine Salzquelle über beren Flora mir aber noch keine Angaben vorliegen.

Sackii, Triglochin maritimum, Scirpus Tabernaemontani und Juncus bottnicus. — Durch das Vorkommen von Samolus Valerandi am Rühner See, so wie der Glaux maritima zwischen Menkendorf und Bresegard in der Haideebene wird auch an diesen beiden Orten ein schwacher Salzgehalt des Bodens angedeutet.

5. Das letzte floristische Gebiet bildet endlich die **Ostsee** selbst, soweit sie unsere Küsten bespült. Phane-rogamische Pflanzen kommen in derselben nur wenige vor, und unter diesen ist die zahlreichste, und nach meinen Erfahrungen auch die einzige, welche an dem offenen Seestrande vorkommt, Zostera marina, die große sub-marine Wiesen bildet. In den Meeresbuchten aber (den Wieken und Bobben,) gesellen sich zu denselben noch ver-schiedene Varietäten des Ranunculus aquatilis, Ceralo-phyllum submersum, Potamogeton pectinatus var. ma-rinus, Potamogeton filiformis (im kl. Jasmunder Bobben), Ruppia rostellata, maritima, Zannichellia palustris var. pedicellata, Najas major, Juncus maritimus, Scirpus mari-timus und parvulus (im Saaler Bobben), Blysmus rufus und selbst noch Phragmites communis. — Die Algen aber haben hier entschieden das Uebergewicht. Aus dieser Klasse liefert die Familie der Diatomaceen zahlreiche, noch wenig erforschte mikroskopische Arten, desgleichen die Fa-milie der Conservaceen manche Arten, wie z. B. Conserva sericea, laetevirens und rupestris, Aegagropila Linnaei, Ectocarpus ochraceus; ferner die Familie der Ulvaceen, wie z. B. Enteromorpha intestinalis und compressa, Ulva latissima, Phycoseris Linza; die Familie der Cera-miaceen, wie Callithamnion repens, Ceramium diaphanum

und rubrum, Nemalion multifidum, Furcellaria lumbricalis und fastigiata, Ahnfeltia plicata, Phyllophora rubens, membranifolia und Brodiaei, Chondrus crispus, Polysiphonia violacea, allochroa und nigrescens, Rhodomela subfusca, Sphaerococcus confervoides, Delesseria sanguinea, Hypoglossum alatum, Phycodrys sinuosa; die Familie der Phyceen: Mesogloia vermicularis, Chorda Filum, Stilephora rhizoides, Laminaria saccharina und digitata, Fucus vesiculosus und serratus, Himanthalia lorea, Halidrys siliquosa; die Familie der Characeen endlich: Chara ceratophylla, hispida, crinita, baltica und aspera.

Von der geographischen Verbreitung dieser Pflanzen (besonders der Algen) in der Ostsee gilt, was ich im J. 1847 schon von ihnen, wie auch von der Fauna dieses Meeres nachgewiesen habe,[1] daß sie nämlich um so mehr verschwinden, je mehr man sich von den drei Canälen, welche die Ost= und Nordsee verbinden, nach O. und N. hin entfernt. Der Grund hierfür ist der nach eben diesen Richtungen hin abnehmende Salzgehalt des Wassers. — Dies letzte Florengebiet ist übrigens dasjenige, welches noch am wenigsten von den meklenburgischen Botanikern durchforscht worden ist, und zahlreiche neue Entdeckungen bleiben hier noch zu machen übrig.[2]

---

1. In meiner Schilderung der Ostsee im Archiv I. S. 80 ff.

2. G. Brückner, dem ich diesen Abschnitt im Manuscript mittheilte, schrieb mir: „Bei der Schilderung der einzelnen Florengebiete würde ich die Pflanzen nach den Standorten (Wasser, Wiese, Bruch, Wald, hohes Ufer, Berge, Triften, Wege, Aecker und Gärten) gruppiren, und alle Arten fortlassen, die in allen drei ersten Hauptgebieten häufig sind, es sei denn, daß sie durch massenhaftes Vorkommen, Ausbildung u. s. w.

V. Die Blüthezeit.

Der pflanzen=geographischen Darstellung schließe ich noch einen chronologischen Abschnitt an, in welchem ich die Pflanzen unserer Landesflora nach der Zeitfolge ihres Blühens zusammenstelle. Dies giebt einerseits eine recht anschauliche Uebersicht über die verschiedenen Phasen, in welchen der bunte Teppich unserer Flora sich vom Frühling bis zum Herbste zeigt, andererseits aber gewährt dies beim Aufsuchen der Pflanzen eine wesentliche Erleichterung, wenn man ungefähr weiß, um welche Jahreszeit man nach ihnen herumzuspähen hat, und was man zu einer bestimmten Zeit alles bei einander findet. — Hier nun wünschte ich aber ganz besonders, daß mein S. 54 erwähntes botanisches Tagebuch ausführlicher sein möchte, da es die Elemente zu dieser Arbeit liefern muß, mich aber oft dabei im Stiche läßt, da ich nicht immer bei den darin aufgezeichneten Pflanzen notirt habe, ob sie blühend gefunden wurden, oder nicht, — denn auch letzteres war häufig der Fall, wo ich seltnere Pflanzen nur des Staub=

ein Gebiet characterisirten, z. B. Calluna vulgaris, Molinia coerulea, Pteris aquilina in dem Haidegebiete, die Pyrolen und Lycopodien im Sandgebiet. Dagegen würde ich die Species, welche den anderen Floren ganz fehlen, oder darin selten sind, durch gesperrte Schrift bezeichnen, und am Schluß jeder Flora allenfalls die Arten angeben, welche derselben noch ganz fehlen, während sie in den beiden anderen häufig sind. Das Bild der Flora wird durch diese doppelte (positive und negative) Behandlung viel deutlicher." — Der von meinem Oheim hier vorgezeichnete Weg ist jedenfalls der beste, dennoch habe ich ihn nicht einschlagen können, weil der ganze Verbreitungsbezirk aller einzelnen Pflanzenarten durch das Land noch zu wenig beachtet ist. Es müssen in dieser Hinsicht noch neue specielle Studien in der mecklenburgischen Flora gemacht werden, die ich hiermit unseren Botanikern bestens empfohlen haben will, damit künftig einmal nach dem von Brückner vorgezeichneten Plane verfahren werden könne.

ortes wegen anmerkte. — Doch auch ein sorgfältig ge-
führtes Tagebuch, wenn es zu dem vorliegenden Zwecke
ausgebeutet wird, kann Irrthümer verursachen; denn wenn
man die Angaben über die Blüthezeit aus verschiedenen
Jahrgängen zusammenträgt, kann es wegen der schnelleren
oder langsameren Entwickelung der Vegetation in den einzelnen benutzten Jahren geschehen, daß man, auf den
gleichen Datum fußend, dennoch Ungleichzeitiges zu-
sammenstellt. Das beste und zuverlässigste Resultat würde
man jedenfalls erhalten, wenn man alle, oder doch möglichst viele Data aus einem und demselben Jahre entlehnte,
und das wäre so schwer nicht auszuführen, wenn nur ein
Botaniker sich entschlösse, diesem Zwecke vorzugsweise seine
Thätigkeit einen Frühling, Sommer und Herbst hindurch
zu widmen. — Bis dies geschehen, bitte ich den folgenden
Abschnitt seiner Unvollständigkeit wegen nur als einen vor-
läufigen Versuch anzusehen, durch welchen ich nur andeuten
wollte, wie auch in dieser Richtung hin, meiner Meinung
nach, zweckmäßig weiter gegangen werden könnte.

Eine strenge durchgeführte Kalenderform schien mir
bei dieser Aufzählung nicht anwendbar. Denn jeder Botaniker weiß, daß die Pflanzen sich mit ihrem Blühen
nicht an einen bestimmten Kalendertag binden, sondern
dasselbe, je nach der Witterung, bald früher, bald später,
eintritt.

Betrachtet man aber den bunten Pflanzenteppich, der
jährlich zu unseren Füßen aufgerollt wird, aus einem
etwas allgemeineren Gesichtspuncte, so entdeckt man bald,
daß derselbe aus einer ganzen Reihenfolge verschieden-
gestaltiger und verschiedenfarbiger Muster besteht, die an

7*

ihren Räubern freilich in einander fließen, und sich daher nicht ganz scharf von einander abgränzen, in ihren Mittelfeldern aber dennoch wesentliche Unterschiede zeigen. Dies heißt mit anderen Worten: es giebt in der Landesflora eine Anzahl nach und nach sich ablösender Gruppen, deren Pflanzen gemeinschaftlich blühen, und dadurch temporär dem Teppich ein bestimmtes Gepräge verleihen.

In welcher Weise mir diese Gruppen gebildet zu sein scheinen, und wie sie der Zeit nach auf einander folgen, wird aus der folgenden Aufzählung deutlich werden. Die Dauer einer jeden umfaßt die Zeit von etwa einem halben Monat, und fällt auch so ziemlich mit einer bestimmten Kalenderzeit zusammen, die ich in Klammern dabei bemerkt habe. Letztere habe ich absichtlich nicht zur Grundlage der Eintheilung gewählt, weil die ganzen Gruppen durch die Witterung mitunter ansehnlich entweder weiter vor, — oder zurückgeschoben werden, und sie dann mit der Kalenderzeit nicht zusammenstimmen. Den Vorläufer der ersten Gruppe bildet Galanthus nivalis, welcher schon zu Ende Februar und Anfang März erscheint.

I.
(März, zweite Hälfte.)

Alnus glutinosa.

Anemone Hepatica.

Bellis perennis.

Corydalis intermedia.

Corylus Avellana.

Gagea lutea.

Gagea pratensis.

Holosteum umbellatum.

Populus tremula.

Salix Caprea.

Tussilago Farfara.

Viola odorata.

II.
(April, erste Hälfte.)

Adoxa Moschatellina.

Caltha palustris.

Corydalis cava.

Equisetum arvense.

Gagea arvensis.
Hippophaë rhamnoides.
Lathraea Squamaria.
Petasites officinalis.
   tomentosus.

Populus pyramidalis.
   tremula.
Ulmus effusa.
Viscum album.

III.
(April, zweite Hälfte.)

Acer platanoides.
Anemone nemorósa.
   pratensis.
   Pulsatilla.
   vernalis.
Barbaraea praecox.
Betula alba.
Carex praecox.
Chrysosplenium alternifolium.
Draba verna.
Equisetum Telmateja.
Erodium Cicutarium.
Fagus sylvatica.
Glechoma hederacea.
Juniperus communis.
Oxalis Acetosella.
Potentilla opaca.
Primula officinalis.
   elatior.
Prunus avium.

Prunus insititia.
   spinosa.
Pulmonaria officinalis.
Ranunculus Ficaria.
Salix aurita.
   cinerea.
   repens.
   viminalis.
Veronica agrestis.
   arvensis.
   Buxbaumii.
   hederaefolia.
   opaca.
   polita.
   triphyllos.
   verna.
Viola hirta.
   mirabilis.
   sylvestris.

IV.
(Mai, erste Hälfte.)

Alchemilla vulgaris.
Anemone ranunculoides.
Barbaraea arcuata.
Cardamine amara.
   hirsuta.
Carpinus Betulus.

Cerastium arvense.
   semidecandrum.
Dentaria bulbifera.
Empetrum nigrum.
Euphorbia Cyparissias.
Fragaria collina.

Fragaria vesca.
Luzula campestris.
pilosa.
Lychnis flos cuculi.
Myrica Gale.
Orobus vernus.
Potentilla sterilis.
Prunus Padus.
Pyrus communis.
Malus.
Quercus Robur.
Ribes Grossularia.

Ribes nigrum.
rubrum.
Salix alba.
fragilis.
purpurea.
triandra.
Stellaria Holostea.
uliginosa.
Taraxacum officinale.
Valerianella olitoria.
Vicia lathyroides.
Vinca minor.

V.

(Mai, zweite Hälfte.)

Alyssum calycinum.
Andromeda polifolia.
Anthriscus Cerefolium.
sylvestris.
vulgaris.
Arabis hirsuta.
Arctostaphylos Uva ursi.
Asperugo procumbens.
Asperula odorata.
Barbaraea vulgaris.
Chaerophyllum temulum.
Convallaria majalis.
Cornus sanguinea.
Evonymus europaeus.
Galeobdolon luteum.
Geranium pusillum.
Geum rivale.
Gnaphalium dioicum.
Hieracium Pilosella.
Lamium album.
amplexicaule.

Lamium maculatum.
purpureum.
Lonicera Xylosteum.
Majanthemum bifolium.
Melica nutans.
uniflora.
Menyanthes trifoliata.
Mercurialis perennis.
Myosotis hispida.
intermedia.
stricta.
Odontites verna.
Orchis latifolia.
Morio.
Orobus niger.
tuberosus.
Paris quadrifolia.
Quercus sessiliflora.
Ranunculus acris.
auricomus.
lanuginosus.

Ranunculus Philonotis.

Rhamnus catharctica.

 Frangula.

Rhinanthus major.

 minor.

Salix cuspidata.

 pentandra.

Salvia pratensis.

Sanicula europaea.

Saxifraga granulata.

 tridactylites.

Sisymbrium Alliaria.

Sorbus Acuparia.

Stellaria nemorum.

Vaccinium Myrtillus.

 uliginosum.

 Vitis Idaea.

Valeriana dioica.

 officinalis.

Veronica latifolia.

Viburnum Opulus.

Vicia tenuifolia.

Viola canina.

 epipsila.

 palustris.

VI.

(Juni, erste Hälfte.)

Actaea spicata.

Aegopodium Podagraria.

Ajuga genevensis.

Aquilegia vulgaris.

Barbaraea stricta.

Cardamine Impatiens.

Cerastium glomeratum.

 triviale.

Convallaria multiflora.

 Polygonatum.

Crataegus Oxyacantha.

Cynoglossum officinale.

Equisetum pratense.

 sylvaticum.

Fragaria elatior.

Genista anglica.

 germanica.

Geum urbanum.

Hieracium pratense.

Hottonia palustris.

Iris Pseud-Acorus.

Ledum palustre.

Leontodon hastilis.

Lychnis Viscaria.

Myosotis palustris.

 versicolor.

Neottia Nidus avis.

Ophioglossum vulgatum.

Orchis maculata.

 purpurea.

Pinguicula vulgaris.

Pinus sylvestris.

Platanthera bifolia.

Polygala vulgaris.

Polygonum Bistorta.

Potentilla anserina.

Primula farinosa.

Pyrola uniflora.

Rosa canina.

 tomentosa.

Rubus Idaeus.

    saxatilis.

Sambucus nigra·

Sarothamnus Scoparius.

Scorzonera humilis.

Silene nutans.

    Otites.

Sorbus torminalis.

Spergula arvensis.

Torilis Anthriscus.

Trifolium montanum.

Trollius europaeus.

Turritis glabra.

Ulex europaeus.

Veronica Anagallis.

    Beccabunga.

    officinalis.

    serpyllifolia.

VII.

(Juni, zweite Hälfte.)

Arnica montana.

Botrychium Lunaria.

Briza media.

Calla palustris.

Campanula persicifolia.

Caucalis daucoides.

Chaerophyllum bulbosum.

Cochlearia officinalis.

Comarum palustre.

Epilobium montanum.

Euphorbia palustris.

Genista pilosa.

Geranium dissectum.

    Robertianum.

Helosciadium inundatum.

Hordeum murinum.

Linnaea borealis.

Lithospermum officinale.

Lysimachia Nummularia.

    thyrsiflora.

Malachium aquaticum.

Medicago lupulina.

    minima.

Melampyrum arvense.

Nasturtium amphibium.

Ophrys Myodes.

Orchis incarnata.

Papaver Argemone.

Phyteuma spicatum.

Polygala comosa.

Potentilla argentea.

    supina.

Poterium Sanguisorba.

Ranunculus arvensis.

    polyanthemos.

Rosa rubiginosa.

Rubus corylifolius.

    dumetorum.

    fruticosus.

    suberectus.

    Wahlbergii.

Scrophularia nodosa.

Spergula arvensis.

Spiraea Filipendula.

Stellaria glauca.

    graminea.

Thalictrum minus.
Thlaspi arvense.
Tilia platyphyllos.

Vicia dumetorum.
sylvatica.

VIII.

(Juli, erste Hälfte.)

Aethusa Cynapium.
Agrostemma Githago.
Alisma Plantago.
Allium Scorodoprasum.
Anchusa officinalis.
Anthyllis Vulneraria.
Arabis arenosa.
Astragalus glyciphyllos.
Ballota nigra.
Bryonia alba.
Calamintha Acinos.
Camelina sativa.
Campanula latifolia.
patula.
rapunculoides.
Centaurea Cyanus.
Cineraria palustris.
Clinopodium vulgare.
Convolvulus arvensis.
sepium.
Delphinium Consolida.
Dianthus Armeria.
Carthusianorum.
deltoides.
prolifer.
Echium vulgare.
Ervum hirsutum.
tetraspermum.
Euphorbia Esula.
Galium Aparine.

Galium sylvaticum.
Genista tinctoria.
Helianthemum vulgare.
Honckenya peploides.
Hyoscyamus niger.
Hypochoeris glabra.
radicata.
Juncus communis.
Lathyrus palustris.
pratensis.
sylvestris.
Lysimachia vulgaris.
Marrubium vulgare.
Matricaria Chamomilla.
Nepeta Cataria.
Neslea paniculata.
Ononis repens.
spinosa.
Orobanche ramosa.
Oxalis corniculata.
stricta.
Papaver dubium.
Rhoeas.
Pedicularis sylvatica.
Pimpinella magna.
Pisum maritimum.
Polygonum amphibium.
Potamogeton filiformis.
mucronatus.
pectinatus.

Potamogeton perfoliatus.
Pyrola secunda.
    umbellata.
Ranunculus aquatilis.
    divaricatus.
    Lingua.
Rubus affinis.
    glandulosus.
    rudis.
    thyrsiflorus.

Sagittaria sagittaefolia.
Sedum acre.
Silene inflata.
Thalictrum flavum.
Tilia ulmifolia.
Tragopogon pratense.
Thymus Serpyllum.
Vaccinium Oxycoccos.
Verbascum thapsiforme.
Vicia Cracca.

IX.
(Juli, zweite Hälfte.)

Achillea Millefolium.
    Ptarmica.
Achyrophorus maculatus.
Allium oleraceum.
    vineale.
Anthemis Cotula.
    tinctoria.
Arenaria serpyllifolia.
Armeria vulgaris.
Berteroa incana.
Betonica officinalis.
Cakile maritima.
Campanula glomerata.
    rotundifolia.
    Trachelium.
Carlina vulgaris.
Centaurea maculosa.
    Scabiosa.
Chondrilla juncea.
Chrysanthemum segetum.
    Leucanthemum.
    Parthenium.
Cicendia filiformis.

Cichorium Intybus.
Circaea alpina.
    lutetiana.
Cirsium arvense.
    lanceolatum.
Crepis biennis.
    paludosa.
    pinnatifida.
    tectorum.
Cuscuta Epilinum.
    Epithymum.
    europaea.
    monogyna.
Cynanchum Vincetoxicum.
Digitalis ambigua.
Echinospermum Lappula.
Elatine Alsinastrum.
    Hydropiper.
Epilobium angustifolium.
    hirsutum.
    parviflorum.
    palustre.
    roseum.

Epipactis Helleborine.
  palustris.
Erigeron acris.
  canadensis.
Erysimum cheiranthoides.
Eupatorium cannabinum.
Euphorbia Peplus.
Euphrasia officinalis.
Galium Mollugo.
  palustre.
  saxatile.
  verum.
Gentiana cruciata.
Geranium columbinum.
  palustre.
  pusillum.
  sanguineum.
Gnaphalium sylvaticum.
Goodyera repens.
Gymnadenia conopsea.
Gypsophila muralis.
Helichrysum arenarium.
Helosciadium repens.
Hydrocharis Morsus ranae.
Hypericum perforatum.
  quadrangulum.
  tetrapterum.
Impatiens Noli tangere.
Inula britannica.
  salicina.
Knautia arvensis.
Lappa tomentosa.
Leonurus Cardiaca.
Lepidium ruderale.
Linaria vulgaris.

Linum catharcticum.
Lotus corniculatus.
Lycopodium clavatum.
  inundatum.
Lycopus europaeus.
Lythrum Salicaria.
Malva Alcea.
  neglecta.
  sylvestris.
Medicago falcata.
Melampyrum cristatum.
  nemorosum.
  pratense.
Melandrium album.
  rubrum.
Mentha aquatica.
Monotropa Hypopitys.
Nuphar luteum.
  pumilum.
Nymphaea alba.
Odontites rubra.
Oenanthe fistulosa.
  Lachenalii.
  Phellandrium.
Oenothera biennis.
Origanum vulgare.
Ornithopus perpusillus.
Orobanche coerulea.
Potamogeton natans.
  praelongus.
Potentilla procumbens.
  reptans.
  Tormentilla.
Prunella grandiflora.
  vulgaris.

Pulicaria dysenterica.
  vulgaris.
Radiola linoides.
Ranunculus sceleratus.
Rubus caesius.
  discolor.
  Radula.
  Sprengelii.
  thyrsoideus.
  villicaulis.
Sanguisorba officinalis.
Scabiosa Columbaria.
Scirpus maritimus.
Scutellaria galericulata.
Sedum boloniense.
  reflexum.
Senecio Jacobaea.
Sinm latifolium.
Sherardia arvensis.
Solanum Dulcamara.
  nigrum.

Sonchus arvensis.
Spiraea Ulmaria.
Stachys germanica.
  palustris.
Stellaria crassifolia.
Succisa pratensis.
Tanacetum vulgare.
Torilis Anthriscus.
Trifolium alpestre.
  arvense.
  pratense.
  repens.
Utricularia vulgaris.
Verbascum Lychnitis.
  nigrum.
  Thapsus.
Verbena officinalis.
Veronica longifolia.
  scutellata.
Vicia cassubica.

X.

(Auguſt, erſte Hälfte.)

Agrimonia Eupatoria.
  odorata.
Althaea officinalis.
Angelica sylvestris.
Apium graveolens.
Archangelica officinalis.
Arnoseris minima.
Artemisia Absinthium.
  campestris.
  vulgaris.
Asplenium Filix femina.
  Ruta muraria.

Asplenium Trichomanes.
Aster Tripolium.
Astragalus Cicer.
Berula angustifolia.
Blechnum Spicant.
Bupleurum tenuissimum.
Callitriche autumnalis.
Campanula bononiensis.
Carduus crispus.
  nutans.
Ceratophyllum demersum.
  submersum.

Cicuta virosa.

Cirsium acaule.

    oleraceum.

    palustre.

Cnidium venosum.

Conium maculatum.

Corrigiola littoralis.

Cystopteris fragilis.

Datura Stramonium.

Daucus Carota.

Dipsacus sylvestris.

Drosera anglica.

    intermedia.

    rotundifolia.

Equisetum hiemale.

Eryngium campestre.

    maritimum.

Erythraea Centaurium.

Falcaria Rivini.

Filago arvensis.

    germanica.

    minima.

Galeopsis Ladanum.

    ochroleuca.

    Tetrahit.

    versicolor.

Gnaphalium luteo-album.

    uliginosum.

Herniaria glabra.

Hieracium umbellatum.

Hippuris vulgaris.

Hydrocotyle vulgaris.

Hypericum humifusum.

    montanum.

Jasione montana.

Illecebrum verticillatum.

Jurinea cyanoides.

Lactuca muralis.

    Scariola.

Laserpitium pruthenicum.

Leontodon autumnalis.

Libanotis montana.

Linaria minor.

Lonicera Periclymenum.

Marrubium vulgare.

Melilotus alba.

    macrorrhiza.

    officinalis.

Mentha arvensis.

    Pulegium.

    sylvestris.

Myriophyllum spicatum.

    verticillatum.

Onopordon Acanthium.

Osmunda regalis.

Parnassia palustris.

Pastinaca sativa.

Peplis Portula.

Peucedanum Oreoselinum.

Picris hieracioides.

Pimpinella Saxifraga.

Polycnemum arvense.

Polypodium Dryopteris.

    Phegopteris.

Polystichum cristatum.

    Filix mas.

    Oreopteris.

    spinulosum.

    Thelypteris.

Pteris aquilina.

Reseda Luteola.

Salsola Kali.

Scleranthus annuus.

    perennis.

Senecio aquaticus.

    barbaraeifolius.

    erucaefolius.

    paludosus.

    sylvaticus.

    viscosus.

Sonchus asper.

    oleraceus.

    palustris.

Stachys arvensis.

    sylvatica.

Stratiotes aloides.

Solidago Virga aurea.

Thrincia hirta.

Thysselinum palustre.

Xanthium Strumarium.

XI.
(August, zweite Hälfte.)

Bidens cernua.

    tripartita.

Calluna vulgaris.

Campanula Rapunculus.

Dianthus superbus.

Erica Tetralix.

Erythraea linariaefolia.

    pulchella.

Gentiana campestris.

    Pneumonanthe.

Hedera Helix.

Heracleum Sphondylium.

Lycopodium Selago.

Rubus horridus.

Salicornia herbacea.

Saxifraga Hirculus.

Sedum Telephium.

Senecio nemorensis.

Sweertia perennis.

XII.
(September.)

Artemisia maritima.

Gentiana Amarella.

Hieracium boreale.

Limosella aquatica.

Lycopodium annotinum.

Pilularia globulifera.

Scabiosa suaveolens.

Senecio vulgaris.

VI. Die Nutzpflanzen und Giftpflanzen.

Zu dem vollständigen Bilde einer Specialflora gehört ohne Zweifel auch die Schilderung der practischen Beziehungen, in welchen die Pflanzen des Landes zu den Bewohnern desselben stehen. Wenn ich nun auch hierüber in dem Nachfolgenden einige Andeutungen gebe, so ist es

nicht etwa meine Absicht auch alle diejenigen einheimischen
Pflanzen aufzuzählen, die vielleicht mit der Zeit noch ein=
mal nutzbar gemacht werden könnten, sondern ich werde
nur ein Blatt aus der Culturgeschichte der Gegenwart
hier einreihen, indem ich nur über diejenigen Pflanzenarten
einige Andeutungen geben werde, welche jetzt thatfäch=
lich benutzt werden, wobei freilich einige Rückblicke auf
die Vergangenheit sich nicht ganz werden vermeiden lassen.
In welcher Weise ich den hier zu behandelnden Stoff
ordnen sollte, darüber bin ich lange unschlüssig gewesen.
Es standen mir dazu zwei Wege offen, nämlich entweder
die betreffenden Pflanzen nach der Ordnung des natürlichen
botanischen Systems abzuhandeln, oder sie je nach der Art
des Nutzens, den man von ihnen zieht, in gewisse Gruppen
zusammen zu ordnen. Letzterem habe ich der größeren
Uebersichtlichkeit wegen den Vorzug gegeben.

1. Auffallend geringe ist der Nutzen, welchen unsere
einheimischen wildwachsenden Pflanzen für Küche und
Keller gewähren. Eigentliche Nahrungspflanzen sind gar
nicht darunter, sondern was benutzt wird, dient dort nur
zu untergeordneten Zwecken. Aus der Abtheilung der
Phanerogamen verwendet man schon seit langen Zeiten
die Erdbeeren, Himbeeren, Bixbeeren, Hagebutten, Haselnüsse,
Wachholderbeeren und Schwabengrütze; Wassernüsse sollen,
wie S. 69 gesagt, früher vorhanden und gleichfalls benutzt
worden sein, — eine andere, jetzt sehr beliebte und in
manchen Gegenden des Landes sehr häufige Frucht blieb
aber bis auf neuere Zeit ganz unbeachtet. Dies ist die
Krons= oder Preußelbeere, die freilich schon gegen Ende
des vorigen Jahrhunderts in unseren Seestädten theils

aus Norwegen (S. 35), theils für Rostock aus dem
pommerschen Darß eingeführt wurden. Erst um das Jahr
1815 machte der auf letzterer Halbinsel in Born wohnende
Oberförster Niemann die Rostocker darauf aufmerksam,
daß sie selbst in ihrer großen Haide einen reichen Vorrath
dieser Beeren besäßen, worauf denn auch dort die Benutzung derselben ihren Anfang nahm;[1.] in den von der
Küste entlegeneren Orten blieben sie aber noch längere
Zeit unbekannt. Ich selbst lernte sie zuerst etwa um das
Jahr 1830 zu Ludwigslust kennen, wohin ganze Wagen-
ladungen, wenn ich nicht irre, aus dem Hannöverschen
kamen, und in großen Mengen für die großherzogliche
Küche eingemacht wurden. Zur Herstellung des magen-
stärkenden „Bitteren" wird der Wermuth, zum Wachholder-
branntwein werden die Knirkbeeren und zum Maitrank
der Möhsch benutzt, — letzteres Getränk wird hier aber
auch nur erst seit etwa zwanzig Jahren bereitet. Das
früher sehr beliebte Birkwasser wird jetzt, in Folge der
bessern Forstcontrolle, nur noch ins Geheim von den Kindern gezapft. — Aus der Klasse der Kryptogamen benutzt
man nur Champignons und Morcheln. Erstere werden
seit neuester Zeit auch schon hin und wieder auf Mist-
beeten in Kellern cultivirt, und für letztere gab es schon
früher in der benachbarten Mark Brandenburg, und wahrscheinlich auch bei uns, eine zwar sehr einfache, aber etwas
kostspielige Culturmethode. Da man nämlich bemerkt hatte,
daß dieser Pilz an den Orten, wo Kohlenmeiler gestanden
hatten, besonders häufig und üppig emporsprosse, bemühten

[1.] A. v. Wehrs der Darß und Zingst. Hannover 1819.
S. 112 Anm.

sich die Einsammlerinnen der Morcheln die Brandstätten
möglichst zu vervielfältigen und richteten dabei so viele
Waldbrände an, daß endlich die Gesetzgebung mit schweren
Strafen gegen diesen Industriezweig einschreiten mußte. [1].

Ebenso wenig zahlreich, wie die im wilden Zustande
benutzten Pflanzen, sind diejenigen eingeborenen Arten,
welche jetzt zu culinarischen u. a. verwandten Zwecken
cultivirt werden. Dies zeigt ein Blick auf unsere Gärten und Ackerfelder, wo wir nur die wenigen vereinzelten,
mit gesperrter Schrift gedruckten eingeborenen Pflanzenarten (deren Indigenat überdies bei manchen noch in Frage
steht,) zwischen zahlreichen ausländischen Nutzpflanzen antreffen, welche letztere die eigentliche Grundlage unserer
Pflanzenkost bilden.

Es werden nämlich in den Gärten als Gemüse-
pflanzen, Gewürze, Obst u. s. w. cultivirt: verschiedene
Kohlarten, weiße Rüben, Kohlrabi, Märrettich, Rettich
und Rabies, der Weinstock, letzterer aber nur an warmen, ge-
schützten Wänden und im Winter zugedeckt; die Saubohne,
Erbse, Kriech- und Stangenbohne, der Pfirsichbaum und
die Aprikose, — welche aber eine sehr geschützte Stelle
haben und im Winter zugedeckt werden müssen; die Pflaume,
und nur noch in Bauergärten die Krese (Prunus insititia)
und die Vogelkirsche (Pr. avium); die Kirsche, die Himbeere (Rubus Idaeus), die Erdbeere (Fragaria elatior, grandiflora, virginiana); selten die Mispel, desto
häufiger aber Aepfel und Birnen (Pyrus malus, communis); der Kürbiß, die Gurke, der Portulak, Stachel-

---

1. Dietrichs Pflanzenreich 1770 S. 1308.

und Johannisbeeren (Ribes Grossularia, rubrum, seltener nigrum); Sellerie (Apium graveolens), Petersilie, Kümmel, Pastinak, Kerbelrüben (Chaerophyllum bulbosum), Dill, Mohrrübe (Daucus Carota); Cichorie (Cichorium Intybus), Schwarzwurz (Scorzonera hispanica), Salat; der Erdapfel (Helianthus annuus) nur noch selten in einigen Gegenden, überall aber die Kartoffel; Majoran, Pfefferkraut, Thymian; Runkelrübe (Beta vulgaris), Spinat, Sauerampfer; Hopfen, Wallnußbaum, Haselnußstaude (Corylus avellana, tubulosa); Knoblauch, Porree, Schnittlauch, Zwiebel; Spargel (Asparagus officinalis); Mais, Hirse.

Lenken wir endlich unsere Schritte auf die Acker-felder und überblicken wir die sämmtlichen dort im Großen zu verschiedenen Zwecken cultivirten Pflanzenarten, so treffen wir dort nur eine einzige Species an, die wir mit Sicher-heit als eingeborene beanspruchen können. Es sind näm-lich folgende: Erbsen, Linsen, die polnische Wicke (Ervum monanthos) als Mengfutter gebauet, die gemeine Wicke (Vicia sativa — einheimisch?), Klee (Trifolium repens und pratense, beide Arten wahrscheinlich nur eingebürgert, nicht eingeboren!) Luzerne, gelbe Lupinen (Lupinus luteus) in den Sand- und Haibegegenden; Rübsen, Raps (Brassica Rapa, Napus), Runkelrüben, Kartoffeln, Buchweizen, Taback (Nicotiana Tabacum, rustica) besonders in Mek-lenburg-Strelitz; Spörk (Spergula arvensis), Flachs Hanf; Hafer (Avena sativa, seltener orientalis und flavescens), Roggen, Weizen (Triticum vulgare, seltener turgidum, durum, polonicum, Spelta, monococcum, dicoccum), Gerste (Hordeum vulgare, hexastichon, disti-

chon, Zeocriton), Mais, letzterer nur zum Grünfutter
gebauet.

Wann diese ausländischen Culturpflanzen in Meklenburg eingeführt worden sind, darüber fehlen uns leider
fast alle sicheren Angaben, da man diesem interessanten
Zweige unserer Culturgeschichte früher keine Aufmerksamkeit
geschenkt hat. Das Wenige, was sich darüber noch ermitteln läßt, beschränkt sich hauptsächlich auf Folgendes:

Der Anbau mancher wichtigen Pflanze reicht hier schon
ziemlich weit zurück, nämlich in die Zeit, als dies Land
noch slavische Bevölkerung hatte. Denn als der Bischof
Otto von Bamberg im J. 1124 zu unsern Nachbaren,
den slavischen Pommern, kam, wurden dort schon Obst-
bäume gezogen, so wie triticum, papaver, cannabus et
cuncti generis legumina gebauet. Flachs und Roggen
werden im J. 1158 urkundlich unter den slavischen Ab-
gabe-Artikeln genannt, Weizen wird urkundlich 1191,
Hafer 1193, Erbsen und ein Birnbaum werden 1228,
ein Weinberg[1] 1229, Gerste wird 1255 namhaft gemacht.
Auch der Anbau des Buchweizens schreibt sich vielleicht
schon von den Slaven her, doch können wir ihn nur erst
in der ersten Hälfte des 15. Jahrhunderts in Meklenburg
bestimmt nachweisen. Um das J. 1500 wurden auf den
Feldern der Johanniter-Comthurei Mirow gebauet: Roggen, Weizen, Gerste, Hafer, Buchweizen, Hanf und Lein;
nehmen wir noch die Erbsen dazu, so haben wir damit
wohl alles zusammengefaßt, was um jene Zeit Gegenstand

---

1. Der Weinbau war den Slaven unbekannt; derselbe wurde
erst durch die Geistlichkeit (um Abendmahlswein zu haben,) hier eingeführt.

des Anbaues im Großen auf den Ackerfeldern bildete. In den Gärten zog man im 16. Jahrhundert schon Weinstöcke, Pfirsichbäume, Maulbeerbäume, Wallnußbäume und Johannisbeeren; veredelte Sorten von Kirschen wurden wahrscheinlich erst im J. 1506 in Meklenburg eingeführt; über das Gemüse erfahren wir leider gar nichts, doch hat wohl damals schon der Kohl eine Hauptrolle darunter gespielt. Einen sehr bedeutsamen Zweig der städtischen Gartencultur bildete aber der Hopfenbau, welcher gegenwärtig fast ganz barnieder liegt. — Die wichtigste neue Culturpflanze, deren Anbau im Laufe des 17. Jahrhunderts, und zwar in der zweiten Hälfte desselben, eingeführt wurde, war der Taback. Eine andere, noch viel nützlichere amerikanische Pflanze, die Kartoffel, fand erst im folgenden Jahrhunderte Eingang in Meklenburg. Die ersten hier gebaueten Knollen sah ein glaubwürdiger Berichterstatter im J. 1736, und in einer Zeitschrift[1] vom J. 1749 handelt ein Artikel „von den in Meklenburg etwas bekannter werdenden Kartoffeln"; im Großen auf den Feldern angebauet wurden sie jedoch erst seit etwa 1766. Ziemlich gleichen Schritt mit dem Anbau der Kartoffel hielt der Kleebau. Geringe Quantitäten von weißem und rothen Klee wurden zwar schon lange vor der Mitte des vorigen Jahrhunderts gebauet, aber erst gegen das J. 1775 fing man an die ganzen Schläge mit Klee zu durchsäen. Auch mit dem Anbau von Raps wurden schon im J. 1721, von Luzerne um 1750 und Runkelrüben um 1790 Versuche gemacht, — allgemeiner um sich gegriffen hat hier aber die

---

1. Schweriner Anzeigen 1749 St. 29.

Cultur dieser Pflanzen erst in viel späterer Zeit, nämlich
seit etwa dem J. 1825.[1] Zu diesen sind in neuerer
Zeit noch verschiedene Arten des Weizens, Hafers und der
Gerste hinzugekommen und sodann im Laufe der beiden
letzten Jahrzehnte noch der Mais, die gelbe Lupine und
die polnische Wicke. Auch die Anlage größerer Maulbeer-
plantagen für den Seidenbau gehört der neuesten Zeit an,
wenn auch vereinzelte Maulbeerbäume in den Gärten er-
weislich schon zu Anfang des 16. Jahrhunderts vorhanden
waren. Eine ganz isolirte und auch schon wieder verschwundene Erscheinung war der Anbau von Krapp- und
Weberkarden, der vor etwa 30 Jahren längere Zeit hindurch
von dem Vater unseres beliebten humoristischen Dichters Fritz
Reuter bei Stavenhagen im Großen betrieben wurde.

Manche Pflanze, welche früher zu culinarischen Zwecken
angebauet wurde, ist zwar längst durch andere, wohl-
schmeckendere Arten aus den Gärten verdrängt worden, hat
sich aber doch verwildert in unserer Flora behauptet und
eingebürgert, wie dies z. B. mit Oenothera biennis,
Borago officinalis und vielleicht noch manchen anderen
der Fall gewesen sein mag. Welche unserer Pflanzen alle
in diese Kategorie gehören, würde sich nur dann mit
Sicherheit nachweisen lassen, wenn man diese Seite der
vaterländischen Culturgeschichte früher mehr beachtet hätte,
als es in der That geschehen ist.

2. Ansehnlicher ist die Zahl der officinellen
Pflanzen, welche unsere Flora liefert. Ueber diese hat

---

1. Eine ausführlichere Geschichte unserer Culturpflanzen haben
mein Bruder und ich gegeben in meiner Geschichte Meklenburgs
I, 362 ff. 396 u. II, 518 ff. 523 ff.

mir mein Freund und Verwandter, Herr Apotheker J. Timm in Malchin, Auskunft gegeben, indem er mir nachfolgende nach dem natürlichen Systeme geordnete und von mir hin und wieder ergänzte Uebersicht der einheimischen Arzeneistoffe, welche in seiner Apotheke vorräthig gehalten werden, mitgetheilt hat. Dieselbe wird auch wohl so ziemlich auf alle mecklenburgische Apotheken Anwendung finden.

Anemone pratensis. Von dieser waren früher Kraut und Extract gebräuchlich, in jüngster Zeit wird sie hauptsächlich nur homöopathisch verwendet.

Papaver Rhoeas. Die Blumenblätter dienen zum Brustthee und zur Saftbereitung.

Chelidonium majus wird zur Extractbereitung und zur Tinctur verwendet, auch von Homöopathen, und in der Volksheilmittellehre braucht man die Blätter in Eierkuchen gebacken wider die Gelbsucht, nach dem Grundsatz similia similibus curantur; nach einer gleichen Ideen-verbindung gebrauchte man früher die steinharten Samenkörner des Lithospermum officinale gegen Stein- und Griesbeschwerden.

Fumaria officinalis zur Extractbereitung, ist ziemlich veraltet.

Nasturtium officinale zu Kräutersäften.

Cochlearia officinalis, deren Kraut officinell ist, wächst zwar an unserem Seestrande und um Salzquellen wild, wird aber dort wohl kaum eingesammelt. Timm cultivirt seinen Bedarf im Garten.

Von *Viola odorata werden die Blumen zur Saftbereitung gebraucht, und von V. tricolor das Kraut als Pulver und zum Aufguß (herba Jaceae). Erstere ist wohl nur eingebürgert.

Malva sylvestris; die Blumen sind officinell.

Althaea officinalis; von dieser Pflanze, deren Wurzel officinell ist, gilt das von Cochlearia off. Gesagte.

Tilia platyphyllos und ulmifolia, haben officinelle Blüthen; auch als Volksmittel gebraucht.

Hypericum perforatum. Die Spitzen des blühenden Krautes sind unter dem Namen „Johanniskraut oder — blut" besonders als sympathetisches Volksmittel gebräuchlich; in der homöopathischen Thier-heilkunde wird es als blutstillendes Mittel gebraucht.

(Geranium Robertianum gilt in manchen Gegenden Deutschlands für ein die Sehkraft stärkendes Volksmittel, — ob auch in Meklenburg, kann ich nicht sagen. In den Apotheken wird es nicht geführt.)

Rhamnus catharctica: die Beeren werden zur Bereitung eines abführenden Saftes gebraucht, und von R. Frangula dient die innere Rinde als abführendes Mittel zum Ersatz des Rhabarbers, — ein altes Volksmittel, dem die Aerzte erst in neuester Zeit Aufmerksamkeit schenken.

Genista tinctoria ein Harn und Schweiß treibendes Volksmittel.

Ononis spinosa und repens: die Wurzel noch wenig gebräuchlich gegen Steinbeschwerden u. s. w.

Melilotus macrorrhiza; die blühenden Trauben oder Zweig-spitzen wurden früher innerlich gebraucht, jetzt nur noch als äußerlich erweichendes Mittel.

Trifolium arvense; das Kraut unter dem Namen Mäuseklee ist als Volksmittel zum Thee nur noch wenig gebräuchlich.

Prunus spinosa. Die Blumen werden unter der Bezeichnung flores Acaciae nostrat. als auflösender, gelinde abführender Thee verwendet (Volksmittel.)

Prunus Padus. Die junge Rinde als schweißtreibendes Mittel ist ziemlich veraltet.

Geum urbanum, die Wurzel als Nelken- oder Benedictwurzel (Radix caryophyllata) von den Aerzten verordnet, ist ziemlich veraltet.

Rubus Idaeus. Die Früchte dienen zur Bereitung des Him-beersyrups und -wassers.

Potentilla Tormentilla. Die Wurzel als abstringirendes Mittel, besonders in der Thierheilkunde, gebräuchlich.

Agrimonia Eupatoria, das blühende Kraut ist ein wenig ge-bräuchliches Volksmittel.

Bryonia alba. Die Wurzel wurde früher von den Allopathen gegen Gicht, Manie und Epilepsie gebraucht; jetzt wird sie nur von den Homöopathen verwendet.

Sanicula europaea; das Kraut dient als Volksmittel innerlich und äußerlich gegen Wunden, Quetschungen und Geschwüre; jetzt noch selten angewendet.

Pimpinella Saxifraga; die Wurzel unter dem Namen Radix Pimpinellae albae bei Beschwerden des Halses und der Athmungsorgane auch als Volksmittel gebräuchlich.

Oenanthe Phellandrium; die Früchte als Sem. Phellandrii seu Foeniculi aquatici officinell.

Archangelica officinalis; die Wurzel ist officinell, und auch in der Thierheilkunde gebräuchlich; seltener das daraus gewonnene ätherische Oel. — Obgleich diese und die vorhergehende Pflanze in der Umgegend von Malchin ziemlich häufig sind, werden sie dort doch nicht für die Apotheke eingesammelt.

Conium maculatum. Das Kraut ist als erweichendes, schmerzstillendes äußeres Mittel gebräuchlich, ebenso das aus dem frischen Kraut bereitete Extract und auch ein Pflaster; in jüngster Zeit auch das daraus gewonnene sehr giftige Alkaloid „Coniin oder Cicutin."

Viscum album; die jungen Zweige und Blätter sind officinell, werden aber nur selten angewandt, z. B. in Pulverform gegen Epilepsie u. s. w.

Sambucus nigra; die blühenden Trugdolben sind ein bekanntes schweißtreibendes Mittel.

Valeriana officinalis: die Wurzel und ein daraus gewonnenes ätherisches Oel sind officinell. Da die auf Bergwiesen gewachsenen Wurzeln kräftiger sein sollen, werden sie in Meklenburg (obgleich die Pflanze sehr häufig ist,) nicht eingesammelt.

Succisa pratensis, Kraut und Wurzel früher ein sehr beliebtes Volksmittel (herba et radix Succisae seu Morsus diaboli.)

Tussilago Farfara, die jungen Blätter als einhüllendes, die Schleimabsonderung beförderndes, auch zur Herstellung des Brustthees dienendes Mittel.

Solidago Virga aurea, die blühenden Spitzen als Mittel gegen Steinbeschwerden gebräuchlich.

Helichrysum arenarium; das blühende Kraut wird ebenfalls gegen Stein- und Harnbeschwerden verwendet, Volksmittel; wenn ich nicht sehr irre, werden die Blüthenköpfe auch hin und wieder als Mittel wider Zahnschmerzen aus Pfeifen geraucht.

Artemisia Absinthium; das Kraut mit den blühenden Zweigspitzen, so wie ein daraus gewonnenes Extract, flüchtiges und fettes Oel sind officinell.

Artemisia vulgaris; das Kraut mit den blühenden Zweigspitzen, besonders aber die Wurzel in Pulverform gegen Epilepsie gebräuchlich.

Tanacetum vulgare; die blühenden Trugdolden und das daraus gewonnene ätherische Oel dienen gegen Würmer, auch als Volksmittel und in der Thierheilkunde seltener gebräuchlich.

Achillea Millefolium; die Blätter sammt den blühenden Trugdolden, werden als Thee benutzt (ein bekanntes Volksmittel); auch der Extract wird verwendet, weniger das ätherische Oel.

Matricaria Chamomilla; die Blüthenköpfe geben einen allgemein bekannten, krampfstillenden Thee; auch das sehr theuere ätherische Oel wird benutzt. — Die Pflanze ist hier sehr gemein, und wird auch von armen Kindern gesammelt und für den Hausgebrauch in den Städten zum Verkaufe herumgetragen; die Apotheken sind aber meistens gezwungen ihren großen Bedarf von auswärts (namentlich aus Thüringen) zu beziehen, weil sie nur die Blüthenköpfe gebrauchen und die Einsammler zu faul dazu sind, diese allein zu pflücken. So müssen jährlich mehrere Hundert Thaler, welche hiesige Arme sich mit Leichtigkeit verdienen könnten, ins Ausland gehen.

Arnica montana; die Wurzel, noch mehr aber die blühenden Köpfe und die daraus bereitete Tinctur, besonders in jüngster Zeit auch als Volksmittel sehr bekannt, weniger das aus den Wurzeln gewonnene ätherische Oel. — Vor etwa 60 Jahren war diese Pflanze bei Kummerow noch so häufig, daß sie dort noch für die Malchiner Apotheke eingesammelt wurde, jetzt kommt sie dort nur noch vereinzelt vor. Jetzt, glaube ich, beziehen alle unsere Apotheken ihren Bedarf von auswärts.

Lappa communis; die Wurzel ist officinell und wird zu dem bekannten Holzthee, so wie zu einer den Haarwuchs befördernden Salbe verwendet.

Centaurea Cyanus; die Randblüthen dienen als Harn treibendes

Volksmittel, und werden außerdem auch zum Räucherpulver verwendet.

Taraxacum officinale; die Wurzel und besonders das aus dem
frischen Kraute bereitete Extract werden verwendet, — letzteres bildet
einen Hauptbestandtheil der als sogenannte Frühlingscuren gebräuchlichen Pflanzendecocte.

Vaccinium Myrtillus; die Beeren sind abstringirend und officinell.

Ledum palustre wurde früher gegen Keuchhusten, Fieber und
Hautkrankheiten gebraucht, jetzt nur noch selten als Mittel wider die
Motten.

Menyanthes trifoliata; die Blätter, das daraus gewonnene sehr
bittere Extract und eine Tinctur wurden früher häufiger gegen Wechsel-
fieber gebraucht (herba Trifolii fibrini).

Gentiana campestris wird jetzt nur noch selten als Volksmittel
unter dem Namen „Stah up un gah weg" (vergl. S. 40) in den
Apotheken gefordert. Im Handel bezieht man statt dessen oft G. Pneumonanthe und auch G. Amarella. Der officinelle Name ist herba
Gentianellae.

Erythraea Centaurium; das ganze blühende Kraut, so wie das
daraus gewonnene Extract sind officinell, und werden unter dem Namen Tausendgülbenkraut oft begehrt.

Cynoglossum officinale; die Wurzel war früher officinell, wird
aber jetzt nur noch selten gebraucht und vorräthig gehalten, obgleich
sie in neuester Zeit, namentlich in Rußland, gegen den Biß toller
Hunde angewendet wird.

Symphytum officinale; die Wurzel (Radix Consolidae) officinell, als Volksmittel in der Thierheilkunde und neuerdings auch in
der Homöopathie verwendet.

Pulmonaria officinalis als Volksmittel gegen Schwindsucht u. s. w.
gebraucht.

Solanum Dulcamara, die jungen Stengel und Aeste officinell;
bei Malchin seit Ausrodung der Brücher weniger häufig, und daher
dort nicht mehr gesammelt.

* Hyoscyamus niger; die Blätter, das aus den frischen Blättern gewonnene Extract, sowie die Samen sind officinell; letzterer wird unter dem Namen „Dull Dill" als Volksmittel gegen Zahnschmerz geforbert.

* Datura Stramonium; Stengel, Blätter und Same, jedes für sich officinell; Stengel und Blätter auch als Volksmittel gegen das Asthma gebraucht, erstere aus einer Pfeife geraucht, letztere mit Taback zu Cigarren verarbeitet. In manchen Gegenden dienen auch die Samen unter dem Namen Stächkührn als Volksmittel gegen die Pleuresie. — Unter demselben Namen und zu gleichem Zwecke werden auch die Samen des Silybum Marianum hin und wieder gebraucht, einer Pflanze, die in M. nur selten verwildert gefunden wird. — Diese und die voraufgehende Art sind wohl nur eingebürgerte Pflanzen.

Verbascum Thapsus; die Blumen sind officinell und werden namentlich zu dem bekannten Brustthee verwendet.

Linaria vulgaris; das frische Kraut wird zur Bereitung einer nur selten gebrauchten Salbe verwendet.

Veronica Beccabunga; das frische Kraut wird sowohl von den Aerzten, als auch vom Volke als harntreibendes Mittel in der Wassersucht verwendet und in neuester Zeit sehr gerühmt.

Veronica officinalis als Volksmittel gegen Lungensucht, Rheumatismus und Gicht gebräuchlich.

Origanum vulgare als Volksmittel (brauner Dust) gegen Krämpfe, Rheumatismus und unterdrückte Menstruation gebräuchlich.

Thymus Serpyllum; das blühende Kraut für äußerliche Zwecke officinell.

Glechoma hederacea; das Kraut unter dem Namen Hedera terrestris officinell, bildet einen Bestandtheil des bekannten Brustthees, und wird auch vom Volke zu ähnlichen Zwecken gesammelt und verwendet.

Marrubium vulgare; das Kraut und das daraus bereitete Extract ist officinell, wird aber nur noch selten gebraucht.

(Primula officinalis liefert den Schlüsselblumenthee, ein beliebtes Volksmittel, — wird aber in den Apotheken nicht vorräthig gehalten.)

Rumex conglomeratus, crispus und obtusifolius werden als Mutterpflanzen der Grindwurzel (radix Lapathi) angegeben, welche aber veraltet und wenig gebräuchlich ist.

Urtica urens; das Kraut (Hibbernettel) ein Volksmittel gegen veralteten Husten, neuerbings auch von den Aerzten zu gleichem Zwecke verwendet.

Urtica dioica ist unter dem Namen herba Urticae majoris ein altes Mittel gegen Würmer und auch wohl gegen Schwindsucht.

Humulus Lupulus. Gebräuchlich sind die weiblichen Zapfen-blüthen (Strobuli Lupuli), so wie die den jüngeren Blättern und Schößlingen aufsitzenden gelblichen Drüsen. — Mit den weiblichen Blüthen gestopfte Kopfkissen sind ein bekanntes gegen Schlaflosigkeit verwendetes Volksmittel. — Die Pflanze ist in den Erlenbrüchern so häufig, daß sie gesammelt werden kann.

Ulmus campestris; die innere Rinde der mehrjährigen Aeste wird zwar noch vorräthig gehalten, aber kaum noch verwendet.

Quercus pedunculata; die Rinde und die Früchte, letztere besonders im gerösteten Zustande, sind officinell. Eichelkaffee wird skrophulösen Kindern häufig verordnet.

Salix pentandra, fragilis, alba, amygdalina und purpurea, — von allen diesen wird die Rinde zum äußerlichen Gebrauch gesam-melt. In S. pentandra und purpurea soll das Weidenbitter (Sa-licin) in großer Menge enthalten sein.

Populus pyramidalis und nigra liefern die im Frühling ge-sammelten harzigen Knospen, welche früher auch zu Aufgüssen als harntreibendes Mittel gebraucht wurden, jetzt aber nur noch zur Be-reitung der als Volksmittel dienenden Pappelsalbe Anwendung finden.

Juniperus communis; die Beeren und das daraus bereitete Ex-tract und flüchtige Oel sind officinell; auch in der Volks- und Thier-heilkunde als Schweiß und Harn treibendes Mittel sehr gebräuchlich. Das Holz wird nur noch selten gebraucht, häufiger noch das aus demselben gewonnene flüchtige Oel. Früher wurde auch das dem Strauche ansitzende Harz gesammelt.

Pinus sylvestris; die jungen Sprossen (Turiones seu Gemmae Pini) werden im ersten Frühjahr gesammelt und innerlich, wie äußer-

lich, aber nur noch selten, gebraucht. Auch sollen sie beim Bier-
brauen statt des Hopfens Anwendung finden.

* Acorus Calamus; die Wurzel, das aus derselben gewonnene
Extract und flüchtige Oel sind officinell, — auch in der Volks- und
Thierheilkunde.

Orchis purpurea, Morio, mascula und laxiflora, deren Wurzeln den Salep liefern, werden in Mellenburg nicht zur Gewinnung
desselben benutzt, obgleich manche der genannten Arten in einzelnen
Gegenden unseres Landes ziemlich häufig sind. Unsere Apotheken beziehen dies Medicament von auswärts.

Convallaria majalis; die blühenden Trauben sind als Bestandtheil des Hufelandschen Niesepulvers officinell, und werden auch vom
Volke zuweilen als Herz und Nerven stärkendes Mittel angewendet.

Carex arenaria; die Wurzel (radix Caricis arenariae seu Sar-
saparillae Germanicae seu Graminis rubri) ist officinell. Sie ist
im mellenburgischen Sand- und Haidegebiete häufig genug um für
die Apotheken gesammelt werden zu können, ich weiß aber nicht, ob
es irgendwo geschieht; bei Neubrandenburg und Malchin fehlt die
Pflanze. — Substituirt für dieselbe werden mitunter die Wurzeln von
C. hirta und intermedia, ja selbst von Scirpus maritimus. — In
neuerer Zeit wird dies Medicament weniger benutzt.

Triticum repens, die Quecke. Der unterirdische Stock ist als
radix Graminis officinell und wird zu Abkochungen und zur Bereitung des Queckenextractes gebraucht. Die Pflanze wuchert am stärksten auf humosem Sandboden, und wird dort vorzugsweise für den
Apothekenbedarf gesammelt.

Polypodium vulgare; der Wurzelstock wird hin und wieder in
unseren Apotheken noch vorräthig gehalten, und in der Volksheilkunde
selten noch als Engelsüßwurz, Korallenwurz, gegen Gelb- und Wassersucht gefordert.

Polystichum Filix mas; der Wurzelstock und das daraus bereitete ätherische Extract waren bis vor Kurzem als Bandwurmmittel
noch sehr gebräuchlich, scheinen jedoch jetzt durch das Kousso verdrängt
zu werden.

Lycopodium clavatum. Das Kraut ist ein veraltetes harntreibendes Mittel; gebräuchlicher sind die Sporen als Streupulver (Hexenmehl); letztere werden aber auch von andern Lycop. Arten gebraucht. — In Mecklenburg wird dieser Stoff wohl kaum irgendwo eingesammelt, weil die Pflanze nur stellenweise so häufig ist, daß sich dies verlohnen würde. Man bezieht den Bedarf von auswärts.

Equisetum arvense und hiemale; die unfruchtbaren Stengel beider sind schon alte Volksmittel wider Steinbeschwerden; das letztere wird neuerdings auch von Aerzten als solches empfohlen und angewendet.

Polytrichum commune; die Pflanze wird als „Golden Wiederthon, Gold- oder Venushaar" (herba Adianthi aurei) jetzt nur noch selten als Volksmittel gegen die verschiedensten Krankheiten gebraucht.

Lobaria pulmonaria als Volksmittel (Lunggraff genannt,) gegen Lungen- und Brustleiden noch gebräuchlich.

Imbricaria parietina wurde wohl wegen seines bitteren, zusammenziehenden Geschmacks als Fiebermittel versucht, ist jetzt aber fast vergessen.

Polyporus fomentarius, zubereitet officinell unter dem Namen Agaricus chirurgorum (Blutschwamm), — wird, wenn er auch zu den einheimischen Pflanzen gehört, doch wohl kaum irgendwo für die Apotheken eingesammelt, sondern von auswärts bezogen.

Polyporus suaveolens, officinell unter dem Namen Boletus Salicis (Weidenschwamm), wurde früher gegen Lungensucht gesammelt und gebraucht.

Außer diesen einheimischen officinellen Pflanzen werden auch noch manche ausländische von unseren Apothekern in ihren Gärten für den Bedarf gezogen. So cultivirt z. B. Timm Papaver somniferum, Althaea rosea, Calendula officinalis, Carduus benedictus, Mentha crispa, Melissa officinalis, Salvia officinalis, Lavendula Spica, Thymus vulgaris, Origanum Majorana und Chenopodium ambrosioides. — In Bauergärten wird hin und wieder auch noch Helleborus viridis zum Curiren des

kranken Viehes cultivirt. Früher ist wahrscheinlich die
Anzahl der cultivirten Arzneipflanzen noch weit beträcht-
licher gewesen, hat sich aber vermindert, weil man theils
die Stoffe jetzt mit geringerer Mühe und Kosten von auswärts beziehen kann, theils aber auch, weil so viele Pflanzen, welche die Aerzte früher anwendeten, schon gänzlich
(selbst als Hausmittel!) entweder durch Vereinfachung des
Heilverfahrens überflüssig geworden, oder nur aus Unacht-
samkeit in Vergessenheit gerathen sind. — Manche derselben aber haben sich, wenn ihnen auch die fürsorgende Hand
des Menschen entzogen worden ist, als verwilderte oder
eingebürgerte Pflanzen in unserer Flora eingenistet, so daß
auch sie (wie die oben erwähnten Küchengewächse,) jetzt
einen secundären Bestandtheil derselben bilden. Dahin
rechne ich z. B. Eranthis hiemalis, Helleborus officinalis, Berberis vulgaris, Viola odorata, Saponaria officinalis, Levisticum officinale, Anthriscus Cerefolium, Inula
Helenium, Artemisia pontica, Chrysanthemum Parthenium, Silybum Marianum, Lactuca virosa, Atropa Belladonna, Datura Stramonium, Hyoscyamus niger,
Aristolochia Clematitis, Parietaria officinalis, Acorus
Calamus. Von diesen verwilderten Pflanzen liefern nur
die vier mit gesperrter Schrift gedruckten Arten den nöthigen Bedarf für die Apotheken.

3. Aber auch noch manches anderweitig nutzbare
Product liefert unsere einheimische Flora. Dahin gehört
das Nutzholz, sowohl hartes für die Tischler, Stell-
macher, Drechsler u. s. w., als auch weiches zu allerlei
Schnitzarbeiten. Ersteres geben die Eichen, Buchen, Birken, Eschen und Tannen unserer Waldungen, die gegen-

wärtig noch einen Flächenraum von etwa 32 □M. be-
decken, letzteres die Linden, Weiden und Pappeln. Die
biegsamen Zweige der **Salix viminalis** werden von den
Korbmachern und zu Einfriedigungen benutzt, während die
alten undurchdringlichen und unübersteiglichen Hakelwerke
(Zäune, deren obere Hälfte aus großen Massen aufge-
schichteter Dornzweige bestand,) in neuerer Zeit immer
seltener werden. Brennholz liefern hauptsächlich die
Eichen, Buchen, Tannen, Erlen und Birken, und an diese
reihet sich noch ein anderes, zwar der lebenden Flora an-
gehöriges, aber doch subfossiles Product, nämlich der Torf,
von welchem Meklenburg fast unerschöpfliche Schätze besitzt.
Gräser und andere zum Viehfutter dienende Kräuter
sind in größter Menge vorhanden, da die Wiesen (incl.
der Brücher) ein Areal von mindestens 25 □M. besitzen;
sodann Buchmast und Eicheln für die Schweine, welchen
unsere Flora auch noch in der **Stratiotes aloides** ein sehr
beliebtes Nahrungsmittel darbietet. — Die Tanne liefert
Theer, die Eiche Borke für die Lohgärber, die Birke Reiser
für die Besenbinder, die Linde Bast für Gärtner. Das
Rohr wird zum Dachdecken und zur Bekleidung der Wände
benutzt, die Binsen (**Juncus communis**) zur Anfertigung
von Matten und anderem Flechtwerk, das Seegras (**Zostera**) zum Stopfen von Matratzen und Polstern, während
in den nördlichen Strandgegenden der Seetang (**Fucus**),
ebenso wie im südlichen Meklenburg die Post-Arten (S. 74)
zur Ackerdüngung verwendet werden. Als Färbemittel gebrauchte man namentlich in den ländlichen Haushaltungen,
vor einigen Decennien auch die Gleußen und Bixbeeren,
beide sind aber jetzt wohl so ziemlich außer Gebrauch

gekommen, da sich auch in dieser Beziehung die Ansprüche
unseres Landvolkes sehr gesteigert haben.

4. Außer den mehr oder weniger wirklich nutzbaren
Pflanzen schrieb man früher, und schreibt auch noch jetzt,
vielen Gewächsen einen nur eingebildeten Nutzen zu, indem
man ihnen außergewöhnliche, übernatürliche Kräfte beilegte.
Diese benutzte man in den Zeiten, in welchen noch krasser
Aberglaube gleich einer geistigen ägyptischen Finsterniß alle
Classen der Bevölkerung umhüllte, als Zaubermittel,
und manche derselben (namentlich **Datura Stramonium**,
— nach den Erfahrungen die Kämpfer darüber im vorigen Jahrhundert in Persien gemacht hat,) mögen wirklich
bei den merkwürdigen Phantasmagorien der Hexen durch
ihre narkotischen Eigenschaften eine einflußreiche Rolle gespielt haben. Welche Pflanzen damals alle als Zaubermittel hier in Gebrauch waren, darüber ruhet (Dank der
Unwissenheit jener Zeiten!) leider ein Schleier, der niemals mehr gelüftet werden wird. Das Einzige, was ich
aus älteren norddeutschen Quellen über diesen Gegenstand
erfahren habe, ist Folgendes. Franz Wessel, welcher in
der Reformationszeit Bürgermeister zu Stralsund war,
erzählt von dem katholischen Feste der Marien-Krautweihe
(15. Aug.), wie es zu seinen Jugendzeiten in den norddeutschen Städten gefeiert wurde: „Dann kamen gemei-
niglich aus allen Häusern eine Magd oder eine Frau, die
hatten ein Bund Kraut im Arme, fast so groß als eine
Garbe. Da war hineingebunden: Fenchel, Baldrian, Hanf,
Drandt, Aepfel, Birnen, Wolverlei, Mankanen (?), Lieb-
stöckel, Wermuth, Hopfen, Haideblumen, Alandt, allerlei
Getreidearten, Butterblumen, Flachs, Knoblauch, Zwiebeln,

9

Kohl, Senf, Sevenbaum; dies alles, um damit (wenn
das Kraut geweihet war,) besondere Zauberei an Vieh
und Menschen zu verrichten. Das ganze Bund war mit
einem Windelbande umwickelt. Hiermit ging es nach der
Kirche, und dort weihete es ein Priester wohl eine Stunde
lang, und schlug mit dem Weihwedel eine Menge Wasser
in das Kraut. Dann gingen sie hinaus auf den Kirchhof
und trugen das Kraut umher, in welches so viel Wasser
hineingeschlagen worden war, daß die Mägde wohl in
zwei bis drei Tagen den Mantel nicht wieder trocken krie-
gen konnten." — Bei der Gleichheit der damaligen pommerschen und meklenburgischen Zustände dürfen wir wohl
annehmen, daß bei dem bezeichneten katholischen Feste in
Meklenburg die Krautbündel auf gleiche Weise zusammen-
gesetzt waren, wie in Stralsund.

Eine interessante Arbeit über die Pflanzen als Zaubermittel hat kürzlich Prof. Unger in Wien geliefert.[1] Aus
derselben erhellt, daß fast alle in Deutschland gebrauchten
vegetabilischen Zaubermittel zu den gemeinsten Pflanzenarten der deutschen Flora gehörten, wie z. B. Stachys
recta, Artemisia vulgaris, Scabiosa Succisa, Glechoma
hederacea, Origanum vulgare, Ononis spinosa, Juniperus communis, Spartium scoparium u. s. w. Man
gab diesen wohl deßhalb den Vorzug vor den stattlicheren
Kindern fremder Länder, weil sie trotz ihrer unscheinbaren
Gestalt dem Volke, welches sie von Jugend auf kannte,
gleichsam befreundeter und daher wichtiger waren, als die

---

1. Sitz.-Ber. der mathem. naturwiss. Classe der K. K. Akademie
in Wien Bd. 33 S. 303 ff. — Vergl. auch Ungers botanische Streif-
züge auf dem Gebiete der Culturgeschichte a. a. O. Bd. 23 und 24.

Fremblinge. Wie viele von den Pflanzen unserer Flora, an denen wir jetzt achtlos vorübergehen, möchten uns, falls sie sprechen könnten, lehrreiche Geschichten von der Verirrung des menschlichen Geistes, und der Rolle, welche sie dabei gespielt, berichten können!

Aber auch noch gegenwärtig ist diese Rolle keineswegs gänzlich ausgespielt. Zwar hat sich im Laufe der Zeiten der Kreis des Aberglaubens sowohl hinsichtlich der Sachen, auf die er sich erstreckt, als auch in Betreff der Personen, in deren Köpfen er herrscht, wesentlich zusammengezogen, einen ansehnlichen Rest des früheren Zauberglaubens trifft man aber noch immer in den sympathetischen Curen an, die noch so häufig von Leuten aus allen Ständen (selbst von solchen, die doch auf geistige Bildung Anspruch machen wollen!) betrieben werden. Welche Pflanzen dabei in Anwendung kommen, kann ich aber als Uneingeweiheter nicht berichten. Gelegentlich will ich nur zum Schlusse noch erwähnen, daß eine unserer mecklenburgischen Flora ursprünglich nicht angehörige Zauberpflanze auch hier noch immer sorgfältig cultivirt wird, obgleich man den Zweck, weßhalb dies ursprünglich geschah, längst vergessen zu haben scheint. Es ist dies Sempervivum tectorum, welches auf das Dach gepflanzt vor dem Einschlagen des Blitzes schützen sollte: auf den Stalldächern in unseren Städten, auf den Dächern der Tagelöhnerhäuser und besonders der Schweineställe in den Dörfern wird diese Pflanze, ohne daß man jenen Nutzen noch dabei beabsichtigt, jetzt vielfältig gezogen.

5. Richten wir nun unseren Blick noch auf diejenigen einheimischen Pflanzen, die ohne grade Nutzen zu gewähren,

9*

doch den Bewohnern des Landes so lieb und werth
sind, daß sie entweder in ihrem wilden Zustande häufig
gesammelt werden, oder sogar in den Gärten als Zierpflanzen Aufnahme gefunden haben. Ersteres ist der Fall
mit den Oehschen (Leberblumen), Vergißmeinnicht, Im-
mortellen (Helichrysum arenarium), Möhsch und selbst den
Spricklilgen, die von ärmeren Kindern als Kränze gewunden zum Verkaufe herumgetragen werden; desgleichen bilden Sträuße von Liljenconfalgen und auch von den weißen
wohlriechenden Orchis (Platanthera) einen Handelsartikel.
In den Ziergärten trifft man z. B. Hecken von Weiß-
dorn und Hainbuchen, ferner Ulmen, Linden, Taxus, Eschen,
Seedorn, rothen Dorn (eine Spielart der Crataegus monogyna), Spiräen (Sp. Ulmaria und Filipendula, beide
mit gefüllten Blüthen), Ephen, Immergrün (Vinca), Leberblumen (mit rothen, gefüllten und auch blauen, einfachen
Blumen), Goldknöpfchen (Ranunculus repens fl. pleno),
Eisenhut (Aconitum Napellus), Trollius, Akelei (Aquilegia
vulgaris), Pechnelken (Lychnis Viscaria fl. pl.), Sedum
reflexum, Tausendschönchen (Bellis perennis fl. pl.),
Achillea millefolium (mit rothen Blumen), Campanula
persicifolia und latifolia, Grasnelken (Statice Armeria
var. maritima), Primeln (Pr. officinalis, elatior und auch
wohl farinosa), Ehrenpreis (Veronica longifolia und
latifolia), Polemonium coeruleum, weiße Orchis, Schnee-
glöckchen, Convallaria majalis und multiflora, — und
wahrscheinlich auch noch manche andere, die mir augen-
blicklich nicht beifallen.

Diese bescheidenen Pflanzen stehen aber an Artenzahl
gar sehr gegen die stattlichen Ausländer zurück, welche

sich nach und nach in unseren Gärten und Parks angesiedelt haben. Zu den am weitesten durch Mecklenburg
verbreiteten ausländischen Bäumen gehören: Populus
pyramidalis (seltener balsamifera), Aesculus Hippoca-
stanum (seltener Pavia), Robinia Pseud. Acacia (seltner
hispida und viscosa, so, wie Gleditschia triacanthos),
Pinus Abies, Larix, Picea, Strobus, Thuja occidentalis;
hin und wieder kommen auch die Plantane, der Tulpen-
baum, die ächte Kastanie und die Trauerweide vor, welcher
letzterer aber das hiesige Winter=Klima wenig zusagt. An
Kletter= und Schlingpflanzen werden häufig gezogen:
Lonicera Caprifolium, Ampelopsis hederacea, Clematis
azurea, Aristolochia Sipho. Sehr allgemein gezogene
Gesträuche sind: Cornus mascula, Berberis vulgaris,
Ligustrum vulgare, Lycium barbarum, Lonicera tata-
rica, Symphoricarpos racemosa, Diervillia canadensis,
Philadelphus coronarius, Syringa vulgaris und chinensis
(seltner persica), Cytisus Laburnum, Colutea arborescens,
Viburnum Opulus, Calycanthus floridus, Ptelea trifoliata,
Ribes sanguineum und aureum, Spiraea salicifolia, hy-
pericifolia und ulmifolia, Rosa centifolia, cinnamomea,
turbinata, pomifera, pimpinellifolia, lutea, Crataegus py-
racantha, Amygdalus nana, Staphylea pinnata, Buxus
sempervirens, Kerria japonica, Deutzia scabra, Weigelia
rosea, Cydonia japonica (welche aber im Winter geschützt
werden muß), und noch manche andere, deren Aufzählung
uns zu weit führen würde. Mehrere dieser Pflanzen, zu
denen besonders das südliche Europa, Asien und Amerika
Beiträge geliefert haben, sind erst in neuerer Zeit allgemeiner
in unseren Gärten cultivirt worden, wie z. B. die drei

zuletzt genannten, sämmtlich aus Japan stammenden Ge=
sträuche; auch Kerria japonica, Ribes sanguineum, Syringa chinensis, Ampelopsis hederacea und Symphoricarpos racemosa sind erst seit etwa 30 Jahren bekannter
geworden, Aristolochia Sipho wird hier bei Neubranden=
burg seit etwa 60 Jahren (zuerst durch meinen Groß=
vater,) gezogen. [1]

Von dem endlich, was an ausländischen krautarti=
gen Zierpflanzen in den Gärten Meklenburgs alles culti=
virt wird, ein auch nur annähernd genügendes Bild zu
geben, ist mir ganz unmöglich, weil es dazu umfangreicher
auf diesen Gegenstand gerichteter Studien bedürfte, die ich
noch nicht habe anstellen können. Eine Aufzählung der=
selben möchte sonst nicht ohne Interesse sein, da diese
Pflanzen, wie auch die vorhin erwähnten Zier=Bäume und
Sträucher, ein Contingent stellen, welches durch Verwilde=
rung oder vollständige Einbürgerung sich nach und nach
in die einheimische Flora eindrängt. Dies ist z. B. der Fall mit
Populus pyramidalis, Berberis vulgaris, Ligustrum vulgare, Hesperis matronalis, Silene Armeria, Elsholtzia
cristata, Calendula officinalis, Galinsogea parviflora,
Rudbeckia luciniata, Collomia grandiflora, Ornithogalum nutans u. m. a. Aehnliche Fälle mögen auch schon
früher vorgekommen sein, und es wäre nicht unmöglich,
daß sogar manche der Pflanzen, deren Vorkommen der Art
ist, daß sie jetzt als eingeborene erscheinen, nur ältere ein=

---

1. Das schönste Exemplar, welches ich bis jetzt gesehen, befindet
sich in der benachbarten Ukermark auf dem gräfl. Arnimschen Gute
Boizenburg; es stand dort in der americanischen Plantage, wand sich
bis in den Wipfel einer Tanne hinauf und sein Stamm hatte reichlich
die Dicke eines starken Armes. Ich sah diese Pflanze im J. 1837.

gebürgerte Zierpflanzen sind, wie z. B. Aconitum Napellus, Polemonium coeruleum und Galanthus nivalis.

6. Stellen wir endlich unseren Nutzpflanzen noch
diejenigen einheimischen Gewächse gegenüber, welche dem
Menschen direct schädlich sind, — nämlich die Giftpflanzen, — so ist deren Rolle hier glücklicher Weise
ganz unbedeutend. Daß durch unachtsame Verwechselung
phanerogamischer Giftpflanzen mit ähnlichen nutzbaren Gewächsen Krankheiten oder gar Todesfälle herbeigeführt
worden seien, davon ist mir aus Meklenburg kein einziges
Beispiel bekannt. Die Anzahl der benutzten einheimischen
Pflanzen ist zu klein, und die einzelnen Arten sind zu
kenntlich, als daß hier Irrthümer vorkommen sollten. Nur
durch absichtlichen Gebrauch giftiger Pflanzen als Hausmittel, und durch Kinder, die aus Naschhaftigkeit unter
den Pflanzen herumkosten, ob sie nicht etwas Eßbares
herausfinden können, wird hin und wieder Unheil angerichtet, aber auch dies geschieht sehr selten. Herr Geh.
Medicinalrath Dr. G. Brückner in Ludwigslust wußte mir
aus seinem großen Physikatskreise, welcher die Städte und
Aemter Dömitz, Elbena, Grabow und Neustadt, so wie
die Kirchensprengel Picher und Leussow umfaßt, während
einer mehr als 40jährigen Praxis nur drei Fälle anzuführen. Der erste betraf eine Vergiftung von drei Knaben
zu Ludwigslust, die von der Wurzel der Cicuta virosa
(Schierling) gegessen hatten. Bei dem Knaben, der
am meisten genossen, traten schon nach Verlauf einer halben Stunde vollkommen epileptische Anfälle ein, die so
schnell auf einander folgten, daß der Moment der Erschlaf-
fung nicht lang genug war, nur einen Theelöffel voll

schwarzen Kaffee zwischen die Zähne hindurch zu bringen. Erst nach mehreren Stunden gelang es, ihm so viel einzuflößen, daß er zum Erbrechen kam. Nun wurden die Pausen etwas größer, das Erbrechen wiederholte sich, und die Anfälle nahmen nach und nach die Gestalt des Veitstanzes an, wobei die Pausen wieder verschwanden. Endlich wurden die Bewegungen gelinder, ein bedeutender Schweiß und Schlaf trat ein, und am andern Morgen war bis auf ein leises, allgemeines Zittern und einige gastrische Erscheinungen Alles wieder gut. Die Zufälle bei den anderen beiden Knaben waren ganz dieselben, nur minder heftig, Erbrechen und Schweiß folgten schneller. Sie sagten, die Wurzel (von welcher sie noch Proben in der Tasche hatten,) habe süßlich geschmeckt und es sei ihnen sogleich darnach schlecht zu Muthe geworden. — In dem zweiten Falle hatte eine Frau Samen des **Bilsenkrautes** (Hyoscyamus niger) auf einen glühenden Plettbolzen gestreuet, und die Dämpfe durch einen Trichter in einen hohlen Zahn geleitet. Sie bekam gleich darauf Krämpfe in Arm und Bein der einen Seite, die aber bald wieder vergingen, und nur eine Zeit lang noch Schwäche in der Seite zurückließen. — Der letzte Fall bestand in einer Vergiftung durch Rauchen von **Stechapfel-Blättern** (Datura Stramonium), worüber aber die näheren Details fehlen. Daß die Samen unter dem Namen Stechkörner als Volksmittel gegen Seitenstechen (Pleuresie) angewendet werden,[1] ist schon erwähnt worden. „Mehrere

---

1. Von einem noch tolleren Volksmittel, welches in der Gegend von Neubrandenburg einmal gegen eben diese Krankheit angewendet war, erzählte mir J. Schulz, der Verfasser der Flora Starg., aus

Leute (schreibt G. Brückner,) haben mir gestanden, dies
gethan zu haben. Sie hatten die ganzen Körner überge-
schluckt, ich erinnere mich aber keines Falles böser Folgen."
Einen solchen beobachtete aber sowohl Hr. Dr. Betcke zu
Rumpshagen, wo eine Frau nach sehr reichlichem Genuß
der frischgepflückten Stechkörner schwer erkrankte, als auch
Herr Dr. H. Scheven in seinem Malchiner Physikatskreise.
Auch zu Goldberg sollen vor mehreren Jahren sich Kinder
durch diesen Samen vergiftet haben. — Den traurigsten
Ausgang aber hatte eine Vergiftung, über welche mir im
J. 1849 E. Huth, damals Rector in Krakow, berichtete.
Im April des Jahres 1849 wurde Dr. Lorenz in Krakow
(weiland Mitglied unseres Vereins † 1851) nach dem
Dorfe Bäbelin im Amte Goldberg gerufen, wo sich drei
Kinder vergiftet hatten. Zwei derselben (von 6 und 4
Jahren) waren bei seiner Ankunft schon todt, ein größeres
Mädchen lag mit geschwollenem Gesichte in Krämpfen.
Diese Kinder hatten am voraufgehenden Abende von einer
im Garten beim Graben herausgeworfenen Wurzel gegessen,
welche nun auch noch angebissen vorgefunden wurde und
sich als die Wurzel von Cynoglossum officinale
ergeben haben soll. Dieser Fall wäre um so wichtiger,
weil die giftigen Eigenschaften dieser Pflanze, wenn auch
wohl schon vermuthet, doch bis jetzt noch so wenig erwiesen gewesen sind, daß Hr. Dr. Weidner in seiner Disser-
tation über die mecklenburgischen phanerogamischen Gift-

---

seiner eigenen Praxis. Nach dem Grundsatz daß Stechen durch Stechen
vertrieben werden müßte (similia similibus!), war dem Kranken zer-
stoßenes Glas eingegeben worden! Natürlich war er unter furcht-
baren Schmerzen gestorben. Einen ähnlichen Fall erlebte Hr. Dr.
Betcke.

pflanzen (1856) ihr gar nicht einmal eine Stelle unter denselben eingeräumt hat. Die von ihm als giftige Pflanzen unserer Flora bezeichneten Arten sind nämlich folgende: Thalictrum flavum, alle Arten der Gattungen Anemone und Ranunculus, Aquilegia vulgaris, Delphinium Consolida, Aconitum Napellus, Actaea spicata, Chelidonium majus, Viola odorata, canina, tricolor, Drosera (alle 3 Arten), Impatiens Noli tangere, Evonymus europaeus, beide Arten von Rhamnus, Sarothamnus scoparius, Bryonia alba, Sedum acre, Hydrocotyle vulgaris, Cicuta virosa, Apium graveolens, Berula angustifolia, Sium latifolium, Oenanthe fistulosa und Phellandrium, Aethusa Cynapium, Anthriscus sylvestris, Chaerophyllum temulum, Conium maculatum, Hedera Helix, beide Arten von Lonicera, Eupatorium cannabinum, Senecio vulgaris, Lactuca virosa und Scariola, Ledum palustre, Cynanchum Vincetoxicum, Solanum (alle Arten), Atropa Belladonna, Hyoscyamus niger, Datura Stramonium, Gratiola officinalis, Digitalis grandiflora, Pedicularis (alle Arten), Anagallis arvensis, (Daphne Mezereum), Aristolochia Clematitis, Euphorbia und Mercurialis (alle Arten), Myrica Gale, Alisma (alle Arten), Arum maculatum, Calla palustris, (Leucojum vernum und aestivum), Paris quadrifolia, Convallaria (alle Arten), Lolium temulentum.

Auch noch eine andere, von Dr. W. übergangene Pflanze hätte wohl wenigstens ein Warnungszeichen verdient, nämlich Asperula odorata, der Mösch oder Waldmeister. Obgleich nämlich der Extract dieser Pflanze, der ja bekanntlich dem Maitrank seinen Wohlgeschmack verleihet, ganz unschädlich ist, so soll doch der Duft des Krautes, wo es in etwas größerer Menge in Schlafzimmern aufbewahrt wird, die übelsten Zufälle, ja selbst den Tod herbeiführen können. Hierauf ist in Mecklenburg um so mehr aufmerksam zu machen, da es hier vielfältig Gebrauch ist Mösch-Kränze oder Sträuße wochenlang in den Zimmern aufzubewahren.

Unverantwortlicher Weise sind diesen einheimischen
schädlichen Pflanzen noch zwei sehr gefährliche ausländische,
hinzugefügt worden, deren eine schon durch Berührung
ihrer Blätter entzündliche Geschwulste hervorruft, nämlich
der als Zierstrauch angepflanzte Sumach (Rhus Toxico-
dendron), den man an mehreren Stellen des Ludwigsluster Schloßgartens antrifft, und der dort schon mehrfach
Kindern, die sich durch seine glänzend grünen Blätter
anlocken ließen, Nachtheil gebracht hat. Im dortigen
Prinzengarten ist dies Gesträuch wieder ausgerottet, seit
ein junges Mädchen, die sich beim Versteckspielen darin
verborgen hatte, davon eine allgemeine Gesichtsrose bekam,
die besonders die Augen afficirte und diesen eine Jahre
lang anhaltende krankhafte Empfindlichkeit zu Wege brachte.
— Die andere, nicht selten in Gärten gezogene Pflanze
ist die Tollkirsche (Atropa Belladonna), deren Beeren
schon mehrfach Unheil in Meklenburg angerichtet haben.

Aus der Abtheilung der Kryptogamen bietet nur
allein die Classe der Pilze giftige Arten dar. Aber während im mittleren und südlichen Deutschland, wo Pilze
mit zu den wichtigeren Nahrungsmitteln der ärmeren
Volksclassen gehören, durch Verwechselung unschädlicher
mit schädlichen Arten, Vergiftungen durch dieselben gar nicht
selten vorkommen, ist mir aus Meklenburg, wo nur Morcheln und Champignons als Delicatesse gegessen werden,
nur ein einziger Fall (durch G. Brückner) bekannt, in
welchem eine Dame, die vielleicht in anderen Gegenden
Deutschlands den Steinpilz (Boletus edulis) kennen und
essen gelernt hatte, diesen auch hier in Meklenburg genießen
wollte, statt dessen aber eine andere, giftige Art (welche

es gewesen, ist nicht bekannt,) verspeisete, worauf sie ein allgemeines Zittern bekam; schwarzer Kaffee und Citronen= saft brachten aber bald ein heilsames Erbrechen zu Wege. — Für sehr giftig gelten die schönen, rothen Fliegen= pilze. In Betreff derselben schreibt mir G. Brückner: „Als im Beginne dieses Jahrhunderts der Erbprinzessin Helene Paulowna erste Entbindung erwartet wurde, lag hier in Ludwigsluft ein russischer Feldjäger schon mehrere Wochen auf der Lauer, um dem Kaiser Paul die erste Nachricht zu bringen. Eines Tages brachte der Russe seiner Wirthin ein Tuch voller Fliegenpilze, ließ sie nach seiner Vorschrift bereiten, und — trotz aller Protestationen aß er mit gutem Appetit davon. Die Wirkung war eine complete Cholera, während deren der Kanonendonner die Geburt unseres nachmaligen Großherzogs Paul verkündete. Todtkrank wurde der Russe auf einen Wagen auf Stroh gebettet und kam gesund in Petersburg an. Relata re= fero." [1]

Kurz, als das Endresultat meiner vielen Nachfragen bei unseren Aerzten stellt es sich heraus, daß Vergiftungs=

---

[1] Weiter gegen Osten wird ein noch viel sonderbarerer Gebrauch von diesem Pilze gemacht. Denn von den Koriäken erzählt Langsdorf: „Coriaecorum gens, in ora Asiae septentrioni opposita, potum sibi excogitavit ex succo inebriante Agarici muscarii. Qui succus (aeque ut Asparagorum,) vel per humanum corpus transfusus, temulentiam nihilominus facit. Quare gens misera et inops, quo rarius mentis sit suae, propriam urinam bibit identidem: conti= nuoque mingens rursusque hauriens eundem succum, pauculis Agaricis producere in diem quintum temulentiam potest." — Sollte der Fliegenpilz in einem kälteren Klima vielleicht weniger giftig werden, wie man ähnliche Wahrnehmungen hinsichtlich der Umänterung von Pflanzensäften durch klimatische Einwirkung schon mehrfach gemacht hat?

fälle durch einheimische Pflanzen hier zu Lande so selten sind, daß der durch sie herbeigeführte Schaden wohl kaum den zehnten Theil von dem erreicht, den der Blitz hier am Menschenleben durchschnittlich anrichtet!

VII. Die Geschichte unserer Flora.

Ich beginne diesen Abschnitt mit einer chronologisch geordneten kurzen Uebersicht der gesammten mir bekannten auf die meklenburgische Flora bezüglichen Literatur, welche, wie ich glaube, auf Vollständigkeit Anspruch machen darf. Ausführlicher sind die Titel der einzelnen Schriften und Abhandlungen nachher bei der alphabetisch geordneten Zusammenstellung der Autoren angegeben worden. Die nicht selbstständigen, sondern in Zeit= oder Gesellschaftsschriften u. s. w. erschienenen Abhandlungen sind durch einen * bezeichnet.

1777 Schulz L. enumeratio etc.

* 1780—94 verschiedene mycolog. Abhandlungen von Tode.

1788 Timm J. Prodromus etc.

1790—91 Tode H. Fungi Meclenb. etc.

1791 Becker H. Beschreibung der Bäume und Sträucher u. s. w.

   * Timm J. erster Nachtrag zum Prodr.

* 1792 Tode über Phallus caninus.

* 1793 Tode H. Antwortschreiben an Flörke.

* 1795 Timm J. zweiter Nachtrag.

   Link. H. dissert. botan.

* 1797 Detharding botan. Bemerkungen.

   * Timm, Auszug u. s. w.

1803 Brückner A. F. Prodromus Florae Neobrandb.

1803—6 Crome Sammlung u. s. w.

1804—8 Blandow O. Sammlung meklb. Laubmoose.

1805 Becker H. Beschreibung u. s. w. 2. Aufl.

1806 Schultz C. Prodromus Fl. Starg.

* v. Kamptz phyf. Beschreibung des Amtes Mirow.
* Kleinere bot. Mittheil. von Ditmar, Thebe, Siemssen, Link, v. Kamptz, Blandow und Crome in den Verhandl. b. mekb. naturf. Gesell. (in b. Nützl. Beitr.)
* 1808 desgl. von Detharding, Link, Thebe, Blandow, Ditmar und Siemssen.
  Wredow tabell. Ueberficht u. s. w.
* 1809 Kleinere bot. Mit. (Fortsetzung) von Ditmar.
  * Link observationes etc. I.
  * Detharding Beitr. z. mekb. Flora.
  Detharding Verzeichniß einer Sammlung u. s. w.
  Blandow Ueberficht der mekb. Moose.
* 1810 Kleinere bot. Mit. (Fortsetzung) von Detharding, Ditmar und Link.
  Link Mscr. der mekb. Flora.
* 1811 Kleinere bot. Mit. (Schluß) von Detharding, Ditmar, Link und Siemssen.
  Wredow ökonom. technische Flora u. s. w.
* 1813 Link observationes etc. II.
* 1817 Ditmar, Sturms Flora Abth. III. erstes Bändchen (mekb. Pilze.)
  Brückner A. Nachtrag zu Schultz Probromus (inedit!).
1819 Schultz supl. 1.
* 1823 Schultz de Barbula et Syntrichia.
* 1824 Schultz in b. Sylloge Ratisbon.
  * Brückner G. in Okens Isis.
1828 Detharding Conspectus etc.
  Flörke de Cladoniis.
  * Schultz in der Sylloge Ratisbon.
1825 Link de antiquitatibus bot. Rostoch.
* 1836 Meyer Pflanzen um Schwerin.
1837 Prahl Flora Gustrov.
  Schultz sup. 2 Mscr.
* 1839 Griewank C. seltnere Pflanzen Meklbgs.
1840 Röper Ueberficht der Gräser Meklbgs.

1841 Langmann Flora u. s. w.

    * Brückner G. Pflanzengeographie.

1843 Röper zur Flora Mcklbgs. I. Farne.

1844 Röper z. Fl. Mcklbgs. II. Gräser.

    Brinkmann Sammlung mcklb. Gräser.

    Fiedler Synopsis Hypnearum.

    Fiedler Synopsis der Laubmoose Mcklbgs.

    Fiedler Sammlung von mcklb. Laubmoosen.

* 1846 Röper Nachträge und Berichtigungen u. s. w.

* 1847 Griewank C. seltnere Pflanzen des Klützer Orts (Archiv).

    Drewes J. Nachtrag zu Prahls Index.

* 1848 Boll E. Seestrands- und Salinenflora (Archiv).

1848 ff. Fiedler Sammlung getrockneter Pilze.

* 1849 Boll Flora von M.-Strelitz (Archiv).

* 1850 Betcke Monographie der mcklb. Brombeersträucher (Archiv).

    * Langmann Nachtrag zur Flora (Archiv).

    * Boll Nachtrag zur Flora I. (Archiv).

    * Röper Beitr. z. mcklb. Flora.

    Wüstnei Sammlung getrockneter Lebermoose.

* 1851 Griewank C. über Lepturus incurvatus (Archiv).

    * Boll Nachtrag II. (Archiv).

    * Betcke Bemerkungen über einige mcklb. Pflanzen (Archiv).

* 1852 Willebrand über die Flora der Burgwälle (Archiv).

    * Brockmüller Beitr. z. Kenntniß der Haideflora (Archiv).

* 1853 Schreiber Flora von Grabow und Ludwigslust (Archiv).

    * Brockmüller Nachtrag (Archiv).

    * Wüstnei Pflanzen auf den Salzwiesen von Sülten (Archiv).

* 1854 Wüstnei mcklb. Lebermoose (Archiv).

    * Griewank C. Nachtrag z. d. Pfl. des Klützer Orts (Archiv).

    * Griewank C. über Senecio nemorensis (Archiv).

    Wüstnei Flora der Umgegend von Schwerin.

* 1855 Fiedler Uebersicht der mcklb. Pilze I. (Archiv).

    * Brockmüller deux Verbascum etc.

1856 Langmann Flora von Nord- und Mitteldeutschland.

    Griewank G. Kritische Studien u. s. w.

Weitner meklb. Giftpflanzen.
* 1857 Boll merkwürdige Bäume in M. (Archiv).
* 1858 Fiedler Uebersicht u. s w. II. (Archiv).

Von allen diesen Schriften habe ich nur einige in
fremden Gesellschaftsschriften verstreuete kleinere Abhandlungen von Tode und Links Schrift aus dem J. 1835
nicht gesehen und folglich auch nicht benutzen können, auf
die daher bei einer etwanigen Berichtigung meiner nachfolgenden Angaben besonders Rücksicht zu nehmen wäre.

Aus diesen literarischen Quellen habe ich nun zunächst
den speciellen Antheil, welcher jedem unserer Botaniker hinsichtlich der Bereicherung unserer Landesflora durch
die Entdeckung neuer Arten gebührt, zu ermitteln versucht,
und das Resultat kurz unter den in alphabetischer Reihe
geordneten Namen der Botaniker zusammengestellt, wobei
zugleich einige Notizen über ihre persönlichen Verhältnisse
und eine Aufzählung ihrer auf unsere Flora bezüglichen
Schriften gegeben sind. — Sodann habe ich das Entdeckungsjahr jeder einzelnen Species festzustellen gesucht,
und als solches dasjenige angenommen, in welchem sie
zuerst die Aufmerksamkeit der meklenburgischen Botaniker
erregt hat, gleich viel, ob man sie sogleich richtig als neue
Species erkannt, oder nur als Varietät betrachtet hat.
In der nachfolgenden Uebersicht der Flora habe ich hinter
dem Namen jeder Art in Klammern das Entdeckungsjahr,
so wie den abgekürzten Namen des Entdeckers hinzugefügt;
aus der Jahreszahl wird man die von mir benutzte lite-
rarische Quelle leicht herausfinden können. Ich glaubte,
daß dies nicht ohne Interesse sein würde, weil man dadurch einen sehr klaren Ueberblick über die allmählige Ent-
faltung der Kunde von unserer Flora gewinnt.

Gelegentliche Erwähnung einzelner meklenburgischer Pflanzen bei älteren der vor-linnéischen Periode angehörigen Botanikern, wie z. B. der Ruppia rostellata bei Buxbaum, der Myrica Gale bei Bachmeister (1623), des **Atriplex litorale** var. marinum bei Rudbeck, Teucrium Scordium bei Simon Pauli u. s. w., haben in dieser geschichtlichen Darlegung unberücksichtigt bleiben müssen. Eine wirklich im inneren Zusammenhange fortlaufende Geschichte der botanischen Bestrebungen in unserm Vaterlande nimmt erst mit dem Jahre 1777 ihren Anfang,[1] und von dieser Jahreszahl bin ich daher auch ausgegangen.

Um nun aber bei den nachfolgenden Erörterungen ein für alle Mal die unerquicklichen Prioritätsstreitigkeiten erfolgreich abzuschneiden, bin ich dem bekannten Gesetze, welches in derartigen Fällen über das Eigenthumsrecht entscheidet, strenge gefolgt, nämlich dem, daß ich die Entdeckung demjenigen zugeschrieben habe, von welchem, oder unter dessen Namen dieselbe zuerst durch Druckschriften veröffentlicht worden ist. Nur zu Gunsten der beiden unter den J. 1810 und 1837 erwähnten Handschriften von Link und F. Schultz habe ich eine Ausnahme

---

1. Die älteste Flora der Mark Brandenburg (von Elsholz) wurde schon im J. 1663 veröffentlicht, und eine Flora Berolinensis (von Ludolf) erschien schon 1746. Auch in dem benachbarten Vorpommern ist man uns darin zuvorgekommen, denn Wilke's Flora Gryphica erschien 1764, ein Nachtrag dazu von Kölpin und Weigels Flora Pomerano-Rugica 1769, nebst einem Nachtrage 1773. — Wilke stammte aus Schweden und war ein Schüler Linnee's; er starb 1791 als Prediger zu Altenkirchen auf Wittow. — Die erste holsteinsche Specialflora (von Weber) stammt aber erst aus dem J. 1780.

machen zu müssen geglaubt, indem ich sie ebenso, wie die Druckschriften, als normirend betrachtet habe, weil jene beiden Arbeiten von vielen unserer Botaniker schon längst gekannt und auch benutzt worden sind. Außerdem habe ich auch noch in einigen wenigen Fällen das Entdeckungs-jahr um etwas zurückdatirt, auf Mittheilungen gestützt, welche mir die Entdecker selbst darüber gemacht haben; diese Fälle habe ich durch ein hinter die Jahreszahl ge-setztes Ausrufungszeichen kenntlich gemacht, und ebenso auch die ganz neuen Entdeckungen, deren hier zum ersten Male Erwähnung geschieht. — Durch jenen Modus, die gedruckten Quellen als maßgebend zu betrachten, hoffe ich das suum cuique soviel als möglich gewahrt zu haben. Sollten dabei aber irgendwie die Rechte eines Ent-deckers gekränkt sein, so kann ich mich wenigstens von jeder Absichtlichkeit dabei freisprechen. Der Knoten konnte nur auf die von mir befolgte Weise gelöset werden, denn da manche Pflanzen vor ihrer Veröffentlichung durch den Druck schon Jahre lang vielen einheimischen Botanikern (wie Herbarien und handschriftliche Notizen ausweisen,) als Bürger der Flora bekannt waren, — wohin hätte es wohl führen sollen, wenn ich noch über die gedruckten Quellen hätte zurückgehen wollen?

Was nun die einzelnen Mitarbeiter an dem Auf-bau unserer Landesflora und deren Antheil an der Arbeit betrifft, so sind ihrer folgende:

Ackermann F. L. F., früher Seminarlehrer und bis 1851 Seminardirector in Ludwigslust, jetzt Prediger zu Brudersdorf unweit Dargun, bereicherte unsere Flora durch Entdeckung der schönen Anemone vernalis (und Viola uliginosa).

* Arndt C.[1] geb. in Neubrandenburg, Privatlehrer in Gnoien, entdeckte die erratische Centaurea Calcitrapa.

Becker H. F. Forstinspector zu Rövershagen (†), gab heraus: Beschreibung der Bäume und Sträucher, welche in Meklenburg wild wachsen (Rostock 1791. 8.; 2. vermehrte Aufl. 1805). — Verzeichniß der Pflanzen, welche sich auf dem h. Damme bei Doberan finden, in seiner „topographischen Beschreibung des h. Dammes" (Schwerin 1792). — Er entdeckte an neuen meklenb. Pflanzen: Ulex europaeus, Hippophaë rhamnoides und Salix cinerea.

* Betcke Dr. E. F., geb. in Neustadt, widmete sich anfänglich der Pharmacie und conditionirte eine Zeit lang in Ludwigslust, studirte dann Medicin. Als practischer Arzt ließ er sich zuerst in Malchin nieder, wo er die Umgegend (öfters gemeinschaftlich mit F. Timm und Detharding) botanisch durchforschte, und siedelte sich dann im J. 1830 nach Penzlin über. Er schrieb: Animadversiones bot. in Valerianellas (Diss. inaug. Rost. 1826. 4to). — Monographische Beschreibung der Brombeersträucher Meklenburgs (Archiv IV. S. 73 ff. 1850). — Bemerkungen und Berichtigungen über einige meklenburgische Pflanzen (Archiv V. S. 209 ff. 1851). — An neuen Pflanzen entdeckte er: Rubus vulgaris, Radula und horridus, (so wie die Subspecies villicaulis, suberectus, affinis, discolor und thyrsiflorus), Agrimonia odorata, Valerianella Auricula, Hieracium Rothianum und praealtum, Stachys annua; auch die Bastarde Salix viminali-Caprea, Cirsium hybridum und oleraceo-acaule hat er aufgefunden. — Nach ihm belegte De Candolle eine neue zu den Valerianeen gehörige Pflanzengattung mit dem Namen Betckea. — Bei der vorliegenden Arbeit unterstützte B. mich auf das freundschaftlichste durch Mittheilung von Pflanzen, Büchern und handschriftlichen Notizen, die von Detharding und Link aufgezeichnet waren, so wie durch Angabe vieler neuer Standorte seltener Pflanzen unserer Flora, namentlich aus der Umgegend von Penzlin.

---

1. Die Namen derjenigen Botaniker, welche noch gegenwärtig Mitglieder unseres Vereins sind, habe ich durch einen Stern, die gestorbenen oder ausgetretenen durch einen eingeklammerten Stern bezeichnet.

* Beuthe, geb. in Neustrelitz, früher Pharmaceut und als solcher in Braunschweig conditionirend, jetzt Bauschreiber in Neustrelitz, lieferte Beiträge zu Schultz Prodromus sup. 2 (1837) und zu meinem Nachtrage zur Flora Meklenburgs (Archiv IV. S. 151 ff. 1850). Die von ihm entdeckten neuen Pflanzen sind: Arabis arenosa, Utricularia intermedia, (Polygonum mite), Setaria verticillata, Arundo varia, Chara fragilis.

Blandow O. C. conditionirte als Pharmaceut in Neubrandenburg, Malchin und Waren und starb am letzteren Orte, wo er auch das Amt eines Notarius bekleidete, im J. 1810. Er war ein tüchtiger Kenner der Laubmoose und gab eine Sammlung meklenburgischer Laubmoose in 5 Lieferungen (1804 bis 1808) und eine Uebersicht der meklenburgischen Moose im J. 1809 heraus. Einige andere botanische Mittheilungen von ihm finden sich in den Mekl. Beitr. zu den Strel. Anz. 1806, 46 und 1808, 50. Auch an Sturms deutscher Flora hat er mitgearbeitet. Ein von ihm verfertigtes Moosbuch mit eingeklebten Exemplaren befindet sich in meinem Besitz. — Willdenow legte einer neuen Laubmoosgattung den Namen Blandowia bei.

Seine neuen Beiträge zur Landesflora sind: Geranium sanguineum, Corrigiola litoralis, Seseli annuum, Gentiana Pneumonanthe, Orobanche coerulea, Eriophorum alpinum, und an Laubmoosen: Sphagnum squarrosum, Physcomitrium fasciculare, Barbula fallax, Trichostomum rigidulum, pallidum, Hymenostomum microstomum, Dicranum cerviculatum, longifolium, Schraderi, Mnium stygium, serratum, rostratum, affine, Bryum lacustre, inclinatum, latifolium, Warneum, elongatum, pallens, atropurpureum, Amblyodon dealbatus, Bartramia marchica, Orthotrichum obtusifolium, pumilum, diaphanum, Leskea paludosa, polycarpa, Polytrichum strictum, Hypnum exiguum, Blandowii, Starkii, incurvatum, populeum, megapolitanum, cordifolium, stramineum, Stockesii, commutatum, palustre, Fissidens osmundoides.

Blechschmidt, über dessen Lebensverhältnisse mir weiter nichts bekannt ist, als daß er vor etwa dreißig Jahren in Neustrelitz als Pharmaceut conditionirte, lieferte Schultz zu seinem 2. Nachtrage Corallorrhiza innata als neuen Beitrag zur meklenb. Flora.

* Boll E. schrieb im Archiv Folgendes über die Landesflora: Die Seestrands- und Salinenflora der deutschen Ostseeländer (1848 II. S. 67 ff.). Flora von M. Strelitz nebst Beiträgen zur gesammten meklb. Flora (1849. III. S. 5 ff.). Nachtrag zur Flora Meklenburgs (1850. IV. S. 151 ff.). Zweiter Nachtrag (1851. V. S. 163 ff.). — Neue Beiträge zur Flora lieferte er nur: (Polygala comosa, Elsholtzia Patrini), Potamogeton mucronatus und einige wenige zwar schon lange bekannte, aber noch nicht einregistrirte Pilze.

* Brinkmann D. F. L. Handelsgärtner in Rostock, gab 1844? eine Sammlung meklb. Gräser (erstes Hundert, — ob nicht mehr erschienen?) heraus.

Brockmann J. A. F. jetzt Prediger zu Proseken, entdeckte als Hauslehrer zu Ludwigslust in dortiger Gegend Iris sibirica.

* Brockmüller H. früher Lehrer in Grabow, jetzt in Wölschendorf bei Rehna, schrieb: Beitrag zur Kenntniß der Haibeflora des südwestlichen Meklenburg (1852. Archiv VI. S. 100 ff.); Nachtrag dazu (1853. Archiv VII. S. 255 ff.). Deux Verbascum hybrides de la flore mecklembourgeoise (in den Archives de la Flore de France et d'Allemagne 1855). Er entdeckte den Bastard Anemone ranunculoidi-nemorosa.

Brückner A. F. T. Dr. med. und Hofrath, wurde geb. am 29. Nov. 1744 zu Kuhblank in M. Strelitz und starb am 21. April 1823 als practischer Arzt zu Neubrandenburg. Als eiferiger Botaniker hatte er auf seinen vielfachen Berufsreisen Gelegenheit die Flora unseres Landes gründlich zu durchforschen, beschränkte sich aber keineswegs auf dies Gebiet, sondern brachte durch die Verbindungen, in denen er mit vielen ausländischen Botanikern stand, ein für jene Zeit ansehnliches Herbarium von etwa 8000 Arten zusammen. Dasselbe befindet sich, — da Brückner mein Großvater mütterlicher Seits war, — in meinem Besitz, und enthält unter anderen viele Alpenpflanzen (von Hoppe und Schleicher gesammelt), Pflanzen aus Italien (dort bei einjährigem Aufenthalt durch G. Brückner und C. v. Oertzen gesammelt), aus Süd-Frankreich (von Salzmann), Spanien (von Hecht), Ungarn, so wie aus den botanischen Gärten zu Berlin, Göttingen, Greifswald, Halle, Würzburg u. s. w. — Als botanischer

Schriftsteller ist er zwar selbst nicht aufgetreten, wie aber seine die heimische Flora betreffenden Forschungen dennoch nicht verloren gingen, werden wir sogleich zu erfahren Gelegenheit haben.

Brückner A. F. Dr. med. geb. den 22. Nov. 1781 zu Neubrandenburg und gest. ebendaselbst am 25. Mai 1818, der älteste Sohn des vorhergehenden, veröffentlichte seine und des Vaters botanische Entdeckungen in dem Prodromus Florae Neobrandenburgensis, Jenae 1803. Später schrieb er noch ein Florae Stargardiensis Supplementum (Gryphiae 1817), von welchem aber nur der erste Bogen, die Nachträge bis zur Decandria umfassend, gedruckt, jedoch nicht im Buchhandel erschienen ist. — Diese letzte Arbeit ist in so fern von Interesse, als darin die ersten Spuren pflanzengeographischer Bestrebungen in Meklenburg auftauchen, indem er in der Vorrede M. Strelitz ganz richtig in zwei botanische Gebiete eintheilt und die charakteristischen Pflanzen derselben angiebt. Von ihm wurde also der Faden zuerst angeknüpft, den erst 24 Jahre später der jüngere Bruder so erfolgreich weiter spann.

Die neuen Beiträge zur Landesflora, welche in den beiden angeführten Schriften enthalten sind, und von denen die meisten dem Vater zufallen, sind: Ranunculus polyanthemos, Cardamine Impatiens, hirsuta, Viola hirta, Spergula pentandra, Hypericum tetrapterum, Trifolium medium, Oxalis corniculata, Laserpitium pruthenicum, Gentiana Amarella, Verbascum Lychnitis, Veronica longifolia, Mentha sylvestris, Stachys germanica Atriplex roseum, Betula pubescens, humilis, Sparganium ramosum, Panicum sanguinale, Setaria viridis, Brachypodium sylvaticum, Lolium arvense, Lycopodium inundatum, Polystichum Oreopteris, Hypnum ruscifolium.

* Brückner G. A. Dr. med. und Geh. Medicinalrath, geb. am 18. Dec. 1789 zu Neubrandenburg, zweiter Sohn des A. F. T. Br., seit 1814 praktischer Arzt in Ludwigslust. Von seinen Schriften beziehen sich nur zwei auf unsere Flora: Ueber den Stand der Botanik in Meklenburg (in Okens Isis 1824 Beil. 3). — Abriß der Pflanzengeographie Meklenburgs (1841 als Anhang zu Langmanns Flora von Meklenburg). — An neuen Pflanzen entdeckte er: Lepidium

sativum, Scutellaria hastifolia, Centaurea phrygia, Trematodon ambiguus, Hydrodictyum utriculatum, Furzellaria lumbricalis, Rhodomela subfusca, Fucus serratus, Boletus edulis und Hydnum coralloides. Welche dankenswerthe Hülfe er mir in Betreff der vorliegenden Arbeit gewährt hat, erhellt aus den voraufgehenden Abschnitten (vergl. S. 42. 54. 60. 66. 97. 135 ff.).

* Brückner A. Dr. med. in Schwerin, geboren zu Ludwigslust, ältester Sohn des letztgenannten, entdeckte Zeora vitellina, Biatora ferruginea, sphaeroides, Agaricus odorus, stercoriarius, Cantharellus cinereus, Hydnum Erinaceus, Corticium aureum, Helvella crispa, Peziza Marsupium.

Crome G. E. W. lebte bis Michaelis 1806 als Pharmaceut in Schwerin, ging dann nach Göttingen und starb (wann?) als Professor in Mögelin. Er gab eine „Sammlung deutscher Laubmoose" heraus, von welcher die erste Lieferung zu Schwerin 1803 und die letzte (2. Nachlieferung) 1806 erschien; alle darin enthaltenen Arten sind in der Umgegend von Schwerin gesammelt. Einige andere botanische Mittheilungen von ihm finden sich in den Nützl. Beitr. zu den Strel. Anz. 1805, 46. 1803, 50. Es existirte früher auch eine handschriftliche Flora Suerinensis von ihm auf der Großherzoglichen Bibliothek zu Ludwigslust, die aber jetzt verschollen ist. Im J. 1831 hatte Detharding sie von dort entliehen, und schrieb darüber an Betcke: „es sind hübsche Sachen darin, Wredow hat das M. S. trefflich genutzt, es enthält aber noch viele Goldkörner und bemerkt viele Standorte." — Seine neuen Entdeckungen sind: Viola mirabilis, Villarsia nymphaeoides, Cicendia filiformis, Heleocharis ovata, Scirpus fluitans, Sphagnum cuspidatum, Funaria hibernica, Bryum turbinatum, Hypnum piliferum, salebrosum, sylvaticum, brevirostre.

* Danneel D. geb. in Teterow, studirte die Jurisprudenz, wendete sich dann der Landwirthschaft zu, und ist jetzt Senator in Teterow. Ihm fällt die Entdeckung von Anacamptis pyramidalis (und Nonnea pulla) zu.

Detharding G. G. Dr. med. geb. zu Rostock den 22. Juni 1765 und gest. ebendort im J. 1838. Er veröffentlichte: Botanische Bemerkungen als Beitrag zur mecklenb. Flora (in der Monatsschrift von und für Meklbg. 1797 S. 288 ff.). Beiträge zur meklenb. Flora, — in den Rostoc. gemeinnützigen Aufsätzen 1809 (auch abgedruckt in den Mitzl. Beitr. zu den Strel. Anzeigen 1809 St. 50. 51; vergl. auch noch ebenda 1808, 50 und 1811, 7). Verzeichniß einer Sammlung von getrockneten meklbg. Gewächsen (Rostoc 1809). Conspectus plantarum Magniducatuum Megapol. phanerogamarum (Rost. 1828). Zu dieser letzteren Arbeit lieferten ihm viele Botaniker Beiträge; da er aber bei den einzelnen neuen Species die ersten Entdecker nicht immer namhaft macht, so werde ich diese Arten als von ihm selbst gefunden aufführen müssen, wodurch sein Antheil an den neuen Entdeckungen größer ausfällt, als er es in Wirklichkeit gewesen ist. Von ihm werden nämlich als meklenburgische Pflanzen zuerst genannt: (Ranunculus nemorosus), Erysimum hieracifolium, Cochlearia danica, (Camelina dentata, Diplotaxis tenuifolia), Viola canina, Sagina maritima, apetala, Malva rotundifolia, Althaea officinalis, Fragaria elatior, Sanguisorba officinalis, Caucalis daucoides, Valerianella dentata, Inula salicina, Senecio erucaefolius, Thrincia hirta, Hypochaeris glabra, Tragopogon major, Cuscuta Epilinum, Myosotis sylvatica, versicolor, Veronica Buxbaumii, Rhinanthus minor, Primula elatior, (Statice maritima), Rumex sanguineus, Euphorbia exigua, Najas major, Gagea lutea, Juncus balticus, filiformis, (alpinus), Scirpus rufus, Carex chordorrhiza, teretiuscula, paradoxa, brizoides, Panicum filiforme, Bromus erectus, (Triticum strictum), Ahnfeltia plicata, Hypoglossum alatum, Laminaria saccharina, Chara aspera, horridula. — Als D. im J. 1829 zum Mitglied der botanischen Gesellschaft in Regensburg ernannt war, beabsichtigte er in deren Schriften einen Nachtrag zu dem Conspectus zu veröffentlichen. Dies scheint aber unterblieben zu sein, wenigstens habe ich keine Spur desselben auffinden können. Manche botanische Notiz aber habe ich noch aus mehreren Briefen Detharbings geschöpft, welche theils an Betcke, theils an G. Brückner gerichtet waren, und die mir von diesen beiden freundlichst zur Benutzung mitgetheilt worden sind. Auch mit Mertens in Bremen und mit L. Reichenbach in Dresden stand D. in regem botanischen Verkehr; er sammelte für die von letzterem herausgegebene Flora exsiccata, und in Reichenbachs Iconographie sind mehrere von D. gelieferte mecklenburgische Pflanzen abgebildet. — Nach ihm trägt die Pflanzengattung Dethardingia N. ab Esenb. = Reinwardtia Spr. (zu den Convolvulaceen gehörig) den Namen. Ueber sein mecklenburgisches Herbarium, welches sich im Besitze des Rostocker Museums befindet, vergl. das Freimüth. Abendblatt Nr. 58.

Ditmar L. P. F. Dr. jur. Justizrath und Syndicus in Rostock, wirkte an der dritten Abtheilung von J. Sturms Flora von Deutschland mit. Er hat das erste Bändchen (oder Heft 1 bis 4, Nürnberg 1817) derselben bearbeitet, welches auf 64 trefflichen Kupfertafeln eben so viele mecklenburgische Pilz-Arten, und darunter sehr viele neue Species, enthält; auch die Tafeln zu Links Observationes etc. 1809 hat er gezeichnet. Außerdem gab er noch Mittheilungen über Pilze in den Nützl. Beitr. zu den Strel. Anzeigen J. 1805 St. 8. 20. 31. 46. J. 1808 St. 50. J. 1809 St. 8 J. 1810 St. 8, und über mecklenb. Algen ebendaselbst J. 1805 St 20 und J. 1808 St. 50. — Seine für die Landesflora neuen Entdeckungen sind Polygonum lapathifolium, Diatoma tenue, Tabellaria flocculosa, Calothrix distorta, Draparnaldia glomerata, Conferva floccosa, Spirogyra elongata, condensata, nitida, Zygnema cruciatum, Vaucheria bursata, hamata, geminata, so wie 97 Pilzarten. — Sprengel benannte die zur Fam. der Onagreen gehörige Gattung Ditmaria nach ihm, die aber später mit der Gattung Erisma Rudge wieder zusammengezogen ist.

* Drewes J. Lehrer an der Realschule in Güstrow, schrieb einen Nachtrag zu Prahls Index etc. 1847 als Schulprogramm. Er erwähnt zuerst die wahrscheinlich nur eingeschleppte Linaria arvensis.

Ehrenberg C. G. Professor in Berlin, untersuchte Schlamm aus dem Wismarschen Hafen, und machte daraus in den Monatsberichten der Berliner Akademie 1840 und 41 folgende neue Diatomeen bekannt: Surirella hamella, Testudo; Synedra Gallionii; Ceratonëis Fasciola, Closterium; Navicula gibba, Scalprum, Hippocampus, inversa; Cocconema Boeckii; Syncyclia Salpa: Campylodiscus Remora, Echnëis; Cocconëis undulata, Navicula; Dictyocha Fibula. — Da ich Ehrenbergs

Arbeit nur aus den Citaten bei Kützing und Rabenhorst kenne, so kann ich für die Vollständigkeit der vorstehenden Angaben nicht bürgen.

* **Fiebler** B. C. Fr. Dr. med. früher Assistenzarzt auf dem Sachsenberge, jetzt Amtsarzt in Dömitz. Sein Lieblingsstudium sind die Laubmoose und Pilze, über welche er Folgendes veröffentlicht hat: Synopsis Hypnearum Megapol., Rost. 1844. — Synopsis der Laubmoose Mecklenburgs, Rostock 1844. — Drei Lieferungen getrockneter mecklb. Laubmoose 1844 ff. — Beiträge zur mecklbg. Pilzflora 1848 ff. (4 Liefer. getrockneter Pilze). — Uebersicht der Pilze Mecklenburgs in Archiv IX. S. 12 ff. und XII. S. 48 ff. (noch unvollendet). Fiebler lieferte auch viele neue Beiträge zu unserer Pilzflora in Klotzschii Herbarium vivum mycologicum, curante L. Rabenhorst ed. 1. (20 Centur.) und ed. 2 (1855 ff. bis jetzt 8 Cent.), so wie auch zu den Fungis europ. 1 Cent.). Die darin vorkommenden mecklenburgischen Arten hat er theils selbst schon in der vorhin citirten Abhandlung unseres Archivs namhaft gemacht, die übrigen aber mir handschriftlich mitgetheilt, wodurch unsere Pilzflora abermals eine namhafte, dankenswerthe Bereicherung erfahren hat. Als Entdeckungsjahr aller dieser Fiebler'schen Arten habe ich dasjenige angesetzt, in welchem sie in und und für Mecklenburg zuerst publicirt worden sind. — Seine sehr zahlreichen neuen Entdeckungen gehören alle den Kryptogamen an. Es sind: Phascum curvicollum; Barbula gracilis, latifolia; Dicranum crispum; Bryum cernuum; Orthotrichum Ludwigii, fallax, tenellum, fastigiatum, speciosum, coarctatum, crispulum, stramineum, Lyellii; Cinclidotus fontinaloides; Hypnum glareosum, confertum, Schleicheri; Fissidens incurvus; Saprolegnia ferax; Palmella cruenta; Nitella gracilis, mucronata, syncarpa, tenuissima; Chara scoparia, nebst 360! Pilzarten. — Ihm zu Ehren trägt die Laubmoosgattung Fiedleria den Namen, so wie auch Sporocadus Fiedleri Rab. und Sporotrichum Fiedleri Rab.

Fleischer, über den mir weiter nichts bekannt, entdeckte, wie Rabenhorst angiebt, den Pilz Agaricus chrysenterus in Mecklenburg.

Flörke H. G. Dr. geb. den 24. Dec. 1764 zu Alten Kalben und gest. als Professor der Botanik in Rostock am 6. Nov. 1835. Ueber seine Lebensverhältnisse habe ich in Archiv X. S. 90 ff. ausführlicher berichtet. Von seinen Arbeiten bezieht sich nur die Commentatio de Cladoniis (Rost. 1828) auf unsere Flora. Flörkes neue Entdeckungen sind: (Lepidium latifolium, Geum intermedium,) Primula farinosa, Ulmus effusa, Poa sudetica, Phascum Floerkeanum, Peltigera malacea, Cladonia papillaria, caespiticia, decorticata, incrassata, cervicornis, degenerans, pyxidata, ochrochlora, pityrea, Floerkeana, deformis, uncinata, squamosa, glauca, pungens, Arbuscula, stellata. — Nach ihm trägt auch die Gattung Floerkea Muehlbg. (zu den Hydrocharideen gehörig) den Namen. Seine große Lichenensammlung besitzt die Rostocker Universität.

v. Flotow J. ausgezeichneter Lichenologe, gest. 1858 als Major a. D. zu Hirschberg in Schlesien, sammelte (wahrscheinlich auf einer Badereise nach Doberan,) folgende für unsere Flora neue Algen: Anabaina flos aquae, Physactis durissima, Rivularia pygmaea. Sie sind publicirt in Kützing Deutschlands Algen, Nordhausen 1845.

(*) Gerdes J. F. früher Rector in Ludwigslust, jetzt in Schwerin, entdeckte Muscari botryoides.

Giesebrecht Ad. früher Seminardirector in Mirow und gest. 1856 in Königsberg, entdeckte zuerst die Polygala amara und Ajuga pyramidalis bei Mirow.

* Griewank C. geb. zu Conow unweit Ludwigslust, war an letzterem Orte 1820—24 Collaborator und 1824—29 Inspector am Landschullehrer-Seminar, wurde im J. 1829 Prediger zu Dassow und 1856 Präpositus des Klützer Cirkels. Er schrieb: Zur Pflanzenkunde Mecklenburgs (im Freimüth. Abbl. 1839. Beil. zu Nr. 1084); Verzeichniß der im Klützer Ort vorkommenden selteneren Pflanzen Mecklenburgs (1847, Archiv I. S. 18 ff. vergl. auch die Botan. Zeitg. 1847, S. 449—455); über Lepturus incurvatus Trin. auf dem Priwal (1851, Archiv V. S. 159 ff.); Nachtrag zu den Pflanzen des Klützer Orts (1854, Archiv VIII. S. 178 ff.); über Senecio nemorensis und saracenicus (1854, ebendas. S. 185). — An neuen Pflanzen entdeckte er: Barbaraea (arcuata), stricta, praecox; Cochlearia Linnaei (offic. und anglica); Malva moschata, Hypericum hirsutum, Rubus rudis, Potentilla sterilis, Cnidium venosum, Senecio nemorensis, Cuscuta monogyna, (Veronica opaca, Euphrasia verna),

Mentha nepetoides), Leonurus Marrubiastrum, Salix acutifolia,
Ruppia maritima, (Zannichellia pedicellata,) Orchis laxiflora,
Carex strigosa, Hornschuchiana, Gaudinia fragilis, Lepturus incurvatus, Himanthalia lorea. — Meine vorliegende Arbeit hat er auf
das dankenswertheste dadurch unterstützt, daß er mir für den phanerogamischen Theil der nachfolgenden Floren-Uebersicht aus dem reichen
Schatze seiner Beobachtungen zahlreiche interessante Bemerkungen mitgetheilt hat.

Griewank G. Dr. med. Sohn des Letztgenannten, Assistenzarzt
auf dem Sachsenberge, schrieb: Kritische Studien zur Flora Mecklenburgs,
Rostock 1856, als Inaugural-Dissertation.

* Häder N. Provisor in Lübeck und Verfasser der Flora von
Lübeck, entdeckte in Meklbg. Hypnum undulatum und silesiacum
(s. Rabenhorst deutsch. Kryptog.-Flora).

Hahn E. Dr. phil. früher Subrector in Güstrow, gest. vor
etwa fünf und zwanzig Jahren als Rector in Friedland, entdeckte im
südwestlichen M. Hypericum pulchrum, Eryngium campestre und
Euphorbia Esula; (s. Nützl. Beitr. zu den Strel. Anzeigen 1809
St. 8).

(*) Huth E. früher Privatlehrer in Ludwigslust, dann Rector
in Kralow und endlich Prediger in Gnoien, wo er am 28. Aug.
1859 an der Cholera starb, entdeckte Lunularia vulgaris, Ectocarpus
ochraceus, Nemalion multifidum, Phyllophora membranifolia,
Brodiaei, Polysiphonia allochroa, Phycodrys sinuosa, Stilephora
rhizoides, Laminaria digitata.

Kahle, Apotheker in Hagenow, entdeckte Conferva sericea als
neuen Beitrag zur Flora.

v. Kamptz G. E. geb. am 19. Mai 1763 zu Kl. Plasten und
gest. am 13. Aug. 1823 als Oberhauptmann in Mirow, über welchen
ich in Archiv VIII. S. 148 schon etwas ausführlicher berichtet habe,
bereicherte die Landesflora durch Entdeckung von Astragalus arenarius,
Linnaea borealis, (Anagallis coerulea), Blechnum Spicant und
Depazea Linnaeae. Vergl. Nützl. Beitr. zu den Strel. Anz. 1806
St. 37 und 46. — Nach ihm (?) benannte C. G. Nees v. Esenbeck eine Myrtaceengattung Kamptzia, die aber hernach in der

Gattung Syncarpia Ten. wieder aufgegangen ist (C. G. Nees ab Esenbeck de Kamptzia, novo Myrtacearum genere, Bonn ap. Weber 1841).

* **Knochenbauer** W. in den J. 1833 und 34 Subrector in Neubrandenburg, dann einige Jahre Lehrer in Neustrelitz, und jetzt Director der Realschule in Meiningen, war der erste Finder von Potentilla supina.

* **Koch** F. Salinenbeamter in Sülz entdeckte zuerst die Viola epipsila.

* **Koch** F. (Bruder des vorigen), Baumeister, früher in Lübtheen und Dömitz, jetzt in Dargun, fand zuerst den Agaricus tigrinus.

Laudt, früher in Mirow, war der Entdecker der Utricularia neglecta (und des Erodium moschatum).

* **Langmann** J. Lehrer an der Realschule in Neustrelitz, schrieb: Flora der beiden Großherzogthümer Mecklenburg, Neustrelitz 1841. Nachtrag dazu im Archiv 1850, IV. S. 145 ff. — Flora von Nord- und Mitteldeutschland mit besonderer Berücksichtigung der beiden Großherzogthümer Mcklbg., Neustrelitz 1856. Er nennt zuerst (Cerastium brachypetalum, Galeopsis pubescens, Hieracium vulgatum, Koeleria glauca), Melilotus officinalis und Potamogeton densus.

* **Lehmeyer,** Hofgärtner in Schwerin, ist der Entdecker des Agaricus cepaestipes.

Link H. F. Dr. in den J. 1792 bis 1811 Professor in Rostock, gest. am 1. Jan. 1851 als Prof. in Berlin, über dessen Leben ich schon in Archiv V. S. 217 ff. ausführlichere Notizen gegeben habe. Unter seinen zahlreichen Schriften enthalten folgende auf unsere Flora Bezügliches: Dissert. bot. et primitiae Florae Rostochiensis, Suerin 1795. 4., worin auch eine Anzahl von Kryptogamen aufgeführt ist, deren Enträthselung mir aber nicht überall hat gelingen wollen. — Ferner: Observationes in Ordines plantarum naturales, dissert. I und II in dem Magazin der Gesell. naturf. Freunde in Berlin 1809 und 1813, Pilze enthaltend, von denen die in der noch zu Rostock geschriebenen disser. I. erwähnten fast sämmtlich zu den mecklenburgischen gehören. Unbekannt ist mir leider seine Gratulationsschrift zum

50jährigen Doctorjubiläum des Prof. J. W. Josephi zu Rostock geblieben, welche den Titel führt de antiquitatibus botanicis Rostochiensibus (Berlin 1835. 1 Bog. 4.). — Kleinere Mittheilungen von ihm sind abgedruckt in den Nützl. Beitr. u. s. w. 1806, 20. 31. 46. 1808, 50. 1810, 8. 1811, 7. — Außerdem existirt von ihm noch handschriftlich eine „Uebersicht der mecklb. Flora,“ von welcher sich ein von Detharding an Dr. Betcke mitgetheilter Auszug in unserer Vereinsbibliothek befindet. Es werden darin nur die Dicotyledonen (721 Arten) aufgezählt, da die weitere Arbeit wahrscheinlich durch Link's Weggang von Rostock unterbrochen wurde; verfaßt ist sie nach dem Aug. 1810, da die Beobachtungen, welche Link in jenem Monate auf einer Excursion nach Ratzeburg machte, darin schon benutzt sind. Sie enthält einige interessante kritische Bemerkungen, und ist nach dem natürlichen Systeme geordnet, — der erste derartige Versuch in Mecklenburg. Die Pflanzen, durch welche Link unsere Landesflora bereicherte, sind: Ranunculus hederaceus, divaricatus, fluitans, reptans, (Cardamine sylvatica,) Sinapis alba, Elatine Hydropiper und Alsinastrum, Genista anglica, Trifolium striatum, filiforme, Vicia cassubica, Callitriche autumnalis, Sedum boloniense, Galium saxatile, Gnaphalium luteo-album, Sonchus palustris, Crepis virens, Campanula Rapunculus, Pyrola chloranta, Erythraea linariaefolia, ramosissima, Myosotis intermedia, Lamium maculatum, Obione pedunculata, Taxus baccata, Allium oleraceum, Juncus maritimus, Carex riparia, Glyceria maritima, Triticum caninum. — Cylindrospermum spirale, Oscillaria viridis, princeps, Sphaeroplea annulina, Oedogonium vesicatum, tumidulum, Conferva fracta, laetevirens, Spirogyra quinina, decimina, Zygnema ericetorum, Vaucheria Dillwynii, Ceramium rubrum, Polysiphonia violacea, Sphaerococcus confervoides, so wie an Pilzen 92 Arten. — Nach ihm trägt die zur Familie der Nostochinae gehörige Gattung Linkia Lyngb. den Namen.

Meyer C. F. früher Rector in Ludwigslust, später Schulrath in Schwerin, gest. 1850?, machte im J. 1836 in No. 910 und 918 des Freimüth. Abendbl. ein Verzeichniß seltener Pflanzen aus der Umgegend von Schwerin bekannt. Er war der Entdecker von (Viola

lactea), Cucubalus baccifer, Orobanche rubens, Polycnemum arvense und Epipogon aphyllum.

Neuendorf H. in Rostock, über dessen Lebensverhältnisse mir
nichts weiter bekannt ist, als daß er mit Detharding in enger botanischer Verbindung stand, entdeckte Calamagrostis Halleriana und
Carex Davalliana.

* Nolte E. F. Dr. Professor der Botanik in Kiel, und Verfasser der Novitiae Florae Holsaticae, durchstreifte Mecklenburg auf
mehreren Excursionen in den J. 1820—23, worüber er in der Vorrede zu seinen Novitiis berichtet, und entdeckte an neuen Pflanzen
Helosciadium repens, Carduus acanthoides und Lobelia Dortmanna.

v. Oertzen E. Landrath auf Brunn unweit Neubrandenburg,
gest. 1837, früher ein sehr eifriger Botaniker, bis dies Studium bei
ihm gegen das der Lepidopterologie mehr in den Hintergrund trat,
entdeckte zuerst die Ophrys muscifera.

Prahl J. F. geboren im Lauenburgischen, früher Lehrer in
Güstrow und jetzt Prediger zu Hohen-Horn im Herzogthum Lauenburg, schrieb 1837 einen Index plantarum quae circa Güstroviam
sponte nascuntur Phanerogamarum (Güstrow bei Opitz), worin zum
ersten Male als Bürger unserer Flora auftraten: Rubus glandulosus,
Potentilla verna, Orchis incarnata, Leersia oryzoides, Festuca
sylvatica, Elymus europaeus; (auch Solanum humile, Centaurea
solstitialis, Alopecurus nigricans und Avena flavescens werden hier
zum ersten Male erwähnt).

Rabenhorst L. Dr. Prof. in Dresden, erwähnt 1845 in seiner
Kryptogamenflora Deutschlands an neuen mecklenb. Pflanzen, deren
Entdecker er jedoch nicht namhaft macht: Bacillaria paradoxa, Suri-
rella thermalis und Aegagropila Linnaei.

Ramelow, Pharmaceut, entdeckte im J. 1845 (wie G. Griewank
angiebt,) Myriophyllum alterniflorum.

Richter, Sanitätsrath in Boizenburg, ist der Entdecker des
Chrysosplenium oppositifolium (und der Anemone pratensis var.
viridiflora).

Röper J. früher Prof. in Basel, seit 1838 Prof. der Botanik
in Rostock, schrieb: Uebersicht der Gräser Mecklenburgs 1810. 4to

(auch im mecklenb. Quart-Kalender 1841 und 42 abgedruckt). — Zur Flora Mecklenburgs I. Theil (die Farne', Rostock 1843. 8:o. II. Theil (die Gräser) 1844. — Nachträge und Berichtigungen zur mecklb. Flora, in der bot. Zeitung 1846 S. 161 ff. — Beitr. zur mecklenbg. Flora, im Tageblatt der XXVII. Versammlung deut. Naturforscher u. f. w. 1850 S. 50. — Beitr. zur Naturgeschichte der Ophioglosseae, in der botanischen Zeitung 1859 No. 1. 2. 28 — 31. 37. — Seine neuen Entdeckungen sind: Gagea minima, Scirpus parvulus, Carex extensa, (Arundo littorea), Equisetum Telmateja, Botrychium matricariaefolium und simplex, Aspidium aculeatum; (vergl. auch Fumaria micrantha, Sclerochloa procumbens, Festuca loliacea, Triticum glaucum und Lolium italicum). — Nach ihm trägt die zur Familie der Sapindaceen gehörige Gattung Roepera Juss. fil. ihren Namen.

Rose (mir unbekannt) entdeckte (wie Rabenhorst angiebt,) Merismopoedia glauca.

(*) Schmidt A. Plantagen-Director in Ludwigslust, entdeckte Oenothera muricata, Senecio paludosus, Petasites tomentosus, (Helianthus tuberosus), Jurinea cyanoides, Digitalis ambigua, Mentha Pulegium, Allium acutangulum und Bromus inermis. — Er veröffentlichte: „Bemerkungen auf einer Reise nach St. Petersburg besonders in Hinsicht der Landwirthschaft und Gartenkunde", — in den Neuen Annalen der mecklb. Landwirth. Gesell. St. 39 – 43. 1814.

v Schreber, weiland Prof. in Bützow, entdeckte Helosciadium repens.

(*) Schreiber H. Apotheker in Grabow, gest. 1853, schrieb: Flora der Umgegend von Grabow und Ludwigslust, im Archiv VII. S. 200 ff. J. 1853; darin wird Polemonium coeruleum zuerst als einheimische Pflanze erwähnt.

Schultz C. F. Dr. med. und Hofrath, geb. 1765 zu Stargard, widmete sich anfänglich der Pharmacie, studirte darauf Medicin, lebte dann und starb als practischer Arzt in Neubrandenburg am 27. Juni 1837. — Er war nicht bloß ein sehr gelehrter Arzt, sondern auch ein tüchtiger Botaniker, der besonders das Studium der Laub- und Lebermoose eifrig betrieb. In seinen letzten Lebensjahren beschäftigte er sich auch mit astronomischen Forschungen. Nachdem er 10 Jahre lang auf seinen ärztlichen Reisen M. Strelitz nach vielen Richtungen hin botanisch erforscht hatte, gab er im J. 1806 seinen Prodromus Florae Stargardiensis heraus, in welchem 779 Phanerogamen und 721 Kryptogamen beschrieben werden, wodurch die gesammte mecklenburgische Flora, die damals schon 1241 Arten zählte, abermals einen neuen Zuwachs von etwa 300 Species erhielt, von denen 221 allein auf die Klasse der Pilze kamen. Diesem Prodromus folgte im J. 1819 noch ein Supplementum primum, — das Sup. secundum, dessen Ausarbeitung für den schon schwer erkrankten Verfasser der Prof. Dr. A. Grisebach in Göttingen übernahm, wurde nicht mehr gedruckt, weil Schultz bald nach Vollendung des Manuscripts (von welchem ich eine Abschrift besitze,) aus diesem Leben abberufen wurde. — Andere, nicht speciell auf Mecklenburg bezügliche botanische Schriften von ihm sind: de Barbula et Syntrichia (1823 in den Actis acad. Caes. Leopold vol. XI. pars 1); eine Abhandlung über Barbula in der Sylloge Ratisbon. 1824 vol. I. p. 34 ff. und bryologische Beobachtungen ebendaselbst 1828 Bd. II. S. 119 ff. 177 ff.

Schultz stand mit vielen berühmten Botanikern in Verbindung und Tauschverkehr; auch bezog er jährlich Sämereien aus dem botanischen Garten in Berlin, von denen er die im Freien ausdauernden selbst im Garten cultivirte, diejenigen aber, welche mehr Wärme beanspruchten, seinem Freunde, dem Prediger Hennings in Eichhorst übergab, der sich mit der Zucht von Treibhauspflanzen beschäftigte. Auf diese Weise brachte er ein sehr ansehnliches Herbarium von etwa 20,000 Arten zusammen, von denen aber sein mecklenburgisches Herbarium, die Belege zu seinem Probromus enthaltend, strenge getrennt blieb. Diese beiden Herbarien kamen durch seine testamentarische Verfügung an die Rostocker Universität, seine werthvolle Bibliothek wurde in öffentlicher Auction um Spottpreise verschleudert. — Seine Verdienste um die Botanik wurden dadurch geehrt, daß er von mehreren gelehrten Gesellschaften zum Mitgliede erwählt wurde, und daß C. Sprengel die Umbelliferengattung Schultzia nach ihm benannte; auch die Jungermannia Schultzii trägt seinen Namen. — Mich selbst knüpft ein näheres Interesse an den Dahingeschiedenen, indem er, nebſt G. Brückner und W. Knochenhauer, zuerſt in mir die Liebe zur Botanik weckte und meine erſten Studien darin auch gelegentlich leitete.

Die Pflanzenarten, durch welche Schultz unſere Flora vermehrte, und unter denen manche von ihm überhaupt zuerſt determinirte Species ſich befinden, ſind folgende: Nasturtium palustre, Arabis hirsuta, (Viola persicifolia), Drosera intermedia, Alsine tenuifolia, Stellaria glauca, Rubus thyrsoideus, fruticosus, Ceratophyllum submersum, Valerianella carinata, Scabiosa suaveolens, (Lappa tomentosa), Hieracium pratense, Campanula bononiensis, latifolia, Cervicaria, Myosotis (caespitosa), stricta, sparsiflora, Verbascum Phlomoides, (Moenchii, collinum, Schottianum, Veronica polita), Orobanche ramosa, (Polygonum minus, Salix cuspidata), Potamogeton obtusifolius, filiformis, Ornithogalum nutans, Schoenus ferrugineus, Eriophorum gracile, Carex stellulata, canescens, stricta, pilulifera, ampullacea, paludosa, filiformis, Poa bulbosa.

Equisetum pratense, Asplenium Breynii, septentrionale. — Sphagnum subsecundum, Physcomitrium sphaericum; Phascum patens, bryoides, crispum; Pottia minutula; Barbula Hornschuchiana, brevicaulis; Trichostomum homomallum; Gymnostomum rutilans; Didymodon longirostris, capillaceus; Ceratodon cylindricus; Dicranum strumiferum, Schreberi, rufescens, subulatum, majus; Bryum strictum, intermedium, bimum, Duvalii, erythrocarpon; Meesia Albertini, tristicha; Bartramia ithyphylla; Grimmia tricbophylla; Racomitrium ericoides; Orthotrichum cupulatum, affine; Eucalypta streptocarpa; Polytrichum angustatum, gracile, formosum; Fontinalis squamosa; Neckera pinnata; Leskea subtilis; Hypnum albicans, plumosum, trifarium, myosuroides, alopecurum, chrysophyllum, fluviatile, uncinatum, lycopodioides.

Riccia natans, ciliata, Rebouillia hemisphaerica; Lejeunia serpyllifolia; Mastigobryum trilobatum; Chiloscyphus polyanthos, pallescens; Lophoclea heterophylla; Sphagnocoetis communis; Jungermannia setacea, connivens, divaricata, barbata, excisa, inflata, Schultzii, exsecta; Scapania nemorosa, uliginosa, undulata; Alicularia scalaris; Sarcoscyphus Ehrharti.

Microcoleus autumnalis; Chara latifolia.

Verrucaria epidermidis, carpinea, punctiformis; Pertusaria
Wulfenii; Opegrapha herpetica, atra, varia; Urceolaria cinerea,
scruposa; Placodium lentigerum, saxicola, elegans, murorum;
Zeora brunnea, glaucoma, icmadopbila, cerina; Lecanora atra,
sophodes, varia, albella, Hageni; Imbricaria tiliacea, physodes,
Acetabulum; Parmelia obscura, caesia; Sticta scrobiculata; Peltigera polydactyla; Calycium chlorellum; hyperellum; Lecidea citrinella, albo-atra, dolosa, parasema; Biatora uliginosa, microphylla,
anomala, rubella, rosella, byssoides; Cladonia delicata, cariosa,
botrytes, alcicornis, gracilis, fimbriata, macilenta, furcata; Cetraria saepincola; Evernia furfuracea; Ramalina pollinaria. — Die
Claſſe der Pilze vermehrte er durch 221 neue Arten.

Schulz L. E. F. Dr. med. wurde etwa um das J. 1754 zu
Friedland geboren, ſtudierte Medicin zu Frankfurt an d. Ober, ließ
ſich dann als practiſcher Arzt in ſeiner Vaterſtadt nieder, wo er, wahrſcheinlich noch vor Ablauf des vorigen Jahrhunderts, — die näheren
Data über ſeine Lebensverhältniſſe fehlen mir, — geſtorben iſt. Als
Inaugural=Diſſertation ſchrieb er im J. 1777 eine kleine Abhandlung
„de singularibus quibusdam morborum curationibus,“ worin er
als ſolche merkwürdige Curmethoden beſpricht: 1. die Heilung mancher
Krankheiten durch Muſik, 2. durch Muſik und Tanz, 3. durch Elec-
tricität und Magnetismus, und 4. endlich, durch Ohrfeigen und
Stockprügel, — die allerdings in manchen Fällen gar nicht übel an-
gebracht ſein mögen! — Dieſe Diſſertation würde ſchwerlich der Ver-
geſſenheit entgangen ſein, wenn ſie nicht auf den letzten acht Seiten
noch einen Anhang enthielte, welcher die Ueberſchrift führt: „Enumeratio
systematica stirpium per ducatum Megapolitano-Strelitziensem
observatarum,“ denn durch dieſen ſo beſcheiden auftretenden Anhang
iſt Schulz der Begründer der wiſſenſchaftlichen Botanik in
Mecklenburg geworden. Hier begegnen wir nämlich nicht allein
zum erſten Male den Linne'ſchen Pflanzennamen und deſſen Syſteme in
Mecklenburg, ſondern es iſt dies überhaupt auch der erſte Verſuch eine
Ueberſicht der vaterländiſchen Flora herzuſtellen. Das Jahr 1777 iſt
alſo das Geburtsjahr unſerer mecklenburgiſchen Flora! Leider giebt

11 *

Schulz keine Stauborte an, sondern nur die Namen von 483 Pflanzen-arten, nach dem Sexualsystem geordnet; 435 Species gehören den Phanerogamen an, 48 den Kryptogamen. Sie sind mit wenigen Ausnahmen durch spätere Forschungen als Bürger unserer Strelitzschen Flora bestätigt worden, so daß aus dieser Arbeit sogleich eine brauch-bare Grundlage von 444 Pflanzenarten für unsere Flora hervorging.

Es sind dies nämlich folgende Species: Anemone Hepatica, nemorosa, ranunculoides; Myosurus minimus; Ranunculus aqua-tilis, Flammula, Lingua, auricomus, repens, bulbosus, arvensis, sceleratus, Ficaria; Caltha palustris; Trollius europaeus; Delphi-nium Consolida; Nymphaea alba; Nuphar luteum; Papaver Ar-gemone, Rhoeas, dubium; Chelidonium majus; Fumaria officina-lis; Nasturtium officinale, amphibium; Barbaraea vulgaris; Tur-ritis glabra; Cardamine pratensis; Sisymbrium officinale, Sophia; Alliaria officinalis; Sinapis arvensis; Alyssum incanum; Draba verna; Cochlearia Armoracia; Camelina sativa; Thlaspi arvense; Teesdalea nudicaulis; Capsella bursa pastoris; Raphanus Rapha-nistrum; Helianthemum vulgare; Viola palustris, odorata, sylve-stris, tricolor; Reseda luteola; Drosera rotundifolia, anglica; Parnassia palustris; Polygala vulgaris; Dianthus deltoides; Sapo-naria officinalis; Silene inflata, nutans; Lychnis flos cuculi: Agro-stemma Githago; Sagina procumbens, nodosa; Spergula arvensis; Spergularia rubra; Holosteum umbellatum; Stellaria nemorum, media, Holostea, graminea; Malachium aquaticum; Cerastium glomeratum, arvense; Linum catharcticum; Malva sylvestris, ne-glecta; Tilia platyphyllos; Hypericum perforatum, humifusum, quadrangulum; Acer pseudo-platanus; Geranium pusillum, molle, Robertianum; Erodium cicutarium; Oxalis acetosella; Evonymus europaeus; Rhamnus catharctica, Frangula; Sarothamnus scopa-rius; Genista tinctoria; Ononis spinosa; Anthyllis Vulneraria; Medicago lupulina; Melilotus macrorrhiza; Trifolium pratense, arvense, repens, agrarium; Lotus corniculatus; Astragalus glyci-phyllos; Ornithopus perpusillus; Vicia dumetorum, Cracca; La-thyrus pratensis, montanus; Prunus spinosa, Padus; Spiraea Ul-maria, Filipendula Geum urbanum, rivale; Rubus Idaeus, caesius; Fragaria vesca; Agrimonia Eupatoria; Rosa canina, tomentosa; Comarum palustre; Potentilla anserina, argentea, reptans, Tormentilla; Crataegus Oxyacantha; Pyrus communis, Malus; Sorbus Aucuparia; Epilobium hirsutum, montanum, palustre; Circaea lutetiana; Myriophyllum spicatum; Hippuris vulgaris; Callitriche verna; Lythrum Salicaria; Bryonia alba; Herniaria glabra; Scleranthus annuus; Sedum acre, reflexum; Ribes nigrum; Saxifraga Hirculus, tridactylites, granulata; Chrysosplenium alternifolium; Hydrocotyle vulgare; Sanicula europaea; Cicuta virosa; Aegopodium Podagraria; Carum Carvi; Pimpinella Saxifraga; Sium latifolium; Oenanthe fistulosa, Phellandrium; Aethusa Cynapium; Angelica sylvestris; Thysselinum palustre; Heracleum Sphondylium; Daucus Carota; Anthriscus sylvestris; Conium maculatum; Hedera Helix; Viscum album; Sambucus nigra; Viburnum Opulus; Lonicera Periclymenum, Xylosteum; Asperula odorata; Galium Aparine, uliginosum, palustre, verum; Valeriana officinalis, dioica; Valerianella olitoria; Knautia arvensis; Succisa pratensis; Eupatorium cannabium; Tussilago Farfara; Petasites officinalis; Bellis perennis; Erigeron acer; Solidago Virga aurea; Inula Helenium; Pulicaria vulgaris; Bidens tripartita; Filago germanica, arvensis; Gnaphalium sylvaticum, uliginosum, dioicum; Artemisia Absinthium, campestris, vulgaris; Tanacetum vulgare; Achillea Millefolium; Anthemis arvensis; Matricaria Chamomilla; Chrysanthemum Parthenium, segetum; Senecio palustris, vulgaris; Cirsium lanceolatum, palustre, acaule, oleraceum, arvense; Carduus crispus; Lappa vulgaris, Carlina vulgaris, Serratula tinctoria, Centaurea Cyanus, Scabiosa; Lampsana communis; Cichorium Intybus; Leontodon autumnalis, hastilis; Tragopogon pratensis; Hypochoeris radicata; Taraxacum officinale; Lactuca muralis; Sonchus oleraceus, arvensis; Hieracium Pilosella, murorum; Jasione montana; Campanula rotundifolia, patula, rapunculoides, Trachelium, glomerata; Vaccinium Myrtillus, uliginosum, Oxycoccos; Andromeda polifolia; Calluna vulgaris; Ledum palustre; Pyrola rotundifolia; Fraxinus excelsior; Cynanchum Vincetoxicum; Menyanthes trifoliata; Gentiana campestris; Erytbraea Centaurium; Convolvulus sepium, arvensis; Cuscuta europaea; Asperugo procumbens; Cynoglossum officinale; Anchusa officinalis, arvensis; Symphytum officinale; Echium vulgare; Pulmonaria officinalis; Lithospermum officinale, arvense; Myosotis palustris; Solanum nigrum, Dulcamara; Hyoscyamus niger, Datura Stramonium; Verbascum Thapsus, nigrum; Scrophularia nodosa; Linaria vulgaris; Veronica Beccabunga, Chamaedrys, officinalis, serpyllifolia, arvensis, verna, triphyllos, agrestis, hederaefolia; Melampyrum arvense, nemorosum, pratense; Pedicularis sylvatica, palustris; Rhinanthus major; Euphrasia officinalis; Odontites rubra; Lathraea Squamaria; Mentha aquatica, arvensis; Lycopus europaeus; Origanum vulgare; Thymus Serpyllum; Calamintha Acinos; Clinopodium vulgare; Nepeta Cataria; Glechoma hederacea; Lamium amplexicaule, purpureum, album; Galeobdolon luteum; Galeopsis Ladanum, Tetrahit; Stachys sylvatica; Betonica officinalis; Marrubium vulgare; Ballota nigra; Leonurus Cardiaca; Scutellaria galericulata; Prunella vulgaris; Ajuga reptans, genevensis; Teucrium Scordium; Verbena officinalis; Pinguicula vulgaris; Utricularia vulgaris, minor; Lysimachia vulgaris, Nummularia; Anagallis arvensis; Primula officinalis; Hottonia palustris; Statice Armeria; Chenopodium album; Blitum bonus Henricus, rubrum; Atriplex angustifolium, latifolium; Rumex conglomeratus, crispus, aquaticus, Acetosa, Acetosella; Polygonum amphibium, Persicaria, aviculare, Convolvulus; Euphorbia helioscopia, palustris, Peplus; Mercurialis perennis; Urtica urens, dioica; Parietaria officinalis; Humulus Lupulus; Ulmus campestris; Fagus sylvatica; Quercus Robur; Corylus Avellana; Carpinus Betulus; Salix pentandra, fragilis, repens; Populus tremula; Betula alba; Alnus glutinosa; Juniperus communis; Pinus sylvestris; Stratiotes aloides; Hydrocharis Morsus ranae; Alisma Plantago; Sagittaria sagittaefolia; Butomus umbellatus; Triglochin palustre; Potamogeton gramineus, crispus, pusillus; Lemna trisulca, minor; Typha latifolia; Sparganium simplex; Acorus Calamus; Orchis militaris, Morio, maculata, latifolia; Epipactis Helleborine, palustris; Neottia Nidus avis; Iris Pseud-Acorus; Paris quadrifolia; Convallaria multiflora, majalis; Smilacina bifolia; Gagea pratensis; Juncus communis, articulatus, bufonius; Luzula pilosa, campestris; Heleocharis palustris; Scirpus caespitosus, sylvaticus; Eriophorum vaginatum, latifolium; Carex arenaria, vulpina, vulgaris, acuta, panicea; Panicum Crus galli; Phalaris arundinacea; Anthoxanthum odoratum; Alopecurus pratensis, geniculatus; Phleum pratense; Agrostis vulgaris, Spica venti; Milium effusum; Phragmites communis; Aira flexuosa; Holcus lanatus; Avena pratensis; Briza media; Glyceria fluitans, aquatica; Molinia coerulea, Dactylis glomerata; Cynosurus cristatus; Festuca ovina, elatior; Bromus secalinus, arvensis, tectorum; Triticum repens; Hordeum murinum; Lolium perenne, temulentum.

Equisetum arvense, sylvaticum, hiemale; Lycopodium clavatum; Botrychium Lunaria; Polypodium vulgare; Polystichum F. mas; Cystopteris fragilis; Asplenium F. femina, Ruta muraria; Pteris aquilina. — Sphagnum cymbifolium; Funaria hygrometrica; Barbula muralis, ruralis; Polytrichum commune; Leskea complanata, sericea; Dicranum scoparium; Bryum pyriforme; Hypnum tamariscinum, splendens. — Marchantia polymorpha, Radula complanata. — Morchella esculenta, Helvella lacunosa und Peziza leporina.

Außerdem führt Schulz noch 16 Lichenen, 2 Algen und 3 Pilze auf, die sich nicht mehr gut enträthseln lassen. — Ausgeschlossen habe ich von dieser Aufzählung: Ligustrum vulgare, Sempervivum tectorum, Brassica campestris und nigra, Lactuca virosa und Populus alba, da ihnen das Bürgerrecht nicht gebührt. Ganz zu streichen sind: Primula elatior, Lysimachia nemorum, Laserpitium latifolium, Erica Tetralix, Rosa spinosa, Potentilla arvensis (?), Thalictrum flavum, Melampyrum sylvaticum und Lepidium ruderale, da sie in M. Strelitz nicht wachsen; was Rubus fruticosus sei, ist nicht mehr zu ermitteln, Sedum sexangulare gehört zu acre, und sein Ranunculus reptans zu Flammula.

* Siemerling B. Dr. Apotheker zu Neubrandenburg, entdeckte den Polyporus nigricans.

Siemssen A. C. Dr. phil. geb. zu Altstrelitz den 2. Mai

1768, geſt. als Privatdocent zu Roſtock am 17. Juni 1833, hat ſich um mehrere Zweige der vaterländiſchen Naturkunde bleibende Verdienſte erworben, worüber ich ſchon in Archiv X S. 110 ff. berichtet habe. In der Botanik aber ſind ſeine Leiſtungen am wenigſten erheblich, indem ſich dieſelben nur auf einige Mittheilungen in den Nützl. Beiträgen u. ſ. w. (1806, 46. 1808, 50. 1811, 7) beſchränken, ſo wie auf die Entdeckung folgender, früher in M. noch nicht beachteter Pflanzen: Rubus saxatilis, Ribes alpinum, Artemisia maritima, Cuscuta Epithymum, Uredo Circaeae, Aecidium Sweertiae, Puccinia Acerum, Collarium nigrospermum, Sporotrichum vitellinum.

* **Struck** C. Lehrer in Dargun, entdeckte Gümbelia crinita.

Thede J. C. geb. den 29. März 1764 zu Grabow, ſeit 1808 Lehrer und ſeit 1827 Schulrath in Parchim, geſt. den 15. April 1831 (ſ. den Nekrolog im Freim. Abdbl. Nr. 669), gab botaniſche Mittheilungen in den Nützl. Beitr. u. ſ. w. 1806, 8 und 20; 1808, 50, und bereicherte die Flora durch Thlaspi campestre, Geranium pratense, Potentilla procumbens, (Alchemilla montana, Scandix Pecten), Senecio campestris, Antirrhinum Orontium, Linaria Elatine, Veronica montana, Galeopsis ochroleuca, Thesium montanum, Potamogeton praelongus, Cephalantera rubra, Liparis Loeselii, Gagea spathacea, Rhynchospora fusca, Polypodium Phegopteris, Zeora rubra, Lecidea abietina, Cetraria pinastri, Mitrula cucullata, Peziza Pteridis (?), Polystigma Pteridis, Sphaeria tessellata, Licea variabilis.

Timm J. Ch. geb. am 7. Dec. 1734 in dem hinterpommerſchen Städtchen Wangerin, widmete ſich der Pharmacie, lernte in Anclam, conditionirte hernach dort, ſo wie auch in Bergen und Roſtock, und ward Martini 1760 Apotheker in Malchin, wo er hernach auch das Bürgermeiſteramt bekleidete und im J. 1805 ſtarb. Vorzüglich durch J. Hedwig angeregt und bei ſeinen Forſchungen unterſtützt, durchſtreifte er auf zahlreichen Excurſionen die ſchöne und fruchtbare Umgegend ſeines Wohnortes, und beſuchte auch mehrere Male die Oſtſeeküſte, um die Seeſtrands- und Meeresflora kennen zu lernen. Als ein ſehr nützlicher Gehülfe bewies ſich ihm auf dieſen Streifereien der Tagelöhner Hacker, welcher, wie Timm in der Vorrede zu ſeinem

Probromus erzählt, weder des Lesens noch des Schreibens kundig, dennoch eine solche practische Kenntniß der Pflanzen sich erwarb, daß er neue Arten, die ihm aufstießen, sogleich erkannte, und Timm ihm sogar die Auffindung mancher der kleinsten Kryptogamen verdankte. Was Timm auf diese Weise sammelte, machte er im J. 1788 durch seinen Prodromus Florae Megapolitanae bekannt. Trotz dieses allgemeineren Titels umfaßt derselbe jedoch nur den vorhin schon bezeichneten Theil des Schweriner Landes, nämlich das Gebiet des Malchiner und Cummerower Sees, und ein Stückchen der Seeküste. Er hatte sich bei der Ausarbeitung dieses Buches zum Gesetze gemacht, darin nur solche Pflanzen aufzunehmen, die er selbst in zuverlässig mecklenburgischen Exemplaren gesehen hatte, und deren Anzahl ziemlich groß war, denn er zählt in dem Probromus 696 Phanerogamen und 404 Kryptogamen auf. In den J. 1791 und 95 gab er zu demselben noch zwei Nach-träge, welche in Siemssens Magazin Bd. I, 202 ff. und II, 222 ff. abgedruckt sind. Ein Auszug eines botan. Briefes von ihm an Detharding steht in der Monatsschrift von und für Mecklbg. 1797 S. 32. Die Laubmoosgattung Timmia Hedw. trägt nach ihm den Namen. Sein Herbarium befindet sich im Besitz seines Enkels F. Timm.

Von allen unseren Botanikern hat Timm die meisten Arten, nämlich 644, aufgefunden. Seine neuen Entdeckungen sind nämlich fol-gende: Thalictrum minus, flavum; Anemone pratensis; Ranunculus acris, lanuginosus, Philonotis; Aquilegia vulgaris; Actaea spicata; Nuphar pumilum; Corydalis cava, intermedia; Nasturtium sylvestre; Cardamine amara; Dentaria bulbifera; Arabis Thaliana; Erysimum cheiranthoides; Lepidium ruderale; Senebiera Coronopus; Neslea paniculata; Cakile maritima; Crambe maritima; Gypsophila muralis; Dianthus prolifer, Armeria, Carthusianorum, superbus; Silene Otites; Lychnis Viscaria; Melandrium album, rubrum; Honkenya peploides; Moehringia trinervia; Arenaria serpyllifolia; Stellaria uliginosa, crassifolia; Cerastium semidecandrum, triviale; Radiola linoides; Malva Alcea; Tilia ulmifolia; Hypericum montanum; Acer cam-pestre, platanoides; Geranium palustre, dissectum, columbinum; Impatiens Noli tangere; Oxalis stricta; Genista pilosa, germanica;

Ononis repens; Medicago falcata, minima; Melilotus alba; Trifolium alpestre, fragiferum, montanum, hybridum, procumbens;
Astragalus Cicer; Vicia tenuifolia, sepium, angustifolia, lathyroides, pisiformis, sylvatica; Ervum hirsutum, tetraspermum; Pisum
maritimum; Lathyrus sylvestris, palustris; Orobus vernus, niger; Prunus insititia, avium; Fragaria collina; Potentilla opaca; Rosa rubiginosa; Alchemilla vulgaris, arvensis; Poterium Sanguisorba; Sorbus torminalis; Epilobium angustifolium, parviflorum, roseum,
tetragonum; Oenothera biennis; Circaea alpina; Myriophyllum
verticillatum; Ceratophyllum demersum; Peplis Portula; Montia
fontana; Illecebrum verticillatum; Scleranthus perennis; Sedum
Telephium; Ribes Grossularia, rubrum; Eryngium maritimum;
Apium graveolens; Falcaria Rivini; Pimpinella magna; Berula
angustifolia; Oenanthe Lachenalii; Seseli Libanotis; Selinum
Carvifolia; Archangelica officinalis; Peucedanum Oreoselinum;
Pastinaca sativa; Torylis Anthriscus; Anthriscus vulgaris; Chaerophyllum temulum, bulbosum; Adoxa Moschatellina; Cornus
sanguinea; (Sambucus Ebulus); Sherardia arvensis; Asperula arvensis, cynanchica; Galium boreale, Mollugo, sylvaticum; Dipsacus sylvestris, pilosus; Scabiosa Columbaria; Aster Tripolium,
Erigeron canadensis, Inula britannica; Pulicaria dysenterica;
Bidens cernua; Filago minima; Helichrysum arenarium; Achillea
Ptarmica; Anthemis tinctoria, Cotula; Chrysanthemum Leucanthemum, inodorum; Arnica montana; Senecio viscosus, sylvaticus,
Jacobaea; Carduus nutans; Onopordum Acanthium; Centaurea Jacea,
maculosa; Arnoseris minima; Picris hieracioides; Scorzonera humilis; Achyrophorus maculatus; Chondrilla juncea; Lactuca Scariola;
Crepis biennis, tectorum, paludosa; Hieracium Auricula, cy-
mosum, boreale, umbellatum; Xanthium Strumarium; Phyteuma spicatum; Campanula persicifolia; Vaccinium Vitis Idaea; Erica Tetralix; Pyrola minor, secunda, uniflora, umbellata; Monotropa Hypopithys; Ilex Aquifolium; Vinca minor; Sweertia perennis; Gentiana
cruciata; Echinospermum Lappula; Myosotis hispida; Scrophularia aquatica; Gratiola officinalis; Linaria minor; Veronica
Anagallis, scutellata, Teucrium, spicata; Limosella aquatica; Me-

lampyrum cristatum; Pedicularis Sceptrum; Orobanche arenaria;
Salvia pratensis; Stachys palustris, arvensis, recta; Prunella grandiflora; Trientalis europaea; Lysimachia thyrsiflora, nemorum;
Centunculus minimus; Samolus Valerandi; Glaux maritima;
Statice Limonium; Litorella lacustris; Plantago major, media,
lanceolata, maritima, Coronopus; Chenopodina maritima; Salsola
Kali; Salicornia herbacea; Chenopodium hybridum, urbicum,
murale, glaucum, polyspermum, Vulvaria; Atriplex litorale; Rumex maritimus, obtusifolius, Hydrolapathum; Polygonum Bistorta,
Hydropiper, dumetorum; Aristolochia Clematitis; Empetrum
nigrum; Euphorbia Cyparissias; Mercurialis annua; Quercus sessiliflora; Salix alba, triandra, viminalis, purpurea, Caprea, aurita;
Populus nigra; Myrica Gale; Alisma parnassifolium, natans, ranunculoides; Scheuchzeria palustris; Triglochin maritimum; Potamogeton natans, rufescens, lucens, perfoliatus, compressus, pectinatus; Ruppia maritima; Zannichellia palustris; Zostera marina;
Lemna polyrrhiza, gibba; Typha angustifolia; Sparganium minimum; Arum maculatum; Calla palustris; Orchis mascula; Gymnadenia conopsea; Platanthera bifolia; Herminium Monorchis; Cephalanthera pallens, Xiphophyllum; Listera ovata; Goodyera
repens; Spiranthes autumnalis; Malaxis paludosa; Asparagus officinalis; Convallaria Polygonatum; Anthericum Liliago, ramosum;
Gagea arvensis; Allium vineale, Scorodoprasum; Juncus glaucus,
capitatus, obtusiflorus, supinus, squarrosus, compressus, Tenageia;
Cyperus flavescens, fuscus; Schoenus nigricans; Cladium Mariscus;
Rhynchospora alba; Heleocharis acicularis; Scirpus pauciflorus,
setaceus, lacustris, maritimus, compressus; Eriophorum polystachyum; Carex dioica, pulicaris, disticha, muricata, paniculata,
remota, leporina, elongata, limosa, montana, praecox, digitata,
glauca, pallescens, flava, distans, sylvatica, Pseudo-Cyperus, arenaria,
hirta; Setaria glauca; Hierochloa odorata; Alopecurus agrestis;
Phleum arenarium, Boehmeri; Agrostis alba, canina; Calamagrostis
lanceolata, neglecta, Epigeios, sylvatica; Ammophila arenaria, (baltica); Koeleria cristata; Aira caespitosa; Corynephorus canescens;
Holcus mollis; Arrhenatherum elatius; Avena strigosa, fatua, pubes-

cens, caryophyllea, praecox; Triodia procumbens; Melica uniflora, nutans; Poa annua, nemoralis, trivialis, pratensis, compressa; Glyceria spectabilis, distans; Festuca rubra, gigantea, arundinacea; Brachypodium pinnatum; Bromus mollis, asper, sterilis; Triticum junceum; Elymus arenarius; Hordeum secalinum; Nardus stricta.

Equisetum palustre, limosum; Pilularia globulifera; Lycopodium Selago, annotinum, complanatum; Botrychium rutaefolium; Ophioglossum vulgatum; Osmunda regalis; Polypodium Dryopteris; Polystichum Thelypteris, spinulosum, cristatum; Asplenium Trichomanes.

Sphagnum acutifolium; Splachnum ampullaceum; Physcomitrium pyriforme; Phascum serratum, muticum, cuspidatum, nitidum, subulatum; Pottia cavifolia, truncata; Anacalypta lanceolata; Barbula unguiculata, convoluta, subulata; Trichostomum tortile; Weisia controversa, cirrhata, curvirostra; Ceratodon purpureus; Dicranum pellucidum, flexuosum, varium, heteromallum, flagellare, undulatum, spurium, glaucum; Mnium punctatum, undulatum, hornum, cuspidatum, stellare; Bryum nutans, crudum, annotinum, carneum, pseudotriquetrum, roseum, capillare, caespiticium, argenteum; Timmia megapolitana; Aulacomnion palustre, androgynum; Paludella squarrosa; Meesia uliginosa, longiseta; Bartramia pomiformis, fontana; Schistidium ciliatum; Grimmia apocarpa, pulvinata; Racomitrium lanuginosum, heterostichum, canescens; Orthotrichum anomalum, crispum, leiocarpum; Encalypta vulgaris; Diphyscium foliosum; Buxbaumia aphylla; Tetraphis pellucida; Polytrichum undulatum, tenellum, nanum, aloides, urnigerum, juniperium, piliferum; Fontinalis antipyretica; Leucodon sciuroides; Leptohymenium filiforme; Anomodon viticulosus, curtipendulus; Neckera crispa; Leskea trichomanoides, polyantha; attenuata; Climacium dendroides; Hypnum serpens, velutinum, nitens, lutescens, rutabulum, cuspidatum, Schreberi, purum, myurum, abietinum, denticulatum, riparium, murale, praelongum, strigosum, longirostrum, triquetrum, lorenm, stellatum, squarrosum, cupressiforme, filicinum, Crista castrensis, molluscum, fluitans,

aduncum, scorpioides; Fissidens bryoides, taxifolius, adiantoides.

Riccia fluitans, crystallina, glauca; Anthoceros laevis, punctatus;
Fegatella conica; Metzgeria furcata; Aneura pinguis, multifida, palmata; Blasia pusilla; Pellia epiphylla; Fossombronia pusilla; Frullania dilatata, Tamarisci; Madotheca platyphylla; Ptilidium ciliare;
Trichocolea Tomentella; Lepidozia reptans; Calypogeia Trichomanis; Lophoclea bidentata; Liochlaena lanceolata; Jungermannia
trichophylla, bicuspidata, ventricosa; Plagiochila asplenioides.

Tetraspora bullosa; Nostoc commune, pruniforme; Conferva
rivularis, canalicularis, glomerata, rupestris; Aegagropila Froelichiana; Botrydium granulatum; Vaucheria caespitosa; Enteromorpha intestinalis, compressa; Ulva latissima; Phycoseris Linza;
Callithamnion repens; Ceramium diaphanum: Furcellaria fastigiata;
Chondrus crispus; Delesseria sanguinea; Chorda Filum; Fucus
vesiculosus, canaliculatus? serratus; Halidrys siliquosa; Nitella
flexilis; Chara foetida, hispida.

Verrucaria nitida; Pertusaria communis; Graphis scripta;
Lecanora subfusca; Collema atro-coeruleum, crispum; Imbricaria
saxatilis, olivacea, caperata, conspersa, parietina; Parmelia stellaris,
pulverulenta; Lobaria pulmonaria; Peltigera venosa, horizontalis,
canina, aphtosa; Calycium adspersum, lenticulare; Coniocybe furfuracea; Lecidea sanguinaria, geographica; Baeomyces roseus;
Cladonia coniocraea, coccifera, digitata, rangiferina; Stereocaulon
tomentosum; Cetraria glauca, juniperina; Hagenia ciliaris; Evernia
prunastri; Ramalina fraxinea, calicaris, farinacea; Cornicularia
aculeata; Bryopogon jubatus; Usnea barbata, florida; nebſt 79
Pilzarten.

* Timm Fr. Apotheker in Malchin, Enkel des vorhingenannten,
entdeckte Rubus Sprengelii (und Collomia grandiflora.) — Zu der
vorliegenden Arbeit theilte er mir das S. 118 ff. abgedruckte Verzeichniß der officinellen Pflanzen mit.

Tode G. J. geb. den 31. Mai 1733 zu Zollenspieker in den
Vierlanden, geſt. am 30. Dec. 1797 als Conſiſtorialrath zu Schwerin,
beſchäftigte ſich als Botaniker vorzugsweiſe mit dem Studium der

einheimischen Pilze, worüber er in den J. 1790 und 91, als er noch
Prediger zu Pritzier war, ein Werk veröffentlichte, welches den Titel
führte: Fungi Mecklenburgenses selecti. Anfangs hatte Tode sich
ein weiteres Ziel gesteckt, nämlich die Ausarbeitung einer meklenburgischen Flora, wozu ihn um das J. 1775 besonders der Botaniker
Murray in Göttingen angeregt hatte. Diese Arbeit aber blieb liegen,
als vor ihrer Vollendung im J. 1788 Timms Probromus erschien.
Schon seit dem J. 1778 hatte aber Tode mit besonderer Vorliebe
sich den Pilzen zugewendet, anfangs nur deßhalb, weil ihr Studium
bis dahin am meisten vernachläßigt worden war, bald aber weil die
mannigfaltigen und schönen Formen dieser Pflanzen ihn so fesselten,
daß er nicht wieder von ihnen loskommen konnte. Die Frucht dieser
Beschäftigung war das oben angeführte Werk, durch welches unsere
Pilzflora, aus welcher bis dahin nur 82 Species bekannt geworden
waren, um 108 Arten vermehrt wurde, unter denen sehr viele überhaupt von Tode zuerst beschriebene und benannte Species sich befinden.
Es war dies eine für jene Zeit sehr tüchtige Arbeit, die freilich den
Anforderungen, welche jetzt die Mykologie stellt, nicht mehr entsprechen
kann. Schon im J. 1811 erkannte Link (Observ. in ord. plant. S. 35)
daß sich in Tode's Werk viele Irrthümer eingeschlichen hätten, weil
dessen Mikroskop nicht stark genug gewesen sei, und er auch das Messer
zum Seciren der Pilze nicht richtig zu handhaben gewußt habe.

Ferner veröffentlichte Tode noch: Bemerkungen über Phallus
caninus Schäf. in der Monatsschrift von und für Meklbg. 1792 S.
380; Antwortschreiben an Hrn. Cand. Flörke in Kotelow a. a. O.
1793 S. 10 ff., (wieder abgedruckt in unserem Archiv IX S. 30 ff.).
Auch in den Schriften der Gesellschaft naturforschender Freunde in
Berlin (11 Bde. 1780—94) finden sich von ihm noch folgende Auf-
sätze: vom Gichtschwamme (III Nr. 18); vom neuen Schwamme
(III Nr. 19; Beschreibung zweier mikroskopischer Schwämme (IV, 11);
Versuch einer genauen Eintheilung der Keulenschwämme (ib. 12); Beschreibung des Knopfschwammes (Acrospermum), eines neuen Schwamm-
geschlechtes (ib. 18); Bemerkung, die Samendecke (velum) der Schüssel-
schwämme betreffend (ib. 19); Versuch einer neuen methodischen Eintheilung der Blätterschwämme (V. Nr. 2); Beschreibung des Hut-

werfers, Pilobolus (ib. 3); Beschreibung des Venusschwammes, Hysterium (ib. 4); Zusatz zu dem Aufsatz über Blätterschwämme (ib. 27); Fortgesetzte Bemerkungen bei den Schwämmen (VI, 16). Endlich sind auch noch mykolog. Mittheilungen von ihm in den Abhandlungen der naturforschenden Gesell. zu Halle abgedruckt, welche ich leider nicht gesehen habe. Tode's mykologische Leistungen wurden dadurch geehrt, daß eine im südlichen Afrika wachsende Farngattung durch Swartz den Namen Todea erhielt; auch Typhula Todei Fries, Ascophora Todeana Corda und Chordostylum Todei Corda wurden nach ihm benannt.

Aber auch noch auf einem anderen, von der Botanik sehr entfernt liegendem Gebiete hat Tode sich in Meklenburg einen Namen gemacht. Als nämlich gegen Ende des vorigen Jahrhunderts ein natürlicher Rückschlag gegen die pietistische Richtung erfolgte, die im Schweriner Lande unter dem Herzog Friedrich geherrscht hatte, und mit dem Regierungsantritt des Herzog Friedrich Franz I. die rationalistische Aufklärungsperiode eintrat, war es Tode, der in dem merkwürdigen und hitzigen Streit, welcher sich über das Miltheimsche Noth- und Hülfsbüchlein entspann, von der Regierung den Auftrag erhielt, eine purificirte Ausgabe dieses von der pietistischen Partei hart angefochtenen Buches zu besorgen. Hernach arbeitete er auch mit an dem bekannten im J. 1794 von Studemund und Passow herausgegebenen Ludwigsluster Gesangbuche, worin sich auch sieben „aufgeklärte" Lieder von ihm befinden. [1] Ueberhaupt trat in den letzten Lebensjahren Todes die Botanik bei ihm immer mehr hinter die Theologie zurück. Ob dies in dem Grade geschehen sei, daß Tode zuletzt seine früheren botanischen Beschäftigungen geradezu für sündhaft gehalten habe, und deßhalb das Manuscript, so wie die fertigen Kupferplatten zu der Fortsetzung seiner 1790 begonnenen Fungi Mecklenburgenses in einen Teich versenkte, in welchem nach seinem Tode auch sein Herbarium auf Tode's ausdrücklichen Befehl den Untergang fand (vergl. Archiv X, 66), — oder ob, wie eine andere Sage lautet, letzteres lediglich aus Eitelkeit geschah, damit man nach seinem Ableben nicht im Stande

---

1. Vergl. meine Geschichte Meklenburgs Bd. 2 S. 438 ff.

sei ihm aus dem Herbarium etwa Fehler in seinen veröffentlichten Arbeiten nachzuweisen, — dies zu entscheiden, muß ich dahingestellt sein lassen, da nur die Thatsache feststeht, die Gründe aber, aus welchen diese hervorging, verschieden erzählt werden. Zur Ehre Tode's möchte ich mich an die erstere Relation halten, da sie ein weniger nachtheiliges Licht auf seinen Character wirft, wie die letztere.

Trentepohl I. F. In welchen Beziehungen dieser oldenburgische Botaniker zu Mecklenburg gestanden hat, ist mir nicht bekannt; ich erwähne ihn nur, weil Rabenhorst in seiner Kryptogamenflora Deutschlands auf Trentepohls Autorität Mecklenburg als das Vaterland des Physarum alatum nennt.

Treviranus L. C. war von 1811—16 Professor der Botanik in Rostock, jetzt in Bonn. Er entdeckte in Mecklenburg: Alyssum calycinum, (Lathyrus tuberosus), Plantago arenaria, Avena tenuis, Festuca Myurus var. sciuroides und Scapania compacta. Nach ihm trägt die zu den Personaten gehörige Gattung Trevirana Willd. den Namen.

Vollbrecht A. C. F. Prediger zu Belitz in der Präpositur Teterow, widmete sich früher der Pharmacie, und entdeckte, zu Neubrandenburg conditionirend, dort im Stargarder Bruche den Galanthus nivalis.

(*) **Vortisch** L. Prediger in Satow bei Kröpelin, entdeckte Allium ursinum, (und Eranthis hiemalis).

* **Weidner** F. Dr. med. in Sülz, geb. in Neustrelitz, schrieb als Inaugural-Dissertation: „Die in Mecklenburg wildwachsenden phanerog. Giftpflanzen. Rostock 1856." Er entdeckte Cardamine parviflora und theilte mir ein Verzeichniß der selteneren bei Sülz wachsenden Pflanzen mit.

Weigel C. E. Verf. der Flora Pomerano-Rugica 1769, entdeckte (nach Detharding) in Mecklenburg Arctostaphylos Uva ursi.

* **Willebrand** H. W. H. Prediger in Klabow bei Crivitz, entdeckte Bupleurum tenuissimum, Salix holosericea (und gemeinschaftlich mit C. Griewank Barbaraea stricta, Hypericum hirsutum, Rubus rudis). Ein Aufsatz von ihm über die Flora der alten mecklenburgischen Burgwälle steht in Archiv VI., 132.

Wredow J. C. L. geb. am 10. Nov. 1773 zu Güstrow, und gest. als Prediger zu Parum am 11. Aug. 1823 (s. Archiv X S. 117), schrieb: Tabellarische Uebersicht der in M. wildwachsenden phaner. Pflanzengeschlechter, Lüneburg 1808 — Oekonomisch = technische Flora von Mecklbg. Bd. 1 und 2. Lüneburg 1811. 12 (nicht vollendet). Kleinere Mittheilungen von ihm finden sich in den Nützl. Beitr. 1808 St. 50. Er entdeckte: Anemone Pulsatilla, Rubus dumetorum, Thesium ebracteatum. Schon benannte nach ihm die zu den Irideen gehörige Gattung Wredowia, die hernach von anderen wieder mit Aristea vereinigt worden ist. — Sein Herbarium befindet sich im Besitz des Landschullehrer-Seminars zu Ludwigslust.

(*) Wüstnei C. G. G. geb. am 18. Februar 1810 in Malchin, gest. am 12. Oct. 1858 als Lehrer an der Bürgerschule in Schwerin (vergl. über ihn Archiv XIII. 2 ff.), schrieb: Verzeichniß der um Schwerin wildwachsenden phanerogamischen Pflanzen, Schwerin 1854, 8to (Schulprogramm). Die Lebermoose Mecklenburgs, in Archiv VIII S. 49 ff. 1854; auch gab er 1850 eine Sammlung getrockneter meklb. Lebermoose heraus, und betheiligte sich an Rabenhorst's Bryologia Europaea (Dresden 1858). An neuen Arten entdeckte er: Corydalis solida, Melilotus dentata, Barbula laevipila, Preissia commutata, Lophoclea minor, Jungermannia crenulata, obtusifolia, albicans, Zeora hypnorum, Micarea Wüstneii, Imbricaria diffusa, aspera, Lecidea enteroleuca, punctata, Biatora granulosa, Stereocaulon condensatum, nebst 33 Pilzarten. — Die deutsche Pilzgattung Wüstneia Rabenh. trägt seinen Namen deren einzige Species, W. sordida, von Wüstnei an trockenen Eschenzweigen bei Schwerin entdeckt wurde.

* Zabel H. früher Assistent am botanischen Museum in Greifswald, jetzt Forstgehülfe zu Buddenhagen unweit Wolgast, Verfasser der in Archiv XIII. abgedruckten Flora von Neuvorpommern und Rügen, entdeckte in d. J. 1856 und 57 auf seinen Excursionen in dem ganzen östlichen Gränzgebiete Mecklenburgs (wie er mir gütigst mitgetheilt hat): Carex caespitosa, Buxbaumii, Festuca borealis, Polysiphonia nigrescens, Mesogloia vermicularis, Desmarestia viridis, Chara ceratophylla, crinita, baltica.

Zachariä (†), über den mir weiter nichts bekannt, ist der einzige Finder der Ononis arvensis in M. gewesen.

* Zander H. D. F. Dr. phil., Prediger zu Barkow bei Plau, entdeckte Aconitum Napellus.

*   *   *

Zur Vervollständigung der vorstehenden geschichtlichen Notizen will ich noch erwähnen, daß Meklenburg auch einmal (von c. 1760 bis 1843) einen botanischen Garten gehabt hat, welcher zur Zeit unseres Universitäts-Schisma's in Bützow geboren wurde und in Rostock starb. Wer sich für die Geschichte desselben interessirt, findet einige Mittheilungen darüber in: Eschenbachs Annalen der Rostockschen Academie 1794 Bd. V. St. 19 S. 151; Link dissert. botanicae, Suerin 1795 Praefat. p. IV; Neue Monatsschrift von und für Meklenburg 1798 S. 18; Wehnerts Meklb. Journal 1806 Bd. II S. 227; Freimüth. Abendblatt 1844 Nr. 1325 im Correspondenzartikel aus Rostock. — Als Curiosum will ich nur erwähnen, daß zur Anschaffung von Pflanzen und Sämereien anfänglich jährlich eine Summe von 12 Thlrn.! ausgesetzt war, und daß die im J. 1789 im Garten vorhandenen Pflanzen sich in einem solchen Zustande befanden, daß man, als derselbe nach Rostock verlegt wurde, gar nichts davon mitnahm. — Die erste botanische Excursion auf academische Anregung fand zu Rostock im J. 1655 statt; zu derselben lud der Prof. Simon Pauli öffentlich ein.

Um auch gelegentlich hier gleich alle die Pflanzengattungen zusammen zu fassen, die unseren Landsleuten zu Ehren benannt worden sind, will ich noch erwähnen, daß im J. 1848 drei neue in Venezuela entdeckte Gattungen durch Dr. H. Karsten (aus Stralsund) Grischowia, Schwerinia und Stannia getauft worden sind, und zwar nach Dr. Grischow in Stavenhagen, dem Großherzoge Friedrich Franz II. von M. Schwerin, und dem Prof. Dr. Stannius in Rostock. Schon gegen Ende des vorigen Jahrhunderts erhielt eine schöne zur Familie der Scitamineen gehörige Gattung des Cap-Landes den Namen Strelitzia, zu Ehren der damaligen Königin Charlotte von England, geborenen Prinzessin von M. Strelitz.

VIII. Statistik der Flora.

Auch eine Betrachtung der Bestandtheile unserer Flora von einem lediglich statistischen Standpunkte würde nicht ohne Interesse sein, und daher habe ich die beiden nachfolgenden Tabellen *A.* und *B.* zusammengestellt, von denen die erstere einen genauen Nachweis des Antheils giebt, den die einzelnen Botaniker an den in den verschiedenen Pflanzenclassen gemachten Entdeckungen genommen haben, die zweite aber eine chronologische Uebersicht dessen liefert, was in den einzelnen der 9 Decennien, während welcher man sich mit der Erforschung der heimischen Flora beschäftigt hat, an neuen Pflanzen aufgefunden worden ist.

A.

	Phan.	Fil.	M.fr.	Hep.	Alg.	Lich.	Fung.	S. S.
Ackermann	1	.	.	.	.	.	.	1
Becker	3	.	.	.	.	.	.	3
Betcke	8	.	.	.	.	.	.	8
Beuthe	4	.	.	.	1	.	.	5
Blandow	6	.	40	.	.	.	.	46
Blechschmidt	1	.	.	.	.	.	.	1
Boll	1	.	.	.	.	.	4	5
Brockmann	1	.	.	.	.	.	.	1
Brückner A. F. T. und A. F.	22	2	1	.	1	.	.	26
Brückner G.	3	.	1	.	3	.	2	9
Brückner A. jun.	.	.	.	.	.	3	7	10
Crome	5	.	7	.	.	.	.	12
Danneel	1	.	.	.	.	.	.	1
Detharding	35	.	.	.	5	.	.	40
Ditmar	1	.	.	.	12	.	97	110
	92	2	49	0	22	3	110	278

	Phan.	Fil.	M.fr.	Hep.	Alg.	Lich.	Fung.	S. S.
Tr.	92	2	49	.	22	3	110	278
Ehrenberg	.	.	.	.	16	.	.	16
Fiebler	.	.	19	.	7	.	360	386
Fleischer	.	.	.	.	.	.	1	1
Flörke	3	.	1	.	.	18	.	22
v. Flotow	.	.	.	.	3	.	.	3
Gerdes	1	.	.	.	.	.	.	1
Giesebrecht	2	.	.	.	.	.	.	2
Griewank C.	18	.	.	.	1	.	.	19
Häcker	.	.	2	.	.	.	.	2
Hahn	3	.	.	.	.	.	.	3
Luth	.	.	.	1	7	.	.	8
Kahle	.	.	.	.	1	.	.	1
v. Kampz	2	1	.	.	.	.	1	4
Knochenhauer	1	.	.	.	.	.	.	1
Koch	1	.	.	.	.	.	.	1
Koch F.	.	.	.	.	.	.	1	1
Landt	1	.	.	.	.	.	.	1
Langmann	2	.	.	.	.	.	.	2
Lehmeyer	.	.	.	.	.	.	1	1
Link	30	.	.	.	15	.	92	137
Meyer	4	.	.	.	.	.	.	4
Neuendorf	2	.	.	.	.	.	.	2
Nolte	3	.	.	.	.	.	.	3
v. Oertzen	1	.	.	.	.	.	.	1
Prahl	6	.	.	.	.	.	.	6
Rabenhorst	.	.	.	.	3	.	.	3
Ramelow	1	.	.	.	.	.	.	1
Richter	1	.	.	.	.	.	.	1
Röper	3	4	.	.	.	.	.	7
Rose	.	.	.	.	1	.	.	1
	177	7	71	1	76	21	566	919

	Phan.	Fil.	M. fr.	Hep.	Alg.	Lich.	Fung.	S. S.
Tr.	177	7	71	1	76	21	566	919
Schmidt	8	.	.	.	.	.	.	8
v. Schreber	1	.	.	.	.	.	.	1
Schreiber	1	.	.	.	.	.	.	1
Schultz F.	31	3	46	22	2	52	221	377
Schulz L.	417	11	11	2	.	.	3	444
Siemerling	.	.	.	.	.	.	1	1
Siemssen	4	.	.	.	.	.	5	9
Struck	.	.	1	.	.	.	.	1
Thede	14	1	.	.	.	3	5	23
Timm J.	349	14	109	26	27	40	79	644
Timm F.	1	.	.	.	.	.	.	1
Tode	.	.	.	.	.	.	108	108
Trentepohl	.	.	.	.	.	.	1	1
Treviranus	4	.	.	1	.	.	.	5
Vollbrecht	1	.	.	.	.	.	.	1
Vortisch	1	.	.	.	.	.	.	1
Weidner	1	.	.	.	.	.	.	1
Weigel	1	.	.	.	.	.	.	1
Willebrand	2	.	.	.	.	.	.	2
Wredow	3	.	.	.	.	.	.	3
Wüstnei	2	.	1	5	.	8	33	49
Zabel	3	.	.	.	6	.	.	9
Zander	1	.	.	.	.	.	.	1
S.	1022	36	239	57	111	124	1022	2611

B.

Decennium.	Phan.	Fil.	M. fr.	Hep.	Alg.	Lich.	Fung.	S. S.
I. (1771-80)	417	11	11	2	0	0	3	444
II. (1781-90)	271	13	107	25	22	37	124	599
III (1791-1800	93	1	3	1	7	3	94	202
IV. (1801-10)	105	4	73	7	30	55	341	615
V. (1811-20)	13	3	15	13	3	0	48	95
VI. (1821-30)	61	0	7	0	0	18	0	86
VII. (1831-40)	20	0	0	3	15	0	2	40
VIII. (1841-50)	28	3	21	0	14	0	73	139
IX. (1851-60)	14	1	2	6	20	11	337	391
	1022	36	239	57	111	124	1022	2611

Betrachten wir nun die einzelnen Pflanzenclaſſen noch
etwas näher, ſo löſet ſich zunächſt unſere Phanerogamenflora in diejenigen Beſtandtheile auf, welche die nach-
ſtehende Tabelle angiebt, wobei in der letzten, mit G. bezeichneten Columne die von meiner Zählungsmethode abweichende Artenzahl hinzugefügt iſt, welche man für die
einzelnen Familien erhält, wenn man die von Garcke in
ſeiner Flora von Nord- und Mitteldeutſchland (ed. 4) be-
befolgte Methode zu Grunde legt. Da ich aber ſeit dem
Druck des 2. Bogens der vorliegenden Arbeit noch einige
Aenderungen in dem dort S. 18 und 23 mitgetheilten
Verzeichniſſe der Varitäten und Baſtarde vorgenommen
habe, bitte ich, dieſe hier zu berückſichtigen, weil ſonſt die
nachfolgenden Zahlen mit jenen früheren Angaben nicht
ganz übereinſtimmen würden. Es ſind nämlich S. 19 Ela-
line triandra und Salix angustifolia zu ſtreichen, dagegen
aber S. 18 Viola lactea und S. 19 Polygonum mite

unb **minus** unter bie Varietäten einzureißen, beßgleichen S. 23 Salix Smithiana unter bie Baftarbe. — Außerbem ift S. 19 in ber zweiten Columne Z. 6 v. oben irrthümlich **Potentilla** ftatt **Veronica** gefeßt.

	einheim.	eingebürg.	Var.	Baft.	verwilb.	berirrt.	zweifelh.	S. S.	Garbe.
Ranunculaceae	30	2	4	1	3	1	.	41	38
Berberideae	.	.	.	.	2	.	.	2	2
Nymphaeaceae	3	.	.	.	.	.	.	3	3
Papaveraceae	.	4	.	.	.	1	1	6	6
Fumariaceae	3	1	.	.	.	1	.	5	5
Cruciferae	28	14	4	1	5	4	.	56	56
Cistineae	1	.	.	.	.	.	.	1	1
Violarieae	7	1	2	.	.	1	1	12	10
Resedaceae	.	1	.	.	.	1	.	2	2
Droseraceae	4	.	.	.	.	.	.	4	4
Polygaleae	2	.	1	.	.	.	.	3	3
Sileneae	14	2	.	.	2	3	1	22	22
Alsineae	24	.	6	.	.	.	1	31	28
Elatineae	2	.	.	.	.	.	.	2	2
Lineae	2	.	.	.	.	.	.	2	2
Malvaceae	6	.	1	.	1	.	.	8	7
Tiliaceae	2	.	.	1	.	.	.	3	2
Hypericineae	7	.	.	.	.	.	.	7	7
Acerineae	3	.	.	.	.	.	.	3	3
Geraniaceae	9	.	.	.	3	.	1	13	13
Balsamineae	1	.	.	.	.	.	.	1	1
Oxalideae	1	2	.	.	.	.	.	3	3
Celastrineae	1	.	.	.	.	.	.	1	1
Rhamneae	2	.	.	.	.	.	.	2	2
Papilionaceae	46	5	3	.	4	3	.	61	60
Amygdaleae	2	2	.	.	.	.	.	4	4
	200	34	21	3	20	15	5	298	297

	einheim.	eingebürg.	Bar.	Baſt.	verwilt.	verirrt.	zweifelh.	S. S.	Sarde.
Tr.	200	34	21	3	20	15	5	298	287
Rosaceae	34	.	9	1	5	1	.	50	47
Sanguisorbeae	9	.	1	.	.	.	.	10	10
Onagrariae	9	2	.	1	.	.	1	13	12
Halorageae	3	.	.	.	.	.	.	3	3
Hippurideae	1	.	.	.	.	.	.	1	1
Callitricheae	2	.	2	.	.	.	.	4	4
Ceratophylleae	2	.	.	.	.	.	.	2	2
Lythrarieae	2	.	.	.	.	.	.	2	2
Cucurbitaceae	.	1	.	.	.	.	1	2	2
Portulaceae	1	.	1	.	1	.	.	3	3
Paronychieae	3	.	.	.	.	.	.	3	3
Scierantheae	2	.	.	.	.	.	.	2	2
Crassulaceae	4	.	1	.	2	.	.	7	6
Grossularieae	2	2	.	.	.	.	.	4	4
Saxifrageae	5	.	.	.	.	.	.	5	5
Umbelliferae	33	6	1	.	3	1	.	44	44
Araliaceae	1	.	.	.	.	.	.	1	1
Corneae	1	.	.	.	.	.	.	1	1
Loranthaceae	1	.	.	.	.	.	.	1	1
Caprifoliaceae	5	1	.	.	1	.	.	7	7
Stellatae	10	2	.	1	.	1	1	15	14
Valerianeae	2	4	.	.	.	.	.	6	6
Dipsaceae	6	.	.	.	.	.	.	6	6
Compositae	84	16	9	3	12	4	.	128	124
Ambrosiaceae	.	1	.	.	.	.	.	1	1
Lobeliaceae	1	.	.	.	.	.	.	1	1
Campanulaceae	10	2	.	.	.	1	.	13	13
Vaccinieae	4	.	.	.	.	.	.	4	4
Ericineae	11	.	.	.	.	.	.	11	11
	448	71	45	9	44	23	8	648	627

	einheim.	eingebürg.	Bar.	Bast.	verweilb.	verirrt.	zweifelb.	S. S.	Garde.
Tr.	448	71	45	9	44	23	8	648	627
Monotropeae	1	.	.	.	.	.	.	1	1
Aquifoliaceae	1	.	.	.	.	.	.	1	1
Oleaceae	1	.	.	.	1	.	.	2	2
Asclepiadeae	1	.	.	.	.	.	.	1	1
Apocyneae	1	.	.	.	.	.	.	1	1
Gentianeae	11	.	.	.	.	.	.	11	11
Polemoniaceae	1	.	.	.	1	.	.	2	2
Convolvulaceae	5	1	.	.	.	.	1	7	7
Boragineae	14	3	1	.	2	1	1	22	22
Solaneae	1	3	2	.	4	.	.	10	10
Scrophularineae	32	8	5	5	3	1	1	55	49
Orobancheae	4	1	.	.	.	.	.	5	5
Labiatae	29	10	6	4	1	.	1	51	49
Verbenaceae	1	.	.	.	.	.	.	1	1
Lentibularieae	5	.	.	.	.	.	2	7	5
Primulaceae	12	1	1	.	.	.	.	14	13
Plumbagineae	2	.	1	.	.	.	.	3	3
Plantagineae	7	.	.	.	.	.	.	7	7
Amaranthaceae	.	.	.	.	2	.	.	2	2
Chenopodeae	8	10	3	.	2	3	.	26	23
Polygoneae	15	2	3	1	.	1	.	22	22
Thymeleae	.	.	.	.	1	.	.	1	1
Santalaceae	2	.	.	.	.	.	.	2	2
Eleagneae	1	.	.	.	.	.	.	1	1
Aristolochieae	.	1	.	.	.	.	1	2	2
Empetreae	1	.	.	.	.	.	.	1	1
Euphorbiaceae	4	4	.	.	.	.	.	8	8
Urticeae	2	4	1	.	1	.	.	8	7
Cupuliferae	5	.	.	.	.	.	.	5	5
	615	119	68	19	62	29	15	927	891

	einheim.	eingebürg.	Bar.	Baft.	verwilb.	verirrt.	zweifelh.	S. S.	Garde.
Tr.	615	119	68	19	62	29	15	927	891
Salicineae	14	.	9	7	.	.	.	30	24
Betulineae	4	.	.	.	.	.	.	4	4
Myriceae	1	.	.	.	.	.	.	1	1
Coniferae	3	.	.	.	.	.	.	3	3
Dicotyl. S.	637	119	77	26	62	29	15	965	923
Hydrocharideae	2	.	.	.	.	.	.	2	2
Alismaceae	5	.	.	.	.	.	.	5	5
Butomeae	1	.	.	.	.	.	.	1	1
Juncagineae	3	.	.	.	.	.	.	3	3
Potameae	17	.	4	.	.	.	.	21	21
Najadeae	2	.	.	.	.	.	.	2	2
Lemnaceae	4	.	.	.	.	.	.	4	4
Typhaceae	5	.	.	.	.	.	.	5	5
Aroideae	2	1	.	.	.	.	.	3	3
Orchideae	25	.	1	.	.	.	.	26	26
Iridene	2	.	.	.	.	.	.	2	2
Amaryllideae	1	.	.	.	3	.	.	4	4
Asparageae	6	.	.	.	.	.	.	6	6
Lilaceae	12	2	.	.	4	.	1	19	19
Colchicaceae	.	.	.	.	1	.	.	1	1
Juncaceae	15	.	4	.	.	.	.	19	19
Cyperaceae	68	.	5	.	.	.	.	73	73
Gramineae	74	19	5	4	3	5	1	111	108
Monocotyl. S.	244	22	19	4	11	5	2	307	304
Dicotyl. S.	637	119	77	26	62	29	15	965	923
S. S.	881	141	96	30	73	34	17	1272	1227

Von ben in ben beiden erſten Columnen aufgezählten
1022 einheimiſchen und eingebürgerten phanerogamiſchen
Arten gehören faſt 0,74 ben Dicotyledonen, und 0,26

den Monocotyledonen an. — Die am stärksten ver-
tretenen Familien sind:

Compositae	0,0978	Rosaceae	0,0332
Gramineae	0,0909	Ranunculaceae	0,0313
Cyperaceae	0,0665	Orchideae	0,0244
Papilionaceae	0,0499	Alsineae	0,0234
Cruciferae	0,0410	Chenopodeae	0,0176
Scrophularineae	0,0391	Boragineae	
Umbelliferae }		Polygoneae }	0,0166
Labiatae }	0,0381	Potameae	

Reduciren wir die bis jetzt in Mecklenburg mit Sicherheit gefundenen Arten, Varietäten und Bastarde (mit Ausschluß der 17 zweifelhaften Arten), — im Ganzen also
1255 —, auf Garcke's Flora von Nord- und Mitteldeutschland (ed. 4), so finden wir, daß er 1212 derselben
als wirkliche Species betrachtet. Von den 96 Varietäten
erkennt er nämlich nur 25 als solche an, 71 aber als Arten; von
den 30 Bastarden gelten ihm nur 16 als solche, 14 dagegen als Species; von den verirrten Pflanzen fehlen
zwei bei ihm noch ganz und gar, nämlich Sedum hybridum und Polypogon monspeliensis. Von den cultivirten
Pflanzen, welche Garcke aus dem bezeichneten Gebiete aufzählt und die ich nicht mit berücksichtigt habe, werden in
Mecklenburg etwa 150 allgemeiner auf Feldern und in Gärten angebauet. Demnach umfaßte unsere Phanerogamenflora gegenwärtig nach Garcke's Zählungsmethode:

```
  1022 }
+   71 } einheim. und eingebürg. Arten
+   14 }
    73 verwilderte
    34 verirrte
   150 cultivirte
   _____
S. 1364 Arten,
```

also 0,64 der 2129 Arten, die Garcke aus Nord- und Mitteldeutschland namhaft macht. Veranschlagen wir die gesammte deutsche Phanerogamenflora auf etwa 3300 Arten, so besitzen wir davon 0,41.

Diese Abtheilung des Pflanzenreiches, welche die augenfälligsten Objecte darbietet, ist von unseren Botanikern immer mit besonderer Vorliebe durchforscht worden. Auf viele neue Entdeckungen dürfen wir daher in derselben nicht mehr hoffen. Einen Fingerzeig dafür, was wir noch etwa Neues finden könnten, geben uns die benachbarten Floren, von denen manche schon recht sorgfältig durchsucht sind, nämlich Holstein durch Nolte, Lübeck durch Häcker, das Hamburger Gebiet durch Sonder, das Berliner durch Kunth, die Ukermark durch Gerhardt,[1] Neuvorpommern und Rügen durch Zabel. Aus den Arbeiten dieser Botaniker habe ich diejenigen uns zur Zeit noch fehlenden Pflanzen zusammengestellt, in deren Verbreitungsbezirk Meklenburg liegt, oder deren Bezirk unserem Lande wenigstens nach einer Seite hin nahe kommt, so daß wir darnach zwei Classen noch zu beachtender Pflanzen erhalten, von denen die einen durch ganz Meklenburg, die anderen aber nur in gewissen Gränzbezirken aufgefunden werden möchten. Hätte ich alles namhaft machen wollen, was nach der Angabe verschiedener Floristen in den bezeichneten Ländern vorkommen soll, so hätte sich die Anzahl der nachstehend aufgeführten

---

1. Programm des Gymnasiums zu Prenzlau 1856. — Sehr unkritisch ist Schmidts Flora von Pommern und Rügen 1840, auch in der neuen, von Dr. Baumgardt 1848 besorgten Auflage; Dietrichs Flora Marchica (1841) enthält gleichfalls manche verdächtige Angaben.

Pflanzen noch sehr vergrößern lassen; es haben sich aber in jenen Angaben eine Menge von Irrthümern eingeschlichen, weßhalb ich alles irgend Verdächtige ausgeschlossen habe. Die Pflanzen, für deren Vorhandensein in den benachbarten Ländern mir genügende Autoritäten zu sprechen scheinen, sind nun folgende:

Thalictrum simplex Holstein, Hinterpommern? Königsberg und Memel.

Anemone sylvestris Ukermark.

Adonis vernalis Ukermark, Hinterpommern.

Nigella arvensis Ukermark, Mittelmark.

Fumaria muralis Gebiet der Flora von Hamburg.

F. capreolata bei Kiel, Hamburg und Greifswald eingeschleppt.

Camelina microcarpa Andr. bei Kemnitz unweit Greifswald eingeschleppt (Zab. in litt.).

Alyssum montanum Oderberg.

Diplotaxis muralis bei Stralsund, Wolgast, Swinemünde eingeschleppt.

Senebiera didyma bei Wolgast, Eldena, Hamburg und Altona eingeschleppt.

Viola persicifolia Schk. Potsdam (sec. Ruthe).

Polygala depressa Hamburg, Greifswald, Rügen.

Gypsophila fastigiata im Geb. d. Flora von Berlin, Oranienburg?

Dianthus arenarius Wolgast.

Silene viscosa Hiddensöe.

S. chlorantha Ukermark.

Sagina subulata Holstein.

Stellaria Frieseana Herzth. Lauenburg, Lübeck.

Moenchia erecta Hamburg.

Cytisus sagittalis bei Wolfshagen (Ukerm.), aber wohl nur verwildert.

Vicia villosa Hamburg, Lauenburg, Wittstocker Haide, Ukermark, bei Kemnitz unweit Greifswald auf Saatäckern (eingeschleppt, — sec. Zabel in litt.).

Tetragonolobus siliquosus Holstein, Rügen, Ukermark.

Astragalus Hypoglottis Ukermark.

Coronilla varia in der Ukermark und bei Berlin eingebürgert.

Spiraea salicifolia bei Greifswald eingebürgert.

Rubus Chamaemorus Swinemünde.

Cydonia vulgaris auf Hibbensöe bei Kloster eingebürgert.

Epilobium obscurum Hamburg.

Isnardia palustris Lauenburg, Gebiet der Flora von Hamburg.

Trapa natans Mittelmark, bei Wörlitz unweit Dessau häufig (C. Griew.)

Lythrum hyssopifolia Altmark (unweit Wittenberge), Berlin.

Bryonia dioica Gebiet der Floren von Lübeck und Hamburg.

Galium tricorne Hamburg.

G. sylvestre desgl. auf Haideboden.

Petasites albus Holstein.

Aster Amellus Schwedt.

Linosyris vulgaris Oranienburg? Schwedt, Garz.

Stenactis annua von Hamburg längs der Südgränze bis in die Ukerm.

Inula Conyza Hamburg, Pritzwalk, Rügen.

Scorzonera purpurea Perleberg, Ukermark, Demmin.

Cotula coronopifolia Holstein und nordwestl. Deutschland.

Senecio vernalis in Vorpommern eingeschleppt.

Crepis praemorsa Rügen.

Hieracium virescens Hamburg, Ratzeburg, Kiel.

Xanthium italicum längs der Elbe bis Hamburg.

Campanula sibirica Ukermark.

Symphytum tuberosum bei Lenzen an der Elbe häufig (Schreiber).

Linaria spuria Holstein.

Veronica peregrina bei Hamburg und Greifswald eingeschleppt.

V. praecox Berlin, Prenzlau, Stettin.

Melampyrum sylvaticum Flora von Hamburg, Mittelmark.

Orobanche elatior, Epithymum, caryophyllorum Vorpommern.

Salvia vesticillata Prenzlau, Stettin.

Teucrium Scorodonia Hamburg, Berlin, Rügen.

Chenopodium ficifolium Hamburg.

Beta maritima häufig an der Nordsee, aber auch schon bei Heiligenhafen an der Ostsee in Holstein gefunden.

Atriplex calotheca Zingst, Stralsund.

A. nitens Hamburg.

Rumex pratensis Hamburg, Lübeck, Prenzlau.

R. domesticus Hamburg.

Asarum europaeum Flora von Hamburg.

Salix daphnoides Rügen.

S. bicolor, nigricans Hamburg.

Hydrilla verticillata Pommern im Dammschen See.

Potamogeton rutilus, trichoides Hamburg.

Najas flexilis Pommern unweit Stettin.

Zannichellia polycarpa holst. Ostseeküste.

Orchis tridentata Mittelmark, Ukermark, Stettin?

O. coriophora Pritzwalk.

Platanthera viridis Holstein.

Listera cordata Rügen, Harburg.

Microstylis monophyllos Rügen, Usedom, Wollin.

Cypripedium Calceolus Rügen, Ukermark.

Narthecium ossifragum Flora von Hamburg.

Juncus tenuis Hamburg, Holstein.

Heleocharis multicaulis Gebiet der Flora von Hamburg.

Scirpus Duvalii, Pollichii, Rothii am unteren Laufe der Elbe.

S. radicans Holstein, Lauenburg, Loitz a. d. Peene.

S. supinus Ukermark.

Carex axillaris, maxima Vorpommern.

C. stenophylla Holstein.

C. microstachya Lübeck.

C. supina Holstein, Oderberg.

C. laevigata Kiel.

Alopecurus nigricans Hornem. var. exserens Ledb. bei Greifswald und auf Mönchgut (Zabel in litt.!).

Chamagrostis minima in d. Hamburger Flora eingeschleppt.

Aira uliginosa Rügen, Lüneburger Haide.

Würden alle diese 94 Pflanzen dermaleinst auch als Bürger unserer mecklenburgischen Flora nachgewiesen, — was kaum zu erwarten steht, — so würde dadurch die Gesammtsumme unserer Phanerogamen auf 1458 Arten ansteigen und diese würden dann 0,44 der deutschen Phanerogamenflora ausmachen.

Auch die Klasse der zierlichen Farne ist schon sehr sorgfältig durchsucht, indem von den 74 Species, welche nach Rabenhorst in Deutschland (incl. der Schweiz, Italiens und des Lombardisch=Venetianischen Königreichs) vorkommen,[1] in Meklenburg schon etwas mehr als die Hälfte, (nämlich wenn Lycop. Chamaecyparissus und Polystichum dilatatum auch als Arten gelten,) gefunden sind. Wir besitzen demnach schon 0,506 der gesammten deutschen Farne. Daß wir auch hier nicht mehr viel Neues zu hoffen haben, zeigt eine Vergleichung der benachbarten Floren, welche nur noch zwei Species vor uns voraus haben, nämlich Salvinia natans, die bei Lübeck, und Isoëtes lacustris, welche bei Ratzeburg die westliche Landesgränze berührt. Ich zweifele nicht, daß beide auch noch in Meklenburg selbst aufgefunden werden, wodurch die Zahl unserer Farne dann auf 0,53 der deutschen Arten ansteigen würde.

An Laubmoosen, deren Kenntniß wir besonders Blandow, Crome, Fiedler, Schultz und Timm verdanken, kennen wir in Meklenburg nach meiner Zählung 239, nach Rabenhorst's 243 Arten. Da letzterer in seiner Kryptogamenflora überhaupt an deutschen Species 543 aufzählt, so würde unser Antheil an der deutschen Moosflora 0,44 betragen. Auch diese Classe wird hinfort nicht

---

1. Rabenhorst zählt in seiner Kryptogamen = Flora Bd. II. Abth. 3 (1848) nur 69 Arten; ich habe bei der Zählung noch fünf hinzugefügt, nämlich Pilularia globulifera, Salvinia natans, Botrychium simplex und matricariaefolium, Cystopteris sudetica.

viel neue Ausbeute mehr geben, denn die Gränzländer
haben, so viel ich weiß, vor uns nur noch voraus:

Bryum cernuum bei Neudamm.

B. pallescens bei Hamburg und in Holstein.

B. Wahlenbergii auf Rügen, bei Neudamm und Hamburg.

Fiedleria subsessilis bei Greifswald.

Orthotrichum cupulatum bei Hamburg.

Pottia Heimii bei Spandau.

Pyramidium tetragonum in Hinterpommern.

Racomitrium aciculare bei Hamburg.

Schistidium maritimum an Felsblöcken des holsteinischen Ostsee-
strandes.

Seligeria calcarea auf Stubbenkammer.

Durch Auffindung dieser 10 Arten würde unsere
Moosflora auf 253, oder auf 0,46 der deutschen Species
ansteigen.

Die Kenntniß unserer Lebermoose verdanken wir
hauptsächlich F. Schultz, Timm und Wüstnei. Von den
durch Rabenhorst aufgezählten 178 deutschen Arten sind
in M. schon 57, also 0,32 aufgefunden. Da diese Zahl
gegen die für die Laubmoose erhaltene verhältnißmäßig
noch sehr zurücksteht, so dürfen wir in dieser Classe wohl
noch auf manchen Zuwachs rechnen, und zwar möchten
dabei hauptsächlich folgende, in den benachbarten Gebieten
wachsende Species ins Auge zu fassen sein:

Jungermannia bicrenata in Holstein.

J. caespititia bei Bergedorf unw. Hamburg.

J. curvifolia in Holstein.

J. incisa in Holstein.

J. intermedia in Holstein.

Mastigobryum deflexum in Holstein.

Aneura pinnatifida in Holstein.

Scapania curta in Holstein.

Sarcoscyphus Funckii in Holstein.

Haplomitrium Hookeri bei Hamburg.

Geocalyx graveolens in Pommern.

Selbst durch Auffindung aller dieser Arten in M., wodurch die Zahl der unserigen auf 68 oder 0,38 ansteigen würde, möchte diese Classe unserer Flora wohl kaum erschöpft sein.

Noch viel schwächer aber ist es mit unserer Erforschung der drei letzten Classen des Pflanzenreiches bestellt. Denn von den 1435 deutschen Algen, welche Rabenhorst aufzählt, kennen wir in M. (besonders durch Ditmar, Ehrenberg, Fiedler, Huth, Koch,[1] Link, Timm und Zabel) nur erst 140, oder 0,09. Von diesen gehören 91 Species der Ostsee an, — eine viel zu geringe Anzahl im Vergleich zu der, welche sich nach den Forschungen Fröhlichs (Prediger in Born bei Schleswig † 1846), v. Suhrs (Hauptmann in Rendsburg † ?), Pohlmanns (Handelsgärtner in Lübeck † 1849) u. a. für die Küsten von Schleswig, Holstein, Lübeck, Femern, Rügen u. s. w. ergeben hat. Von dort sind nämlich folgende 148 uns zur Zeit noch fehlende Ostseespecies bekannt geworden (sec. Rabenhorst, Kützing und Pohlmann in litt.!):

---

1. Während des Druckes dieses Bogens erhalte ich von Herrn Baumeister F. Koch in Dargun noch einen Beitrag von 29 neuen Diatomaceen für unsere Algenflora, welche er in einem Meeresschlamme unter dem heiligen Damme bei Doberan entdeckt, und die Hr. Prof. Ehrenberg in Berlin determinirt hat. Dadurch steigt die Gesammtzahl unserer Algen von 111 (S. 181) schon auf 140 Arten, und die ganze Summe unserer Pflanzen von 2611 auf 2640. Auf S. 182 ist demnach auch in der Tabelle B. für das Decennium IX. die Zahl der darin entdeckten Algen auf 49, und die der sämmtlichen Pflanzen auf 420 (statt 20 und 391) zu erhöhen.

Eunotia Westermanni Flensburg.
  gibberula.
Synedra gracilis.
  Sigma.
  saxonica Flensburg.
Amphipleura danica.
Navicula Oxyphyllum Flensb.
  interrupta Kolberg.
  baltica Kiel.
  lamprocarpa.
Amphora elliptica.
  hyalina.
Rhapidogloea micans.
Schizonema sericeum Flensb.
  rutilans
  Hoffmanni Flensb.
  balticum.
  Ehrenbergii.
  cuprinum.
  Navicula.
Achnanthes brevipes.
Striatella unipunctata.
Tessella interrupta.
Rhabdonema arcuatum.
Gomphonema exiguum Flensb.
  curvatum.
Podosphenia gracilis.
  Lyngbyei.
  Ehrenbergii.
Melosira nummuloides.
  moniliformis.
  lineata.
Cocconeïs pygmaea.
  consociata.

Cocconeïs aggregata.
  oceanica.
  Scutellum.
Dictyocha Speculum.
Amphitetras antediluviana.
Heteractis pruniformis Geltinger Bucht.
Cylindrospermum gelatinosum ibid.
Phormidium Thinoderma Kiel.
Lyngbya aeruginosa.
  ferruginea Gelting. Bucht.
  confervicola.
Leibleinia chalybaea.
Schizosiphon scopulorum.
Actinococcus roseus.
Physactis lobata Flensb.
Rivularia atra Holstein.
  pellucida Gelt. B.
Cruoria pellita.
Batrachospermum moniliforme Schlesw. Holst.
Hormidium ceramicola.
Schizogonium tortum.
Conferva auricoma Schlesw.
  fibrosa Rügen.
  liniformis.
  rigida Schleswig, Rügen, Danzig.
  Linum Travemünde!
  Melagonium.
  littorea.
  cymosa.
  vaucheriaeformis Flensb.

Conferva Froelichii.

   crystallina.

   Suhriana Schley.

   heterochloa Schlesw

   refracta.

   centralis.

   uncialis.

   Comatula Flensb.

   globosa Flensb.!

Hormiscia penicilliformis.

Ectocarpus siliculosus Travem.!

   major.

   fasciculatus.

   flagelliformis.

   rufus.

   subverticillatus.

   compactus.

   castanens Flensb.

   brachiatus Travem.!

Vaucheria littorea.

Bryopsis plumosa Femern.

Bangia crispa Schlesw. Danzig.

Phycolapathum cuneatum Flnsb.

Enteromorpha complanata.

   clathrata Flensb.!

Dictyosiphon foeniculaceus Tra-
   bemünde.!

Phyllactidium ocellatum.

Ulva Lactuca Holstein!

   oxysperma Kiel.

Porphyra umbilicalis.

Diplostromium tenuissimum.

Callithamnium roseolum.

   minutissimum Gelting. B.

Callithamnium pubes.

   roseum.

   corymbosum Flensb.!

Choudrus incurvatus Trav.!

Dumontia filiformis ib.

Polysiphonia arenaria Rügen.

   stricta.

   divaricata Kiel, Rügen.

   roseola.

   aculeata Gelting. B.

   tenuis Trav.!

   rugulosa.

   elongata.

   Lyngbyei.

   byssoides.

   flaccida Femern.

   dichocephala.

   lophura.

   secundata.

   formosa.

   rugulosa.

   commutata.

Cystoclonium purpurascens
   Gelt. B.

Sphaerococcus Bangii.

   palmatus Friebericia!

Sphacelaria cirrhosa Flensb.!

   plumosa Trav.!

   pennata.

   spinulosa.

Stypocaulon scoparium.

Cladostephus Myriophyllum.

   spongiosus.

Myrionema stellare.

Myrionema curtum.

Elachista velutina Holst.

 fucorum.

 ferruginea Kiel, Femern.

 flaccida.

Hildebrandtia deusta.

Leathesia baltica.

 marina Flensb.

Mesogloia nervosa ib.

Punctaria plantaginea ib.!

Chorda fistulosa Femern.

Stilephora paradoxa ib. Kiel.

Desmarestia aculeata Sonderburg!

Halorrhiza vaga Gelting. B.

Lichnia confinis Trav.!

Phyllitis Fascia Kiel.

Ozothallia nodosa ib. Trav.!

Nitella nidifica.

Auch mit dieser ansehnlichen Zahl dürfte die Algenflora der süblichen Ostseeküste kaum erschöpft sein. —
Nicht minder fragmentarisch ist die unserer süßen Gewässer,
aus der wir nur erst 49 Arten kennen. Wie viel wir
hier noch zu erwarten haben, darüber können uns auch die
Nachbarfloren keinen auch nur einigermaßen genügenden
Fingerzeig geben, da auch bei ihnen das schwierige Studium dieser Pflanzen sehr vernachläßigt geblieben ist. Zwar
werden aus Holstein und Schleswig noch etwa 60 Species
namhaft gemacht, die bei uns noch nicht beachtet sind,
aber das reicht noch lange nicht zur Erschöpfung dieser
Pflanzenclaße hin. Denn bedenken wir, daß von den
c. 1000 Species deutscher Süßwasseralgen in Schlesien
schon c. 500 aufgefunden sind, so dürfen auch wir gewiß
mit Recht auf einige hundert Arten rechnen. Unter diesen
Verhältnissen glaube ich keine zu hohe Rechnung zu machen,
wenn ich die Zahl unserer Algen auf etwa 250 Meeres-
species und 400 Sp. der süßen Gewässer veranschlage, —
im Ganzen also auf 650 Arten, durch deren Auffindung unsere
Algenflora auf 0,45 der deutschen Algenflora ansteigen würde.

Lichenen zählt die deutsche Flora nach Rabenhorst

440 Arten, die unserige nur 124, oder 0,28, welche haupt=
sächlich durch Flörke, F. Schultz, Timm und Wüstnei ent=
deckt sind. Aber auch diese Zahl genügt noch nicht, und
ich glaube, daß wir es in dieser Classe auf mindestens
176 Species bringen werden.

Die meisten Entdeckungen scheinen aber noch in der
Classe der Pilze zu machen zu sein. Rabenhorsts Auf=
zählung der deutschen Pilze vom J. 1844 umfaßte schon
4079 Arten! und vier Jahre später hatte er dazu schon einen
gegen 1000 Species enthaltenden Nachtrag gesammelt, dessen
Bekanntmachung er aber noch zurückhielt, weil ihm wöchentlich
noch neue Entdeckungen aus allen Gegenden Deutschlands zu=
kamen. Ist dies in den folgenden Jahren so fortgegangen, so
müssen jetzt schon gegen 6000 Pilzarten in Deutschland ge=
sammelt worden sein. Gegen diese Summe stehen denn freilich
unsere 1022 mecklenburgischen Species, deren Kenntniß wir
besonders Ditmar, Fiebler, Link, F. Schultz, Timm, Tode
und Wüstnei verdanken, noch sehr zurück, da sie nur 0,17
derselben betragen, während wir sie doch im Hinblick auf
die sorgfältiger durchsuchten Pflanzenclassen auf mindestens
0,40 jener Summe, oder auf etwa 2400 Arten, veran=
schlagen dürfen. Große Strecken unseres Landes sind
mykologisch noch gar nicht ausgebeutet, und es steht hier
also den weiteren Forschungen noch ein großes Feld offen.

Stellen wir das für alle Classen gewonnene Re=
sultat noch einmal übersichtlich zusammen, so ergiebt sich
folgendes:

	Deutsch= land.	Mecklenburg.			
		jetzt	D.: M. = 1 :	künftig	D.: M. = 1 :
Phanerogamen	3300	1364	0,41	1458	0,44
Farne	73	38	0,50	40	0,53
Laubmoose	543	243	0,44	253	0,46
Lebermoose	178	57	0,32	68	0,38
Algen	1435	140	0,09	650	0,45
Lichenen	440	124	0,28	176	0,40
Pilze	6000	1022	0,17	2400	0,40
S.	11969	2988		5045	

Es würde demnach in M. noch die ansehnliche Zahl von 2057 Pflanzenarten zu entdecken bleiben, durch deren Auffindung unsere Flora von 0,24 auf 0,42, oder etwas mehr als zwei Fünftel der deutschen Flora ansteigen würde. Da die drei am sorgfältigsten erforschten Classen nicht allein fast diese (0,41), sondern sogar noch eine etwas größere Zahl (0,44, und 50) geliefert haben, so glaube ich daß jene Durchschnittszahl von 0,42 keineswegs zu hoch ge= griffen sei, sondern vielmehr nur die Minimumsgränze dessen, was wir noch zu erwarten haben, darstelle.

IX.

Systematische Aufzählung

der meklenburgischen Pflanzen.

Anm. Die phanerogamischen eingeborenen und eingebürgerten Pflanzen sind numerirt und mit größerer Schrift gedruckt, die letzteren aber durch einen vorgesetzten Stern kenntlich gemacht. Für die verwilderten und verirrten Pflanzen sind kleinere Lettern gewählt. — Hinter den lateinischen Speciesnamen ist in Klammern die Jahreszahl der ersten Entdeckung der betreffenden Art in Meklenburg (vergl. S. 144), so wie der Name des Entdeckers hinzugefügt, letzterer meist nur in einer abgekürzten Bezeichnung, deren Bedeutung man aus dem VII. Abschnitt leicht ermitteln wird, wie z. B. unter L. Sch. der Friedländer Dr. L. Schulz, und unter T. der Malchiner Timm sen. zu verstehen ist. — Ein ! hinter der Jahreszahl zeigt an, daß die Pflanze in dieser meiner Arbeit entweder zuerst als meklenburgische genannt ist, oder daß ich das Entdeckungsjahr (auf Angabe des Entdeckers selbst gestützt,) etwas früher angesetzt habe, als dies in den bisherigen Publicationen geschehen ist. — Das ! hinter dem Fundorte bedeutet, daß ich entweder dort selbst gesammelt habe, oder Exemplare von jenem Orte in meinem Herbarium besitze.

I. Dicotyledoneae.

1. **Thalictrum minus** L. (T. 1791) bei Grabow, Görslow unw. Schwerin, Bützow, Güstrow, Waren auf dem Windmühlenberge, Malchin nach Mistorf zu! Neubrandenburg am Starg. Berge selten! sehr häufig bei Kl. Nemerow! im Ramelowschen Holze bei Friedland.

Anm. Es kommen in Mecklenburg die beiden Formen vor, welche jetzt allgemein als T. minus L. und T. flexuosum Bernh. betrachtet werden, und zwischen denen T. Kochii Fr. als Verbindungsglied gerade in der Mitte steht. Schon Link unterschied in s. Mscr. 1810 zwei Abänderungen dieser Art in Mecklenburg, Schultz 1818 sogar zwei Species, minus und majus, äußerte aber später mündlich gegen mich, daß beide unzweifelhaft zusammen fielen. — Von der großen Veränderlichkeit dieser Art habe auch ich mich völlig auf einer Excursion überzeugt, welche ich um dieses Th. willen am 14. Aug. 1854 nach Kl. Nemerow unternahm, und habe alles das bestätigt gefunden, was G. Meyer in s. Fl. excurs. Hanov. S. 5 f. über Th. minus sagt. Bei Kl. Nemerow wächst die Pflanze in großer Menge gleich hinter dem Hofe an den Zäunen in der Allee welche zur Chaussee führt; man findet dort Ex., deren Stengel hohl und so dünnwandig ist, daß man ihn mit Leichtigkeit zerdrücken kann, und wiederum andere, bei denen er fast solide ist; ebenso variiren die Blätter in Gestalt und Größe, und die bald stark zusammengedrückten, bald rundlichen Nüßchen haben 8, 9 oder 10 Rippen; auch die Rispen ändern mehrfach in der Gestalt ab. — Außer Meyer a. a O. vereinigt auch Wirtgen in seiner Flora der preuß. Rheinprovinz

(Bonn 1857) beide Formen wieder, desgleichen Garcke (ed. 4) und Zabel.

2. **Thalictrum flavum L.** (T. 1788) auf den Wiesen der Haideebene, besonders der Elbe! nicht selten, aber auch bei Görslow unw. Schwerin, auf den Torfwiesen am Priwal, auf der Insel Buchwerder im Dassower See, bei Evershagen (zw. Doberan und Rostock), Warnemünde, am Peetzer Bach (nördl. von Rostock) und bei Malchin an der hohen Brücke. — In M. Strelitz scheint es zu fehlen. S. 138.

3. **Anemone Hepatica L.** (L. Schulz 1777). In der Haideebene sehr selten, sonst häufig! S. 37. 138.

4. **Anemone Pulsatilla L.** (Wredow 1808) vorzüglich in der großen Haideebene! aber auch im Steinfelder Holz bei Schwerin, bei Parchim, Güstrow und Rostock. — Sollte sie in M. Strelitz wirklich fehlen?

5. **Anemone pratensis L.** (T. 1788) durch ganz Meklenburg häufig! S. 118.

β. viridiflora bei Boizenburg auf den Elb-Deichen! (Richter); vergl. Mertens und Koch D. Fl. III, 104.

6. **Anemone vernalis L.** (Ackermann 1841) bei Ludwigslust unweit des ersten Chausseehauses vor dem Hamburger Thore nur einmal gefunden; etwas häufiger in dem kleinen nördlichen Haidegebiete bei Mandelshagen und Gelbensande! Fehlt in M. Strelitz, und ist überhaupt unter den verwandten Arten die seltenste im nordöstlichen Deutschland.

7. **Anemone nemorosa L.** (L. Sch. 1777).

8. **Anemone ranunculoides L.** (L. Sch. 1777) fehlt nur an wenigen Orten, z. B. bei Ludwigslust.

7 + 8. **A. ranunculoidi-nemorosa Kunze** (Brockmüller 1853) im Neefer Holz bei Grabow, — ein Baftarb.

Adonis aestivalis L. (T. 1795) ist einige Male unter der Winter-
faat gefunden worden, aber ohne Zweifel eingeschleppt.

9. **Myosurus minimus L.** (L. Sch. 1777).

10. **Ranunculus hederaceus L.** (Link 1810). Im
norbweftlichen Deutschland nicht felten, (schon in der Altmark, fo wie im Geb. b. Floren von Hamburg und Lübeck
häufig,) in M. aber nur erft bei Krakow (Huth) und beim
Landkruge zw. Roftock und Ribnitz (Link) gefunden. —
In M. Strelitz, Ukermark, Pommern, Preußen, Schlefien,
Neumark und Mittelmark fehlt diefe Pflanze. (S. 33.
39. 138).

11. **Ranunculus aquatilis L.** (L. Sch. 1777). Von
diefer wandelbaren Art, über welche S. 10 und C. Griewank in Archiv 8, 181 zu vergleichen, find bei uns unter
anderen auch folgende Formen beachtet worden:

β. **paucistamineus Tausch.** (Sonder 1851) bei
Roftock, Daffow! Grabow und wahrscheinlich noch viel
weiter verbreitet, aber nicht beachtet.

γ. **marinus = tripartitus Nolte, confusus Godr.**
(C. Griewank 1854, 1851!) am Daffower See in Brack-
waffer-Wiefengräben!

12. **Ranunculus fluitans Lam.** (Link 1795) bei
Grabow in der Elbe, häufig im Daffower See (bis 12′ lang)
und wahrscheinlich auch noch in anderen meklb. Flüffen,
aber nicht beachtet.

Anm. Die Daffower Ex. haben nur 5 (fehr felten 6) Blumenblätter, gehören alfo zu der Form, die Wirtgen im J. 1846 als
eigene Species unter dem Namen R. Bachii aufftellte, im J. 1857

aber wieder eingezogen hat. Auch im Geb. der Flora Marchica ist nach Dietrich die Blumenkrone immer 5blättrig, bei Hamburg (nach Sonder) 6—10blättrig, während andere, z. B. Koch, ihr 9—12 Blätter zuschreiben. In diesem Punct läßt sich also der veränderliche Character der Pflanze nicht hinweglengnen (vergl. S. 10 f.), und ich glaube, daß man nach unbefangener Prüfung dermaleinst auch noch diese und vielleicht auch die folgende Art wieder einziehen, und als Varietäten des formenreichen R. aquatilis betrachten wird. — Als Nachtrag zu dem S. 10 ff. über die Wasserpflanzen gesagten, will ich noch erwähnen, daß auch Detharding sich schon auf dem Wege befand sie richtig zu würdigen, wie ich erst kürzlich aus einem seiner an Betcke gerichteten Briefe ersehen habe. Er schreibt im J. 1829 an denselben: „Die Potamogeton-Arten sind proteusartig, weil sie Wasserpflanzen sind."

13. **Ranunculus divaricatus Schrk.** (Link 1795) durch ganz M.; er besitzt, wie mehrere Chara- und Potamogeton-Arten, die Eigenschaft Kalf abzuscheiden, und kommt z. B. hier bei Neubrandenburg, wo diese Art häufiger ist als die vorige, in der Tolense immer stark mit Kalf incrustirt vor.

Anm. Von dieser Art besitze ich in m. Herbarium eine behaarte Varietät, leider ohne Angabe des Fundorts; dieselbe steht dem R. aquatilis var. hololeucus Loyd. parallel.

14. **Ranunculus Flammula L.** (L. Sch. 1777).

β. reptans F. Schultz.

Anm. Schultz sagt in der Fl. Starg. p. 141: fateri non pudet me hanc varietatem olim pro R. reptante L. habuisse, usque dum vir aestumatissimus Dr. Link, specimine R. reptantis in alpibus Norvegicis lecti transmisso, errorem sustulit. Hic praecipue foliis omnibus linearibus differt, cum e contrario in varietate nostra folia caulina tantum linearia sint, radicalia vero ovato-lanceolata.

15. **Ranunculus reptans L.** (Link 1810) am Mechower See (Link), am Lankower See bei Schwerin (Wüstnei); auch bei Hamburg ist sie an der Elbe nicht

selten, so daß ihr Vorkommen im westl. M. nichts Auffälliges mehr hat. — Link sagt von seiner Pflanze, daß
sie völlig mit Ex. übereinstimme, die er aus Lappland
besitze (**Lk. mscr.**)

16. **Ranunculus Lingua L.** (L. Sch. 1777).

17. **R. auricomus** (L. Sch. 1777).

18. **R. acris L.** (T. 1788).

19. **R. lanuginosus L.** (T. 1788) z. B. bei Neubrandenburg sehr häufig! desgl. bei Goldberg u. a. O.

20. **R. polyanthemos L.** (Brück. 1803) z. B. bei
Neubrandenburg! Wolkowsche Gypsmühle, am Strande
bei Warnemünde u. s. w.

β. nemorosus DC. (Deth. 1828) am Rande
der Neumühler Tannen bei Schwerin, und angeblich auch
noch a. a. O.

21. **R. repens L.** (L. Sch. 1777).

22. **R. bulbosus L.** (L. Sch. 1777).

Anm. Nach der Beobachtung von F. Schultz (2. Nachtrag) verliert der Stengel seine knollenförmige Anschwellung mitunter vollständig.

23. **R. sardous Crtz.** (= Philonotis Ehr. T. 1795)
z. B. bei Neubrandenburg! Sülz, Dierhagen auf d. Fischlande u. s. w.

* 24. **R. arvensis L.** (L. Sch. 1777) mit dem Ge-
treibe auf kalkhaltigem Boden eingebürgert.

25. **R. sceleratus L.** (L. Sch. 1777).

26. **R. Ficaria L.** (L. Sch. 1777).

27. **Caltha palustris L.** (L. Sch. 1777). S. 36.

28. **Trollius europaeus L.** (L. Sch. 1777) auf
den Wiesen im östlichen! und mittleren M. bis nach
Parchim hin weit verbreitet, im W. des Landes fehlend.

Eranthis hiemalis L. sp. (Vortisch 1850) auf dem Pfarrberge bei Satow unw. Kröpelin verwildert; nicht bei Boizenburg, sondern bei Lauenburg.

Helleborus viridis L. (C. Griew. 1847, 1832! auf Bauerhöfen zu Lübsee und Benkendorf im Klützer Ort verwildert. S. 126.

Helleborus foetidus L. (Link 1810) bei Güstrow auf dem Schloßberge der Schöninsel verwildert.

29. **Aquilegia vulgaris L.** (T. 1788) selten in den Laubholzwaldungen bei Schwerin, Güstrow, Malchin, Neu=brandenburg, (vergl. S. 81)! Neustrelitz! und Schönhausen; durch Zufall mitunter (z. B. bei Dassow) zwischen der Saat verwildert. S. 138.

* 30. **Delphinium Consolida L.** (L. Sch. 1777) in Gärten und auf den Feldern als Unkraut eingebürgert. S.138.

31. **Aconitum Napellus L.** (Zander 1849) häufig bei Barkow unweit Plau in einem kleinen Erlenbruche, an welchem ein die Aemter Lübz und Plau scheidender Bach hinströmt und sich von S. her in die Elbe ergießt! hier anscheinend wild, aber bei Karlshof! unw. Neustrelitz an=gepflanzt. S. 138.

32. **Actaea spicata L.** (T. 1788) an feuchten, schattigen Stellen der Laubholzwälder durch ganz M., aber nicht häufig, z. B. bei Neubrandenburg im Neme=rower Holz! Wittenborn (bei Friedland) unweit des Kreide=bruches! am Weisdiner Schloßberge, bei der rothen Kirche unw. Wolbeck, in den Ruinen der Papenhägener Kirche unw. Rothenmoor! im Remplinschen Holze, bei Pentzlin an der Burg und im Werberschen Garten (Betcke), bei Doberan in Buchwäldern, bei Schwerin, Parchim (auf dem Sonnenberge), bei Medow unw. Dobertin, Klütz u. s. w. S. 138.

Berberis vulgaris L. (T. 1788) hin und wieder verwildert. Berberideae.

Epimedium alpinum L. (Brockmüller 1852) im Ludwigsluster Schloßgarten beim Schweizerhause verwildert.

33. Nymphaea alba L. (L. Sch. 1777). 2. Nymphaeaceae.

34. Nuphar luteum L. sp. (L. Sch. 1777).

35. Nuphar pumilum Sm. (T. 1795) im See bei

dem Schwinkendorfer Theerofen und in den beiden kleinen Langwitzer Seen unweit Basedow! Außer diesen schon vor 65 Jahren von Timm angegebenen Standorten, sind bis jetzt noch keine anderweitigen in Mecklenburg bekannt geworden. — Auch in Neuvorpommern und im Geb. d. Fl. von Hamburg kennt man nur wenige vereinzelte Standorte, — wenn anders überhaupt die dortige Pflanze mit der unserigen identisch ist.

Anm. Nachdem Garcke (ed. 4) in neuester Zeit die vielen müssigen Species wieder eingezogen hat, in welche Nymphaea alba allmählig zersplittert worden war, hatte ich anfänglich Lust auch N. pumilum wieder mit der voraufgehenden Art zu verbinden, indem mir das Kennzeichen, worauf man hinsichtlich der Trennung beider besonders Gewicht zu legen pflegt (Gestalt der Narbe und Anzahl der Narbenstrahlen), wandelbar und daher unbedeutend erscheint. Bei genauerer Untersuchung meiner mecklenburgischen Exemplare, deren ich sowohl aus dem J. 1795 als auch vom J. 1859 besitze, fand ich bei diesen noch ein Merkmal, durch welches sich diese Art auffällig von N. luteum unterscheidet, nämlich die Blätter sind auf der unteren Fläche mit angedrückten Haaren bedeckt, wovon bei N. luteum nie eine Spur vorkommt. Auffällig ist es, daß von den vielen Floren, welche ich über diese Art zu Rathe gezogen habe, dies jedenfalls hier beständige Merkmal nur von einer einzigen erwähnt wird, nämlich von dem Comp. Florae Germaniae cur. Bluff et Fingerhuth, ed. 2 (1837) T. I P. 2 p. 237, wo von den Blättern gesagt ist, daß sie „subtus sericea" seien. — Dies bringt mich auf die Vermuthung, daß in Deutschland mit dem Namen N. pumilum vielleicht ganz verschiedene Dinge bezeichnet werden mögen, nämlich außer unserer Art auch noch eine kleinere Abart des N. luteum. Sollte dies der Fall sein, so muß der unserigen der Name pumilum bleiben, da er sich von Timm herschreibt, der dieselbe als Nymphaea lutea var. pumila bezeichnete.

3. Papaveraceae.

* 36. **Papaver Argemone** L. (L. Sch. 1777).

* 37. **Papaver Rhoeas** L. (L. Sch. 1777) S. 118.

* 38. **Papaver dubium** L. (L. Sch. 1777).

P. hybridum L. (T. 1788)' verirrt sich bisweilen hierher, indem es mit fremdem Saatkorn eingeschleppt wird. Timm fand es im vorigen Jahrhundert bei Malchin, Struck 1856 bei Remplin! und 1854 ward es auch bei Bolbela unweit Schwerin gesammelt. Es ist aber in seinem Vorkommen ebenso unbeständig, wie Helminthia echioides, Centaurea solstitialis und ähnliche sporadisch unter dem Getreide erscheinende Pflanzen.

Anm. Glaucium luteum L. sp., mit welchem uns die deutschen Floristen beschenken, (es soll an der Ostseeküste wachsen,) ist noch von keinem meklenburgischen Botaniker gesehen worden. Möglich wäre es, daß es auch einmal hierher, wie nach der preußischen Küste, durch Schiffsverkehr verschleppt worden wäre.

* 39. **Chelidonium majus** L. (L. Sch. 1777), eine allgemein eingebürgerte Ruderalpflanze, die hin und wieder auch mit gefüllten Blumen vorkommt. Vergl. S. 39. 118. 138.

4. Fumariaceae.

40. **Corydalis cava** Schw. et Körte (T. 1788) in Laubholzwaldungen durch ganz M., stellenweise sehr häufig!

41. **Corydalis intermedia** Ehrh. sp. (T. 1788) wie die vorige, sehr häufig!

42. **Corydalis solida** Sm. (Wüstnei 1854), nur bei Schwerin in der Nähe des Neumühler Sees im Gebüsch in wenigen Exemplaren gefunden. — Alle anderen von älteren Floristen angegebenen Standorte sind zu streichen, da sie nur auf einem von Schultz und Detharding veranlaßten Mißverständnisse beruhen.

Anm. Welche Form hier übrigens vorliegt, ob die Stammart (die auch bei Hamburg vorkommt), oder die nach Juratzka (in den Verhandlungen der K. K. botan. zool. Gesell. in Wien, Bd. 8. Sitz. Ber. S. 81) mit ihr als Abart zu verbindende pumila Host. (auf Hiddens-öe und Rügen gefunden), kann ich nicht entscheiden, da ich Wüstnei's Exemplare nur vor 6 Jahren einmal flüchtig gesehen habe. — Hinsichtlich der C. pumila Host. herrschen übrigens unter den Floristen große Meinungsverschiedenheiten; nach Reilich und Souder wäre sie der C. intermedia, nach Zabel aber der C. solida am nächsten verwandt, — sie scheint demnach zwischen diesen beiden Arten hin und her zu schwanken. Da nun aber diese letzteren selbst mit getheilten und ungetheilten Bracteen abändern, so wäre es im Hinblick auf diesen großen Formencyclus gar nicht unmöglich, daß Juratzka Recht hätte, wenn er a. a. O. meint, daß alle jene drei angeblichen Arten nur eine einzige wirkliche Species bildeten. Die normalen Formen von solida und intermedia würden dann die beiden Endpuncte der ganzen Entwicelungsreihe bilden. Ich selbst habe C. solida nur einmal und zwar bei Bonn gefunden, und schon damals erschien mir ihre Abweichung von intermedia sehr unerheblich.

* 43. **Fumaria officinalis** L. (L. Sch. 1777) überall als Unkraut mit und unter den Culturpflanzen eingebürgert. Vergl. S. 32. 118.

F. densiflora DC. (Röper 1850) wurde im J. 1847 auf der Ballaststelle bei Warnemünde durch Schiffsverkehr eingeschleppt gefunden. Auch bei Hamburg, Greifswald und Danzig hat sie sich an ähnlichen Localitäten gezeigt.

44. **Nasturtium officinale** R. Br., L. sp. (L. Sch. 1777). 5. Cruciferae.

45. **N. amphibium** L. sp. (L. Sch. 1777).

46. **N. sylvestre** L. sp. (T. 1788).

47. **N. palustre** Leys. sp. (Schultz 1806).

(45 + 46. 46 + 47) N. anceps DC. Unter diesem Namen kommen zwei Bastardbildungen vor, die zwischen den drei letztgenannten Arten hin und her schwanken. Zu den

Blüthen gleichen beide dem N. sylvestre am meisten, in den Blättern und dem ganzen Habitus aber nähern sie sich bald mehr dem amphibium, bald dem palustre. — Detharding fand diese Pflanze an mehreren Stellen bei Rostock, später aber ist sie dort nicht wieder gesehen worden. Nach Wüstnei käme sie auch bei Schwerin vor.

48. **Barbaraea vulgaris** R. Br. (L. Sch. 1777), häufig mit der folgenden Varietät, deren specifische Selbstständigkeit Griewank sen. (Archiv VIII. S. 182) und jun. (Krit. Stud. S. 10) vertheidigen, verwechselt. Letzterer führt folgende Standorte an: Rostock am Pfeifenteich und bei Schossin, Dassow a. m. O., in der Lewitz, Flotow bei Penzlin, Neubrandenburg im Starg. Bruch.

β. **arcuata** Reichb. (Griew. 1854) bei Dassow, Schwerin, Wismar, Lehsen bei Wittenburg, Zahren bei Penzlin (Griew. jun.).

49. **Barbaraea stricta** Andr. (Griew. Willebr. 1847, 1842!) Prieschendorf und Schwanbeck bei Dassow, zw. Crivitz und Schwerin, zw. Doberan und Bargeshagen, Wasdow bei Gnoien, Kuppentin bei Plau (Griew. jun.); auf den Peenewiesen bei Dargun (Zabel), in M. Strelitz noch nicht gefunden.

* 50. **Barbaraea praecox** R. Br. (Griew. 1854) mit Sicherheit nur erst bei Wilmsdorf unweit Dassow nachgewiesen; alle übrigen älteren Angaben sind zu streichen, da sie auf Verwechslung mit den verwandten Arten beruhen.

51. **Turritis glabra** L. (L. Sch. 1777).

52. **Arabis hirsuta** L. sp. (Schultz 1806): um Neubrandenburg am Starg. Berge! und auf dem Datzberge (sehr häufig 1859!), auf den Wällen der Ravens-

burg, im Nemerower Holz unweit des hohen Ufers!, ferner bei Kl. Nemerow, bei Rostock und Schwerin a. m. O. Ludwigslust im Garten der V. Gustava.

53. **Arabis arenosa L. sp.** (Beuthe 1828) in sandigen Gegenden bei Alt= und Neustrelitz, bei Boizenburg.

54. **Arabis Thaliana L.** (T. 1788.)

A. pauciflora Grimm spec. (= A. brassicaeformis Wallr.) wurde im J. 1829 und 31 von Detharding im Dorfe Papendorf unweit Rostock gefunden, ist aber seitdem in Mecklenburg nicht wieder gesehen worden (Griew. jun. S. 13).

55. **Cardamine Impatiens L.** (A. Brück. 1819) bei Neubrandenburg im Stargarder Bruch und Nemerower Holz vor dem hohen Ufer! im Steinfelder Holz am Pinnower See bei Schwerin; bei Boizenburg am Wege unfern der Pretiner Fähre.

56. **Cardamine parviflora L.** (Weidner 1860!) bei Sülz. Exemplare, welche ich von dieser Fundstelle erhielt, stimmen mit Reichenbachs Abbildung sehr gut überein, nur will ich nicht verhehlen, daß an den unteren Blattstielen die länglichen Blättchen nicht immer ganzrandig sind, sondern hin und wieder einen unregelmäßigen Zahn zeigen.

57. **Cardamine hirsuta L.** (A. Brück. 1819).

β. **sylvatica** Link 1809, in schattigen Wäldern, seltner als die Stammart, welche auf freien, grasigen Plätzen wächst.

58. **Cardamine pratensis L.** (L. Sch. 1777), kommt auch mit gefüllten Blumen vor, so wie auch

β. **hirsuta,** — nicht mit C. hirsuta L. zu verwechseln.

59. **Cardamine amara L.** (T. 1788).

60. **Dentaria bulbifera L. (T.** 1788): bei Ratze=
burg häufig, bei Schwerin im Steinfelder Holz (? sie
fehlt in Wüstnei's Verzeichniß), Malchin im Kalenschen
Holz, am hohen Steinort bei Röbel, in den Strel. Laub=
holzwaldungen bei Friedland, Neubrandenburg! und Neu=
strelitz nicht selten.

Hesperis matronalis L. (T. 1788) hin und wieder als Garten=
flüchtling verwildert.

* 61. **Sisymbrium officinale L. sp. (L. Sch.** 1777),
eingebürgerte Ruderalpflanze.

62. **Sisymbrium Sophia L. (L. Sch.** 1777).

63. **Alliaria officinalis Andr. L. sp. (L. Sch.** 1777).

* 64. **Erysimum cheiranthoides L. (T.** 1788).

65. **Erysimum hieracifolium L. (D.** 1809) an der
Elbe bei Gothmann und Bahlendorf unweit Boizenburg,
wahrscheinlich durch die Elbe aus dem mittleren Deutsch=
land stromabwärts geführt.

Aus der Gattung Brassica werden die Arten oleracea L., Rapa
L., Napus L. und nigra L. cultivirt, und kommen hin und wieder
auch verwildert vor.

* 66. **Sinapis arvensis L. (L. Sch.** 1777), als lästi=
ges Unkraut unter der Saat eingebürgert. S. 33. 36.

* 67. **Sinapis alba L. (Link** 1795) cultivirt und ver=
wildert unter dem Sommergetreide; in der Dassower
Gegend vor 16 Jahren noch selten, jetzt ein ebenso lästi=
ges Unkraut als die voraufgehende Art (C. Griew.).

Diplotaxis tenuifolia L. sp. von Deth. 1793 bei Warnemünde
am Bauhof gefunden, durch Ballasterde dorthin verschleppt. Schon
im J. 1809 war sie dort wieder verschwunden, hat sich aber neuer=
dings abermals dort und bei Rostock sporadisch gezeigt. Auf gleiche

Weise ist sie nach Greifswald, und D. muralis nach Stralsund, Wolgast, Swinemünde, Danzig und Memel verschleppt worden.

* 68. **Alyssum calycinum** L. (Trevir. 1828) durch ganz M. verbreitet und stellenweise auf Mergelboden sehr häufig! — Ich möchte diese Pflanze für einen neueren Einwanderer halten, denn sie ist in den Gegenden von M. Strelitz, die früher von so eifrigen Botanikern wie die Brückner und F. Schultz so lange Jahre durchforscht worden sind, so häufig, daß sie, wenn sie hier damals schon vorhanden gewesen wäre, kaum hätte übersehen werden können.

69. **Alyssum incanum** L. (L. Sch. 1777) auf Sandschollen und sandigen Hügeln durch M. verstreuet! obgleich nicht häufig; in der Neubrandenburger Gegend z. B. nur bei Warlin!

70. **Draba verna** L. (L. Sch. 1777). S. 41.

* 71. **Cochlearia Armoracia** L. (L. Sch. 1777 fälschlich als C. officinalis), besonders an Flußufern durch ganz M. eingebürgert. Ueber den deutschen Namen vergl. S. 37.

72. **Cochlearia danica** L. (D. 1809) am Ufer des Breitlings a. m. St.; auf Pöl nordöstlich von dem Dorfe Vorwerk, bei Dreweskirchen und wahrscheinlich an der östlichen Seite der Wismarschen Bucht noch weiter verbreitet (Griew. jun.). Eine entschiedene Salzpflanze.

73. **Cochlearia anglica** L. (C. Griew. 1847, 1843! als officinalis) häufig auf den Salzwiesen bei Sülten zwischen Brüel und Sternberg, desgl. auf Pöl (nordöstlich von Vorwerk), an der Wismarschen Bucht dicht hinter St. Jacob; bei Brook unweit Klütz?

Anm. Ich muß gestehen, daß ich, seit mir zahlreichere Exemplare von den drei erstgenannten Standorten durch C. Griewank und Wüstnei zugekommen sind, an der von G. Griewank (Krit. Studien S. 16 f.) vorgenommenen und auch von mir früher vertheidigten Vereinigung von C. anglica und officinalis (unter dem Namen C. Linnaei G. Griew.) wieder irre geworden bin. So viel steht jedenfalls fest: wir kennen aus Meklenburg bis jetzt nur eine einzige Art mit sitzenden, stengelumfassenden Blättern, und zwar ist dies, wie die normal entwickelten Exemplare zeigen, sicherlich anglica. Was aber die früher als officinalis beanspruchten Exemplare betrifft, so nähern sich dieselben dieser Art allerdings etwas, behalten aber doch in der Gestalt ihrer Schötchen, namentlich der unteren, vollkommen entwickelten, immer überwiegend den Typus der anglica. Exemplare, deren Schötchen alle so kugelig und klein wären, wie Reichenbach in der Iconographie Nr. 4260 sie abbildet, sind mir aus M noch nicht zu Gesichte gekommen. Ich möchte daher glauben, daß uns die wahre C. officinalis in M. zur Zeit noch fehlt, und daß unsere pseudo-officinalis von Sülten nur durch entweder zu stark salzhaltigen oder durch sterilen Standort verkümmerte Exemplare der anglica sind. Auch andere Halophyten, wie z. B. Statice Limonium und Aster Tripolium, erreichen im Binnenlande um die Salzquellen lange nicht die Ueppigkeit in ihrer Entwickelung, welche sie am Seestrande auf günstigen Standorten zeigen.

* 74. Camelina sativa L. sp. (L. Sch. 1777) auf Aeckern, besonders Flachsfeldern, vielfach eingebürgert.

β. dentata Pers (D. 1809) als Unkraut auf Flachsfeldern.

Anm. C. microcarpa Andr. ist in M. noch nicht gesehen worden; auch im Gebiete der Flora von Hamburg kommt sie nicht vor, eben so wenig wie bei Lübeck, und in Neu-Vorpommern ist sie erst neuerdings bei Kemnitz unw. Greifswald auf Saatäckern eingeschleppt. G. Meyer hat also nicht Recht, wenn er in seiner Fl. excur. Hannov. behauptet, daß sie in Norddeutschland häufiger sei, als sativa.

* 75. **Thlaspi arvense L.** (L. Sch. 1777) auf Aeckern allgemein eingebürgert.

* 76. **Thlaspi campestre L.** (Thede 1806) auf Aeckern eingebürgert, z. B. bei Daſſow, Grabow, Roſtock u. ſ. w; in M. Strelitz noch nicht gefunden.

77. **Teesdalea nudicaulis L. sp.** (L. Sch. 1777).

78. **Lepidium ruderale L.** (T. 1791) am Seeſtrande und um Salinen, aber auch als Ruderalpflanze vorkommend, z. B. bei Roſtock, Wismar und Dömitz. Dieſe Pflanze wird zwar ſchon im J. 1777 von L. Schulz unter den M. Strelitzſchen aufgeführt, iſt aber ebenſo, wie auch **Thalictrum flavum** und **Erica Tetralix**, wohl irrthümlich von ihm aufgenommen, da kein anderer Botaniker dieſe Pflanzen hier gefunden hat.

* 79. **Lepidium sativum L.** (G. Brück. 1841), unter Lein z. B. bei Daſſow, A. Krenzlin, Konow u. a. O. eingebürgert.

Lepidium latifolium L. (Flörke 1806), verwildert; früher bei Warnemünde und auf dem Hofe zu Lübberstorf unweit Friedland, von welchem letzteren Standorte ich ein ſchon im J. 1793 gefundenes Exemplar in mein Herbarium beſitze.

80. **Capsella Bursa pastoris L. sp.** (L. Sch. 1777). β. **integrifolia Reichb.**

* 81. **Senebiera Coronopus L. sp.** (T. 1788) ſoll aus Sibirien ſtammen, aber eingebürgert in und bei Daſſow, bei Wölſchendorf unw. Rehna, bei Güſtrow (?) Malchin an der Kirche und vor den Thoren, Quabenſchönfeld unw. Stargard und wahrſcheinlich auch noch a. a. O.

* 82. **Neslea paniculata L. sp.** (T. 1788) auf Aeckern unter der Saat eingebürgert.

Bunias orientalis *L.* ist durch Schiffsverkehr nach Rostock und Warnemünde verschleppt.

83. Cakile maritima Scop.; *L. sp.* (T. 1788) See= strandspflanze.

84. Crambe maritima *L.* (T. 1791) desgl., aber selten: am heil. Damme bei Nethwisch, auf den hohen Dünen zwischen Warnemünde und Markgrafenheide (Grlew. sen. 1854), und neuerdings auch auf dem Fischlande zwischen Dierhagen und Wustrow von Hrn. Holtz in Barth gefunden. — Diese Pflanze scheint in neuerer Zeit in M. seltener zu werden, wie dies auch an der deutschen Nord= seeküste der Fall sein soll.

* 85. Raphanus Raphanistrum *L.* (L. Sch. 1777), ein bekanntes lästiges Unkraut im Getreide, von der ähn= lichen Sinapis arvensis schon aus der Entfernung durch die hellgelben Blüthen zu unterscheiden. S. 36.

6. Cistineae.   86. Helianthemum vulgare *L. sp.* (L. Sch. 1777) auf sonnigen Hügeln durch ganz M.!

7. Viola-   87. Viola palustris *L.* (L. Sch. 1777), besonders rieae. häufig in der Haideebene.

88. Viola epipsila Ledeb. (F. Koch 1857 in Archiv XII S. 2) im Nütschower Bruche unweit Sülz! und auch in Pommern in den Brüchern an der Recknitz und Trebel. Auch bei Hamburg und in Neuvorpommern kommt sie vor.

V. uliginosa Schr. (Ackerm. 1841) wurde ein einziges Mal bei Grabow auf den Wiesen hinter der Ziegelscheune gefunden und seitdem nicht wieder, so viel auch darnach gesucht worden ist. Daher kann sie das Bürgerrecht in unserer Flora noch nicht beanspruchen, zumal da ihr Vorkommen in diesem Theile Norddeutschlands ein ganz isolirtes ist.

89. Viola hirta *L.* (A. Brück. 1803) in Laubholz=

waldungen durch M.! jedoch im Gebiete der Grabower Flora fehlend.

Anm. Sie verändert sich weder durch Verpflanzung noch durch Aussaat, und es ist mir daher völlig räthselhaft, wie einige Floristen sie mit der folgenden Art haben vereinigen können. Beide sind hier bei Neubrandenburg häufig, Zwischenformen habe ich nie bemerkt, und selbst der Anfänger in der Botanik wird sie nicht verwechseln.

* 90. **Viola odorata** L. (L. Sch. 1777), ohne Zweifel nur durch Verwilderung eingebürgert, und stellenweise sehr häufig, wie z. B. auf den Neubrandenburger Stadtwällen! bei Pleetz unweit Friedland am Mühlenbache! u. s. w. S. 118. 138.

91. **Viola sylvestris** Lam. (L. Sch. 1777).

β. Riviniana Reichb. (Schultz 1837).

92. **Viola canina** L. (D. 1828) in den sandigen Gegenden und im Haidegebiete die häufigste Art dieser Gattung! S. 138.

β. sabulosa Reichb. von Willebrand auf einem Sandhügel zw. Jasnitz und Strohkirchen gefunden.

γ. ericetorum Schr. (Griew. sen. 1855) im Tannenzuschlag zw. Kohlsdorf und Strömkendorf unweit Wismar.

δ. lactea Reichenb. Icon. f. 4507! (Meyer 1828) in der Umgegend von Grabow an mehreren Orten.

Anm. Ich glaube, daß Sonder, C. Griewank (Archiv 8, 179) und Garcke (ed. 4) Recht haben, wenn sie die V. lactea an die Formenreihe der vielgestaltigen V. canina L. anschließen.

93. **Viola mirabilis** L. (Crome 1828) in Laubholzwaldungen durch M. zerstreuet, hier bei Neubrandenburg z. B. im Nemerower Holz sehr häufig! Weisdin, Bruders=

dorf, Doberan, Schwerin, Ludwigsluft, Rebefin; fehlt bei
Güstrow.

94. **Viola tricolor L. (L. Sch. 1777). S. 118. 138.**

β. **arvensis.**

γ. **syrtica Flörke (succulenta)** am Oftfeeftrande.

Außer biefen 3 Arten führt F. Schulz in feinem zweiten Nach=
trage zum Prodromus noch eine am Wege von Granzin nach Mirow
gefundene V. persicifolia Roth. an. Da ich diefe fpäter nicht wieder
gefundene Pflanze nicht gefehen habe, fo muß einftweilen dahin geftellt
bleiben, ob dies die echte V. persicifolia Schk. fei. Auffchluß darüber
kann nur Schultze's in Roftock befindliches Herbarium geben.

8. Resedaceae.

* 95. **Reseda luteola L. (L. Sch. 1777)** früher als
Farbepflanze cultivirt und daher auf Dorf=Kirchhöfen u. a.
Localitäten hin und wieder eingebürgert.

R. lutea L. (T. 1788) an einigen Küftenpuncten vom Auslande
her eingefchleppt: bei Warnemünde (dort aber im J. 1809 fchon
wieder vergebens gefucht), auch bei Rakow unweit Kröpelin. — Bei
Schwerin aber, wo Meyer fie angiebt, kommt fie gar nicht vor,
fondern wurde dort mit einem Gartenflüchtling der R. alba ver=
wechfelt. — Auch in Neuvorpommern nur auf dem Wieker Ballaft=
platze unweit Greifswald.

9. Droseraceae.

96. **Drosera rotundifolia L. (L. Sch. 1777)** häufig
auf Torfwiefen und in Fennbrüchern! S. 138.

Anm. Mit letzterem Namen bezeichnet man in M. Sümpfe
mit fchwimmender Pflanzendecke; es ift dies ein echtes altes deutfches
Wort, welches fich auch noch in der englifchen Sprache in dem Worte
fen (Sumpf, Moraft) erhalten hat.

97. **Drosera intermedia Hayne (F. Schultz 1806)**
bei Grabow, Ludwigsluft! Parchim, Schwerin, Daffow,
Ballin unweit Stargard.

98. **Drosera anglica Huds. (L. Sch. 1777)** weiter

verbreitet, als die vorige: bei Daſſow (viel ſeltener als
die beiden vorhergehenden), Schwerin, Güſtrow, auf der
Baſedower Wieſe bei Malchin, Penzlin auf den Burg-
wieſen und im Moore auf dem Felde bei Sieh-dich-um,
Neuſtrelitz, Neubrandenburg! Krumbeck u. ſ. w.; in der
Haideebene aber, wo die vorige nicht ſelten iſt, ſcheint
dieſe Art ganz zu fehlen.

99. Parnassia palustris L. (L. Sch. 1777) weit
verbreitet, ſogar auf Straudwieſen bei Daſſow und Warnemünde.

100. Polygala vulgaris L. (L. Sch. 1777).
β. comosa Schk. (Boll 1855) ſehr häufig bei
Neubrandenburg auf dem Gerichtsberge! und auf Hügeln
am Kupfermühlengraben! wegen ihrer Aehnlichkeit mit der
Stammart aber von den früheren Botanikern überſehen;
neuerdings hat ſie Betcke auch bei Penzlin am Räuberberge gefunden, und ohne Zweifel iſt ſie auch noch viel
weiter durch M. verbreitet.

10. Polyga-leae.

101. Polygala amara L. (Giesebr. 1837) und zwar
die Var. uliginosa Reich. bei Mirow, aber ſelten; da ſie
auch in dem benachbarten Vorpommern wächſt (z. B. bei
Anclam! und Greifswald), ſo hat dieſer vereinzelte meklen-
burgiſche Standort nichts Auffälliges.

102. Gypsophila muralis L. (T. 1788) ſoll nach
Detharding im nördlichen M. fehlen, ſonſt durch das
ganze Land verſtreuet, wenn auch nicht häufig.

11. Sile-neae.

103. Dianthus prolifer L. (T. 1788) z. B. auf
dem Kirchhofe zu Penzlin (Betcke), Belvedere bei Neubrandenburg! u. ſ. w.

104. Dianthus Armeria L. (T. 1788) bei Daſſow

a. m. O., bei Schwerin unter Gebüsch an der Chaussee nach Neumühl, bei Parchim, Güstrow auf der Schöninsel, Malchin im Gränzgraben nach Duchow zu und auf den Peeneanhöhen bei Pinnow, Burg-Schlitz, Penzlin am hohen Seeufer, Neustrelitz am hohen Holz, Wolbeck an der Wolfshagener Gränze; Neubrandenburg auf Belvedere und im Nemerower Holz hinter dem hohen Ufer! auf dem äußeren Walle des Stargarder Schloßberges!

105. **Dianthus Carthusianorum** L. (T. 1788).

106. **Dianthus deltoides** L. (L. Sch. 1777).

107. **Dianthus superbus** L. (T. 1788) auf den Elbe=wiesen, bei Schwerin, Wismar, Güstrow, und im östlichen M. nicht selten!

Anm. — D. arenarius L. wird zwar von Detharding (1809 und 1828) als von Timm bei Fürstenberg gefunden aufgeführt, ist aber weder in Timms Herbarium vorhanden, noch auch in dessen mit Papier durchschossenem Handexemplar seines Prodromus, in welchem er alle späteren Entdeckungen eingetragen hat, erwähnt. Da nun für diese Angabe auch keine anderweitige Bestätigung vorliegt, muß diese Art einstweilen noch aus der Zahl unserer Pflanzenbürger ausgeschlossen bleiben, obgleich mir ihr Vorkommen in jener Gegend gar nicht un=wahrscheinlich ist: denn Sand giebt es dort genug, und überdies liegt der Verbreitungsbezirk dieser dem nordöstlichen Deutschland angehörigen Art jenem Landestheile nahe. — Bei Stargard (Langmann) kommt D. arenarius ganz gewiß nicht vor. — Dagegen sind aber einige Male verirrte Exemplare von D. barbatus in den Wäldern bei Neu=brandenburg gefunden worden.

* 108. **Saponaria officinalis** L. (L. Sch. 1777) häufig eingebürgert.

S. Vaccaria L. ward im J. 1806 von Siemssen zwischen der Saat bei Wendorf unweit Güstrow gefunden, — ob nur zufällig dorthin verirrt, oder bleibend eingebürgert? Erstere Annahme ist mir die wahrscheinlichere, da die Pflanze auch in der Ukermark (wo sie hin und wieder auf Flachsfeldern vorkommt,) unbeständig ist.

109. **Cucubalus baccifer L.** (Meyer 1836) wurde bisher nur einmal bei Juncker=Wehningen unweit Dömitz von Meyer (was Griewank sen. bestätigt,) gefunden, da er aber auch in der anstoßenden Altmark und Prignitz zwischen Wittenberge und Seehausen, bei Tangermünde und Havelberg im Gebiete des Elbufers vorkommt, hat jener vereinzelte mecklenburgische Standort nichts Auffallendes. Weiter abwärts an der Elbe, im Geb. der Hamburger Flora scheint diese Pflanze nicht mehr zu wachsen.

110. **Silene Otites L. sp.** (T. 1788).

111. **Silene inflata Sm.** (L. Sch. 1777).

112. **Silene nutans L.** (L. Sch. 1777).

S. Armeria (Schreib. 1853) hin und wieder als Gartenflüchtling verwildernd. Ebenso auch

S. conica L. (Griew. jun. 1856).

113. **Lychnis Viscaria L.** (T. 1788).

114. **Lychnis flos cuculi L.** (L. Sch. 1777).

115. **Melandrium album Mill. sp.** (T. 1788).

116. **Melandrium rubrum Weig. sp.** (T. 1788).

M. noctiflorum L. sp. (D. 1828) mitunter in Gärten und auf Saatfeldern eingeschleppt.

* 117. **Agrostemma Githago L.** (L. Sch. 1777) mit dem Getreide eingebürgert.

118. **Sagina procumbens L.** (L. Sch. 1777).

12. Alsineae.

119. **Sagina maritima Don.** (D. 1828) am See= strande auf Torfwiesen bei Warnemünde häufig, desgleichen an der Wismarschen Bucht, und am Priwal, und wahr= scheinlich überall an ähnlichen Localitäten unserer Küste.

120. **Sagina apetala L.** (D. 1828) bei Schwerin

am faulen See, auf Weideschlägen bei Daſſow nicht ſelten, und ohne Zweifel auch noch viel weiter durch M. verbreitet, aber ihrer Kleinheit wegen überſehen.

β. depressa F. Schultz 1819 (glabra Babing. sec. Sonder) bei Neubrandenburg auf dem Brodaer Felde nach Belvedere zu von Schultz entdeckt, von mir jedoch dort ſpäter vergebens geſucht.

121. Sagina nodosa L. sp. (L. Sch. 1777).

122. Spergula arvensis L. (L. Sch. 1777). S. 37.

β. maxima Weihe (C. Griew. 1855) bei Daſſow häufig, aber ausſchließlich auf Leinfeldern.

123. Spergula pentandra L. (Brück. 1803), und zwar die Form, welche man jetzt unter dem Namen Sp. Morisonii Bor. als eigene, von der Stammform zu trennende Species betrachten will.

124. Spergularia rubra L. sp. (L. Sch. 1777).

β. media Wahlb. (Link 1795) auf ſalzhaltigen Wieſen am Strande und um Salinen.

γ. marginata Koch (D. 1828) am Seeſtrande ſeltener als var. *β;* bei Wuſtrow auf dem Fiſchlande auch am Binnenſtrande (Zabel).

Anm. — Geſteht doch Fries in der Summa veget. p. 156 ſelbſt von dieſen und noch einigen anderen ſchwediſchen Formen zu: „omnes nostrae hujus generis formae sistunt seriem contiguam, cum soli salsitudine magis pinguescentem,“ und dennoch trennt er ſie als Arten, weil singula species adeo constans ſei, ut omnes distinguere utile videatur, ne diversae confundantur. Dieſem zu weit getriebenen „Nützlichkeitsprincip“ zu huldigen, kann ich mich nicht entſchließen. Vergl. C. Griewank im Archiv VIII, 180, welcher wenigſtens der S. marginata die Selbſtſtändigkeit abſpricht.

125. Honckenya peploides L. sp. (T. 1788) am Seestrande häufig.

126. Alsine tenuifolia L. sp. (F. Schultz 1819).

β. viscosa Schrèb. kommt nach Schultz mit der Stammform gemischt und in diese übergehend vor, z. B. bei Neubrandenburg, desgl. auf Brachäckern bei Dassow.

127. Moehringia trinervia L. sp. (T. 1788).

128. Arenaria serpyllifolia L. (T. 1788).

129. Holosteum umbellatum L. (L. Sch. 1777).

130. Stellaria nemorum L. (L. Sch. 1777).

131. Stellaria media L. sp. (L. Sch. 1777). S. 37.

132. Stellaria Holostea L. (L. Sch. 1777).

133. Stellaria glauca With. (Schultz 1806).

134. Stellaria graminea L. (L. Sch. 1777).

135. Stellaria uliginosa Mur. (T. 1788).

136. Stellaria crassifolia Ehr. (T. 1788). — Da sie mitunter mit der vorigen verwechselt sein mag, so bedürfen ihre von unseren Floristen angegebenen Standorte einer Revision. Als sichere kann ich nennen: bei Malchin die Wiese hinter dem Jägerhause, bei Neubrandenburg die Wiese hinter der Kuhweide, die Pfarrwiese bei Eichhorst, bei Schwerin die Wiese bei dem alten Pulverthurm, bei Neumühl, bei Dassow auf der Torfwiese am Priwal ganz nahe am Seestrande unter Phragmites communis.

137. Malachium aquaticum L. sp. (L. Sch. 1777).

138. Cerastium glomeratum Thuil. (L. Sch. 1777).

β. ovatum Pers.

139. Cerastium semidecandrum L. (T. 1788).

β. glandulosum Koch (glutinosum Fr.)

γ. glaberrimum von Prahl b. Güstrow gefunden.

140. Cerastium triviale Lk. (T. 1791).

141. Cerastium arvense L. (L. Sch. 1777).

Anm. Ob das von Langmann recipirte C. brachypetalum Desp. in M. vorhanden sei, ist noch sehr zweifelhaft.

13 Elati- 142. Elatine Hydropiper L. (Link 1810) am Mereae. chower See im Ratzeb., an der Sude bei Gothmann, am See zu Hörst bei Tessin, im Rahnenfelder See unweit Pentzlin! nicht bei Ludwigslust!!

143. Elatine Alsinastrum L. (Link 1810) am Mechower See im Ratzeb., früher auch in einem Soll bei Wulkenzin (unw. Neubrandenburg) nach den ersten Tannen zu, seit 1830 aber verschwunden, weil das Wasserloch völlig ausgetrocknet ist und meistens als Acker benutzt wird (Betcke).

Anm. Die Angabe über das Vorkommen der E. triandra (Archiv VI. S. 111) in M. hat Willebrand wieder zurückgenommen.

11. Lineae. 144. Linum catharticum L. (L. Sch. 1777); auch auf Strandwiesen bei Dassow und Warnemünde.

145. Radiola linoides L. sp. (T. 1788).

15. Malva- 146. Malva moschata L. (C. Griew. 1854) wurde ceae. nur einmal im J. 1838 bei Priescheudorf unweit Dassow gefunden, seitdem nicht wieder; an a. O. vielleicht nur übersehen, da sie auch in den Nachbarländern nicht selten zu sein scheint.

147. Malva Alcea L. (T. 1788).

β. Dethardingii Link 1810.

Anm. — Eine auffallende Form, welche Link für eine neue Art hielt. Er sagt in s. Mscr.: „Hr. Dr. Dethardiug hat dieselbe zu A. Karin und Petschow gefunden. Sie unterscheidet sich von Alcea durch die schmaleren Blättchen und die etwas behaarten Samenbehälter; von moschata durch die breiteren äußeren Kelchblätter und die sternförmig angedrückten Haare. Der Stamm ist 5 bis 6 Fuß hoch, grün, nicht bläulich, wie bei Alcea, so wie Blätter und Kelch mit sternförmigen Haaren bedeckt. Die Wurzel-blätter sind rund, bis ⅓ oder ⅔ fünffach gespalten, die Blättchen sind 2 bis 3''' breit, wo sie am breitesten sind gefiedert eingeschnitten. Die Blüthen sitzen in Büscheln; die äußeren Kelche bestehen aus drei 2''', und darüber, breiten Blättern. Die Blumen sind röthlich, wie an Alcea gestaltet. Die Samen haben auf ihrer oberen Kante einzelne kurze Haare. Sie blühet mit Alcea." — Außer Detharding und Link scheint noch Niemand diese Pflanze beachtet zu haben. Sollte sie vielleicht ein Bastard von Alcea und moschata sein?

148. **Malva sylvestris L.** (L. Sch. 1777) in M. allgemein verbreitet; die Früchte dieser und der folgen-den Art sind die „Pöppelkäse" der spielenden Kinder. S. 33. 118.

M. mauritiana L. kommt hin und wieder als Flüchtling aus den Gärten vor. — M. crispa L. (T. 1795) früher bei Malchin verwildert, ist wieder verschwunden.

149. **Malva neglecta Wallr.** (L. Sch. 1777).

β. litoralis Deth. (1828) mit etwas größeren Blumenblättern, am sandigen Seestrande bei Warne-münde.

150. **Malva rotundifolia L. = borealis Wallm.** (D. 1828) bei Rostock und Warnemünde häufig, auf der Insel Pöl; außer den Küstengegenden aber nur noch bei Dömitz und Broda an der Elbe gefunden.

151. **Althaea officinalis L.** (D. 1797) hat eine ähnliche Verbreitung, wie die vorhergehende, nämlich am Seestrande bei Wustrow, Markgrafenheide und Schnater-mann, aber auch am Elbufer (A. Schmidt). S. 118.

152. **Tilia platyphyllos Scop. = grandifolia Ehr.** 16. Tiliaceae. (L. Sch. 1777). Sie ist außer den in den Diagnosen

15*

angegebenen Kennzeichen auch durch früheren Laubausschlag, frühere Blüthezeit und dichtere Belaubung von der folgenden unterschieden, wie ich durch jahrelange Beobachtung bestätigt gefunden habe. S. 118.

153. **Tilia ulmifolia Scop.** = **parvifolia Ehr.** (T. 1788). Ueber die großen meklb. Linden vergl. S. 75.

(152 + 153) **T. intermedia DC.** (D. 1828), ein häufig angepflanzter Bastard der beiden vorigen.

17. Hypericineae.
154. **Hypericum perforatum L.** (L. Sch. 1777). S. 118.

155. **Hypericum humifusum L.** (L. Sch. 1777).

156. **Hypericum quadrangulum L.** (L. Sch. 1777).

157. **Hypericum tetrapterum Fr.** (Brück. 1803).

158. **Hypericum pulchrum L.** (Hahn 1809) zwischen Boizenburg und Wittenburg bei Tüschow in den Tannen, und im Holz am Wege von Tüschow nach Schildfeld; in einem Gehölz bei Travemünde.

159. **Hypericum montanum L.** (T. 1788).

160. **Hypericum hirsutum L.** (C. Griew. und Willbr. 1847. 1841!) in einem Gehölz zwischen Lütjenhof und Priefchendorf unw. Dassow.

18. Acerineae.
161. **Acer campestre L.** (T. 1788). Vergl. S. 29.

162. **Acer Pseudo-Platanus L.** (L Sch. 1777).

163. **Acer platanoides L.** (T. 1788). Alle drei Arten nicht selten in den Wäldern, die beiden letzteren auch häufig angepflanzt. S. 36.

19. Geraniaceae.
164. **Geranium pratense L.** (Thede 1806) auf Wiesen bei Bobbin im A. Wittenburg, bei Techentin unweit Ludwigslust, am Vögenteich bei Rostock. — Auch im Geb. der Flora von Hamburg a. m. O.

165. Geranium palustre L. (T. 1788).

166. Geranium sanguineum L. (Blandow 1809) bei Waren, Grabow auf den Karstädter Bergen, am hohen Ostseeufer bei Markgrafenheide fast bis nach Graal hinunter; bei der Wolkowschen Gypsmühle unweit Dargun (Zabel); Neustrelitz beim Schützenhause und bei Zierke.

167. Geranium pusillum L. (L. Sch. 1777).

168. Geranium dissectum L. (T. 1788) durch ganz M., auch in der Haideebene (C. Griew.).

169. Geranium columbinum L. (T. 1788) desgl.

170. Geranium molle L. (L. Sch. 1777).

171. Geranium Robertianum L. (L. Sch. 1777). Vergl. S. 119.

Anm. Das nur durch Link (1795) und Wredow (1809) vertretene G. sylvaticum L. (welches nach letzterem bei Parchim vorkommen soll,) bedarf wohl noch einer weiteren Bestätigung, da es in neuerer Zeit nie wieder gesehen worden ist. Gartenflüchtlinge sind G. phaeum L. im Ludwigsluster und Rempliner Park, und G. pyrenaicum L. auf einem großen Rasenplatz des Lindengartens zu Wismar, wo Griewank sen. es 1855 in großer Menge fand, so wie auch bei Rostock, wo es in den Anlagen vor dem Kröpeliner Thore vorkommt (Griew. jun.). — Auch Erodium moschatum L. sp. (Landt 1837) ist bei Mirow wohl nur verwildert.

172. Erodium cicutarium L. sp. (L. Sch. 1777).

173. Impatiens Noli tangere L. (T. 1788). S. 138. 20. Balsamineae.

174. Oxalis Acetosella L. (L. Sch. 1777). Vergl. S. 33. 36. 21. Oxalideae.

* 175. Oxalis stricta L. (T. 1788 als corniculata!) als Gartenunkraut an mehreren Orten eingebürgert, z. B. bei Vierhof unweit Boizenburg! Grabow, Ludwigslust, Dassow, Güstrow, bei Neustrelitz am inneren Rande des Thiergartens (Beuthe).

* 176. **Oxalis corniculata L. (A. Brück.** 1803) wie die vorige, aber seltener: bei Neubrandenburg! Malchin, Boizenburg? — Beide Arten sollen aus Amerika stammen.

22. Oelastrineae.

177. **Evonymus europaeus L. (L. Sch.** 1777). Vergl. S. 39. 138.

23. Rhamneae.

178. **Rhamnus catharctica L. (L. Sch.** 1777). S. 41. 119. 138.

179. **Rhamnus Frangula L. (L. Sch.** 1777). S. 32. 39. 119. 138.

24. Papilionaceae.

180. **Ulex europaeus L.** (Becker 1791) an trockenen, sandigen Orten bei Elmenhorst, Klütz, Schössin, zwischen Hagenow und Wittenburg, bei Grabow, Parchim, Gneven und Gädebehn unweit Krivitz, Reinshagen unw. Güstrow, zw. Satow und Berendshagen, bei Gr. Kussewitz unw. Rostock, Gorow unw. Kröpelin, Briggow unw. Stavenhagen und Neustrelitz am Glambecker See.

181. **Sarothamnus scoparius L. sp. (L. Sch.** 1777). Vergl. S. 33. 138.

182. **Genista pilosa L.** (T. 1795) im Haide- und Sandgebiet häufig!

183. **Genista tinctoria L. (L. Sch.** 1777) durch ganz M., sogar am Strande bei Dassow und Warnemünde. Vergl. S. 33. 119.

β. ovata Schultz (1837): foliis ovatis obovatisque, mucronatis, glabriusculis, caule decumbente, basi divaricato-ramoso, leguminibus strigoso-pubescentibus“, — nach Schultz vielleicht eine selbstständige Art, wurde bei Mirow gefunden. Mir ist sie unbekannt.

184. **Genista germanica L.** (T. 1788).

185. **Genista anglica L.** (Link 1805) in der Haide-ebene häufig! aber auch bei Dassow, Mönchweden unw. Doberan, Kritzenow unw. Rostock, und in den Röwer Tannen bei Güstrow; in M. Strelitz noch nicht gefunden.

Cytisus nigricans L. (Beckmann 1853) bei Luttersdorf unweit Wismar, ist ein Flüchtling aus dem dortigen herrschaftlichen Garten (Griew. jun.).

186. **Ononis spinosa L.** (L. Sch. 1777). S. 37. 119.

β. **angustifolia,** ästiger, dichter beblättert, viel weniger behaart und mit zahlreicheren doppelten Dornen, bei Warnemünde und Dietrichshagen, aber auch auf den Elbdeichen bei Dömitz!

187. **Ononis repens L.** (T. 1788: arvensis). S. 119.

β. **inermis (mitis Gmel.).**

Ononis arvensis L. = hircina Jacq. (Zachariae 1828). Grie-wank jun. (Krit. Studien S. 22) tritt meinen in Archiv II. S. 63 ausgesprochenen Zweifeln an der Richtigkeit der Angaben unserer älteren Floristen über das häufigere Vorkommen dieser Art in M. bei, und beschränkt dasselbe nur auf einen einmaligen Fund derselben an der Elbe bei Boizenburg, wohin diese Pflanze vielleicht durch Zufall verschlagen sein möge. Auch Link versichert in s. Mscr. diese Art nie in M. gesehen zu haben, und ich glaube kaum, daß wir ihr das Bürgerrecht in unserer Flora ertheilen dürfen, da sie auch in den benachbarten Floren entweder ganz fehlt (wie z. B. im Gebiete von Hamburg, in Neuvorpommern und Rügen), oder wenigstens nicht sicher beglaubigt ist.

188. **Anthyllis Vulneraria L.** (L. Sch. 1777).

β. **maritima Schweig.** (pubescens) am Seestrb.

189. **Medicago falcata L.** (T. 1788).

β. **major (procumbens Bess.).**

190. **Medicago lupulina L.** (L. Sch. 1777.)

β. **Wildenowiana** bei Güstrow.

191. **Medicago minima** L. (T. 1788) seltener als die beiden vorigen, bei Grabow und Schwerin fehlend.

M. sativa L. (Deth. 1809) die Luzerne, cultivirt und selten verwildert. Auch M. maculata Willd. wurde im Sommer 1855 bei Warnemünde an einer Stelle gefunden, wo im voraufgehenden Winter französischer Ballast ausgeladen war (Griew. jun. S. 8).

192. **Melilotus dentata** Pers. (Wüst. 1856) auf Poel am Kirchsee bei Kirchdorf ziemlich dicht am Rande des Wassers wachsend; auf Salzwiesen bei Warnemünde schon von Detharding gefunden, aber von ihm fälschlich als M. arvensis Wallr. bestimmt.

193. **Melilotus macrorrhiza** Pers. (L. Sch. 1777) fehlt bei Grabow und Schwerin. S. 119.

194. **Melilotus officinalis** Desr. (Langm. 1841) bei Dassow, Schwerin u. a. O. an Wegen.

* 195. **Melilotus alba** Desr. (T. 1788) soll aus Sibirien stammen, und wäre demnach nur eingebürgert.

* 196. **Trifolium pratense** L. (L. Sch. 1777) cultivirt, aber auch verwildert und vollständig eingebürgert. S. 35.

197. **Trifolium alpestre** L. (T. 1788).

198. **Trifolium arvense** L. (L. Sch. 1777) durch ganz M., in den sandigen Gegenden aber oft die Brachfelder wie mit einem grauen Schleier bedeckend. S. 37. 119.

199. **Trifolium striatum** L. (Link 1810) bei Dassow am hohen Seeufer, bei Warnemünde am Strande, bei Barthelsdorf, und in der Umgegend von Pentzlin: zwischen Gr. Helle und Flotow, zw. dem Gr. Heller Holz und Puchow, zw. Mölln und der Meierei.

Anm. T. scabrum L. kommt in M. nicht vor.

200. **Trifolium medium** L. (Brück. 1803.)

201. Trifolium fragiferum L. (T. 1795) weit ver=
breitet, sogar auf den Strandwiesen.

202. Trifolium montanum L. (T. 1788) Neubran=
benburg! Brudersdorf u. s. w., bei Warnemünde selbst
am Strande; fehlt aber bei Schwerin.

* 203. Trifolium repens L. (L. Sch. 1777) — nur
eingebürgert?

204. Trifolium hybridum L. (T. 1788).

205. Trifolium agrarium L. (L. Sch. 1777).

206. Trifolium procumbens L. (T. 1788).

β. majus = T. campestre Schreb.

207. Trifolium filiforme L. (Link 1795).

208. Lotus corniculatus L. (L. Sch. 1777) S. 13.

β. uliginosus Schrk. (Link 1810) nicht selten
in der Nähe der Stammart, an feuchten, schattigen Orten.

γ. tenuifolius Reich. (Griew. sen. 1851) auf
salzhaltigen Wiesen bei Dassow häufig.

Galega officinalis L. hin und wieder als Flüchtling aus den
Gärten.

209. Astragalus arenarius L. (v. Kamptz 1806)
bei Kakeldüt unw. Mirow; vielleicht im südlichen (leider
noch wenig durchforschten!) Sandgebiete noch weiter ver=
breitet.

210. Astragalus Cicer L. (T. 1788) mit Aus=
nahme des Haide= und Sandgebietes durch ganz M. ver=
streuet, aber nicht häufig, z. B. bei Neubrandenburg
im Brodaschen Holz! Pleetz! Lichtenberg! Penzlin und
Remplin (Betcke), zwischen Teterow und Güstrow u. s. w.

211. Astragalus glyciphyllos L. (L. Sch. 1777).

212. Ornithopus perpusillus L. (L. Sch. 1777).

213. **Vicia dumetorum L.** (L. Sch. 1777), durch
M. zerstreuet und nicht häufig; z. B. bei Schwerin,
Malchin, Dargun, Penzlin, Neustrelitz, Neubrandenburg
im Dorngestrüpp hinter der Heidemühle beim Eingange in
das Mühlenholz!

214. **Vicia Cracca L.** (L. Sch. 1777).

215. **Vicia tenuifolia Roth.** (T. 1795 als V. Gerardi) in Torfwiesen bei Pötnitz unw. Dassow, bei Grabow und Drefahl, bei Retzow unw. Malchin, Penzlin,
bei Neubrandenburg auf Belvedere am steilen Seeufer!
ebendaselbst am Gerichts- und Datzberge! bei Kl. Nemerow!

Anm. V. villosa Roth. (bei Langmann) wurde von Drewes
nicht auf mecklenburgischem Boden gefunden, sondern in der Wittstocker
Haide auf preuß. Gebiete, obgleich dicht an der mecklenb Gränze.

216. **Vicia sepium L.** (T. 1788).

217. **Vicia angustifolia Roth.** (T. 1791).

β. **sativa L.** (T. 1788) cultivirt und verwildert.

218. **Vicia lathyroides L.** (T. 1791); weit verbreitet,
bei Warnemünde sogar am Strande.

219. **Vicia pisiformis L.** (T. 1795) bei Görslow
unweit Schwerin am Rande des Holzes nach dem Felde
zu, bei Seedorf am Malchiner See, bei Neubrandenburg
am Datzberge und im Nemerower Holz.

220. **Vicia sylvatica L.** (T. 1788) mit Ausnahme
des Haide- und Sandgebietes in Laubholzwaldungen durch
M. (besonders durch das östliche!) zerstreuet, bei Neubrandenburg z. B. im Mühlenholze häufig, noch viel häufiger aber im Nemerower Holze, vergl. S. 81.

221. **Vicia cassubica L.** (Link 1795), wie die vorige Art.

* 222. **Ervum hirsutum L.** (T. 1788) als Unkraut eingebürgert.

* 223. **Ervum tetraspermum L.** (T. 1795) desgleichen.

E. monanthos L. (Griew. sen. 1854) kommt hin und wieder auch schon verwildert vor. (S. 114.)

224. **Pisum maritimum L.** (T. 1791) am See-strande: zw. Warnemünde und Markgrafenheide häufig; bei Boltenhagen?

225. **Lathyrus pratensis L.** (L. Sch. 1777).

226. **Lathyrus palustris L.** (T. 1791) an Seen auf sumpfigen Wiesen, und an den Ufern unserer größeren Flüsse, z. B. der Elbe! Peene, Tollense! aber auch auf den Burgwall-Wiesen bei Bölkow umw. Güstrow, so wie am Seestrande bei Warnemünde.

β. **tenuifolius Mey.** (C. Griew. 1851!) auf den Stepenitzwiesen bei Dassow.

227. **Lathyrus sylvestris L.** (T. 1788) in Laubholz-waldungen durch ganz M., z. B. bei Ludwigslust! Waren! Feldberg! Neubrandenburg! S. 81.

L. tuberosus L. (Treviranus 1828) ist mit Sicherheit früher nur einmal bei Barthelsdorf und Biestow umw. Rostock zwischen der Saat gefunden worden, wahrscheinlich nur zufällig dorthin verirrt. — Alle anderen angeblichen Fundorte sind bei unseren Floristen zu streichen; ebenso auch der L. sepium Scop. bei Langmann. — In den benachbarten Floren kommt L. tuber. bei Lübeck (selten) und in der Ukermark vor.

228. **Orobus vernus L.** (T. 1788) fehlt im Haide- und Sandgebiet.

229. **Orobus niger L.** (T. 1791) fehlt ebendaselbst.

230. Orobus tuberosus L. (L. Sch. 1777), häufig z. B. bei Neubrandenburg! Staven! Pleetz! u. f. w.

25. Amygdaleae.

231. Prunus spinosa L. (L. Sch. 1777) ein durch beſſere Bodencultur in den letzten Jahrzehnten in ſeiner Verbreitung ſehr viel mehr beſchränktes Geſträuch. S. 119.

* 232. Prunus insititia L. (T. 1788), wahrſcheinlich nur eingebürgert und von den beſſeren Pflaumen=Arten jetzt immer mehr wieder verdrängt. S. 35.

* 233. Prunus avium L. (T. 1788). Ob nur ein= gebürgert? S. 41.

234. Prunus Padus L. (L. Sch. 1777). S. 32. 119.

26. Rosaceae.

235. Spiraea Ulmaria L. (L. Sch. 1777).

β. discolor (glauca F. Schultz).

236. Spiraea Filipendula L. (L. Sch. 1777) zer= ſtreuet durch M. und viel ſeltener als die vorige, z. B. bei Zirzow unw. Neubrandenburg! ſehr häufig auf der Breſewitz=Diſchleyer Gränze unw. Friedland (G. Brückn.), bei Malchin (Vetcke), bei der Wolkowſchen Gypsmühle (Zabel); am Strande bei Warnemünde, und ſelbſt im Gebiete der Grabower Flora.

237. Geum urbanum L. (L. Sch. 1777). S. 119.

238. Geum rivale L. (L. Sch. 1777).

(237 + 238.) Geum urbano-rivale Schiede (Flörke 1828) ein hin und wieder (z. B. bei Daſſow, Mönch= weben unw. Doberan, Güſtrow im Töpferkuhlenbruch) auftauchender Baſtard der beiden vorigen, und in ſeinem Habitus zwiſchen ihnen hin und her ſchwankend. Der hybride Urſprung dieſer Pflanze iſt durch künſtliche Befruchtung er= wieſen, aber dennoch iſt dieſer Baſtard fruchtbar! (Fries. Nov. p. 167).

Anm. Die jetzt folgende Gattung Rubus ift wegen der Wandelbarkeit ihrer Formen, die am schwierigften zu enträthfelnde in unferer
ganzen phanerogamifchen Flora, und bei keiner anderen Gattung
gehen die Anfichten, was Art und was nur Varietät fei, fo weit aus-
einander, wie hinfichtlich diefer Gattung. Da ich mich felbft nicht
fpeciell mit derfelben befchäftigt habe, fo werde ich in der Aufzählung
der Arten der trefflichen monographifchen Bearbeitung unferer Brom-
beerfträucher folgen, welche Dr. Betcke im 4. Jahreshefte des Archivs
S. 73 bis 144 gegeben hat. Wenn ich dabei nicht umhin kann, eine
kleine Reduction der dort aufgezählten 18 Arten vorzunehmen, welche
fpäterhin durch Betckes briefliche Mittheilung noch um 2 neue vermehrt worden find, fo will ich mit diefer meiner Anficht einem vielleicht
beffer begründeten Urtheile nicht vorgreifen. Mein Zweck, eine mög-
lichft vollftändige Ueberficht unferer Flora zu geben, wird durch mein
Verfahren nicht beeinträchtigt, denn in diefer Beziehung kommt wenig
darauf an, ob die in M. wachfenden Pflanzen als Arten oder als
Varietäten aufgeführt werden, wenn nur keine characteriftifche Form
gänzlich mit Stillfchweigen übergangen wird.

239. **Rubus Idaeus** L. (L. Sch. 1777). Betcke
Monogr. S. 81 (S. 33. 119).

240. **Rubus fruticosus** L. (F. Schultz 1806 als
corylifolius) B. S. 89. Weit verbreitet in M. S. 31. 35.

β. **suberectus** Anders. (Bet. 1850 p. 85).

γ. **affinis** W. N. (Bet. 1850 p. 93).

241. **Rubus thyrsoideus** Wim. (F. Schultz 1806
als fruticosus). B. S. 96. Durch ganz Mecklenburg.

242. **Rubus vulgaris** W. N. (Bet. 1854 in litt.).

β. **sylvaticus** W. N. (B. 1854 in litt.).

γ. **discolor** W. N. (B. 1850 p. 98).

δ. **villicaulis** Köh. (B. 1850 p. 103).

Die Stammart und Var. β. find bei Grabow gefunden worden, γ. bei der Wanzkaer Papiermühle und in

der Umgegend von Dassow, δ. in der Pentliner Gegend: am Lapitzer Holze hinter den Puchowschen Bergen und in den hohen Tannen hinter Kabelsdorf bei Flotow.

243. **Rubus Radula W. N.** (Betcke 1850 p. 107) sehr häufig in M.

244. **Rubus horridus Hartm.** (Bet. 1850 p. 132) in der Basedower Haide zw. Gielow und Langwitz dicht vor dem Theerofen, links in den Tannen.

245. **Rubus rudis W. N.** (C. Griew. und Willebr. 1850. 1841!) B. S. 129 nur erst in den Hambergen bei Grevismühlen gefunden (wo der Fußsteig nach Wismar den Weg von Grevismühlen nach Eversdorf durchschneidet, zur rechten Hand unter Eichen).

246. **Rubus Sprengelii W. N.** (F. Timm 1850) B. S. 135; am Wege zw. Neubasedow und Liepen, auf dem Schelfwerder und in den Neumühlschen Tannen bei Schwerin, in der großen Bekow bei Hagenow, bei Israels-dorf unw. Dassow.

247. **Rubus dumetorum W. N.** (Wredow 1812 als nemorosus) B. S. 117; häufig.

β. corylifolius Betcke! nicht Sm. (Willebr. u. C. Griew. 1850. 1841!) B. S. 114; bei der Lütjen-höfer Windmühle in der Nähe des Dassower Binnensees.

γ. Wahlenbergii Arrh. (B. 1850 p. 111) in einem trockenen Graben vor den Mollensdorfer Tannen bei Pentlin.

248. **Rubus glandulosus Bell.** (Prahl 1837) B. S. 122. zerstreuet durch M. und nicht gerade häufig.

β. thyrsiflorus Betcke 1850 p. 125 (an W. N.?) um Pentlin an mehreren Stellen.

249. **Rubus caesius** L. (L. Sch. 1777). B. S. 138. (S. 32).

250. **Rubus saxatilis** L. (Siems. 1805) B. S. 143.

251. **Fragaria vesca** L. (L. Sch. 1777). S. 30.

252. **Fragaria elatior** L. (D. 1828) viel seltener als die vorige z. B. bei Brudersdorf unweit Dargun (G. Brück.), bei Neustrelitz, Neubrandenburg im Nemerower Holz! bei Gehmkendorf, bei Güstrow auf dem Heideberge.

253. **Fragaria collina** Ehr. (T. 1795) scheint im ganzen westlichen M. zu fehlen, aber bei Güstrow, Remplin, Stavenhagen, und in M. Strelitz nicht selten! S. 35.

254. **Comarum palustre** L. (L. Sch. 1777).

255. **Potentilla supina** L. (Knochenhauer 1837) bei Neubrandenburg am Rande des kleinen Ihlenpohls, und an dem Bache zw. der Vierradenmühle und dem Tolense-See! (wo sie aber wieder verschwunden zu sein scheint); bei Staven unw. Friedland, bei Grabow im Gränzdorfe Warnow.

256. **Potentilla anserina** L. (L. Sch. 1777).

β. sericea.

<small>P. recta L. (Schreiber 1853) als Gartenflüchtling bei Ludwigslust.</small>

257. **Potentilla argentea** L. (L. Sch. 1777).

258. **Potentilla reptans** L. (L. Sch. 1777).

259. **Potentilla procumbens** Sibth., L. sp. (Thede 1806) häufig, z. B. bei Dassow, Grabow, Ludwigslust, Parchim, Mirow, Ballin unw. Stargard, Neustrelitz.

260. **Potentilla Tormentilla** Sibth., L. sp. (L. Sch. 1777). S. 119.

261. Potentilla verna L. (Prahl 1837), — von den früheren Botanikern mit **opaca** verwechſelt, weßhalb auf die von ihnen angegebenen Standorte keine Rückſicht genommen werden kann. — Sie findet ſich bei Güſtrow an trockenen, ſonnigen Orten vor den Röwer Tannen (Prahl,) am Weinberge bei Mirow (Giefelbr.), bei Schwerin auf dem Exercierplatze der Artillerie (Wüſt.), auf dem Priwal mit **opaca** (C. Griew.), bei Seedorf und Baſedow, Zahren und Ankershagen (Betcke), bei Neuſtrelitz auf dem Turnplatze (Langm.), — gehört alſo entſchieden dem Gebiete unſerer Sandflora an.

β. **cinerea** Chaix (Beuthe 1850) bei Neuſtrelitz a. m. O. z. B. im ruſſiſchen Lager, an den Bergabhängen beim herrſchaftlichen Bauhofe in der Nähe der Schloßkoppel! ohne Zweifel auch noch viel weiter im ſüdlichen ſandigen Theile von M. Strelitz (im Verbreitungsbezirke der **Euphorbia Cyparissias!**) vorhanden, aber überſehen, da dieſer Landſtrich (mit Ausnahme der Umgegend von Mirow) in botaniſcher Hinſicht leider faſt noch eine **terra incognita** für uns iſt.

Anm. Früher, ſo lange ich nur die dichtbehaarten, grauſilzigen Exemplare dieſer Abart kannte, die ich in der Mark bei Rüdersdorf geſammelt hatte, hielt ich dieſelbe für eine ſelbſtſtändige Art; allein die Neuſtrelitzer Ex. ſtehen zwiſchen dieſer und der gewöhnlichen Form der P. verna ſo in der Mitte, daß eine ſpecifiſche Trennung unmöglich wird.

262. Potentilla opaca L. (T. 1788), gehört vielleicht auch noch der Formreihe der P. verna an.

263. Potentilla sterilis L. (C. Griew. 1847. 1838!) bei Daſſow auf buſchigen Hügeln und an Bachabhängen nicht ſelten! desgl. bei Wölſchendorf unw. Rehna (Brockmüller).

P. alba L. (Langm. 1850) im Ludwigsluster Schloßgarten verwildert, und wahrscheinlich eben so im Adamsdorfer Holz unw. Neustrelitz, wo sie gleichfalls vorkommen soll.

264. **Agrimonia Eupatoria L.** (L. Sch. 1777)
S. 119.

265. **Agrimonia odorata Mill.** (Betcke 1851) im
Gr. Heller Holz unw. Pentzlin (B.), bei Malchin im
Pinnower Walde und in der Wolkowschen Haide bei
Dargun (Zabel), bei Schwan und Dassow; sogar am
Strande am Rande der Rostocker Haide. — Sollte dies
wirklich etwas mehr als eine üppige Waldform der vori-
gen sein?

266. **Rosa canina L.** (L. Sch. 1777) zu welcher
auch L. Swarzii Deth., collina und sylvestris F. Schultz
als Formen gehören. S. 33. 41.

267. **Rosa rubiginosa L.** (T. 1795).

β. glutinosa F. Schultz.

268. **Rosa tomentosa Sm.** (L. Sch. 1777).

R. pimpinellifolia DC. Gartenflüchtling bei Ludwigslust.

R. lucida Ehr. (Treviranus 1828) aus Nordamerika stammend,
ward vor Jahren einmal am Ostseestrande unfern Rostock gefunden,
seitdem nicht wieder; auch bei Hamburg ist sie verwildert.

R. cinnamomea L. (Link 1810) und turbinata Ait. (Schultz
1837) gleichfalls hin und wieder verwildert.

Anm. R. arvensis in Schultz Fl. Starg. ist zu streichen.

269. **Alchemilla vulgaris L.** (T. 1788). 27. Sangui-
sorbeae.

β. montana W. wurde nach Link (1810) einmal von Thebe gefunden; der Standort ist nicht näher
bezeichnet.

270. **Alchemilla arvensis L. sp.** (T. 1788).

271. **Sanguisorba officinalis L.** (D. 1809) in den

Markower Wiesen bei Barnim zw. Robande und Deh-
men, zu Ludwigsluft bei der Laascher Brücke! bei Roftock,
Neuftrelitz auf der Schloßkoppel, bei Leppin unw. Stargard auf einer Wiese bei der Kölpiner Brücke.

272. Poterium Sanguisorba L. (T. 1788).

28 Poma-
ceae.

273. Crataegus Oxyacantha L. (L. Sch. 1777).

β. monogyna Jacq. (Brück. 1803, nicht Timm,
deffen monogyna nach Ausweis von Originalexemplaren
in meinem Herbarium sich nur durch Fehlschlagen des
einen Griffels von der Normalform unterscheiden). Bei
Neubrandenburg faft so häufig wie oxyac. α., und wahrscheinlich auch ebenso im übrigen Meklenburg.

Anm. Durch genaues Studium beider Formen bin ich zu der
Ueberzeugung gelangt, daß zu ihrer specifischen Trennung keine beständigen characteristischen Merkmale vorhanden sind. Beide kommen
mit 1 und 2 Griffeln vor; beide werden baumartig (oxyac. erreicht
hier auf dem langen Walle eine Höhe von mehr als 20' und der
Stamm unten eine Dicke von 8'' im Durchmesser); beide blühen
gleichzeitig; bei tief-fiederspaltigen Blättern sind die Blüthenstiele bei
einigen Pflanzen zottig, bei anderen glatt, ja beides kommt bei einer
und derselben Pflanze vor; sind die Blüthenstiele behaart, so pflegen
es auch die jungen Blätter in stärkerem Maaße zu sein, obgleich dieselben auch bei den Pflanzen mit glatten Blüthenstielen wenigftens
auf den Adern schwach behaart zu sein pflegen; die Form der Blätter
ist sehr wandelbar, im Umriß vom Ei-runden bis zum Keil-rauten-
förmigen; mit den am meisten rundlichen und am wenigsten ein-
geschnittenen Blättern fand ich nur glatte Blüthenstiele verbunden,
eine Form, welche den normalen C. oxyacantha darftellt. — Studiert
man die beiden Formen nur in Herbarien, wo vielleicht nur die
Extreme ihrer Gestaltung aufbewahrt sind, so scheinen sie allerdings
auf den ersten Blick sehr verschieden, aber diese Täuschung verschwindet,
sobald man Gelegenheit hat, sie lebend in zahlreichen Ex. zu vergleichen. — Auch Griewank sen. geftcht brieflich zu, daß die Blattform

sehr veränderlich sei, und daß von der Behaarung der Blüthenstiele und Kelche kein Unterschied hergenommen werden könne, will aber dennoch einen solchen in der Blüthezeit finden, indem monogyna 14 Tage später blühe, so wie darin, daß bei monog. die Kelchzipfel, wenn die Blumenblätter noch in der Knospe zusammengeballt sind, weit über diese hinausragen, während des Aufblühens sich zurück- schlagen und mit ihrer ganzen Länge an die Kelchröhre anlegen, — ferner, daß die einweibigen Griffel liegen und gekrümmter sind, und daß die Blätter im Allgemeinen viel schmäler, gegen den Blattstiel keilförmiger und vorn mit spitzeren Zipfeln versehen sind, als bei Oxyacantha. — Ich habe diese von der meinigen abweichende Ansicht dieses gründlichen Kenners unserer Flora den Botanikern nicht vor- enthalten wollen.

274. **Pyrus communis** L. (L. Sch. 1777).

275. **Pyrus Malus** L. (L. Sch. 1777) beide im wilden Zustande von Jahr zu Jahr seltener werdend. S. 34.

276. **Sorbus Aucuparia** L. (L. Sch. 1777). S. 38.

277. **Sorbus torminalis** L. sp. (T. 1791) kommt nur in wenigen Waldungen vor: im Steinfelder Holz bei Schwerin, in der Rostocker Haide, im Julchendorfer Holz, in der Basedower Forst bei Seedorf, im Wrodow'schen Holz unw. Penzlin, an der Tolense: im Nemerower Holz auf dem hohen Ufer! und bei Meiershof! S. 39.

Anm. Wenn G. Meyer in s. Fl. excur. Hannov. die Meinung ausspricht, daß dieser Baum in M. nicht wild, sondern nur angepflanzt sei, so kann ich dieselbe nicht theilen; bei Neubrandenburg z. B. ist er mitten im Nemerower Holz zahlreich (aber selten blühend und Früchte tragend!), und dort schon seit einer Zeit vorhanden, zu welcher man in M. die Forsten mehr zu vertilgen, als zu cultiviren suchte. Auch sein Vorkommen in der Stubnitz auf Rügen spricht für sein Indigenat im nördlichen Deutschland.

29. Onagrariae.

278. Epilobium angustifolium L. (T. 1791).

279. Epilobium hirsutum L. (L. Sch. 1777).

280. Epilobium parviflorum Schreb. (T. 1791).

281. Epilobium montanum L. (L. Sch. 1777).

β. verticillatum.

γ. lanceolatum.

282. Epilobium roseum Schreb. (T. 1791).

283. Epilobium tetragonum L.! adnatum Gries. (T. 1791) an Aderrändern bei Dassow, im Gebiete der Flora von Grabow a. m. O., bei Malchin vor dem Mühlenthore an der Peene, bei Neustrelitz hinter dem Glambecker See.

284. Epilobium palustre L. (L. Sch. 1777).

Anm. E. virgatum bei Brockmüller und Schreiber ist zu streichen.

* 285. Oenothera biennis L. (T. 1791) aus Virgi= nien stammend, früher zu Küchenzwecken cultivirt, jetzt in der Nähe der Städte und Dörfer häufig verwildert!

* 286. Oenothera muricata L. (Schmidt 1828) hat sich besonders an den Elbufern von Dresden bis Blan= kenese eingebürgert; sie soll aus Canada stammen.

287. Circaea lutetiana L. (L. Sch. 1777) durch ganz Mecklenburg!

288. Circaea alpina L. (L. Sch. 1788) besonders in der Haideebene!

(287 + 288.) C. intermedia Ehr., ein unfruchtbarer Bastard der beiden vorigen, und in seinen Formen zwischen den beiden Stammarten schwankend.

Anm. Trapa natans L. soll früher in der Lewitz gefunden sein, vergl. S. 69. In länger als siebenzig Jahren ist sie aber

keinem unſerer Botaniker zu Geſichte gekommen und vielleicht ausgeſtorben, wie dies auch in Holſtein mit ihr der Fall zu ſein ſcheint.
Aeltere holſteinſche Floren führen ſie noch auf, in den neueren fehlt
ſie: zuletzt ſcheint ſie vor einigen Jahrzehnten in der Stecknitz gefunden zu ſein; jetzt kommen ihre wohlerhaltenen Früchte nur noch
in einer mit Geſchiebeſand bedeckten Papiertorf-Schicht in einer Anhöhe bei Lauenburg im halbfoſſilen Zuſtande vor (ſ. Leonhard und
Bronn neues Jahrb. f. Mineral. u. ſ. w. 1854 S. 36). — Ueberhaupt ſcheint dieſe Pflanze in ganz Norddeutſchland immer ſeltener
zu werden und bei Danzig, ſo wie in Schweden iſt ſie ſchon gänzlich
ausgeſtorben. Vergl. S. 190.

289. **Myriophyllum verticillatum** L. (T. 1788). 30. Halora-
geae.
290. **Myriophyllum spicatum** L. (L. Sch. 1777).

291. **Myriophyllum alterniflorum** DC. (Ramelow
1856) bei Gabebuſch im Roſenhagener und Frauenmarker
See, ſo wie bei Dutzow. — Die ſpecifiſche Trennung
dieſer Art von der vorhergehenden wäre nach G. Meyer
noch näher zu prüfen.

292. **Hippuris vulgaris** L. (L. Sch. 1777). 31. Hippuri-
deae.
    β. fluitans mit langem (nach Detharding bis
6′), fluthenden und ſchlaffen Stengel, und 2 bis 3″ langen, über 1‴ breiten, gleichfalls ſchlaffen Blättern, mit
der Spitze etwa 1′ hoch aus dem Waſſer hervorragend,
in dieſem Theile die Geſtalt der Stammform annehmend,
blühend und Früchte tragend. In fließendem Waſſer z. B.
in der Warnow zwiſchen der Fähre und Gehlsdorf.

    γ.? undulata Boll (1857). In dem Tolenſe-
See unweit der Vogelſtange fand ich bei einer Waſſertiefe
von 5 bis 6 Fuß häufig eine Hippuris zwiſchen Fontinalis antipyretica und Charen wachſend, die mir ſehr auffallend war und ſich vielleicht als neue Species heraus-
ſtellen möchte.

Anm. Der Stengel ist lang und schlaff, nicht über den Wasserspiegel hervorragend, unfruchtbar; Blätter 1½ bis 2 Zoll lang, 1''' breit, schlaff, einnervig, durchscheinend, am Rande sehr zart wellig-gekräuselt (ein Merkmal, welches beim Pressen der Pflanze für das Herbarium leider verloren geht!); 12 Blätter in jedem Quirl. — Ich werde diese Pflanze noch ferner im Auge behalten.

δ. maritima sehr klein (4 bis 5''), mit nur 4 bis 6 Blättern in jedem Quirl; auf trockenen Salzwiesen bei Dietrichshagen.

32. Callitri-cheae. 293. **Callitriche verna** L. (L. Sch. 1777) eine sehr veränderliche Art, deren Formen auch schon in unseren mecklenburgischen Florenverzeichnissen als C. stagnalis, platycarpa, vernalis aufgetaucht sind.

294. **Callitriche autumnalis** L. (Link 1810) im Mechower See bei Ratzeburg, in der Haideebene nicht selten! desgleichen bei Schwerin, bei Neustrelitz in den Gräben am Wege nach der Kalkhorst, bei Eichhorst unweit Friedland am Rande des Teiches hinter dem Hofgarten, im Peutscher See (Betcke).

33. Cerato-phylleae. 295. **Ceratophyllum demersum** L. (T. 1788).

296. **C. submersum** L. (F. Schultz 1828) bei Neustrelitz in einem Graben, der zum Glambecker See führt.

34 Lythra-rieae. 297. **Lythrum Salicaria** L. (L. Sch. 1777).

298. **Peplis Portula** L. (T. 1788); an vielen Orten, auch am Strande bei Warnemünde.

35 Cucurbi-taceae. * 299. **Bryonia alba** L. (L. Sch. 1777). S. 40. 119. 138.

Anm. B. dioica Jacq. soll nach Brockmüller (1852) in der Gegend von Gnoien gefunden, und zwar dort gar nicht selten sein.

Da dieses Vorkommen aber ganz vereinzelt im nordöstlichen Deutschland bastehen würde, bedarf es jedenfalls noch einer weiteren Bestätigung; sehr bedenklich ist mir namentlich der Umstand, daß die Botaniker in Gnoien (Huth und Arndt) diese Pflanze in dortiger Gegend noch nicht gefunden haben. Der nordwestlichste bekannte Punct in Deutschland, wo sie vorkommt, ist Lübeck; auch bei Hamburg ziemlich häufig.

300. **Montia fontana** L. (T. 1788).   56. Portula-
ceae.

β. **rivularis** Gm. (D. 1828) mit 1′ langem fluthenden Stengel z. B. bei Boizenburg in einer Quelle am Elbberge unterhalb Vierhof.

Portulaca oleracea L. wurde früher häufiger als jetzt cultivirt, und ist in manchen Gärten verwildert.

301. **Corrigiola litoralis** L. (Blandow 1806) im 87. Parony-
chieae.
Halbe= und Sandgebiete häufig!

302. **Herniaria glabra** L. (L. Sch. 1777).

303. **Illecebrum verticillatum** L. (T. 1791) im Halbe= und Sandgebiete häufig! fehlt im nördlichen M.

304. **Scleranthus annuus** L. (L. Sch. 1777).   38. Scleran-
theae.

305. **S. perennis** L. (T. 1788). S. 34.

306. **Sedum Telephium** L. (T. 1788).   29. Crassu-
laceae.

β. **purpurascens** Koch (Brück. 1817) seltener als die Stammart und mehr im südlichen Landestheile.

S. album L. (Link 1810) auf Steinmauern um Ratzeburg, früher auch an der Schweriner Schloßmauer; Neustrelitz bei der Schloßkoppel und beim Schützenhause, ist wohl ebenso nur verwildert, wie dies ohne Zweifel mit dem von Schulrath Meyer zu Schwerin (1853) an der Eisenbahnböschung in großer Menge gefundenen S. hybridum L. der Fall ist.

307. **Sedum acre** L. (L. Sch. 1777). Hierher gehört auch S. sexangulare der mecklenb. Floristen mit Ausnahme Links. S. 138.

308. **Sedum boloniense Lois.** (Link 1810) bei Klocksin südlich vom Malchiner See auf Hügeln in der Nähe der Peene; ohne Zweifel auch noch weiter in M. verbreitet, aber nicht beachtet.

309. **Sedum reflexum L.** (L. Sch. 1777) in den Wäldern um Neubrandenburg nicht selten! bei der Wolkow=schen Gypsmühle unw. Dargun, u. a. O.

Sempervivum tectorum L. (L. Sch. 1777) häufig auf den Dächern der Ställe und Schweineköben angepflanzt. S. 131.

40. Grossu-
larieae.

* 310. **Ribes Grossularia L.** (T. 1788).

311. **R. alpinum L.** (Siems. 1805) im Zulchen=borfer Holz unw. Rostock, Schwerin in Steinfelder Holz und auf dem Werber, Parchim auf dem Sonnenberge, Below südlich von Röbel. S. 39.

Anm. Nach ihrem häufigen Vorkommen in den Wäldern der rügianischen Halbinsel Jasmund zu urtheilen, scheint diese Pflanze kalkhaltigen Boden zu lieben.

312. **R. nigrum L.** (L. Sch. 1777). S. 29.

* 313. **R. rubrum L.** (T. 1788).

41. Saxifra-
geae.

314. **Saxifraga Hirculus L.** (L. Sch. 1777) auf Wiesen bei Schwerin, Güstrow, Silbemow, Sülz, Malchin, Dargun! Gr. Giewitz, Penzlin, Prilwitz, Neubrandenburg! u. s. w., scheint aber in der Haideebene zu fehlen.

315. **S. tridactylites L.** (L. Sch. 1777).

316. **S. granulata L.** (L. Sch. 1777).

317. **Chrysosplenium alternifolium L.** (L. Sch. 1777).

318. **Ch. oppositifolium L.** (Richter 1841) bisher nur im südwestlichen M. zwischen Gr. Bengersdorf und Bennin; an der Quelle rechts vom Steige der von Boizenburg nach Gehrum führt.

319. **Hydrocotyle vulgare L.** (L. Sch. 1777) häu=
fig, sogar auf Straudwiesen bei Warnemünde. S. 138.

320. **Sanicula europaea L.** (L. Sch. 1777). S. 120.

321. **Eryngium campestre L.** (Hahn 1809) sehr
häufig auf den Elbdeichen! stromabwärts bis Hamburg.

322. **E. maritimum L.** (T. 1788) häufig am Ost=
seestrande!

323. **Cicuta virosa L.** (L. Sch. 1777). S. 41. 135.
ß. **tenuifolia.**

324. **Apium graveolens L.** (T. 1788) besonders
am Seestrande und um Salzquellen. S. 114. 138.

325. **Helosciadium innundatum L. sp.** (Nolte c.
1823 sec. Betcke Archiv V.) nur in der Haideebene
a. m. O., und bei Ratzeburg in einem kleinen Teiche bei
der Beek; — schwerlich bei Mirow.

326. **H. repens L. sp.** (v. Schreber bei Roth
1793) nicht selten auf Wiesen durch ganz M., mit Aus=
nahme der Haideebene.

* 327. **Falcaria Rivini Host; L. sp.** (T. 1791) auf
Aeckern, besonders kalkhaltigen, eingebürgert, jedoch, außer
auf Pöl, vorzugsweise im östlichen Landestheile: bei
Brudersdorf unweit Dargun, Retzow unweit Malchin,
Penzlin, Quastenberg bei Stargard, Broda bei Neubran=
denburg, Pleetz bei Friedland! — Bei Güstrow, Schwerin
und in der Haideebene scheint diese Pflanze zu fehlen.

328. **Aegopodium Podagraria L.** (L. Sch. 1777).

* 329. **Carum Carvi L.** (L. Sch. 1777) eingebürgert?

330. **Pimpinella magna L.** (T. 1791).

331. **P. Saxifraga L.** (L. Sch. 1777). S. 120.
ß. **dissectifolia Wallr.**

42. Umbelli-
ferae.

γ. nigra Wild. z. B. bei Neubrandenburg im Nemerower Holz, bei Dargun (Zab.) u. a. O.

332. Berula angustifolia L. sp. (T. 1788). S. 138.

333. Sium latifolium L. (L. Sch. 1777). S. 138.

334. Bupleurum tenuissimum L. (Willebr. 1839) bei der Pötnitzer Ziegelei unw. Dassow, am Kirchsee bei Kirchdorf auf Pöl, Dietrichshagen bei Warnemünde, Wustrow auf dem Fischlande, — eine Seestrandspflanze.

B. rotundifolium L. (T. 1788) hin und wieder in Gärten und auf Aeckern verwildert.

335. Oenanthe fistulosa L. (L. Sch. 1777). S. 138.

336. O. Lachenalii Gm. (T. 1788) am Seestrande des Priwal, zwischen dem Schnatermann und Markgrafenhaide unw. Rostock.

337. O. Phellandrium Lam. (L. Sch. 1777). Vergl. S. 120. 138.

* 338. Aethusa Cynapium L. (L. Sch. 1777) mit den Culturpflanzen als Unkraut eingebürgert? S. 138.

359. Seseli annuum L. (Blandow 1808) auf sandigen Wiesen an der Müritz am Kietz bei Waren; bei Wittenburg auf der Weide am Fußsteige nach Dreilützow; am Wege von Dömitz nach W.= und Junker=Wehningen.

340. Libanotis montana Crtz. L. sp. (T. 1791) am Ostseeufer bei Warnemünde.

341. Cnidium venosum Koch; L. sp. (Griew. 1839. 1828!) auf Elbwiesen bei Boizenburg und Dömitz, bei Ludwigslust am Canal diesseits der Laascher Brücke, und überhaupt wohl in der Haideebene nicht selten, außerhalb derselben jedoch noch nicht gefunden.

Levisticum officinale Koch (Schreiber 1853), in Südeuropa

heimisch, wird in Dorfgärten cultivirt und entschlüpft denselben bisweilen.

342. **Selinum Carvifolia L.** (T. 1795) bei Warne= münde, Güstrow (in den Todten= und Röwer=Tannen), im Geb. der Grabower und Malchiner (in d. Benz und auf dem neuen Rücken) Flora, bei Neubrandenburg auf den Wiesen hinter der Kuhweide.

343. **Angelica sylvestris L.** (L. Sch. 1777).

344. **Archangelica officinalis Hoffm., L. sp.** (T. 1788) in M. nicht selten, sogar am Strande bei Dassow und Warnemünde. S. 120.

345. **Peucedanum Oreoselinum Mönch, L. sp.** (T. 1788) nicht selten, auch am Strande bei Warnemünde.

Anm. P. officinale L. kommt in M. nicht vor, vergl. Archiv VI. 111.

346. **Thysselinum palustre L. sp.** (L. Sch. 1777).

* 347. **Pastinaca sativa L.** (T. 1788), eingebürgert?

348. **Heracleum Sphondylium L.** (L. Sch. 1777).

349. **Laserpitium prutenicum L.** (Brück. 1803) bei Dassow am Travenfer, Markgrafenhaide, in der Wol= kowschen Haide, Neubrandenburg im Remerower Holz, fehlt im südlichen M.

350. **Daucus Carota L.** (L. Sch. 1777), ob ein= gebürgert?

* 351. **Caucalis daucoides L.** (D. 1828) hin und wieder unter der Saat, und mit dieser eingebürgert.

Scandix pecten Veneris L. (Thede 1806) wird bisweilen mit der Saat eingeschleppt, scheint sich aber nirgends wirklich eingebürgert zu haben, wenn nicht etwa bei Klütz, wo C. Griewank sie (nicht häufig) unter dem Sommerkorn fand.

352. **Torilis Anthriscus L. sp.** (T. 1788).

353. **Anthriscus sylvestris** L. sp. (L. Sch. 1777) S. 138.

A. Cerefolium L. (Schultz 1806) aus dem südl. Europa stammend, a. m. O. verwildert.

354. **A. vulgaris Pers. L. sp. (T. 1791).**

355. **Chaerophyllum temulum** L. (T. 1788). S. 138.

* 356. **Ch. bulbosum** L. (T. 1788) an Wegen bei Dassow, auf dem Schweriner Stadtfelde in Gebüschen, bei Ludwigslust im Garten der Villa Gustava, bei Malchin an Feldzäunen eingebürgert.

357. **Conium maculatum** L. (L. Sch. 1777). S. 120. 138.

43. Aralia-
ceae.

358. **Hedera Helix** L. (L. Sch. 1777) in unseren Wäldern selten blühend, häufiger in den Gärten an alten Mauern. Vergl. S. 34. 41. 76. 80. 138.

44. Corneae.

359. **Cornus sanguinea** L. (T. 1788). Vergl. S. 33.

45. Loran-
thaceae.

360. **Viscum album** L. (L. Sch. 1777) bei Schwerin, Ludwigslust, Remplin, Schloß Grubenhagen, Neubrandenburg! Prilwitz! u. s. w. Vergl. S. 34. 120.

46. Caprifo-
liaceae.

* 361. **Sambucus nigra** L. (L. Sch. 1777) häufig, aber wahrscheinlich nur eingebürgert. S. 120.

Anm. S. Ebulus L. (T. 1788) ist wahrscheinlich eine früher cultivirte und verwilderte, jetzt aus M. schon wieder verschwundene Pflanze. Nur Timm und F. Schultz geben einige Standorte an, ersterer Gorschendorf bei Malchin, letzterer Kuhblank, Rülow und Woggersin. Sie fehlt im Gebiete der Floren von Grabow, Ludwigslust, Schwerin, Güstrow, Neubrandenburg, — ich selbst habe sie niemals in M. gefunden, und überhaupt scheint sie in neuerer Zeit keinem unserer Botaniker aufgestoßen zu sein; im J. 1844 will sie Jemand bei Finkenwerder unweit Goldberg in einem Graben gefunden haben, wofür aber der Beweis mir fehlt. Auch in den Floren von Rügen, der Ukermark (wo sie nur bei Boizenburg verwilbert! vorkommt), von Berlin (Kunth) und Lübeck (Häcker) fehlt sie; aus dem großen Gebiete der Flora Marchica giebt A. Dietrich nur vier Fundorte an. In Neuvorpommern kam sie zu Weigels Zeiten (1769) an einer einzigen Stelle vor, jetzt (1859) hat Zabel sie nicht wieder gefunden. Bei Hamburg selten an Zäunen (!) zwischen Gesträuch (Sonder).

362. **Adoxa Moschatellina L. (T. 1788).**

363. **Viburnum Opulus L. (L. Sch. 1777).** S. 33.

364. **Lonicera Periclymenum L. (L. Sch. 1777).** Vergl. S. 30. 39. 138.

β. quercifolium.

365. **L. Xylosteum L. (L. Sch. 1777)** fehlt nur in der Haideebene und ist im östlichen M. gar nicht selten. Vergl. S. 30. 138.

366. **Linnaea borealis L. (v. Kamptz 1806)** bei Starsow unweit Mirow auf der Schwärtzer Landspitze; bei Ramelow unweit Friedland? Neustrelitz bei Glambeck und am Krebssee a. m. St., im Brusdorfer Holz; zw. Malchow und Drewitz; bei Graal in der Ribnitzer Haide; bei Maubelshagen, Krakow, Dassow, und in den Tannen an der Trave.

* 367. **Sherardia arvensis L. (T. 1788)** auf Aeckern eingebürgert. 47. Stella-tae.

* 368. **Asperula arvensis L. (T. 1791)** ebenso, aber nur selten, z. B. bei Malchin und Mirow; sie soll Kalk-boden lieben.

A. tinctoria L. (Langm. 1850) bei Neustrelitz im russischen Lager, — wohl nur dahin verirrt.

369. **A. Cynanchica L. (T. 1791** als **Galium montanum)** an der Müritz bei Waren, Prilwitz auf dem Schloßberge, Hohenzieritz im Schloßgarten; Neustrelitz?

370. **A. odorata** L. (L. Sch. 1777) gemein in allen Laubholz-Waldungen. Vergl. S. 37. 112. 138.

371. **Galium Aparine** L. (L. Sch. 1777) durch ganz Mecklenburg verbreitet. Vergl. S. 40.

β. **spurium.**

372. **G. uliginosum** L. (L. Sch. 1777).

Anm. Link Mscr. beschreibt unter dem Namen G. erectum Sm. eine mit uliginosum und palustre verwandte Art, welche er unter Ex. der ersteren gemengt aus Parchim erhalten habe. Seiner Beschreibung nach kann dies nur G. parisiense L. gewesen sein, welches dort vielleicht zufällig auf einem Acker eingeschleppt war, aber sich wohl schwerlich eingebürgert hat. Auch bei Stettin, und wahrscheinlich auch in Holstein, ist es schon vorgekommen.

373. **G. palustre** L. (L. Sch. 1777).

374. **G. boreale** L. (T. 1791) bei Ludwigslust häufig, Schwerin bei der Fähre über die Stör, Malchin in der Gielowschen Benz, Neubrandenburg im Brüderbruch, Friedland.

375. **G. verum** L. (L. Sch. 1777).

376. **G. Mollugo** L. (T. 1788).

(375 + 376.) **G. vero-Mollugo** Schiede, ein Bastard.

377. **G. sylvaticum** L. (T. 1788).

378. **G. saxatile** L. (Link 1810) im westlichen M. von Dassow bis in die Haideebene hinab; wahrscheinlich auch in dem kleinen nordöstlichen Haidegebiete, da es auf dem Dars und Zingst nicht selten ist.

43. Valerianeae.

379. **Valeriana officinalis** L. (L. Sch. 1777) S. 120. Hierher gehört als Varietät:

β. **exaltata** Mich. (Betcke 1849).

380. **V. dioica** L. (L. Sch. 1777).

* 381. **Valerianella olitoria** Mönch. (L. Sch. 1777).

* 382. **V. carinata** Lois. (Schultz 1828 sec. Deth.)
„in Stargardia", ein speciellerer Standort wird nicht angegeben, und Schultz selbst erwähnt diese Art nirgends,
selbst nicht im 2. Nachtrage zu seiner Flora. Im J. 1840
aber fand sie Betcke bei Pentzlin im Werder'schen Garten
oben an der Mauer beim Weinstock in mehrfachen Exemplaren. Andere Fundorte sind mir nicht bekannt.

* 383. **V. dentata** Poll. (D. 1809).

* 384. **V. Auricula** DC. (Betcke 1825!) bei Neustadt
am Fußsteige nach dem Hagen im Getreide.

385. **Dipsacus Fullonum** L. var. **sylvestris** Mill. 49. Dipsa-
ceae.
(T. 1791) an der Elbe auf den Deichen und durch die
ganze Telbau häufig! bei Sternberg, Rostock; bei Konow
verschwunden.

Anm. Link Mscr. sagt: D. sylvestris ist gewiß nur eine Ab-
änderung von D. Fullonum, denn in dem botanischen Garten zu
Rostock bringt der ausgefallene Same des letzteren in der zweiten
Generation den D. sylvestris hervor.

386. **D. pilosus** L. (T. 1788) bei Dassow und
Nienhagen, Schwerin, Grabow, Neustadt, Dütschow, Pentzlin, Stargard.

387. **Knautia arvensis** L. sp. (L. Sch. 1777).
    β. **integrifolia.**

388. **Succisa pratensis** Mönch; L. sp. (L. Sch.
1777). S. 40. 120.

389. **Scabiosa Columbaria** L. (T. 1788).

390. **S. suaveolens** Desf. (Schultz 1828), weit
durch M. verbreitet! und nur im nordwestlichen Landestheile fehlend.

. 391. **Eupatorium cannabinum** L. (L. Sch. 1777) 50. Compo-
sitae.
gemein; ändert bei Dassow mit weißen Blüthen ab, in a. Corym-
biflorae.

welchem Falle auch die ganze Pflanze ein helleres Grün
hat. S. 138.

392. **Tussilago Farfara L.** (L. Sch. 1777) S. 120.

393. **Petasites officinalis Mönch. L. sp.** (L. Sch. 1777).

394. **P. tomentosus Ehr. sp.** (Schmidt 1828) an
der Elbe: von Dessau abwärts über Dömitz! bis Blankenese.

395. **Aster Tripolium L.** (T. 1788) Seestrands=
und Salinenpflanze.

A. salicifolius Schol. (= salignus W.) hin und wieder an
Flußufern verwildert; desgl. A. novi Belgii L. bei Grabow am
Bachmühlengraben (Schreiber 1853).

Biotia macrophylla L. sp., eine Nordamerikanerin, ist nach
Schreiber (1853) im Ludwigsluster Schloßgarten verwildert.

396. **Bellis perennis L.** (L. Sch. 1777).

* 397. **Erigeron canadensis L.** (T. 1788) aus Ca=
nada stammend, hat sich in der letzten Hälfte des vorigen
Jahrhunderts völlig eingebürgert.

398. **E. acer L.** (L. Sch. 1777).

399. **Solidago Virga aurea L.** (L. Sch. 1777) S. 120.

* 400. **Inula Helenium L.** (L. Sch. 1777) früher als
officinelle Pflanze cultivirt, hat sie sich zwar eingebürgert,
scheint aber wieder im Aussterben begriffen. Betcke fand
sie noch an der Quelle bei Pohnstorf, auf dem Kirchhofe
zu Bülow am Malchiner See, bei Gevezin und Zahren.

401. **Inula salicina L.** (D. 1797) sehr zerstreuet
in M.: beim Schnatermann unw. Rostock, bei der Wol=
kowschen Gypsmühle unw. Dargun, im Ramelower Holz
unw. Friedland, und häufig auf einer Wiese bei Jarchow
im A. Marnitz. Sie liebt kalkreichen Boden daher auf
Jasmund gemein!

402. **Inula britanica L.** (T. 1795) auf feuchten

Walb- und Seestrandswiesen. Sie kommt auch mit 1 Blüthenkopfe vor, und schon Schultz warnt, solche Ex. nicht etwa für I. hirta zu halten.

403. Pulicaria vulgaris Gärt.; L. sp. (L. Sch. 1777).

404. P. dysenterica L. sp. (T. 1788) fehlt in einzelnen Gegenden, wie z. B. um Schwerin und Grabow.

Galinsogea parviflora Cav. (Langm. 1841), eine Peruanerin, ist jetzt in der Einbürgerung begriffen, und z. B. in den Ludwigsluster Gärten, so wie bei Wandrum unw. Schwerin, schon ein lästiges Unkraut geworden; ebenso bei Hamburg, Berlin (wo sie im 2. Decennium dieses Jahrhunderts dem botanischen Garten entschlüpft ist), Greifswald und in der Prov. Preußen (hier seit 1807 verwildert).

405. Bidens tripartita L. (L. Sch. 1777).

406. B. cernua L. (T. 1788).

Rudbeckia laciniata L. (Brockm. 1853) aus Nordamerika stammend, wird sich gleichfalls einbürgern, wie sie dies schon bei Lübeck und Wandsbeck gethan hat; bei Grabow ist sie schon an mehreren Stellen an der Elbe verwildert.

Helianthus tuberosus L. (Schmidt vor 1828) am hohen Elbufer bei Boizenburg; desgl. in Gärten und an Zäunen im Kirchdorfe Gressow (Klützer Ort) fast verwildert.

407. Filago germanica L. (L. Sch. 1777).

408. F. arvensis L. (L. Sch. 1777).

409. F. minima Fr. (T. 1795 als montana).

410. Gnaphalium sylvaticum L. (L. Sch. 1777).

411. G. uliginosum L. (L. Sch. 1777).

412. G. luteo-album L. (Link 1810) in der Haideebene, aber nicht häufig, z. B. bei Konow! Glaisin, Grabow; desgl. auch in dem kleinen nordöstlichen Haidegebiete.

413. G. dioicum L. (L. Sch. 1777).

414. Helichrysum arenarium L. sp. (T. 1788) S. 120.

17

* 415. Artemisia Absinthium L. (L. Sch. 1777) wahr=
scheinlich nur eingebürgert; sie fehlt auf Pöl und der Halb=
insel Wustrow, und ist in der Wismarschen Strandgegend
sehr selten; im Binnenlande an manchen Orten sehr häu=
fig. S. 41. 112. 121.

416. Artemisia campestris L. (L. Sch. 1777).

β. sericea Fr. in der Nähe des Meeresstrandes.

417. A. vulgaris L. (L. Sch. 1777) S. 121.

418. A. maritima L. (Siems. 1808) Seestrands=
pflanze, häufig z. B. auf Pöl und an d. Wism. Bucht. S. 41.

β. gallica W. an der Wism. Bucht (C. Griew.).

γ. salina W. bei Wismar, nicht bei Dassow.

A. pontica L. (Betcke 1849) bei Penzlin verwildert.

419. Tanacetum vulgare L.(L. Sch.1777). S.35.121!

β. crispum (v. Kamptz 1806) in Zartwitz bei
Mirow.

420. Achillea Ptarmica L. (T. 1788).

421. A. Millefolium L. (L. Sch. 1777). Vergl.
S. 38. 121.

422. Anthemis tinctoria L. (T. 1788) fehlt z. B.
bei Ludwigslust.

* 423. A. arvensis L. (L. Sch. 1777) mit der Saat
eingebürgert.

* 424. A. Cotula L. (T. 1788). Vergl. S. 34.

* 425. Matricaria Chamomilla L. (L. Sch. 1777) als
officinelle Pflanze eingebürgert? S. 121.

426. Chrysanthemum Leucanthemum L. (T. 1788).
Vergl. S. 37.

* 427. Ch. Parthenium Pers.; L. sp. (L. Sch. 1777);
früher als officinelle Pflanze eingebürgert?

* 428. Ch. inodorum L. (T. 1788).

β. maritimum L. (T. 1788) am Seestrande.

* 429. Ch. segetum L. (L. Sch. 1777) früher unter der Saat eine wahre Landplage, jetzt aber durch sorgfältigere Ackerwirthschaft in ihrem Vorkommen schon sehr beschränkt.

430. Arnica montana L. (T. 1788) bei Grabow, Ludwigsluft und Neustadt nicht selten, bei Güstrow in den Röwer Tannen; bei Kummerow; bei Sülz, früher auch bei Krumbeck in einem Gehölz nach der Rehberger Gränze zu. Vergl. S. 41. 121.

431. Senecio campestris Retz sp. (Thede 1828) sehr selten, nur bei Satow unw. Kröpelin gefunden; ob dahin nur zufällig verirrt?

432. S. palustris L. sp. (L. Sch. 1777).

* 433. S. vulgaris L. (L. Sch. 1777). S. 39. 40. 138.

434. S. viscosus L. (T. 1788).

435. S. sylvaticus L. (T. 1788).

436. S. erucaefolius L. (D. 1828) am Elbberge bei Boizenburg, bei Görslow unw. Schwerin, an Wegen und Ackerrändern bei Dassow.

437. S. Jacobaea L. (T. 1788).

β. aqualicus Huds. (Schultz 1806) an der Trave bei Dassow, bei Grabow, Neustadt, Neubrandenburg u. a. O.

γ. barbaraeifolius Krock. (Giesebr. 1837) bei Mirow in der Allee.

438. S. nemorensis L. (C. Griew. 1839. 1828!) am Elbufer bei Vierhof unw. Boizenburg! auf dem Mittelwerder bei Dömitz weit und breit wuchernd (Fiedler); bei

17*

Kummer unw. Ludwigslust in einem Erlengebüsch! (Mabauß), bei Klabow unw. Kriviß! (Willebr.), bei Roftoc, Evers= hagen; zu Neuftrelitz am Zierker See verwildert.

Anm. Ueber die Vereinigung des S. nemorensis und saraco- nicus zu einer einzigen Art f. C. Griewank in Archiv VIII. 185 ff. — Uebrigens scheinen wir in M. beide Formen zu haben, wenigftens erklärt Detharding in einem Briefe an Betcke die am Elbufer vor= kommende Pflanze verschieden von der bei Roftock wachsenden.

439. S. paludosus L. (Schmidt 1828) nur an der Elbe! und ihren Nebenflüssen in der Haideebene.

b. Cynaro-
cephalae.   Calendula officinalis L. (T. 1788) im füdlichen Europa heimisch, zeigt sich mitunter als Gartenflüchtling. S. 33.

Echinops sphaerocephalus L. (Link 1810) ist auf der Schön= insel bei Güftrow verwildert, wie auch an anderen Orten in Nord= deutschland, z. B. auf Jasmund und am Elbufer (bei Lauenburg und im Geb. der Flora von Hamburg).

440. Cirsium lanceolatum L. sp. (L. Sch. 1777).

441. C. palustre L. sp. (L. Sch. 1777).

442. C. acaule L. sp. (L. Sch. 1777) fehlt z. B. bei Ludwigslust.

443. C. oleraceum L. sp. (L. Sch. 1777).

* **444. C. arvense L.** sp. (L. Sch. 1777).

(442 + 43.) C. oleraceo-acaule (Betcke 1857!) zw. Are und Marien unw. Penßlin an der Chauffee!

(441 + 43.) C. hybridum Koch (Betcke 1857!) bei Brusdorf unw. Penßlin! und auf den Wiesen an der Burg bei Penßlin, zwischen den Stammeltern.

Silybum marianum L. sp. (T. 1788) früher unter dem Namen „Stählkührn" d. i. Stechkörner cultivirt, jetzt aber nur noch felten verwildert. S. 39.

* **445. Carduus acanthoides L.** (Nolte c. 1823 sec. **Betcke!).** Bei Kuhlrade unw. Ribnitz (Zabel), bei Wismar

(Wüstnei); bei Puchow unw. Pentzlin! und zwischen Gr. und Kl. Vielen (Betcke). — Ob nur verirrt?

446. C. crispus L. (L. Sch. 1777).

447. C. nutans L. (T. 1788).

C. pycnocephalus Jacq. wurde im Sommer 1855 in einem einzigen Ex. bei Warnemünde an einer Stelle gefunden, wo im voraufgehenden Jahre französischer Ballast ausgeladen war (G. Griewank).

* 448. Onopordon Acanthium L. (T. 1788). Vergl. S. 32.

449. Lappa communis Coss. et Germ., L. sp. (L. Sch. 1777). S. 35. 121.

    α. major Gärt.

    β. minor DC.

    γ. tomentosa Lam.

450. Carlina vulgaris L. (L. Sch. 1777).

451. Serratula tinctoria L. (L. Sch. 1777) zerstreuet durch ganz M.!

452. Jurinea cyanoides Gärtn. sp. (Schmidt 1828) wurde im J. 1811 bei Ramm zwischen Loosen und Lübtheen in der Haibeebene gefunden und ist zwar später dort vergebens gesucht worden, da sie aber in jener Gegend noch in der Karrenziner Haide (zw. Rosin und Neuhaus), aber schon auf hannöverschem Gebiete vorkommt, also dort einen weiteren Verbreitungsbezirk hat, dürfen wir ihr das Bürgerrecht wohl nicht vorenthalten.

453. Centaurea Jacea L. (T. 1788).

454. C. phrygia L. (G. Brück. 1828) früher am Wege von Hansdorf nach Gorow und an mehreren Orten derselben Gegend in Hecken, — neuerdings aber dort von keinem Botaniker (namentlich nicht von Betcke!) gesehen;

im J. 1859 aber hat **Dr.** Weidner sie bei Sülz gefunden. Auch im Gebiet der Flora von Hamburg kommt sie vor.

Anm. C. nigrescens ist bei Detharding zu streichen.

* 455. **C. Cyanus L.** (L. Sch. 1777). S. 40. 121.

456. **C. Scabiosa L.** (L. Sch. 1777). Vergl. S. 35.

457. **C. maculosa Lam.** (T. 1788) nicht selten, namentlich um Neubrandenburg! Penzlin (Belcke), Güstrow, fehlt aber bei Ludwigslust, Schwerin und im nördlichen Mecklenburg, wie auch in Neuvorpommern und auf Rügen.

Anm. Schon im J. 1810 machte Link in s. Micr. darauf aufmerksam, daß die südeuropäische C. paniculata von der in Deutschland bis auf die neueste Zeit so benannten Art sehr wesentlich abweiche.

C. Calcitrapa L. (Arndt 1853) wurde ein einziges Mal auf dem Acker bei dem Neuen Kruge vor Neubrandenburg verirrt gefunden! Mehrfach ist aber mit fremdem Luzernesamen schon

C. solstitialis L. (Prahl 1837) eingeschleppt worden, z. B. bei Boizenburg, Güstrow, Doberan und Mallin (an letzterem Orte zugleich mit Helminthia echioides von Danneel gef.!), — aber sie verschwindet nach einjähriger Dauer immer wieder.

c. **Cichoriaceae.**

458. **Lampsana communis L.** (L. Sch. 1777).

459. **Arnoseris minima L. sp.** (T. 1788).

460. **Cichorium Intybus L.** (L. Sch. 1777).

461. **Thrincia hirta Roth.** (D. 1809) auf Wiesen bei Toitenwinkel, an Ackerrändern hinter Silbemow längs der Warnow, bei Wustrow auf dem Fischlande und bei Dierhagen (Zabel), — aber nicht bei Neustrelitz.

462. **Leontodon autumnalis L.** (L. Sch. 1777).

β. **pratensis Link 1810.**

463. **L. hastilis L.** (L. Sch. 1777).

β. **glabratus.**

464. **Picris hieracioides L.** (T. 1788) bei Dassow

an Wegen und Hecken, zwischen Boltenhagen und Wismar an der Küste häufig, desgl. bei Karenz (Griew.), bei Malchin an Ackerrändern, bei Pentzlin an der Vieler Mühle und dem Stadthofe, bei Wolbeck an der Wolfshagenschen Gränze. — Bei Schwerin und Güstrow scheint sie zu fehlen.

Helminthia echioides L. sp. (D. 1828) wird hin und wieder aus dem südlichen Europa durch Ballast (bei Warnemünde) und durch Luzernesamen (z. B. bei Malin!) eingeschleppt, verschwindet aber bald wieder.

465. Tragopogon major Jacq. (D. 1809) bei Dömitz, Rostock auf dem Stadtwalle, an der Ostseeküste bei Harkensee, Elmenhorst u. a. O.

T. porrifolius L. (T. 1788) bei Rostock, Malchin, Gublow, Ludwigslust, Ankershagen, ist wohl nur ein Gartenflüchtling.

466. T. pratensis L. (L. Sch. 1777) stellenweise sehr häufig.

467. Scorzonera humilis L. (T. 1788) auf Seestrandswiesen bei Warnemünde, bei Sülz (Weidner), Malchin auf Wiesen am Grammentinschen Holze, bei Güstrow in den Röwer Tannen, im Gebiete der Flora von Grabow auf dürrem Sandboden, wo sie aber z. B. bei Ludwigslust schon ausgerottet zu sein scheint.

468. Hypochoeris glabra L. (Deth. 1810) auf sandigen Aeckern in der Haideebene, bei Schwerin auf dem Kalkwerder und bei Zippendorf, bei Güstrow, Elmenhorst, Dietrichshagen unw. Rostock, und Mirow.

469. H. radicata L. (L. Sch. 1777) weit verbreitet, selbst am Seestrande.

β. glaberrima F. Schultz 1837 bei der Zirzower Mühle unw. Neubrandenburg.

470. Achyrophorus maculatus L. sp. (T. 1788)

nicht häufig: z. B. bei Neubrandenburg a. m. O.! bei
Remplin auf den höchsten Hügeln (Betcke), bei der Wol=
kowschen Gypsmühle (Zab.), Sülz (Weibn.), Parchim,
Grabow u. a. O. in der Haideebene.

**471. Taraxacum officinale Wig.; L. sp. (L. Sch.
1777). Vergl. S. 31. 122.**

β. **lividum Koch** auf Seestrandswiesen bei
Dassow und Warnemünde häufig, — aber auch im Bin=
nenlande?

472. Chondrilla juncea L. (T. 1788).

β. **latifolia M. B.** (= acanthophylla Deth.) am
sandigen Ostseestrande häufig, aber auch auf den Hamber=
gen bei Grevismühlen, bei Grabow und Boizenburg.

473. Lactuca Scariola L. (T. 1788): Dömitz auf
den Festungswällen (Fiedler), Malchin vor dem Mühlen=
thore, Penzlin (Betcke), Güstrow, Schwerin, Cosa=Broma
umw. Friedland. S. 138.

474. L. muralis L. sp. (L. Sch. 1777).

L. virosa L. (T. 1795), im südlichen Europa heimisch, wurde
vor mehr als 60 Jahren bei Sternberg verwildert gefunden; ob sie
diesen Standort behauptet hat, ist mir nicht bekannt. S. 138.

* **475. Sonchus oleraceus L. (L. Sch. 1777). Vergl. S. 39.**
* **476. S. asper Will. (T. 1788).**

Anm. Nach Link (Mscr.) unterschiede sich diese Art von der
vorigen, außer durch die in den Floren angegebenen Kennzeichen, auch
noch durch die spindelförmige Wurzel, während S. oler. eine vielfach
zertheilte habe — Ich selbst kann das Geständniß nicht unterdrücken,
daß es mir überhaupt mit der specifischen Trennung beider Arten
noch etwas mißlich vorkommt.

477. S. arvensis L. (L. Sch. 1777).

β. intermedius Brückn. mit kahlen Blüthen=
stielen und Hauptkelchen, z. B. bei Neubrandenburg.

γ. maritimus caule 1-2 floro, simplici, 1-pe-
dali, foliis integerrimis, acute denticulatis (Deth.) auf
salzhaltigen Strandwiesen.

478. S. palustris L. (Link 1808) wurde bisher nur
im nördlichen M. gefunden: am Dassower See, am Ufer
der Stepenitz und der Warnow (bei Marienehe), am Torf=
graben bei Markgrafenhaide und in sumpfigen Gräben bei
Toitenwinkel.

479. Crepis biennis L. (T. 1788) soll im nörd=
lichen M. seltner vorkommen, als im südlichen, doch ist
sie auch dort an einzelnen Orten häufig, wie z. B. bei
Wismar am Wege nach Pöl (C. Griew.).

480. C. tectorum L. (T. 1788).

β. integrifolia Link 1810 = stricta Schultz.

481. C. virens Will. (Link 1810).

β. pinnatifida W.

482. C. paludosa L. sp. (T. 1788).

483. Hieracium Pilosella L. (L. Sch. 1777).

β.? stoloniflorum W. K.? (Madauss 1841) nach
Langmann von Mabauß bei Lutheran unw. Lübz gefunden.

Anm. Die Var. pilosissimum bei Deth. ist zu streichen, s.
Griew. krit. Studien S. 31.

484. H. Auricula L. (T. 1788) häufiger im öst=
lichen M., westlich von Schwerin noch nicht gefunden.

(483 + 84.) H. Pilosello-Auricula G. Griew. 1856,
krit. Studien S. 33, hin und wieder zw. den Stammeltern.

485. H. praealtum Will. (Betcke 1828) in einer
Bachschlucht bei Dassow, selten; bei Malchin auf dem

neuen Rücken, um Pentzlin nicht selten; Neubrandenburg vor dem Trollenhägener Holze rechts nach Neverin zu, im Schloßgarten zu Hohenzieritz.

486. **H. Rothianum Wallr.** (Betcke 1828 als echioides) bei Malchin (nicht Pentzlin) auf dem neuen Kirchhofe und an der Stadtmauer.

487. **H. pratense Tausch.** (Schultz 1806) bei Neubrandenburg auf den Birkbuschwiesen, bei Schwerin an der Wismarschen Chaussee auf der Wadewiese, im Gebiete der Flora von Grabow, bei Güstrow auf dem Rosiner Torfmoor, bei Malchin, Burg Schlitz, Mollensdorf, Pentzlin.

488. **H. murorum L.** (L. Sch. 1777).

    β. **sylvaticum Koch.**

    γ. **polyphyllum Neilr.** = vulgatum Fr.

489. **H. sabaudum L. Neilr.** (T. 1788).

    α. **boreale Fr.**

    β. **rigidum Hartm.**

490. **H. umbellatum L.** (T. 1788).

Anm. In keiner anderen Familie geschieht das Verwildern und Einbürgern so leicht, wie in dieser, weil die meist mit einer Federkrone versehenen Früchtchen durch den Wind fortgeführt und weit verstreuet werden. Daher ist auch in keiner Familie der ursprüngliche Bestand der Flora so schwierig fest zu stellen, weil manche als einheimische Pflanzen erscheinende, wohl nur eingebürgerte, früher zu verschiedenen Zwecken cultivirte Pflanzen sind, die jetzt freilich schon lange nicht mehr angebauet werden. Sollten daher anderen Botanikern der von mir gebrauchten Sterne zu viele oder zu wenige scheinen, so will ich darüber nicht streiten.

51. Ambrosi-
aceae

  * **491. Xanthium Strumarium L.** (T. 1788), früher häufig in M. eingebürgert, jetzt aber hier, wie auch in anderen deutschen Ländern (z. B. in Württemberg) immer

mehr verschwindend, in Schweden (nach Fries) sogar
schon ganz ausgestorben. Ich habe es lange auf meinen
Excursionen nicht gesehen, bis ich es im J. 1856 bei Kl.
Nemerow, wo Schultz es schon vor mehr als funfzig
Jahren sammelte, wieder fand. Als anderweitige Standorte werden genannt: Warnemünde, Malchin häufig (T.
1788), Neubrandenburg an der Stadtmauer (Schultz 1806,
— verschwunden?), Pleetz (! 1835), Güstrow in der
Schnoien Vorstadt (Pr. 1837), Lübkow bei Penzlin,
Boizenburg auf Sandbünen häufig (1828 C. Griew.).
Bei Dömitz (Fiedler) und Ludwigslust (G. Brück.) ist es
verschwunden, und scheint im Gebiete der Floren von Grabow und Schwerin ganz zu fehlen.

492. **Lobelia Dortmanna** L. (Nolte c. 1823) im
Mechower See im Ratzeburgischen; sie ist zwar später von
keinem meklb. Botaniker weiter gesehen, und namentlich
von C. Griewank und Willebrand dort im J. 1837 ver-
geblich gesucht worden; da aber ihr Fund auf guter Autorität beruhet und sie in dem angränzenden Holstein einen
weiteren Verbreitungsbezirk hat, darf ihr das Bürgerrecht
wohl nicht vorenthalten werden.

493. **Jasione montana** L. (L. Sch. 1777).

    β. **major** = **perennis** Deth.

    γ. **litoralis** Fr.

494. **Phyteuma spicatum** L. (T. 1788).

495. **Campanula rotundifolia** L. (L. Sch. 1777).

496. **C. patula** L. (L. Sch. 1777).

* 497. **C. Rapunculus** L. (Link 1795) in der Haideebene nicht selten, bei Wustrow (am Salzhaff?); im öst-

52. Lobelia-ceae.

53. Campa-nulaceae.

lichen M. nur in dem Raume zwischen Wendorf, Ankers=
hagen und Zahren unweit Penzlin. — Eingebürgert?

498. **C. persicifolia** L. (T. 1788).

499. **C. bononiensis** L. (Schultz 1819) in der
nördlichen Hälfte von M. Strelitz nicht selten, besonders
um die Tolense herum auf Hügeln und in Schluchten!
außerdem bei Penzlin, Kargow unweit Waren, Rostock
u. a. O., — fehlt aber im Halbe= und Sandgebiet, wie
auch bei Güstrow und Schwerin.

* 500. **C. rapunculoides** L. (L. Sch. 1777).

501. **C. Trachelium** L. (L. Sch. 1777).

502. **C. latifolia** L. (Schultz 1806) bei Neubran=
denburg a. m. O.! Ribnitz, Kröpelin, A. Karin, Dassow
in vielen Gehölzen, namentlich in einem Bruche zwischen
Harkensee und Rosenhagen (E. Griew.).

503. **C. Cervicaria** L. (Schultz 1806) sehr selten
in M., — ich selbst habe sie nie gefunden und ich kann
auch nur einen einzigen Fundort angeben, wo sie gewiß
vorkommt, nämlich ein Gehölz zwischen Jägerhof, Karls=
ruh und Schmachtenhagen unweit Waren, wo Hr. Drewes
in Güstrow (in dessen Herbarium ich ein dieser Localität
entstammendes Exemplar gesehen haben,) sie im J. 1842
gesammelt hat; nach einer neueren Mittheilung des Herrn
Pastor Reuter in Jabel (gest. 1860) käme sie in jenem Gehölze
an der Landstraße von Waren nach Gr. Giewitz sogar in
großer Menge vor.

Anm. Alle anderen von früheren Floristen angegebenen Fundorte werden zu streichen sein, indem die Pflanze an manchen ausgerottet sein mag, an anderen aber mit der folgenden Art verwechselt
worden ist. — Schultz will sie bei Ballin unw. Stargard gefunden

haben, — es fehlte aber (nach Link Mscr.) der Beweis dafür in seinem Herbarium.

504. **C. glomerata** L. (L. Sch. 1777) fehlt in der Halbebene und im Klützer Ort; bei Wismar kommt sie schon vor und ist im östlichen M. weit verbreitet!

Specularia Speculum L. sp. (Schreiber 1853) wurde bei Grabow und Dassow mit der Saat eingeschleppt; an letzterem Orte bemerkte C. Griewank sie zuerst im J. 1839, und auch im vorigen Jahre fand er sie dort und auch auf der Feldmark von Rosenhagen in großer Menge unter dem Raps.

505. **Vaccinium Myrtillus** L. (L. Sch. 1777). 54. Vaccinieae.
Vergl. S. 30. 31. 111. 122.

506. **V. uliginosum** L. (L. Sch. 1777) besonders häufig in der Halbebene! aber auch in anderen Landestheilen vorkommend. — Vergl. Bulgraben S. 31.

507. **V. Vitis Idaea** L. (T. 1791) in den Haide- und Sandgegenden weit verbreitet und stellenweise sehr häufig; — Vergl. S. 30. 35. 111.

508. **V. Oxycoccos** L. (L. Sch. 1777). S. 35.

509. **Arctostaphylos Uva ursi** L. sp. (Weigel 1828) 55. Ericineae.
auf dem Fischlande; in der Dobertiner Haide am Wege von Schwinz nach Sandhof; zwischen Picher und Kraak, bei Grabow in den Tannen zwischen der Stadtziegelei und Gr. Laasch. Fehlt in M. Strelitz.

510. **Andromeda polifolia** L. (L. Sch. 1777).

511. **Calluna vulgaris** L. sp. (L. Sch. 1777).

512. **Erica Tetralix** L. (T. 1791) häufig in den Haidegegenden! auch bei Warnemünde, Markgrafenhaide und Sülz; fehlt in M. Strelitz.

513. **Ledum palustre** L. (L. Sch. 1777). — Vergl. Porst S. 37, ein Name der wahrscheinlich slavischen Ur-

sprungs ist, denn im Russischen bezeichnet **Porosst** Strauch=
werk auf Wiesen. S. 122. 138.

514. **Pyrola rotundifolia L.** (L. Sch. 1777) bei
Neubrandenburg im Brüderbruch! von Nolte häufig bei
der Ziegelei nördlich vom Plauer See im Moor gefunden,
— von Wüstnei auch im Steinfelder Holz bei Schwerin.
Von den älteren einheimischen Botanikern ist sie meist mit
der folgenden verwechselt worden.

515. **P. chlorantha Sw.** (Link 1810).

516. **P. minor L.** (T. 1788), sogar in den Dünen=
kesseln bei Warnemünde.

517. **P. secunda L.** (T. 1788).

518. **P. uniflora L.** (T. 1788).

519. **P. umbellata L.** (T. 1788) im Gebiete der
Sandflora nicht selten! aber auch in den Tannen bei
Basedow (Betcke) und Rothenmoor! bei Brudersdorf.

Anm. P. media Sw., mit welcher uns die Floristen beschenken,
ist zu streichen, denn Betckes Vermuthung (Archiv V. 212), daß die
von Detharding, Link u. a. angeführte P. media nichts anderes als
P. chlorantha sei, wird durch eine anscheinend von Blandows Hand
in Timms Exemplar seines Prodromus hineingeschriebene Diagnose
bestätigt, woraus hervorgeht, daß unsere älteren Botaniker der P.
chlorantha jenen Namen beilegt. Auch Detharding selbst hat spä=
ter brieflich gegen Betcke seine Angabe im Conspectus zurückge=
nommen.

56. Monotro-
peae.

520. **Monotropa Hypopithys L.** (T. 1788).

β. hirsuta z. B. bei Ankershagen (Betcke).

57. Aquifoli-
aceae.

521. **Ilex Aquifolium L.** (T. 1788) in der Haide=
ebene! nicht selten, bei Loosen z. B. mindestens 16' hoch;
bei Güstrow im Primer; in den Wäldern bei Ribnitz und
auf dem Fischlande (Zabel). Vergl. Hülsbusch S. 34.

522. Fraxinus excelsior L. (L. Sch. 1777). S. 29. 58. Oleaceae.

Ligustrum vulgare L. (L. Sch. 1777) cultivirt und verwildert z. B. auf dem Windmühlenberge bei Remplin (Zabel).

523. Cynanchum Vincetoxicum L. sp. (L. Sch. 59. Asclepiadeae. 1777) auf der Insel Buchwerder im Dassower See, auf Pöl, bei Boizenburg, Neubrandenburg häufig! Scheint im Gebiete der Floren von Schwerin, Grabow, Ludwigslust, Güstrow und Malchin zu fehlen. S. 138.

524. Vinca minor L. (T. 1788) bei Boizenburg am 60. Apocyneae. Schloßberge, Ludwigslust zwischen Warlow und Picher, Malchin auf dem Stadtwalle, im Rempliner Laubwalde unweit des Saatenberges, im Schwandter Buchholz nach Lübershof hin, in der Mildenitzer Haide; bei Neubrandenburg hinter dem hohen Ufer, wo ich die Pflanze vor etwa 20 Jahren häufig fand, habe ich sie neuerdings vergebens gesucht, ohne daß diese Localität anderweitige Veränderungen erlitten hätte. (S. 41.)

525. Menyanthes trifoliata L. (L. Sch. 1777). S. 32. 122. 61. Gentianeae.

526. Limnanthemum nymphaeoides L. sp. (Crome 1809) bei Dömitz in der Elbe beim Brodaer Haken und im schwarzen Wasser bei Polz; bei Boizenburg in Wassergräben und in der Sude häufig; früher auch im Schweriner See, wo sie aber nicht mehr vorhanden zu sein scheint. Fehlt in M. Strelitz.

527. Sweertia perennis L. (T. 1788) bei Parchim auf den Slater Wiesen, Sternberg, Wamkow, Barkow unweit Plau; auf den Recknitz- und Trebelwiesen; bei Malchin, Neubrandenburg auf den Birkbuschwiesen! Galenbeck unw. Friedland bei der Teufelsbrücke.

528. Gentiana cruciata L. (T. 1788) bei Malchin,

Nemplin und Faulenrost; Neubrandenberg am Datzberge! und zwischen den Bergen am Wege nach Neverin! am Prilwitzer und Weisdiner Schloßberge.

529. **Gentiana Pneumonanthe L.** (Blandow 1806) in der Haideebene häufig! aber auch bei Schwerin, Goldberg, Mirow und im Häschendorfer Holz bei Rostock.

530. **Gentiana campestris L.** (L. Sch. 1777). S. 40. 122.

531. **Gentiana Amarella L.** (A. Brück. 1803) und zwar die Form **uliginosa W.** bei Neubrandenburg auf dem alten Turnplatze! im Brüderbruch und auf den Wiesen bei der Krappmühle; bei Pleetz (unweit Friedland) auf der Pferdewiese! Malchin auf den Wiesen am Basedower Scheidegraben; bei Markgrafenhaide; bei Dassow auf Salzwiesen und benarbten Stellen der Ostseeküste.

Anm. Eine Vereinigung unserer Art mit der mittel- und süddeutschen, von ihr habituell so verschiedenen G. germanica W. kann ich nicht für gerechtfertigt halten, zumal bei der weiten Verbreitung der Amarella in Meklenburg und der Mark, sie sich immer gleich bleibt und niemals eine G. germanica daraus wird. — An meinen Exemplaren aus der Umgegend von Neubrandenburg und Berlin sind die linear-lanzettförmigen Kelchzipfel ungemein lang, fast von der Länge der Blumenkrone selbst. — Sie wird nie so üppig als die schöne G. germanica, welche ich in den baierischen Alpen in Ex. von 1' Höhe und mit 90, zum Theil 1" langen Blüthen gesammelt habe.

532. **Cicendia filiformis L. sp.** (Crome 1828) in der ganzen Haideebene in feuchten Gräben auf Moorboden! aber auch bei Marnitz und auf feuchten, sandigen Wiesen bei Schwan.

533. **Erythraea Centaurium L. sp.** (L. Sch. 1777) häufig durch ganz M. — Vergl. S. 40. 122.

534. **Erythraea linariaefolia Pers.** (Link 1808) auf Salzwiesen am Seestrande bei Warnemünde und Dassow.

535. **Erythraea ramosissima Pers.** (Link 1806) durch ganz Mecklenburg zerstreuet, aber nicht häufig.

β. **pulchella Sw. sp., caule subsimplici, plerumque unifloro** (Link 1806) auf Salzwiesen am Seestrande, bei Sülz (Weibner).

536. **Polemonium coeruleum L.** (Schreib. 1853), bei Grabow verwilbert, im Trebelthale an mehreren Orten in Erlenbrüchern ziemlich häufig, z. B. bei Wasbow, Tangrim, Karlsthal bis Eichenthal, anscheinend wild (Weibner).

62. Polemoniaceae.

Collomia grandiflora Dougl., nicht linearis Nutt. (F. Timm 1851) eine im nordwestlichen Amerika heimische Pflanze, kommt bei den Basebower Tannen in großer Menge vor, wahrscheinlich dem Basebower Schloßgarten entflohen, und scheint Lust zu haben sich in M. einzubürgern.

537. **Convolvulus sepium L.** (L. Sch. 1777). S. 40.

538. **Convolvulus arvensis L.** (L. Sch. 1777). S. 41.

63. Convolvulaceae.

Anm. C. Soldanella L., mit welcher uns einige deutsche Floren beschenken, ist zu streichen. — Dagegen wird ohne Zweifel der aus Sibirien stammende C. davuricus Siems., welchen man unter dem Namen der perennirenden Winde seit etwa 10 Jahren allgemeiner in den Gärten zieht, sich in unserer Flora noch vollständig einbürgern. Schon in den Gärten wuchert er fast ärger als der Hopfen, so daß er dort nur mit großer Aufmerksamkeit und nach jahrelangem Kampfe wieder zu vertilgen ist; wie wird er dann erst, wenn es ihm einmal dem Garten zu entschlüpfen gelingt, im Freien um sich greifen, wo Niemand ihn in Schranken zu halten oder auszurotten strebt?

539. **Cuscuta europaea L.** (L. Sch. 1777). S. 40.

540. **Cuscuta Epithymum L.** = C. Trifolii Babing. (Siems. 1828) nur im westlichen und südwestlichen M.

bis jetzt gefunden: auf Kleefeldern bei Dassow, wo sie besonders zur Zeit der Nachmahd ganze Felder überzieht und zerstört; auf Wiesen bei Grabow, Ludwigslust, Jasnitz, Schwerin und Sternberg.

* 541. **Cuscuta Epilinum Weihe (D. 1828)** bei Grabow, Güstrow, Malchin u. a. O. auf Flachsfeldern, mit Leinsamen eingeführt.

542. **Cuscuta monogyna Vahl. (Griew. 1839. 1828!)** wurde zwar nur einmal bei Altenhof unw. Boizenburg auf **Salix viminalis** gefunden, da sie aber von dort abwärts an der Elbe bis in das Gebiet der Flora von Hamburg vorkommt, dürfen wir ihr die Aufnahme unter die Bürger der Flora wohl nicht weigern.

Anm. Die Cuscutina suaveolens Ser. (hassiaca Pfeif), welche sich seit 1843 im mittleren Deutschland, besonders unter der Luzerne, an vielen Orten zu Zeiten massenweise eingefunden hat, ist in Mecklenburg noch nicht gesehen worden. Sie stammt aus dem südlichen Amerika und ihre Uebersiedlung nach Deutschland ist den Botanikern sehr räthselhaft gewesen. Vielleicht bin ich im Stande etwas zur Lösung dieses Räthsels beitragen zu können. Zwischen den J. 1830 und 40, etwa um die Mitte jenes Decenniums, wurden den deutschen Landwirthen vielfältig in den öffentlichen Blättern einige neue südamerikanische Futterkräuter als ganz vorzüglich angepriesen, welche auch zum Anbau in Deutschland geeignet seien. Darunter befand sich auch eins, welches den Namen Alfalfa führte, und welches ein mir verwandter mecklb. Landmann sich in Folge jener Anpreisungen zusammen mit Paspalum stoloniferum und einem Tripsacum, aus Valparaiso kommen ließ. Als besagte Alfalfa angelangte, erwies es sich aber, daß sie nichts anderes sei, als die längst bekannte — Luzerne, welche in Folge dieser Entdeckung, wenn ich nicht irre, nun gar nicht ausgesäet wurde. Vielleicht haben andere mitteldeutsche Landwirthe sich auf gleiche Weise täuschen lassen und Alfalfa aus Süd-Amerika bezogen, welche ihnen dann wahrscheinlich die C. sua-

veolens als ein der Luzerne dort beigeselltes Unkraut mitgebracht
haben wird.

543. **Asperugo procumbens L. (L. Sch. 1777).** 64 Boragi-
Ruderalpflanze, z. B. bei Neubrandenburg am Stadthofe neae.
sehr häufig! desgl. bei Penzlin und Malchin (Betcke),
Dargun (Struck), Medow unweit Goldberg, selten bei
Schwerin. — In der Haideebene scheint diese Pflanze zu
fehlen.

544. **Echinospermum Lappula L. sp.** (T. 1795)
Malchin zwischen den Scheunen vor dem Steinthore, an
der Friedländer Stadtmauer (1803), bei Milbenitz unw.
Wolbeck an der Wolfsh. Gränze auf der Mauer bei dem
alten Thurme (1806); früher auch auf der Ballaststelle
bei Warnemünde.

Anm. Ich habe diese Pflanze in M. noch niemals lebend beobachtet, auch ist sie in neuerer Zeit von keinem unserer Botaniker
wieder erwähnt worden. Ob sie an jenen Standorten noch vorhanden
sein mag? Da sie auf Arkona, bei Demmin und Prenzlau, so wie
auch auf den Rildersdorfer Kalkbergen (wo ich sie selbst gesammelt,)
vorkommt, — also weit im nordöstlichen Deutschland verbreitet ist,
halte ich sie für eine wirklich hier heimische Art.

545. **Cynoglossum officinale L. (L. Sch. 1777).**
S. 122. 137.

Omphalodes verna Mönch. (Wredow 1809) hin und wieder
verwildert, z. B. bei Wittenburg, im Ludwigsluster Schloßgarten.

Borago officinalis L. auf Schuttstellen verwildert, soll aus dem
Oriente stammen.

546. **Anchusa officinalis L. (L. Sch. 1777);** sie
variirt mit etwas größeren, weißen Blumen.

* 547. **Anchusa arvensis L. sp. (L. Sch. 1777)** eingeb.

Nonnea pulla L. sp. (O. Danneel 1849) bei Dargun auf der
Feldmark des alten Bauhofes am Rande einer Mergelgrube; in der

18*

Ludwigsluster Baumschule, aber nur einmal gefunden. Wahrscheinlich ist diese Pflanze nur zufällig eingeschleppt worden.

548. **Symphytum offficinale** L.(L. Sch. 1777). S. 112.

549. **Echium vulgare** L. (L. Sch. 1777).

550. **Pulmonaria officinalis** L. (L. Sch. 1777) häufig in M., nur in der Haideebene selten. S. 122.

Anm. P. oblongata Schrad., von Langmann auf Betcke's Autorität aufgeführt, ist zu streichen, da letzterer bei weiterer Beobachtung gefunden hat, daß die anfänglich für oblongata gehaltenen Pflanzen sich zur P. officinalis herausbildeten. — Ob Detharbings P. officinalis β (omnibus partibus quadruplo minor et multo hirsutior, foliis immaculatis, radicalibus ovato-lanceolatis in petiolum productis, nec cordatis, vix unciam longis) wirklich P. angustifolia L. sei, weiß ich nicht, da sie mir noch nicht zu Gesichte gekommen ist; sie soll bei Lüssow (im Predigerholz) und Striesdorf unw. Güstrow wachsen.

* 551. **Lithospermum officinale** L. (L. Sch. 1777) fehlt im Gebiete der Floren von Grabow, Ludwigslust und Güstrow? eingebürgert?

* 552. **Lithospermum arvense** L. (L. Sch. 1777) eingebürgert.

553. **Myosotis palustris** With. (L. Sch. 1777).

β. caespitosa Schultz (1819) kann ich mit Döll nur für eine Varietät der sehr veränderlichen Stammform halten; sie findet sich sogar am Seestrande bei Warnemünde und Dassow.

554. **Myosotis sylvatica** Hoffm. (D. 1828).

555. **Myosotis intermedia** (Link 1808).

556. **Myosotis hispida** Schlecht. (T. 1788?)

557. **Myosotis versicolor** Pers. (D. 1828).

558. **Myosotis stricta** Link (Schultz 1819).

559. **Myosotis sparsiflora** Mik. (Schultz 1837) bis-

her nur in M. Strelitz gefunden: bei Friedrichshof und bei Neustrelitz in der Schloßkoppel. — Ihr anderweitiger nächster Standort ist im Geb. der Flora von Hamburg.

* 560. **Solanum nigrum** L. (L. Sch. 1777) allgemein eingebürgert. S. 138.

β. **miniatum Bernh.** (Schultz 1837) bei Neustrelitz und bei Dassow am Travenfer; beim Sandfruge zw. Wismar und Klütz (Weidner).

γ. **humile Bernh.** (John 1837) bei Güstrow und häufig im Predigergarten zu Klaber bei Kritz, wo die Stammform gänzlich fehlt (Willebrand 1856).

561. **Solanum Dulcamara** L. (L. Sch. 1777). S. 30. 122. 138.

Physalis Alkekengi L. (T. 1795), Nicandra physaloides Gärt. (C. Griew. 1829!) und Atropa Belladonna L. (Anon. 1783) cult. und verwildert; dasselbe ist mit Lycium barbarum L. (Lgm. 1841) der Fall.

* 562. **Hyoscyamus niger** L. (L. Sch. 1777) ist wohl nur eingebürgert. Vergl. Dull Billerfrut S. 32. 122. 136.

β. **agrestis Kit.**

* 563. **Datura Stramonium** L. (L. Sch. 1777) eingebürgert auf Schuttstellen, aber in seinem Vorkommen sehr unbeständig. — Vergl. Stähkührn S. 39. 123. 129. 136.

564. **Verbascum Thapsus** L. (L. Sch. 1777). S. 123.

565. **V. phlomoides L., G. Meyer, Neilrich** (Schultz 1819) bei Neubrandenburg hinter Belvedere, Roga unw. Friedland, im Prilwitzer Schloßgarten, Grabow auf dem Kirchhofe und beim Schießhause, W. Wehningen, Bolzenburg am Schlosse und Elbberge.

β. **thapsiforme Schrad.** (Schultz 1819) in

65 Solanaceae.

66. Scrophularineae.

a. Verbasceae.

manchen Gegenden, z. B. bei Neubrandenburg, sehr gemein, viel häufiger als die Stammform und **Thapsus.**

566. V. **Lychnitis** L. (Brück. 1803) bei Neubrandenburg auf dem Walle und bei der Papiermühle, bei Neustrelitz, Wittenhagen (unw. Feldberg) am Wege nach Tornowhof, Grabow u. s. w.

β. album Link 1810 = V. Moenchii Schultz 1819, bei Stargard am Schloßberge sehr häufig, wo es schon im J. 1810 beobachtet wurde und ich es auch noch in den J. 1838 und 1855 fand, und zwar ausschließlich diese Var., nicht aber die gelbblühende Stammart; Link fand sie auch bei Neustrelitz und im Rempliner Park.

567. Verbascum **nigrum** L. (L. Sch. 1777) sehr gemein, — z. B. auch auf dem Starg. Schloßberge.

β. bractealum G. Meyer, und zwar flor. albis.
Anm. Diese schöne Var. fand ich am 30. Juli 1855 an der Chaussee bei Molzow in zwei Exemplaren inmitten zahlreicher Exemplare der Stammform, welche dort in der ganzen Gegend südlich vom Malchiner See auf dem mergelhaltigen Boden unter den Verbascis vorherrscht, während auf dem sandigen Boden in der Nähe von Waren V. thapsiforme entschieden das Uebergewicht bekommt.

(565 + 566.) V. **thapsiforme - Lychnitis** Schiede (ramigerum Schr. Link 1810) bei Stargard auf dem Schloßberge von Schultz in einem einzigen Ex. gefunden; bei Penzlin, bei Klink a. d. Müritz.

(564 + 567.) V. **Thapso-nigrum** Schiede (collinum Schr. Schultz 1819) bei Neubrandenburg a. m. O.! im Dorfe Basedow; bei Grabow a. m. O.; auf der Insel Buchwerder im Dassower See.

(565 + 567.) V. **thapsiforme-nigrum** Schiede (adulterinum Koch. Brockm. 1853) bei Grabow unw. des

Bahnhofes in 1 Ex. zwischen den Stammeltern; auch bei Klabow fand es Willebrand 1854 in einem Exemplare.

(565 + 567.) **V. nigro-phlomoides Brockm.** 1855 (collino-nigrum Brockm. im Archiv VII. S. 257) auf dem Grabower Kirchhofe zwischen den Stammeltern. — Vergl. Brockmüller in den Archives de la Flore de France et d'Allemagne 1855 p. 35.

(566 + 567) **V. nigro-Lychnitis Schiede (Schultz** 1819 S. 15) bei Stargard am Schloßberge.

Anm. Einzelne Localitäten, wie der Starg. Schloßberg und einige Orte bei Grabow, begünstigen die Bastardbildungen sehr, da die Stammeltern dort auf einem kleinen Raume zusammengedrängt vorkommen.

V. speciosum Schrad. (Schreib. 1853) wurde im Ludwigsluster Schloßgarten verwildert gefunden, besgleichen

V. Blattaria L. (Brock. 1852) bei der Dömitzer Ziegelei, wohin der Same, nach Dr. Fieblers Urtheil, durch eine Elb-Ueberschwemmung gelangt war.

568. **Scrophularia nodosa L. (L. Sch. 1777).**   b. Antirrhineae.

569. **Scrophularia aquatica L. var. Ehrharti Stev.** (T. 1788).

Scr. vernalis L. (Danneel 1849) verwildert bei Teterow, Grabow und Ludwigslust.

570. **Gratiola officinalis L. (T. 1788)** häufig auf den Wiesen der Haideebene, aber auch bei Schwerin, Warnemünde und Schlage unw. Rostock. S. 138.

571. **Digitalis ambigua Murr. (Schmidtl 1836)** in einem Walde zwischen Wrechen und Schönhof unw. Feldberg; im Wildpark bei Neustrelitz (Weidner); in einem Buchenwalde am Kölpin-See; auf einer Waldwiese zw. dem Primer und Ruhner Berg bei Marnitz; im Poiten-

rorfer Holz bei Grabow; im Steinfelder Holz bei Schwerin. S. 138.

* 572. **Antirrhinum Orontium L.** (Thede 1809) auf
fandigen Aeckern bei Daffow, Warin und in der Haideebene eingebürgert.

* 573. **Linaria minor L. sp.** (T. 1788) an dem
steinigen Seestrande bei dem h. Damme nach Rethwisch
zu; auch als Unkraut in Gärten und auf Aeckern eingebürgert, obgleich nicht häufig, z. B. bei Remplin auf Aeckern
(Betcke), zu Neubrandenburg in Gärten!

* 574. **Linaria Elatine L. sp.** (Thede 1806) bei
Schössin und Daffow nach der Ernte auf den Feldern;
eingebürgert.

L. arvensis L. sp. (Drewes 1841) bei Wrebenhagen und Below,
ist wahrscheinlich nur zufällig mit der Saat eingeschleppt.

* 575. **Linaria vulgaris Mill. L. sp.** (L. Sch. 1777)
halte ich gleichfalls nur für eine eingebürgerte Pflanze. S. 123.
Anm. L. Loeselii kommt in M. nicht vor; vergl. Archiv V. S. 166.

576. **Veronica scutellata L.** (T. 1788); auch bei
Warnemünde.

577. **Veronica Anagallis L.** (T. 1788).

578. **Veronica Beccabunga L.** (L. Sch. 1777)
S. 36. 123.

579. **Veronica Chamaedrys L.** (L. Sch. 1777).

580. **Veronica montana L.** (Thede 1806) bei Grabow im Werler und Beckentiner Holz, Schwerin auf dem
Werder, in der Zickhufer Forst, im Primer bei Güstrow,
im Rempliner und Kalenschen Holz bei Malchin, in der
Bürgerhorst bei Neustrelitz.

581. **Veronica officinalis L.** (L. Sch. 1777). S. 123.

582. Veronica latifolia L. (T. 1788) im östlichen
M. nicht selten, (um Malchin und Neubrandenburg! sehr
häufig,) scheint im Gebiete der Floren von Güstrow und
Schwerin zu fehlen und auch in der Grabower Flora (wie
Schreiber dies Gebiet abgegränzt hat,) nur an einer ein-
zigen Stelle, nämlich bei Ludwigslust, vorzukommen.

Anm. Ob auch die var. prostrata L. (Such 1841) auf der
Schäferwiese bei der Useriner Mühle vorkommt, bedarf noch der Bestätigung; in der Mark. im Gebiete der Berliner Flora gemeinschaftlich mit Potentilla verna (cinerea) und Euphorbia Cyparissias auftretend, deren Verbreitungsbezirk sich bis in das südliche san-
dige M. Strelitz herein erstreckt, dürften wir sie auch hier erwarten.

583. Veronica longifolia L. (Brück. 1803) Neubrandenburg auf den Birkbuschwiesen am Tolenseufer! Neustrelitz am Wege nach Gr. Quassow im Graben beim
Torfbruch, bei Sülz (Koch), am Ufer der Elbe! und ihrer
Nebenflüsse in der Haideebene.

584. Veronica spicata L. (T. 1788) namentlich im
östlichen M. (z. B. bei Neubrandenburg!) nicht selten.

β. laxiflora (E. Boll 1855) mit lockerblütiger
Traube, deren übereinander stehende Blumen durch ansehnliche Zwischenräume getrennt sind; der Stengel ist nach
oben zu etwas kantig. Im Nemerower Holz bei Neubrandenburg unweit des hohen Ufers; Juni 1855.

585. Veronica serpyllifolia L. (L. Sch. 1777).

586. Veronica arvensis L. (L. Sch. 1777).

587. Veronica verna L. (L. Sch. 1777).

588. Veronica triphyllos L. (L. Sch. 1777).

Anm. V. praecox All. will A. Brückner 1817 bei Pleetz am
Grabenrande des Knüppeldammes gefunden haben, was nicht unmöglich wäre, da sie in Norddeutschland ziemlich weit hinaufreicht

(Berlin, Prenzlau und Stettin); es fehlt aber der Beweis für diesen Fund.

* 589. **Veronica agrestis** L. (L. Sch. 1777) allgemein auf cult. Boden eingebürgert. Nur für Varietäten dieser Species kann ich halten:

β. **opaca Fr.** (Griew. 1847).

γ. **polita Fr.** (Schultz 1837).

* 590. **Veronica Buxbaumii** Ten. (D. 1828) bei Konow, Ludwigslust, Schwerin, Rostock, Klabow und bei der Gielower Mühle (Zabel) in Gärten als Unkraut, mit ausländischen Sämereien eingebürgert.

* 591. **Veronica hederaefolia** L. (L. Sch. 1777) auf cult. Boden eingebürgert.

592. **Limosella aquatica** L. (T. 1791) z. B. bei Neubrandenburg! Sponholz! Wulkenzin (Betcke), Allersdorf unw. Marlow (Zab.), Boizenburg, in der Telbau u. a. O.

c. Rhinanteae.

593. **Melampyrum cristatum** L. (T. 1795) in der Haideebene und in dem kleinen nordöstlichen Haidegebiete häufig, aber auch an der Trave bei Dassow.

* 594. **Melampyrum arvense** L. (L. Sch. 1777) mit dem Getreide eingebürgert.

595. **Melampyrum nemorosum** L. (L. Sch. 1777). S. 31.

596. **Melampyrum pratense** L. (L. Sch. 1777).

Anm. M. sylvaticum L. ist in M. noch nicht gefunden worden, denn Timms M. sylv. ist nichts anderes als M. pratense. Link nennt es zwar 1795, später in s. Mscr. 1810 fehlt es.

597. **Pedicularis sylvatica** L. (L. Sch. 1777). S. 138.

598. **Pedicularis palustris** L. (L. Sch. 1777). S. 35. 36. 138.

599. **Pedicularis Sceptrum Carolinum** L. (T. 1788)

früher bei Neubrandenburg auf den Tolense-Wiesen! jetzt durch Torfstich ausgerottet, ebenso auch bei Sülz; auf den Peenewiesen bei Malchin ist sie noch vorhanden! bei Ru- now östlich von Krivitz soll diese schöne Pflanze gleichfalls vorkommen. S. 138.

600. **Rhinanthus minor Ehr.** (D. 1828) auf den Wiesen der Haideebene häufig; bei Dannenwalde am Wen- tower See? (Struck).

601. **Rhinanthus major Ehr.** (L. Sch. 1777). S.35.

602. **Euphrasia officinalis L.** (L. Sch. 1777).

β. pratensis = Rostkowiana Auct.

603. **Odontites rubra Pers.** = Euphr. Odontites L. (L. Sch. 1777) bildet nach Zabel drei in einander über- gehende Formenreihen:

α. latifolia, (O. verna Reich.)

β. angustifolia (O. serotina Reich?)

γ. littoralis Fr. (O. verna Drej.),

letztere nur auf Strandwiesen; vergl. E. Griewanks ab- weichendes Urtheil im Archiv 8, 181, welcher die letztere zuerst in M. (1846) beobachtet hat.

604. **Orobanche rubens Wallr.** (Meyer 1841) zw. Gädebehn und Kobande bei Krivitz.

67. Oroban-cheae.

605. **Orobanche coerulea Vill.** (Blandow? 1828. 1802!) an der Müritz bei Waren! Plcetz im hohen Holz! nicht bei Nemplin (Betcke).

606. **Orobanche arenaria Bork.** (T. 1788 als major) bei Nemplin! am Grafenwerder bei Pentzlin und am Wind- mühlenberge bei Waren (Betcke), bei Feldberg (Gerhardt).

* 607. **Orobanche ramosa L.** (Schultz 1819) bei Warlin unw. Neubrandenburg häufig! mit Taback, Hanf und Raps eingeführt, und von Schultz vor 1819 und von Dr. A. Müller 1835 dort gefunden, also dort eingebürgert.

Anm. Dieser Gattung ist in M. noch sehr wenig Aufmerksamkeit geschenkt worden und die Angaben unserer älteren Botaniker über die einzelnen Arten sind sehr unzuverlässig. Ich habe daher nur dasjenige hier aufgenommen, was sich noch mit Sicherheit ermitteln ließ.

608. Lathraea Squamaria L. (L. Sch. 1777).

69. Labiatae. 609. Mentha sylvestris L. (Brück. 1803).

α. viridis Schultz 1806. S. 41.

β. nemorosa W. (Schultz 1819).

γ. gratissima (Schultz 1810 bei Link).

610. Mentha aquatica L. (L. Sch. 1777).

β. parviflora (Schultz 1819.)

γ. sativa L. (T. 1795)

(609 + 610.) M. aquatica-sylvestris = nepetoides Lej. (C. Griew. 1851. 1849!) an der Trave unweit Dassow häufig, wo weder sylvestris noch aquatica in der Nähe wachsen.

Anm. C. Griewank erklärt diese Pflanze für eine gute, selbstständige Art, Wirtgen aber, der sich sehr eifrig mit den Menthen beschäftigt hat, hält die M. nepetoides nur für einen Bastard. — In Bezug auf die ganze Gattung sagt er in seiner Flora der preuß. Rheinprovinz (Bonn 1857) S. 347: „diese, durch ihre zahlreichen Formen und durch die Menge ihrer Bastarde ausgezeichnete Gattung, gehört zu den schwierigsten der Flora, wenn man sich eine genaue Kenntniß derselben verschaffen, und nicht die abweichendsten Formen unter einer Art vereinigen will. Ihre Neigung zu feuchten Wohnplätzen und die Zeit ihrer ganzen Entwickelung, die von den Sommerregen abhängt, bewirkt die ausserordentliche Mannichfaltigkeit: die Formen mit ungestielten Blättern erhalten bei anhaltendem Regen längere oder kürzere Blattstiele, bei andauernder Trockenheit erhalten die kahlen und krillsigen Formen eine dichte Behaarung, die behaarten einen weißen ober grauen Filz u. f. w.; die ährenblüthigen Formen werben burch Verkümmerung kopfig während die quirlblüthigen statt bes enbständigen Blattbüschels oft auch einen Kopf bilben, so wie nicht selten die kopfigen Formen bei bebeutenber Laubentwickelnng am Enbe bes Stengels einen Blattbüschel treiben; Bastarbbilbungen heben die Gränzen in bem Blüthenstanbe gänzlich auf. Das Vorhanbensein ober ber Mangel ber Blattstiele giebt gar keinen Halt, ba z. B. M. sylvestris an nassen Stanborten häufig Blattstiele erhält."

611. **Mentha arvensis L.** (L. Sch. 1777).

β. angustifolia Deth.

612. **Mentha Pulegium L.** (Schmidt 1828) am Elbufer häufig!

Elsholtzia Patrini Lep. = cristata W. (Boll 1841) aus Si-birien stammenb, als Unkraut auf Höfen unb in Gärten verwilbert, z. B. bei Neubranbenburg (seit 22 J. beobachtet!), Neustreliz unb Grabow, — unb sich wahrscheinlich einbürgernb.

613. **Lycopus europaeus L.** (L. Sch. 1777).

614. **Salvia pratensis L.** (T. 1791) in einigen Ge-genben, z. B. Neubranbenburg, Ankershagen unb Waren, sehr häufig, bei ber Wolkowschen Gypsmühle unw. Dar-gun (Zabel), bei ber Ranckenborfer Mühle unw. Krivitz (G. Brückner); in anberen (Grabow, im ganzen nörblichen M.?) gänzlich fehlenb.

615. **Origanum vulgare L.** (L. Sch. 1777) S. 123.

616. **Thymus Serpyllum L.** (L. Sch. 1777) S. 123.

β. Chamaedrys Fr. (Schultz 1837).

γ. angustifolius Pers. (Schultz 1819).

617. **Calamintha Acinos L. sp.** (L. Sch. 1777).

618. **Clinopodium vulgare L.** (L. Sch. 1777).

* 619. **Nepeta Cataria L.** (L. Sch. 1777).

620. **Glechoma hederacea L.** (L. Sch. 1777). Vergl. Huber S. 34. 123.

* 621. Lamium amplexicaule L. (L. Sch. 1777).

* 622. Lamium purpureum L. (L. Sch. 1777).

β. incisum W. (D. 1828) bei Roſtock, Sülz (Zabel), Schwerin beim Lankower See, Penzlin.

(621 + 622.) L. amplexicaule-purpureum Mey. (intermedium Fr. D. 1828) bei Daſſow, Schwerin u. a. O.; ein fruchtbarer Baſtard.

623. Lamium maculatum L. (Link 1795) in der Haideebene ſehr häufig! auch bei Roſtock und Neuſtrelitz. Bei Daſſow in zwei Formen: α. rugosum Reich. mit eiförmigen Blättern und grünen Kelchen (kommt auch weißblühend vor), β. nemorale Reich. mit faſt dreieckig=herzförmigen Blättern und rothbraun gefärbten Kelchen (C. Griew.).

(622 + 623.) L. purpureo-maculatum Boll. — Link ſagt in ſ. diss. bot. 1795: in silvis et ad sepes vicorum prope silvas sitorum non raro plantam legi inter L. purpureum et maculatum intermediam, foliis inferioribus ovatis, crenatis, longissime petiolatis ut in L. purpureo, superioribus floribusque L. maculato simillimis."

624. Lamium album L. (L. Sch. 1777).

625. Galeobdolon luteum L. sp. (L. Sch. 1777).

* 626. Galeopsis Ladanum L. (L. Sch. 1777) unter der Saat durch faſt ganz M. eingebürgert.

* 627. Galeopsis ochroleuca Lam. (Thede 1806) in der Haideebene weit verbreitet! außerdem nur noch bei Schwerin gefunden.

Anm. Die Verſchiedenheit in der geographiſchen Verbreitung ſcheint die Vereinigung der beiden voraufgehenden, allerdings kaum durch characteriſtiſche Merkmale getrennten Arten unzuläſſig zu machen;

für mich wenigstens ist dieser Grund der einzige, welcher mich von der Vereinigung beider abhält. Ueber die zwischen ihnen stattfindenden verwandtschaftlichen Beziehungen s. Wirtgen in den Verhandl. d. naturhist. Vereins d. preuß. Rheinlande XI S. 437 ff.

628. **Galeopsis Tetrahit L.** (L. Sch. 1777).

β. **versicolor Curt.** (Schultz 1806).

γ. **bifida Böning.** (Schreib. 1853) soll im Gebiete der Flora von Grabow ebenso häufig wie die Stammform sein; auch an der Trave bei Dassow zusammen mit der Stammform; auf dem Werder bei Schwerin.

δ. **pubescens Bess.** (Lang. 1841) bei Schwerin, Krickow unw. Neustrelitz? aber n i c h t bei Penzlin (Betcke).

629. **Stachys germanica L.** (Brück. 1803) in der Umgegend von Neubrandenburg a. m. O.! (bei dem Neuen Kruge, bei Broda am Hahnenberge, im Nemerower Holz), besonders häufig aber bei Kl. Nemerow auf den Aeckern hinter dem Hofe nach der Tollense zu! desgl. zw. Kl. Nemerow und Nonnenhof! bei Usadel; sodann bei Bülow am Malchiner See und wahrscheinlich im mecklb. Kreidegebiete weit verbreitet, da sie kalkhaltigen Boden liebt.

630. **Stachys sylvatica L.** (L. Sch. 1777).

631. **Stachys palustris L.** (T. 1788).

(630 + 631). **St. sylvatica-palustris** (ambigua Sm. Flörke 1828) am Pfaffenteich bei Rostock, bei Tessenow unw. Marnitz, bei Pleetz; nach Nolte ein unfruchtbarer Bastard.

* 632. **Stachys arvensis L.** (T. 1791) häufig auf Aeckern eingebürgert, z. B. bei Malchin und Penzlin.

* 633. **Stachys annua L.** (Betcke 1841) bei Siehdichum auf dem Acker an den Rehser Birken, und bei Mallin unw. Penzlin eingebürgert.

634. **Stachys recta L.** (T. 1788) fehlt nur im Sandgebiete und der Haideebene (wo sie nur am Elbufer vorkommt), da sie kalkhaltigen Boden liebt.

635. **Betonica officinalis L.** (L. Sch. 1777) wie die vor.

* 636. **Marrubium vulgare L.** (L. Sch. 1777) eingebürgert? S. 123.

637. **Ballota nigra L.** (L. Sch. 1777).

α. **ruderalis Sw.** (vulgaris Lk.) im Binnenlande allgemein verbreitet.

β. **borealis Schweig.** (foetida Deth. 1809) an der Ostseeküste bei Dietrichshagen, bei Rostock vor dem Kröpeliner Thore, in Zäunen bei Warnemünde, — und bei Grabow? (Schreiber). Auch Sonder gesteht die Vereinigung beider Formen zu, da er bei Hamburg deutliche Uebergänge zwischen ihnen fand.

* 638. **Leonurus Cardiaca L.** (L. Sch. 1777).

* 639. **Leonurus Marrubiastrum L.** (C. Griew. 1839. 28!) in der Haideebene bei Gothmann, der Dömitzer Stadtziegelei und Neese; häufiger im Geb. d. Fl. von Hamburg.

640. **Scutellaria galericulata L.** (L. Sch. 1777).

641. **Scutellaria hastifolia L.** (G. Brück. 1828) an der Elbe und Elbe bei Dömitz seltener, häufiger bei Boizenburg und im Gebiete der Flora von Hamburg.

642. **Prunella vulgaris L.** (L. Sch. 1777).

643. **Prunella grandiflora Jacq.** (T. 1788) häufig bei Remplin, auch bei der Prelauker Ziegelei unw. Neustrelitz; liebt kalkhaltigen Boden.

644. **Ajuga reptans L.** (L. Sch. 1777).

645. **Ajuga genevensis L.** (L. Sch. 1777 fälschlich als pyramidalis).

646. **A. pyramidalis L.** (Giesebr. 1837) bei Mirow in der Allee; ich habe selbst ein von dorther stammendes Ex. in Betckes Herbarium gesehen. Auch im Gebiete der Flora von Berlin kommt diese Art vor.

647. **Teucrium Scordium L.** (L. Sch. 1777) häufig auf den Wiesen der Haideebene und auch durch das übrige M. verstreuet, aber selten.

T. Scorodonia L. (im holsteinschen Elbgebiete und auf Rügen) soll nach Link (1795) in Wäldern bei Rostock wachsen, wird aber von keinem anderen einheimischen Botaniker weiter erwähnt, weßhalb es wohl mit Recht ausgeschlossen bleibt.

648. **Verbena officinalis L.** (L. Sch. 1777).   69. Verbenaceae.

649. **Pinguicula vulgaris L.** (L. Sch. 1777); häufig   70. Lentibularieae.
durch ganz M., sogar auf Seestrandswiesen.

650. **Utricularia vulgaris L.** (L. Sch. 1777).

651. **Utricularia neglecta Lehm.** (Landt 1837) im Torfmoor bei Mirow.

652. **Utricularia intermedia Hayne** (Beuthe 1828) bei Neustrelitz am Zierker See und auf den sumpfigen Wiesen am Serran-See bei dem Schweizerhause; Schwerin in Torfgruben auf dem Werder; Ludwigslust?

653. **Utricularia minor L.** (L. Sch. 1777) weit durch M. verbreitet, obgleich seltener als **vulgaris**.

Anm. Die Utricularien haben eben denselben veränderlichen Character, welchen so viele Wasserpflanzen besitzen, und ihre Arten bedürfen in M. noch einer genauen Revision. Wahrscheinlich besitzen wir deren noch mehr, als die vier vorstehend genannten, aber über die specifische Selbstständigkeit der U. spectabilis Madauss und U. macroptera G. Brück. (bei Schreiber 1853) aus dem Gebiete der Grabower Flora möchten doch noch sorgfältigere Untersuchungen nöthig sein, bevor wir ihnen das Speciesrecht zuertheilen dürfen. Nach einem Briefe von Detharding stimmte ein Ex. der U. macroptera,

19

welches Brückner ihm geschickt, so genau mit der in der Flora Danica t. 128 dargestellten Utricularia überein, als wenn die Abbildung nach jenem Ex. gemacht wäre. Zu welcher Art aber die dargestellte Pflanze zu ziehen sei, darüber herrschen unter den Botanikern Meinungsverschiedenheiten.

71. Primulaceae.

654. **Trientalis europaea L.** (T. 1788) in der Haibeebene sehr häufig! ebenso auch im nördlichen Haidegebiete bei Ribnitz; außerdem durch M. zerstreuet (Güstrow, Doberan, Tessin, Dargun! u. a. O.), am seltensten in M. Strelitz, wo sie bisher nur bei Neustrelitz! von Langmann gefunden wurde. (S. 41.)

655. **Lysimachia thyrsiflora L.** (T. 1788).

656. **Lysimachia vulgaris L.** (L. Sch. 1777).

657. **Lysimachia Nummularia L.** (L. Sch. 1777).

658. **Lysimachia nemorum L.** (T. 1791) Rostock im Mönchweben, Lübsee unw. Dassow, Schwerin auf dem Werder, Grabow im Reeser Holz bei Marienhof; fehlt in M. Strelitz.

* 659. **Anagallis arvensis L.** (L. Sch. 1777) auf cult. Boden allgemein eingebürgert. S. 32. 37. 138.

β. **coerulea Schreb.** (v. Kamptz 1806) bei Mirow und A. Karin; diese Var. soll kalkhaltigen Boden lieben.

660. **Centunculus minimus L.** (T. 1788) häufig in M., auch bei Warnemünde.

661. **Primula farinosa L.** (Flörke 1795) auf den Wiesen rings um den Neubrandenburger Werder herum! im Bruch bei der Neubrandenburger Papiermühle! auf der großen Friedländer Wiese; bei Galenbeck unw. Friedland überzieht sie die Wiesen mit einem rothen Flor! auf den Peenewiesen bei Zettchenhof unw. Malchin; auf den Reck-

nitzwiefen; auf den Wiefen bei Warnemünde nach Mark=
grafenheide zu.

662. **Primula officinalis L. (L. Sch. 1777). S. 123.**

663. **Primula elatior Jacq.** (D. 1809) bei Kammin
unw. Wittenburg häufig; in Wäldern und Wiefen der
Daffower Gegend häufiger als die vorige.

P. acaulis, angeblich von Detharding bei Petfchow und Neuburg
unw. Wismar gefunden, wo aber Wüftnei fie in neuerer Zeit ver=
gebens gefucht hat, ift ohne Zweifel zu ftreichen, da D. wahrfcheinlich
nur verkümmerte Ex. der P. elatior vor fich gehabt hat; f. Griewank
in Archiv VIII. S. 179.

664. **Hottonia palustris L. (L. Sch. 1777).**

665. **Samolus Valerandi L.** (T. 1791) eine See=
ftrands= und Salinenpflanze, auch bei Kühn. S. 96.

666. **Glaux maritima L.** (T. 1788) Seeftrands= und
Salinenpflanze, aber auch (von C. Arndt) zw. Menkendorf
und Brefegard in der Haideebene an Gräben gefunden,
wodurch auch dort ein Salzgehalt des Bodens (der ½ M.
weiter füdlich bei Konow fchon gefunden ift,) angezeigt wird.

667. **Armeria vulgaris W., L. sp. (L. Sch. 1777). S. 33.** 72. Plumba
gineae.

β. **maritima Wild.** (Deth. 1809) am Seeftrande
z. B. auf Pöl, bei St. Jacob an der Wismarfchen Bucht
und bei Warnemünde.

Anm. Vergl. über diefe Art C. Griewank im Archiv VIII. S.
180 wo derfelbe ihr Speciesrechte vindicirt. Auch noch fpäter (im
J. 1855) fchreibt mir derfelbe: „ich habe fie neuerbings forgfältig
unterfucht, und fie conftant von der vorigen unterfchieden gefunden:
Wurzel vielköpfig, Wuchs rafenartig, Blätter kurz, fchmal=linealifch,
ftumpf, Schaft behaart, Hüllblättchen ftumpf, mit kurzer Stachelfpitze,
Kelche zottig, Höhe der Pflanze 4 bis 6". Es ift dies wirklich die
in den Gärten zur Einfaffung der Beete benutzte „Grasnelke." C.
Griewank fcheint fie dagegen auch als Var. der vulgaris zu betrachten.

668. Statice Limonium L. (T. 1795) am Seeftrande bei Markgrafenheide, am Binnenwasser bei Wustrow und auf der Insel Pöl! aber auch auf Salzwiesen bei Sülten unw. Brüel.

669. Littorella lacustris L. (T. 1791) am Langwitzer See unweit Basedow, Grabow im Moor an der Ludwigsluster Chaussee, Neustadt am See, am Mechower See im Ratzeburgischen.

670. Plantago major L. (T. 1788). S. 36.

671. Plantago media L. (T. 1788) weit durch M. verbreitet, aber „selten in der Haideebene. Ich sah sie hier noch nicht" (G. Brückner).

672. Plantago lanceolata L. (T. 1788).

β. sericea W. (D. 1809) an sandigen Stellen des Meeresufers.

673. Plantago maritima L. (T. 1788) Seestrandspflanze, auch noch am Dassower Binnensee auf Wiesen und Niederungen. S. 39.

β. dentata K.

674. Plantago Coronopus L. (T. 1788) Seestrandspflanze.

675. Plantago arenaria W. K. (Treviranus 1828) in sandigen Gegenden der Haideebene (z. B. bei der Dömitzer Kalkbrennerei) und auch bei Mirow auf d. Weinberge.

Amaranthus Blitum Koch (T. 1788) und retroflexus L. (Schreib. 1853) hin und wieder als Gartenunkraut verwildert.

676. Chenopodina maritima L. sp. (T. 1788) häufig am Seestrande und auch bei der Sülzer Saline (Zab.).

677. Salsola Kali L. (T. 1788) am Seestrande, und am Elbufer! häufig.

678. **Salicornia herbacea L.** (T. 1788) Seeſtrands= und Salinenpflanze.

679. **Polycnemum arvense L.** (Meyer 1828) Gra= bow auf dem Krohnsberge, bei Wanzlitz und auf dem Karſtädter Berge; am Oſtorfer Berge bei Schwerin; bei Güſtrow? am Hahnenberge bei Broda unw. Neubranden= burg ſehr ſelten!

Echinopsilon hirsutus L. sp. will Detharding einmal bei War= nemünde zwiſchen Chenopodina maritima gefunden haben, in neuerer Zeit aber hat man dort vergebens darnach geſucht (C. Griewank).

* 680. **Chenopodium hybridum L.** (T. 1788).

* 681. **Chenopodium urbicum L.** (T. 1795).

* 682. **Chenopodium murale L.** (T. 1788).

* 683. **Chenopodium album L.** (L. Sch. 1777).

β. opulifolium Schrad. (Neuendorf 1828 in litt. ap. Dethard.) bei Roſtock.

* 684. **Chenopodium glaucum L.** (T. 1788).

* 685. **Chenopodium polyspermum L.** (T. 1788).

* 686. **Ch. Vulvaria L.** (T. 1788) bei Roſtock, Mal= chin (am Steinthore) und Mirow als Gartenunkraut ein= gebürgert. S. 32.

Ch. Botrys L. (Brockm. 1853) ſeit dem J. 1844 mit fremden Sämereien in einigen Ludwigsluſter Gärten als Unkraut eingeſchleppt.

Blitum virgatum L. (A. Brückn. 1817) hin und wieder ver= wildert, z. B. bei Neuſtrelitz und Käbelich.

* 687. **Blitum bonus Henricus L. sp.** (L. Sch. 1777).

* 688. **Blitum rubrum L. sp.** (L. Sch. 1777).

Anm. Alle Arten der Gattungen Chenopodium und Blitum ſind im Geleite der Culturpflanzen eingebürgert.

Obione portulacoides L. sp. (T. 1791) Seeſtrandspflanze, früher bei Warnemünde, iſt nach C. Griewanks Verſicherung dort in vielen

Jahren nicht mehr gesehen worden, und scheint an unserer Küste verschwunden zu sein.

689. **Obione pedunculata** L. sp. (Link 1808) Seestrandspflanze, häufig bei Warnemünde und Rövershagen.

Atriplex hortense L. (Brück. 1803) Gartenflüchtling.

690. **Atriplex litorale** L. (T. 1791).

β. marinum (D. 1828) — beide Formen nur am Seestrande.

691. **Atriplex angustifolium** Sm. (L. Sch. 1777) eingebürgert?

692. **Atriplex latifolium** Wahlb. (L. Sch. 1777) eingebürgert? Diese Art ist reich an Formen:

α. vulgare.

β. validum, robustius.

γ. prostratum am Seestrande.

δ. oppositifolium (A. Sackii R. S.) am Seestrande und um Salzquellen z. B. bei Sülten unw. Brüel (Griew.)

ε. microspermum.

ζ. laciniatum Schk.! non L. (Link 1810) am Seestrande bei Warnemünde und um die Saline bei Sülz.

* 693. **Atriplex roseum** L. (Brück. 1803) auf Schutt in Jabel im A. Dömitz, und auf Salzboden bei Warnemünde eingebürgert.

Anm. Vergl. über diese Gattung Hengel in den Arbeiten des naturforsch. Ver. in Riga Bd. I. S. 257 ff.

75. Polygoneae. 694. **Rumex maritimus** L. (T. 1788) am Seestrande und im Binnenlande häufig.

β. palustris Sm. (D. 1828) mit der Stammart, von welcher diese Var. sich durch keine beständigen Merkmale trennen läßt; s. C. Griew. im Archiv I. S. 22.

695. Rumex conglomeratus Murr. (L. Sch. 1777 als acutus). S. 124.

696. Rumex obtusifolius L. (T. 1791).

697. Rumex crispus L. (L. Sch. 1777).

698. Rumex Hydrolapathum L. (T. 1795).

699 Rumex aquaticus L. (L. Sch. 1777) bei Neu=branbenburg häufig im Brüberbruch! bei Malchin am Furth! an der Peene bei Grubenhagen u. f. w.

(698 + 699.) R. aquatico-Hydrolapathum Mey. (he-terophyllus Schultz 1819) bei Neubranbenburg im Brüber=bruch, bei Neuftrelitz unb bei Malchin am Furth gefunben.

700. Rumex sanguineus L. (D. 1828 nemorosus Schr.).

701. Rumex Acetosa L. (L. Sch. 1777).

702. Rumex Acetosella L. (L. Sch. 1777). „Rothe Sührken" (S. 40), Anzeichen eines saueren, unfruchtbaren Bobens, ben es mitunter wie mit einem bräunlich=rothen Flor überzieht, bem Kalfe aber so abholb, baß es nach bem Mergeln sogleich völlig verschwindet.

703. Polygonum Bistorta L. (T. 1788).

704. Polygonum amphibium L. (L. Sch. 1777).

β. maritimum Deth. „caule prostrato, foliis lanceolatis, acuminatis, undulatis strigosis, subcordatis sessilibus, spicis subgeminatis terminalibus erectis." Am faubigen Meeresufer.

705. Polygonum lapathifolium L. (Ditmar 1809) vielleicht nur (wie auch bie folgenben beiben Arten) einge=eingebürgert?

β. nodosum Pers. (Prahl 1837).

γ. incanum Link 1810.

706. Polygonum Hydropiper L. (T. 1788).

707. Polygonum Persicaria L. (L. Sch. 1777).

β. mite Schrk. (Beuthe 1841) nur erſt bei Neuſtreliß und Grabow beachtet, aber wahrſcheinlich viel weiter durch M. verbreitet; nach Wimmer Fl. v. Schleſien ein Baſtard der beiden vorigen, worauf zu achten!

γ. minus Huds. (Schultz 1806).

708. Polygonum aviculare L. (L. Sch. 1777). S. 40.

β. litorale Link 1810, aufrecht und wenig äſtig.

γ. salinum, foliis crassiusculis, Link 1810 am Strande und um Salinen.

* 709. Polygonum Convolvulus L. (L. Sch. 1777). eingebürgert.

* 710. Polygonum dumetorum L. (T. 1788) einge= bürgert.

P. Tataricum L. hin und wieder zwiſchen dem cultivirten P. Fagopyrum L. (Buchweizen).

Thymeleae. Daphne Mezereum L. (Brockm. 1852) verwildert im Park zu Neeſe unweit Grabow in einem Erlenbruche. S. 138.

76. Santala- 711. Thesium ebracteatum Hayne. (Wredow 1809) ceae. ſcheint durch die ganze Haideebene, wenn auch nur ſpar= ſam, verbreitet zu ſein.

712. Thesium intermedium Schr. (Thede 1808) wurde bisher nur einmal bei Wittenburg gefunden; auch Link mscr. citirt dieſen Fund und C. Griewank beſißt aus der Wredowſchen Doubletten=Sammlung ein angeblich bei Wittenburg geſammeltes Exemplar. Da ſich nun dieſer Fundort ſehr gut an das häufigere Vorkommen dieſer Art im Gebiete der Hamburger Flora anſchließt, ſo dürfen wir dieſer Species das Bürgerrecht wohl nicht vorenthalten.

77. Eleag- 713. Hippophaë rhamnoides L. (Becker 1805) an reae.

der Ostseeküste, besonders auf den hohen Lehmufern des Klützer Orts! liebt, ohne auf salzhaltigen Boden angewiesen zu sein, dennoch die Meeresküste, und ist an derselben auch durch Rügen, Pommern und Preußen weit verbreitet. (S. 33.)

* 714. **Aristolochia Clematitis L.** (T. 1788) früher als officinell cult., jetzt verwildert und eingebürgert, besonders im westlichen und südwestlichen M. (z. B. bei Boizenburg! Rebesin, Ludwigslust, Grabow, Parchim), aber auch bei Mummendorf unw. Dassow, Sternberg, Güstrow, Dobertin und Malchow; Malchin? S. 138. 78. Aristolochiene.

> Asarum europaeum L. soll von Wretow 1809 bei Rebesin in der Haideebene gef. sein, bleibt aber, da sichere Beweise für diesen Fund fehlen, noch zweifelhaft, obgleich es dort wohl vorkommen könnte, da es im Geb. d. Fl. von Hamburg wächst.

715. **Empetrum nigrum L.** (T. 1791) auf dem Sukower Torfmoor bei Crivitz, in der Wooster Haide bei Goldberg, im Torfmoor bei Ifenborf, Sülz und Göldenitz; bei Warnemünde. 79. Empetreae.

* 716. **Euphorbia helioscopia L.** (L. Sch. 1777) eingebürgert. S. 138. 80. Euphorbiaceae

717. **Euphorbia palustris L.** (L. Sch. 1777) auf den Wiesen der Haideebene, auch bei Markgrafenheide und dem Schnatermann unw. Rostock, und am Landgraben bei Friedland.

718. **Euphorbia Cyparissias L.** (T. 1791) in den sandigen Gegenden des südl. M. häufig, in M. Strelitz die Nordgränze ihres Vorkommens bei Neustrelitz, und in den angränzenden Theilen von M. Schwerin bei Ankershagen (Betcke) erreichend.

· 719. **Euphorbia Esula L.** (Hahn 1809) an Ackerränbern und Wegen in der Haideebene ziemlich häufig! fehlt in M. Strelitz.

* 720. **Euphorbia Peplus** L. (L. Sch. 1777) eingebürgert.

* 721. **Euphorbia exigua** L. (D. 1809) im Gebiete der Oftfeeküſte zw. dem Daſſower Binnenſee und dem Breitling nicht ſelten; aber auch bei Penzlin an dem Räuberberge und bei Mirow; unter der Saat eingebürgert.

722. **Mercurialis perennis** L. (L. Sch. 1777). S. 138.

* 723. **Mercurialis annua** L. (T. 1788) nur als Garten= unfraut eingebürgert; fehlt im ſüdöſtlichen Haidegebiete und im Gebiete der Schweriner Flora; der ſüdweſtlichſte be= fannte Standort iſt Marnitz. S. 138.

81. Urticeae.
* 724. **Urtica urens** L. (L. Sch. 1777). S. 33. 124.

* 725. **Urtica dioica** L. (L. Sch. 1777). S. 32. 124.

* 726. **Parietaria officinalis** L. (L. Sch. 1777) Penz= lin, Malchin, Parchim, Roſtock (an den Mauern des Kloſter= gartens), Wismar auf der Reiferbahn. S. 31.

Cannabis sativa L. (T. 1788) cultivirt und verwildert.

* 727. **Humulus Lupulus** L. (L. Sch. 1777) cultivirt, und verwildert eingebürgert? S. 124.

728. **Ulmus campestris** L. (L. Sch. 1777). S. 34. 39. 124.

β. **suberosa** Ehr.

729. **Ulmus effusa** W. (Flörke 1793) häufig ange= pflanzt, — ob urſprünglich einheimiſch?

82. Cupuli- ferae.
730. **Fagus sylvatica** L. (L. Sch. 1777). S. 36. 75.

731. **Quercus Robur** L. (L. Sch. 1777).

732. **Q. sessiliflora** Sm. (T. 1788). S. 29. 75. 124.

733. **Corylus avellana** L. (L. Sch. 1777).

734. **Carpinus Betulus** L. (L. Sch. 1777). S. 33.

Anm. Ueber d. merkw. Weiß-Buche b. Burg Schlitz f. Archiv V. 221.

735. **Salix pentandra L.** (L. Sch. 1777). S. 31. 124. 83. Salici-neac.

736. **S. fragilis L.** (L. Sch. 1777). S. 39. 124.

(735 + 736.) **S. pentandra-fragilis Wim.** (cuspidata Schultz 1819).

Anm. Ueber die Weiden-Bastarde f. Wimmer in der Denkschrift der Schlesischen Gesell. für vaterländ. Cultur 1853.

737. **S. alba L.** (T 1788). S. 36. 124.

β. **vitellina L.** (T. 1788). S. 32.

(736 + 737.) **S. fragilis-alba Wim.** (Russeliana Sm. Schultz 1819).

738. **S. amygdalina L.** (T. 1788). Vergl. S. tri-andra S. 31. 124.

739. **S. viminalis L.** (T. 1788). S. 30.

(738 + 739.) **S. triandra-viminalis Wim.** (undulata Ehr. Lk. 1810) selten: bei Penzlin, im Jasnitzer Garten umw. Ludwigslust. Ein unfruchtbarer Bastard.

740. **S. holosericea W.?** (Willebr. 1852) im westl. M., in einer alten Sandgrube links am Wege von Grau-zin nach Stolpe. Ich habe sie nicht gesehen.

741. **S. acutifolia W.** (C. Griew. 1847. 41!) in den Hambergen bei Grevismühlen, Hagenow auf dem Hagen, Zirzow bei Grabow.

742. **S. purpurea L.** (T. 1788) S. 124.

743. **S. cinerea L.** (Becker 1805). S. 31.

β. **aquatica Sm.**

744. **S. Caprea L.** (T. 1788). S. 34. 38.

(739 + 744.) **S. viminali-Caprea Wim.** = Smithiana Willd. (Betcke 1840!) auf der Wiese zw. Tolense und Lieps.

745. **S. aurita L.** (T. 1788).

β. uliginosa Willd. (Schultz 1819).

746. S. repens L. (L. Sch. 1777).

α. repens L. (depressa T. 1791).

β. fusca Sm.

γ. argentea Sm. (arenaria T. 1791) auf ſan=
digem Boden am Seeſtrande und im Binnenlande.

δ. rosmarinifolia L. (L. Sch. 1777).

ε. vitellina (laeta Schultz 1819).

(739 + 746.) S. viminali-repens Wim. (angustifolia
Fr., Zabel 1859!) in den Dünen des Binnenſtrandes bei
Dierhagen.

(745 + 746.) S. repens-aurita Wim. (ambigua Ehr.
und spathulata Schultz 1819) ein unfruchtbarer Baſtard.

747. Populus tremula L. (L. Sch. 1777). S. 29.

P. alba L. (L. Sch. 1777) wird angepflanzt und bildet mit
der vorhergehenden den Baſtard:

P. alba-tremula Wim. (canescens Sm. Lk. 1810).

P. pyramidalis Roz. (Langm. 1841) allgemein angepflanzt an
den Landſtraßen u. ſ. w., in neueſter Zeit jedoch (wie auch in an=
deren deutſchen Ländern) weniger, weil ſie durch ihren Schatten und
die weitgreifenden Wurzeln den Acker benachtheiligt, und ſie außerdem
auch noch der Raupenzucht Vorſchub leiſten ſoll. Wie weit dieſer
letztere Vorwurf begründet iſt, darüber kann ich nicht entſcheiden, nur
glaube ich bemerkt zu haben, daß hier bei Neubrandenburg die Gärten
vor dem Treptower Thore, an denen eine Pappelallee entlang führt,
häufiger von den Raupen heimgeſucht ſind, als unſere anderen Gärten. —
Das größte Ex. dieſes Baumes, welches ich in M. geſehen, ſtand früher
neben dem großherzogl. Schloſſe in Ludwigsluſt, und erreichte mit
ſeinem Wipfel gerade die Höhe der Plateform dieſes Gebäudes, die,
wenn ich nicht irre, 100' hoch liegt. Dieſe ſchöne Pappel wurde
durch den Novemberſturm 1836 umgeſtürzt.

P. balsamifera L. kommt nur angepflanzt vor.

748. **Populus nigra** L. (T. 1788). ©. 29. 124.

749. **Betula alba** L. (L. Sch. 1777) = **verrucosa** 84. Betuli-
Ehr. ©. 112.   neae.

      β. pendula.   *γ*. laciniata Wahlb.

750. **B. pubescens** Ehr. (Brück. 1803) bleibt z. B.
bei Neubrandenburg auf den Birkbuschwiesen immer strauch=
artig und ihre Blätter sind an der Basis herzförmig oder
gerade abgestutzt. Eine Vereinigung mit der vorigen halte
ich für unmöglich.

751. **B. humilis** Schrk. (Brück. 1793) auf den
Tolense= und Recknitz=Wiesen (bei Schulenburg und Zarne=
wanz) häufig.

   Anm. Auch B. odorata Bech. soll in M. vorkommen, doch
fehlt mir ein sicherer Nachweis dafür.

752. **Alnus glutinosa** L. sp. (L. Sch. 1777). ©. 32.
   Anm. A. incana DC. wird nur hin und wieder angepflanzt.

753. **Myrica Gale** L. (T. 1791) zwischen dem Breit= 85. Myri-
ling und Ribnitz in großer Menge; auch auf den Recknitz= ceae.
wiesen und auf dem Fischlande. ©. 138.

      *   *   *

754. **Taxus baccata** L. (Lk. 1810) hin und wieder 86. Conife-
in der Rostocker Haide, scheint sich aber immer mehr zu rae.
verlieren, wie dies auch in der Stubnitz auf Rügen der
Fall sein soll. ©. 34.

755. **Juniperus communis** L. (L. Sch. 1777). ©.
32. 112. 124.

756. **Pinus sylvestris** L. (L. Sch. 1777). ©. 124.
   Anm. P. Abies L., Larix L., Picea L. und Strobus L.
kommen nur angepflanzt vor.

II. Monocotyledoneae.

1. Stratiotes aloides L. (L. Sch. 1777) häufig. S. 29.

2. Hydrocharis Morsus Ranae L. (L. Sch. 1777).

3. Alisma Plantago L. (L. Sch. 1777). S. 138.

   β. lanceolatum With.

   γ. graminifolium Wahl. (Deth. 1828) im Dassower See (C. Griew.).

4. Alisma parnassifolium L. (T. 1828 bei Deth.) in und am See bei dem Basedower Theerofen! und im Langwitzer See unw. Basedow.

5. Alisma natans L. (T. 1788) nicht häufig, z. B. bei Neubrandenburg, Duchow unw. Malchin (Zab.), Neu= stadt und Ludwigslust (Betcke).

   β. lanceolatum G. Brückn. (foliis ovato-lanceolatis, acutis) bei Neubrandenburg.

6. Alisma ranunculoides L. (T. 1795) bei Kossow unw. Lage auf dem Moor, bei Toitenwinkel, bei Rostock rechts von der Fähre, bei Schwerin am Ostorfer See!

7. Sagittaria sagittaefolia L. (L. Sch. 1777).

8. Butomus umbellatus L. (L. Sch. 1777).

9. Scheuchzeria palustris L. (T. 1788).

10. Triglochin maritimum L. (T. 1788) häufig auf salzhaltigen und nicht=salzhaltigen Wiesen. S. 38.

11. Triglochin palustre L. (L. Sch. 1777). S. 32.

12. Potamogeton natans L. (T. 1788). S. 33. 39.

   β. fluitans Roth. (D. 1809) selten, nach Prahl bei Güstrow in den Gräben an der Nebel nach der Primer Burg zu, — der einzige, speciell namhaft gemachte Stand=

ort. — Die bei Hamburg vorkommende Var. γ. oblongus Viv. ist in M. noch nicht bemerkt.

13. **Potamogeton rufescens Schrad. (T. 1791 serratus).**

14. **Potamogeton gramineus L. (L. Sch. 1777).**

β. **nitens Web.** (Schultz 1837) im Weisdiner See unw. Neustrelitz, Güstrow im Gutower See, Schwerin auf der Wiese bei dem neuen Pulvermagazin, im Neustädter See (und zwar die Form **curvifolius Hartm.**).

15. **Potamogeton lucens L. (T. 1788.)**

β. **decipiens Nolte** im Schaalsee (sec. Garcke).

Anm. Betcke fand diese Art in der Elbe (nicht im Neustädter See,) mit Blättern von mehr als 1' Länge; die größten, welche ich gesehen, hatten Er., die ich im J. 1859 im Herthasee auf Jasmund sammelte; sie maßen 9" Par. in der Länge und 1½" in der Breite.

16. **Potamogeton praelongus Wulf.** (Thede 1809). im Barnimschen See des Amtes Crivitz; im Geveziner See; in der Tolense!

17. **Potamogeton perfoliatus L. (T. 1788).**

18. **Potamogeton crispus L. (L. Sch. 1777).**

19. **Potamogeton compressus L. (T. 1788? complanatus).**

β. **acutifolius Link** 1828 z. B. bei Penzlin und Zippelow (an der Lieps) in einem Wasserloch auf dem Felde (Betcke).

20. **Potamogeton obtusifolius M. K.** (Schultz 1806 **compressus!**)

21. **Potamogeton mucronatus Schr.** (Boll 1859) sehr häufig im Tolensefluß bei Neubrandenburg (zw. der Vierrabenmühle und dem See!).

22. Potamogeton pusillus L. (L. Sch. 1777).

β. tenuissimus (Beuthe 1837) im Weisdiner See unweit Neustrelitz.

23. Potamogeton pectinatus L. (T. 1788).

β. marinus auctor. non L.! (T. 1791) in der Ostsee bei Wismar, Dassow, Travemünde.

24. Potamogeton filiformis Pers. = marinus L. (Schultz 1806) in der Tolense bei Broda! und Meiershof! im Ziegelsee bei Schwerin vor der Ziegelei auf dem Werder; aber auch im Salzwasser des Kl. Jasmunder Bobbens im J. 1857 und 59 von mir gefunden.

Anm. Das Vorkommen dieser Art im Salzwasser ist mehrfach in Abrede gestellt worden, aber mit Unrecht. Die Ex. aus dem Jasmunder Bobben zeigen auch nicht die geringsten Unterschiede von denen aus der Tolense, beide aber weichen so erheblich von P. pectinatus β. ab, daß schon F. Schultz im sup. 1. meint, wenn marinus auctor. und pectinatus nach Smiths Vorgang zusammengezogen würden, müßten die Tolense-Ex. wenigstens als var. lacustris davon getrennt werden. Der echte P. pectinatus kommt übrigens gleichfalls in der Tolense vor, und zwar an demselben Standorte, wo filiformis bei Meiershof wächst. Beide sind auf den ersten Blick von einander zu unterscheiden.

25. Potamogeton densus L. (Langm. 1841) in der tiefen Kuhle auf den Bahler Weidekoppeln unweit Boizenburg. Häufig im Gebiete d. Flora von Hamburg.

26. Ruppia maritima L. (C. Griew. 1839) im Dassower Binnensee und in der Wismarschen Bucht.

27. R. rostellata Koch (T. 1797) im Breitling hinter dem Pinnengraben häufig und auch auf der Wiese bei Warnemünde; an der Wismarschen Bucht; bei Dassow; in Gräben bei Wustrow auf dem Fischlande (Zabel).

28. **Zannichellia palustris L.** (T. 1788) bei Güstrow im Sumpfsee.

β. **pedicellata Wahlb.** (C. Griew. 1839) in der Ostsee, und in Salzlachen an deren Ufer bei Rosenhagen, Harkensee und Warnemünde; in Gräben bei Wustrow auf dem Fischlande (Zabel).

29. **Najas marina L.** (major Roth, D. 1808) im Breitling an den Warnemünder Wiesen und überhaupt um Rostock herum häufig; im Dassower See; im Neumühler See bei Schwerin; im Rahnenfelder See bei Penzlin; in der Tolense dicht bei der Nehser Landzunge, und zwar hier viel ästiger und dabei zarter im Bau, wie an den übrigen Standorten (Betcke).

92. Najadeae.

Anm. Ueber diese letztere etwas abweichende Form schreibt Detharding 1830 an Betcke: „Ihre Najas ist nichts anderes als N. marina. Die Pflanze ist biöcisisch, und demgemäß sind bei verschiedenen Exemplaren, je nachdem männliche oder weibliche vorliegen, auch die Blüthentheile verschieden gebildet. In tiefen Gewässern, wie bei Warnemünde und im Dassower Binnensee, wird sie viel länger und treibt keine Gelenkwurzeln, im seichten Wasser aber legt sie sich nieder und treibt fast aus jedem Gelenk lange Wurzelfasern." Außer dem tieferen und seichteren Wasser, ist auch ohne Zweifel der vorhandene oder mangelnde Salzgehalt desselben auf die Ausbildung der Pflanze von Einfluß.

30. **Zostera marina L.** (T. 1788) am ganzen Ostseestrande. S. 128.

31. **Lemna trisulca L.** (L. Sch. 1777).

93. Lemnaceae.

32. **Lemna polyrrhiza L.** (T. 1788).

33. **Lemna minor L.** (L. Sch. 1777). S. 30.

34. **Lemna gibba L.** (T. 1788).

35. **Typha latifolia L.** (L. Sch. 1777). S. 31. 36.

94. Typhaceae.

36. Typha angustifolia L. (T. 1788).

37. Sparganium ramosum Huds. (Brück. 1803).

38. Sparganium simplex Huds. (L. Sch. 1777).

39. Sparganium minimum Fr. (T. 1788 natans).

95. Aroideae. 40. Arum maculatum L. (T. 1788) in feuchten Gehölzen des Klützer Orts, am Wallgraben bei Rostock, im Ludwigsluster und Rempliner Park. An den drei letztgenannten Orten wohl nur verwildert; der erstere reihet sich an die Standorte im Lauenburgischen und Hamburgischen an. S. 138.

41. Calla palustris L. (T. 1788) bei Ludwigslust in der Gegend der Liep! bei Grabow am Elbeufer u. a. O., bei Schwerin a. m. O., in der Mildenitz bei Goldberg, bei Neustrelitz, in einem Bruche auf dem Wanzkaer Felde! bei Prilwitz in einem Bruche nach Hohenzieritz zu, bei Kl. Nemerow und bei der Kotelower Mühle. S. 138.

* 42. Acorus Calamus L. (L. Sch. 1777) soll erst im 15. Jahrhunderte als Arzeneimittel aus Asien nach Europa verpflanzt sein, — jetzt allgemein eingebürgert. S. 30. 125.

96. Orchideae. 43. Orchis militaris L. (L. Sch. 1777 fälschlich als mascula) auf kleinen Feldwiesen zw. Broma, Schönbeck und Ratten unweit Friedland! am Gehölze bei Remplin; auf den Reethwiesen bei Boizenburg? S. 125.

Anm. Ich vereinige unter vorstehendem Namen O. purpurea Huds. und Rivini Gouan.

44. Orchis Morio L. (L. Sch. 1777) im östlichen M. (z. B. bei Neubrandenburg!) nicht selten, auch am Seestrande bei Warnemünde häufig; selten auf Pöl. S. 125.

45. Orchis mascula L. (T. 1791) in Gehölzen bei Dassow, im Steinfelder Holz bei Schwerin, im Niendorfer

Holz zw. Basdorf und Brunshaupten, bei Steinhagen südlich vom Malchiner See. S. 125.

46. Orchis laxiflora Lam. (C. Griew. 1839. 30!) In einem Torfmoore bei Pötenitz am Priwal und auf einer Wiese bei Rosenhagen; bei Markgrafenheide (Brinkmann); bei Malchin auf der Wiese vor dem Mühlenthore, rechts; in 1 Ex. bei Penzlin 1856 gef. (Betcke). — Fehlt in M. Strelitz, namentlich bei Jatzke, wo Schultz sup. 2 sie angiebt. S. 125.

Anm. Ein im J. 1812 bei Demmin im Eichholz von A. F. Brückner gesammeltes Ex. besitze ich in meinem Herbarium; dieser Standort fehlt bei Zabel.

47. Orchis maculata L. (L. Sch. 1777).

48. Orchis latifolia L. (L. Sch. 1777).

49. Orchis incarnata L. = angustifolia Wim. (Prahl 1837) durch ganz M. verbreitet.

β. ochroleuca (Wüstn. 1854) Kronen weißlich-gelb, die Mitte der Unterlippe rein-gelb, ohne alle Spur einer durch dunklere Punkte und Linien hervorgebrachten Zeichnung, wie die Stammart eine solche zeigt; der Stengel meist etwas kürzer, als bei dieser, und sehr dick (bei einem vorliegenden Ex. beträgt sein oberer Durchmesser, unmittelbar unter der Blüthenähre, 7mm.). — Auf Wiesen bei Sternberg, Cölpin unw. Crivitz, Rodenwalde unw. Wittenburg, Krakow, Neubrandenburg im Wolfswinkel (hier am 27. Juni 1857 von mir gefunden).

Anm. O. sambucina im Archiv VIII. 96 ist zu streichen; die als solche beanspruchten Ex. gehören dieser Varietät der incarnata an.

50. Gymnadenia conopsea L. sp. (T. 1788).

51. Platanthera bifolia L. sp. (T. 1788). In der

Umgegend von Neubrandenburg früher häufig, in den letzten 10 Jahren aber viel seltener geworden (S. 78). In
anderen Gegenden Meklenburgs noch sehr häufig.

β. montana Reichb. (Schmidt Wismariens. 1850)
auf dem Potremser Torfmoor unw. Rostock, bei Hagenow,
Quast und in Gehölzen bei Dassow.

Anm. „Ich habe mich völlig überzeugt (schreibt mir G. Brückner),
daß die P. montana (chlorantha) nur eine Abart der bifolia, —
und das kaum, — ist. Alle angegebenen Zeichen sind unstät, und
finden sich fast nur mehr an den größeren, stärkeren Exemplaren.“

52. Ophrys muscifera Huds. (C. v. Oertzen 1828)
bei Brunn unw. Neubrandenburg; bei Neubrandenburg auf
den Wiesen hinter der Kuhweide! bei Galenbeck unweit
Friedland an der Teufelsbrücke, — also nur in der nördlichen Hälfte von M. Strelitz.

53. Herminium Monorchis L. sp. (T. 1788) bei Malchin auf dem Bornberge, — andere Standorte sind mir
nicht bekannt.

54. Anacamptis pyramidalis L. sp. (Danneel 1843)
bei Remplin, sehr selten.

55. Epipogon aphyllus (Sw.) L. sp. (Meyer 1836)
bei Schwerin auf dem Werder auf Buchenwurzeln.

56. Cephalanthera pallens Sw. sp. (T. 1788) bei
Ratzeburg, Schwerin hinter Wickendorf im Gehölz, Doberan am Buchenberge, im Rempliner Holz am Saaten-
berge, Neustrelitz in der Kalkhorst.

57. Cephalanthera Xiphophyllum L. fil. sp. (T. 1788)
im Rempliner Holz selten, bei Brudersdorf unw. Demmin
am Fußsteige nach Levin, bei Sülz (Weidner).

58. Cephalanthera rubra L. sp. (Thede 1828) zu

Wendorf unw. Güstrow auf der Bullenhorst und auch noch a. a. O. daselbst, Holzendorf unw. Sternberg, Wamkow, Schwerin, Neustrelitz in der Bürgerhorst und im Holze beim Schweizerhause.

59. **Epipactis Helleborine Crtz.** (L. Sch. 1777).

β. **viridiflora Hoffm.**

60. **Epipactis palustris Crtz.** (L. Sch. 1777).

61. **Listera ovata L. sp.** (T. 1788).

62. **Neottia Nidus avis L. sp.** (L. Sch. 1777).

63. **Goodyera repens L. sp.** (T. 1788) in den Nadel-holzwaldungen des östlichen und mittleren M. sehr häufig! scheint aber im westlichen M. zu fehlen.

64. **Spiranthes autumnalis L. sp.** (T. 1788) auf trockenen Hügeln bei der Silbernewer Liep unw. Rostock; bei Neubrandenburg im Brüderbruche sehr selten! angeblich auch auf dem Werder im Wentower See 1 Ex. (Struck).

65. **Corallorrhiza innata L. sp.** (Blechschmidt 1828) bei Neustrelitz in der Kalkhorst sehr selten!

66. **Liparis Loeselii L. sp.** (Thede 1806).

67. **Malaxis paludosa L. sp.** (T. 1788).

68. **Iris Pseud-Acorus L.** (L. Sch. 1777). S. 29. 36. 97. Irideae.

69. **Iris sibirica L.** (Brockmann 1828) in der Jas-nitzer Wildbahn unw. Ludwigslust, und bei Grabow auf den Elbewiesen.

70. **Galanthus nivalis L.** (Vollbr. 1837) bei Neu- 98. Amaryl-lideae
brandenburg im Starz. Bruch an einer Stelle dicht am Seeufer sehr häufig!

Narcissus Pseudo-Narcissus L., Leucojum vernum L., aestivum L. (S. 138) finden sich mitunter verwildert.

71. **Asparagus officinalis L.** (T. 1788) am Ostsee- 99. Aspara-geae

ftrande bei Warnemünde und Daffow, aber auch im Binnen⸗
lande, z. B. auf dem Datzberge bei Neubrandenburg! wo
diefe Pflanze fchon feit 60 Jahren beobachtet ift; bei Gra⸗
bow, Boizenburg.

72. Paris quadrifolia L. (L. Sch. 1777). S. 138.

73. Convallaria Polygonatum L. (T. 1788) durch
ganz M. verftreuet, aber viel feltener als die folgende;
hier bei Neubrandenburg, wo ich fie früher im Nemerower
Holz fand, habe ich fie jetzt fchon feit Jahren vergebens
gefucht. Sie duftet noch fchöner als **C. majalis.** — Vergl.
Salomonsfägel S. 38.

74. C. multiflora L. (L. Sch. 1777).

75. C. majalis L. (L. Sch. 1777). Vergl. Liljen⸗
confalgen S. 36. 78. 125.

Anm. C. verticillata ift bei den früheren meflenb. Floriften
zu ftreichen.

76. Smilacina bifolia L. sp. (L. Sch. 1777).

100. Lila-
ceae.
Tulipa silvestris L. hin und wieder verwildert, z. B. in Obft⸗
gärten bei Daffow und im Park bei Roftock; fie foll aus Taurien
ftammen und erft feit der Mitte des 16. Jahrh. fich im übrigen
Europa verbreitet haben.

77. Anthericum Liliago L. (T. 1788) in der Haide⸗
ebene a. m. O., aber auch im öftlichen M. bei Remplin,
Weitin und Wulkenzin.

78. Anthericum ramosum L. (T. 1791) durch ganz
M., aber nicht häufig z. B. bei Ludwigsluft, Goldberg,
Güftrow, Teffin, Malchin, am Reiherberge bei Feldberg,
bei der Wolfowfchen Gypsmühle (Zabel), in der Strelitzer
Haide (Betcke), Friedland im Ramelower Holz.

* 79. Ornithogalum nutans L. (Schultz 1819) als
läftiges Unfraut in Gärten und auf Stadtwällen einge⸗

bürgert; es soll erst im J. 1570 nach dem europäischen Continent gekommen sein.

Ornithogalum umbellatum L. (Deth. 1809) wird hin und wieder mit Dung aus den Gärten auf die Aecker verschleppt.

80. **Gagea pratensis Wahlb. sp. (L. Sch. 1777).**

81. **Gagea arvensis Wahlb. sp. (T. 1788).**

82. **Gagea spathacea Hayne sp.** (Thede 1806) durch ganz M. Schwerin, in M. Strelitz wohl nur übersehen.

83. **Gagea minima L. sp.** (Röper 1844) in Buchenwäldern bei Doberan.

84. **Gagea lutea L. sp.** (D. 1809).

85. **Allium ursinum L.** (Vortisch 1849) im Gelbensander Forst unweit Ribnitz. S. 38. 70.

86. **Allium acutangulum Schrad. var. fallax Don.** (Schmidt 1828) auf den Wiesen an der Elbe und deren Nebenflüssen in der Haideebene nicht selten; auch bei der Wolkowschen Gypsmühle (Zabel).

87. **Allium vineale L.** (T. 1788) nicht häufig, z. B. bei Grabow, Warnemünde, Neustrelitz, Neubrandenburg!

88. **Allium Scorodoprasum L.** (T. 1788): im Gebiete der Rostocker Flora an mehreren Orten, bei Malchin, Penzlin, Kl. Nemerow! u. s. w.

89. **Allium oleraceum L.** (Link 1816).

Allium carinatum L., von unseren Botanikern schon so oft verkannt, wird neuerdings von Schreiber (1853) aus dem Gebiete der Grabower Flora angeführt, wo es bei Ludwigslust dicht vor dem Grabower Thore an einer Gartenhecke gefunden wurde, ist aber dorthin (nach Brockmüllers gewiß richtigem Urtheil) aus dem nahen Garten der Villa Gustava gelangt, wo es in großer Menge cultivirt wird. — A. carinatum in Schultz Fl. Starg. ist A. Scorodoprasum! — Bei Lauenburg und unweit Hamburg kommt es vor.

Allium Schoenoprasum L. hin und wieder verwildert, besonders am Elbstrande.

* 90. **Muscari botryoides L.** sp. (D. 1828) auf Aeckern bei Grabow und in der Umgegend häufig eingebürgert, durch Garten-Dung dorthin verschleppt.

91. **Narthecium ossifragum L.** sp. (Nolte c. 1823) im Geb. d. Fl. von Hamburg häufig auf Torfmooren, ist von Nolte (nach Ausweis eines von diesem herstammenden Exemplares, welches Betcke durch Detharding erhielt,) auch in Meklenburg schon gefunden worden, der Fundort ist aber nicht näher bekannt, und es ist daher später von den einheimischen Botanikern vergebens gesucht worden.

Colchica- *Colchicum autumnale L.* (Rose 1853) wurde in einigen ver-
ceae. wilderten Ex. bei Grabow gefunden; zur einheimischen Wiesenflora, wie im südlichen Deutschland, gehört es ganz gewiß nicht!

101. Junca- 92. **Juncus maritimus L.** (Link 1808) am Seestrande,
ceae. z. B. bei Wustrow auf dem Fischlande (Zabel), zwischen Warnemünde und Diedrichshagen, bei Weitendorf auf Pöl, und bei der Pötenitzer Ziegelei unw. Dassow (C. Griew.).

93. **Juncus communis E. Meyer.**

α. conglomeratus L. (L. Sch. 1777).

β. effusus L. (T. 1788).

94. **Juncus glaucus Ehr.** (T. 1791).

95. **Juncus balticus Willd.** (D. 1809) am Seestrande: in den Dünenkesseln bei Warnemünde.

96. **Juncus filiformis L.** (D. 1828) auf salzhaltigen Wiesen am Seestrande und im Binnenlande.

97. **Juncus capitatus Weig.** (T. 1788) z. B. bei Dierhagen auf dem Fischlande (Z.), und in der großen Haideebene a. m. O.

98. Juncus lamprocarpus Ehr. (L. Sch. 1777).

α. lamprocarpus Ehr. (Schultz 1819).

β. silvaticus auct. non Reich. (T. 1788).

γ. alpinus Vill. (D. 1828) bei Ludwigsluft, Weisdin am langen See.

99. Juncus obtusiflorus Ehr. (T. 1788) auch auf Strandwiesen bei Warnemünde und Dassow.

100. Juncus supinus Mönch. (T. 1795).

β. uliginosus Roth. (Schultz 1806).

101. Juncus squarrosus L. (T. 1788;) auch bei War-nemünde am Strande.

102. Juncus compressus Jacq. (T. 1788).

β. Gerardi Lois. (D. 1828) auf salzhaltigen Wiesen am Strande und um Salinen.

103. Juncus Tenageia Ehr. (T. 1788).

104. Juncus bufonius L. (L. Sch. 1777).

105. Luzula pilosa L. sp. (L. Sch. 1777).

106. Luzula campestris L. sp. (L. Sch. 1777).

β. multiflora Lej. (Schultz 1837).

γ. pallescens (Blandow 1828, albida) bei Waren.

δ. congesta Lej. im Torfmoor bei Ballin unw. Stargard.

107. Cyperus flavescens L. (T. 1788) beim Base-bower Theerofen und am Rahnenfelder See (Betcke), bei Mirow und Fleeth; im Geb. d. Flora von Grabow an mehreren Stellen.

102. Cyperaceae.

108. Cyperus fuscus L. (T. 1788).

β. virescens Hoffm.

109. Schoenus nigricans L. (T. 1788) auf den Remp-linschen Wiesen an der Peene, auf den Wiesen des Cum-

merower Sees von Aalbude bis Neukalen (Zabel)! bei Friedland, Brunn! und Galenbeck.

110. Schoenus ferrugineus L. (Schultz 1837) bei Neubrandenburg auf den Wiesen hinter der Kuhweide, bei Brunn! auf der großen Friedländer Wiese, auf den Galen= becker Wiesen; bei Gr. Nienborf am Saume der Hofwiese nach Wamkow zu, Peenewiesen bei Aalbude! Trebelwiesen bei Kl. Methling (Zabel); die anderen Standorte sind zweifelhaft.

111. Cladium Mariscus L. sp. (T. 1788) bei Fried= land, Brunn, Galenbeck, Neustrelitz; Malchin, auf den Wiesen am Cummerower See, auf den Trebel= und Recknitz= wiesen (Zabel), Leppin bei Zabel, Wamkow, im Bruch der Rostocker Heide hinter Markgrafenheide, bei Schwerin auf dem Werder beim Schelfvogtsteich.

112. Rhynchospora alba L. sp. (T. 1791).

113. Rhynchospora fusca L. sp. (Thede 1809) bei Warin, Pustohl und in der Haideebene a. m. O.

114. Heleocharis palustris L. sp. (L. Sch. 1777).

β. uniglumis Link 1810 auf Torfwiesen bei Warnemünde und Dassow.

115. Heleocharis ovata Roth. sp. (Crome 1828) früher am Lankower See bei Schwerin, in neuerer Zeit nicht wieder gefunden, im Geb. der Flora von Hamburg aber a. m. Stellen; ihr Verbreitungsbezirk scheint also dort ein weiterer zu sein, weßhalb wir ihr die Aufnahme in die Flora wohl nicht weigern dürfen.

116. Heleocharis acicularis L. sp. (T. 1788).

β. fluitans Döll. im Bahler Torfmoor unweit Boizenburg.

117. **Scirpus caespitosus L.** (L. Sch. 1777); auch am Strande bei Warnemünde.

118. **Scirpus pauciflorus Light.** (T. 1788); desgl.

119. **Scirpus parvulus R. S.** (Röper 1850) bei Wustrow auf dem Fischlande in den flachen Buchten des Saaler Bodden in Menge (Zabel).

120. **Scirpus fluitans L.** (Crome 1828) im Bruch bei Krebsförde unw. Schwerin.

121. **Scirpus setaceus L.** (T. 1788).

122. **Scirpus lacustris L.** (T. 1788).

β. **Tabernaemontani Gm.** (D. 1828) auf Salz= wiesen bei Soltow in der Telban, im Graben an der Salzquelle bei Konow, auf Torfwiesen bei Dassow und Warnemünde.

123. **Scirpus maritimus L.** (T. 1788) auf Wiesen am Seestrande, aber auch bei Dassow, Dömitz und Boizen= burg. S. 125.

124. **Scirpus silvaticus L.** (L. Sch. 1777).

125. **Scirpus compressus Pers.** (T. 1788).

126. **Scirpus rufus Schrad.** (D. 1809) auf Strand= wiesen häufig.

127. **Eriophorum alpinum L.** (Blandow 1809) bei Pustohl, Brüel, Sülz, Waren! Zabel, Neustrelitz am See beim Schweizerhause und auf sumpfigen Wiesen in den Serranschen Bergen (Beuthe)!

128. **Eriophorum vaginatum L.** (L. Sch. 1777).

129. **Eriophorum polystachyum L.** (T. 1795 als angustifolium).

130. **Eriophorum latifolium Hoppe** (L. Sch. 1777).

131. **Eriophorum gracile Koch** (Schultz 1819 tri-

quetrum) bei Zaßke unw. Friedland in einem Bruche neben der Eichhorster Pfarrwiese, Weisdin, Quaffow, Grabow auf den Thorwiefen, Torfwiefen bei Daffow, Sülz u. a. O.

132. **Carex dioica L.** (T. 1788). Vergl. S. 39.

133. **Carex Davalliana Sm.** (Neuendf. 1828) auf Wiesen hinter der Fähre bei Rostock.

134. **Carex pulicaris L.** (T. 1788) auf Wiesen bei Neubrandenburg, Malchin, Grabow und am Priwal.

135. **Carex chordorrhiza L.** (D. 1811) bei Rostock auf der sumpfigen Wiese an der Ob. Warnow bei dem Pulvermagazin; am Weisdiner See (unw. Neuftrelitz) rechts vom Abhange des Schloßberges.

136. **Carex disticha Huds.** (T. 1795) = intermedia Good. S. 125.

137. **Carex arenaria L.** (L. Sch. 1777) S. 125.

138. **Carex vulpina L.** (L. Sch. 1777).

β. nemorosa W. auf feuchten Wiesen bei Daffow.

139. **Carex muricata L.** (T. 1788).

β. divulsa Good. (Schultz 1819).

140. **Carex teretiuscula Good.** (D. 1828).

141. **Carex paniculata L.** (T. 1788).

142. **Carex paradoxa Willd.** (D. 1809).

143. **Carex brizoides L.** und zwar die Form

α. campestris (C. Schreberi Schrk. D. 1809) bei Neubrandenburg auf Tillys Schanze, bei der Wolkowschen Gypsmühle (Zabel), bei Grabow a. m. O., und auf der Bleiche in einem Dorfgarten zu Bahlen unw. Boizenburg.

144. **Carex remota L.** (T. 1788).

145. **Carex stellulata Good.** (Schultz 1806).

146. **Carex leporina L.** (T. 1788).

147. Carex elongata L. (T. 1788).

148. Carex canescens L. (Schultz 1806).

149. Carex caespitosa L.! (C. pacifica Drej. Zabel 1860!) auf den Recknitz=, Trebel= und Peenewiesen.

150. Carex vulgaris Fr. (L. Sch. 1777 als caespitosa).

151. Carex stricta Good. (Schultz 1819) S. 31.

152. Carex acuta Good. (L. Sch. 1777).

153. Carex Buxbaumii Wahlb. (Zabel 1860! in litt.) auf den Peene=Wiesen bei Aalbude!

154. Carex limosa L. (T. 1788).

155. Carex pilulifera L. (Schultz 1806).

156. Carex montana L. (T. 1788).

β. ericetorum Poll. (Link 1795).

157. Carex praecox Jacq. (T. 1788).

158. Carex digitata L. (T. 1788) Malchin im Hain-holz, Schwerin im Steinfelder Holz und auf dem Werder, Neubrandenburg im Nemerower Holz in der Schlucht vor dem hohen Ufer!

159. Carex panicea L. (L. Sch. 1777).

160. Carex glauca Scop. (T. 1788).

161. Carex strigosa Huds. (C. Griew. 1845) im Holz bei Lübsee unw. Dassow! im Gehölz am heil. Damme.

162. Carex pallescens L. (T. 1788).

163. Carex flava L. (T. 1788) häufig, auch auf Strandwiesen.

β. Oederi Ehr. (Schultz 1806).

164. Carex distans L. (T. 1788).

165. Carex Hornschuchiana Hoppe (C. Griew. 1847) auf der Torfwiese am Priwal! bei Penzlin am See und im Me-wenort, auf den Recknitz=, Trebel= und Peenewiesen (Zabel).

Anm. C. binervis auf Pöl ist zu streichen, worüber zu vergl. Archiv VIII. S. 184; fehlt wahrscheinlich auch in Holstein.

166. Carex extensa Good. (Röp. 1841) bei Warnemünde und an der Wismarschen Bucht auf Salzwiesen; auf der Wiese am Priwal (C. Griew.)!

167. Carex silvatica Huds. (T. 1788).

168. Carex Pseudo-Cyperus L. (T. 1788).

169. Carex ampullacea Good. (Schultz 1806).

170. Carex vesicaria L. (T. 1788).

171. Carex paludosa Good. (Schultz 1806).

172. Carex riparia Curt. (Link 1795).

173. Carex filiformis L. (L. Sch. 1806).

174. Carex hirta L. (T. 1788).

103. Gramineae. * 175. Panicum sanguinale L. (Brück. 1803 nicht Timm!) früher cult., jetzt völlig eingebürgert.

* 176. Panicum filiforme Koel. sp. (Deth. 1809) eingebürgert.

* 177. Panicum Crus galli L. (L. Sch. 1777) desgl.

* 178. Setaria verticillata L. sp. (Beuthe 1841) bei Neustrelitz und Rostock in Gemüsegärten und auf Aeckern eingebürgert.

* 179. Setaria viridis L. sp. (Brück. 1803) in Gärten und zwischen Getreide eingebürgert.

* 180. Setaria glauca L. sp. (T. 1788) desgleichen, fehlt bei Ludwigslust.

181. Phalaris arundinacea L. (L. Sch. 1777).

Ph. canariensis L. hin und wieder verwildert, aber sich nicht fortpflanzend, weil der Same nicht reif wird (C. Griew.).

182. Hierochloa odorata L. sp. (T. 1795) auf Wiesen bei Markgrafenheide und Dassow, wahrscheinlich auch

an der Elbe, da es häufig auf dem Elbwerder bei Lenzen und im Gebiete der Flora von Hamburg bis Blankenese hinab gefunden wird.

183. Anthoxanthum odoratum L. (L. Sch. 1777).

184. Alopecurus pratensis L. (L. Sch. 1777).

β. nigricans Sonder nicht Hornem.; (Prahl 1837) b. Güstrow, später von Drewes dort vergebens gesucht. S. 191.

* 185. Alopecurus agrestis L. (T. 1791) eingebürgert z. B. bei Kritzow, Grabow u. a. O.

186. Alopecurus geniculatus L. (L. Sch. 1777).

β. fulvus Sm. (D. 1828) auch am Strande bei Warnemünde.

γ. bulbosus (Prahl 1837) bei Güstrow.

187. Phleum arenarium L. (T. 1795) im Flugsande der Dünen am Seestrande.

188. Phleum Boehmeri L. sp. (T. 1788).

189. Phleum pratense L. (L. Sch. 1777).

β. nodosum L. (T. 1788).

* 190. Leersia oryzoides L. sp. (Prahl 1837) ursprünglich ein Unkraut der Reisfelder, jetzt zufällig in M. a. m. O. eingebürgert (Rostock, Güstrow [von Drewes später dort vergebens gesucht], Ludwigslust, Kaltenhof an der Elbe); in M. Strelitz noch nicht gefunden, namentlich nicht bei Neustrelitz.

191. Agrostis alba L. (T. 1795).

β. gigantea Roth.

192. Agrostis vulgaris Willd. (L. Sch. 1777 rubra).

193. Agrostis canina L. (T. 1791).

* 194. Apera Spica venti L. sp. (L. Sch. 1777) wahrscheinlich mit dem Getreide eingebürgert.

Polypogon monspellensis Desf. wurde im Sommer 1855 bei Warnemünde an einer Stelle gefunden, wo im voraufgehenden Winter französischer Ballast ausgeladen war (Griewank crit. Studien S. 8).

195. Calamagrostis lanceolata Roth. L. sp. (T. 1788).

C. litorea Schr. sp. (Röper 1844) früher (im J. 1818) bei Warnemünde, ist in neuerer Zeit nicht wieder gesehen; sie warb auch im Geb. der Lübecker Flora bei Falkenhausen a. b. Wacknitz, so wie in Preußen an 2 Stellen im Weichselgeb. gefunden, und soll auch in Litthauen bei Polangen und an den Dünen wachsen.

196. C. Epigeios L. sp. (T. 1788) im Binnenlande und auch am Strande bei Warnemünde und Dassow.

197. C. Halleriana DC. (Neuendorf 1828).

198. C. neglecta Ehr. sp. (T. 1795).

199. C. varia Schr. sp. (Beuthe 1837 ap. Schultz sup. 2) unweit Neustrelitz bei Torwitz nach Prelank zu.

200. C. sylvatica Schr. sp. (T. 1788).

201. Ammophila arenaria L. sp. (T. 1788) auf Dünen und Flugsandfeldern des Binnenlandes.

(196 + 201.) A. baltica Flügge sp. (T. 1793) auf Dünen bei Warnemünde und Dassow in Gesellschaft der Stammeltern.

202. Milium effusum L. (L. Sch. 1777).

Anm. Stipa pennata L. (Lgm. 1850) soll am Ostseeufer bei Doberan in Menge wachsen, was mir aber nicht glaublich erscheint, da vor dem J. 1850 schon so viele aufmerksame Botaniker jene Oertlichkeit besucht haben, ohne dieses Gras dort zu finden. Bei Neubrandenburg, wo Dr. Sach es gefunden haben will, kommt es nicht vor; auch auf Pöel will man es gefunden haben.

203. Phragmites communis L. (L. Sch. 1777) durch ganz M., selbst auf Salzwiesen am Ostseestrande. S. 38.

204. Koeleria cristata L. sp. (T. 1788).

β. glauca DC. (Lgm. 1841).

205. Aira caespitosa L. (T. 1788).

β. Wibeliana Sond. ſoll bei Dömitz und Boizen=
burg gefunden ſein, was indeß nach Röpers Meinung noch
zweifelhaft bleibt.

206. Aira flexuosa L. (L. Sch. 1777 montana).

Anm. Die dem NW. Deutſchlands angehörige Var. uliginosa
Weihe möchte vielleicht in der Haidebene aufzufinden ſein.

207. Corynephorus canescens L. sp. (T. 1788).

208. Holcus lanatus L. (L. Sch. 1777).

209. Holcus mollis L. (T. 1788).

210. Arrhenatherum elatius L. sp. (T. 1788).

Avena brevis Roth. (Schultz 1837) hin und wieder unter der
Saat eingeſchleppt.

* 211. Avena strigosa Schreb. (T. 1788) unter A. sativa eingebürgert.

* 212. Avena fatua L. (T. 1788) zwiſchen Getreide
eingebürgert, beſonders unter Roggen.

213. Avena pubescens L. (T. 1795).

214. Avena pratensis L. (L. Sch. 1777).

215. Avena tenuis Moench. (Trevir. 1828) auf dürren,
ſonnigen Hügeln bei Doberan und Schwerin (an letzterem
Orte in neuerer Zeit aber nicht wieder gefunden).

Avena flavescens L. (Prahl 1837) cult. und verwildert z. B. bei
Güſtrow, Schwerin, Doberan.

216. Avena caryophyllea L. sp. (T. 1788).

217. Avena praecox L. sp. (T. 1788).

218. Triodia decumbens L. sp. (T. 1795).

219. Melica uniflora Retz. (T. 1788).

220. Melica nutans L. (T. 1788).

221. Briza media L. (L. Sch. 1777). S. 31.

Poa procumbens Curt. (Röper 1850) bei Warnemünde mit Ballafterbe aus füblichen Gegenden eingejchleppt.

222. Poa annua L. (T. 1788).

223. Poa bulbosa L. (Schultz 1819) bei der Krapp=mühle unweit Neubrandenburg, rechts am Wege, wo es befonders in der forma vivipara vorkommt. Bei Warne=münde? (T. 1795).

224. Poa nemoralis L. (T. 1788).

β. fertilis Host. (T. 1795 palustris).

225. Poa sudetica Haenke (Flörke 1803) am Galen=becker See unw. Friebland, in Buchenwäldern bei Doberan.

226. Poa trivialis L. (T. 1788).

227. Poa pratensis L. (T. 1788).

β. angustifolia (T. 1788).

228. Poa compressa L. (T. 1788).

229. Glyceria spectabilis M. K. L. sp. (T. 1788.)

230. Glyceria fluitans L. sp. (L. Sch. 1777). Vergl. Schwabengrütze S. 39. 111.

231. Glyceria distans L. sp. (T. 1795) auf falz=haltigen Wiefen am Seestrande und im Binnenlande.

232. Glyceria maritima Huds. sp. (Link 1803) auf Strandwiefen z. B. bei Wustrow auf dem Fischlande (Zabel), Warnemünde, Daffow.

233. Glyceria aquatica L. sp. (L. Sch. 1777) auch auf falzhaltigen Wiefen bei Daffow.

234. Molinia coerulea L. sp. (L. Sch. 1777). Vergl. S. 36, wo statt Melica „Molinia" zu lefen.

235. Dactylis glomerata L. (L. Sch. 1777).

236. Cynosurus cristatus L. (L. Sch. 1777).

237. Festuca myuros Ehr. var. sciuroides Roth. (Trevir. 1828) auf Hügeln bei Doberan.

238. Festuca ovina L. (L. Sch. 1777).

β. duriuscula L. sp. pl. ('T. 1795).

? γ. heterophylla Lam. (D. 1828) nach Röper für M. noch zweifelhaft.

239. Festuca rubra L. ('T. 1788).

β. heterophylla Röper im mecklenb. Quarto Ka= lender 1841 Nr. 69; vergl. Röper z. Flora Mecklenburgs II. S. 238 oben.

240. Festuca silvatica Vill. (Prahl 1837) in feuchten Laubwäldern bei Güstrow, Rostock, Crivitz und auf der hohen Burg bei Schlemmin; im Nempliner Walde in Menge (Zabel), bei Sülz (Weidner).

241. Festuca gigantea L. sp. ('T. 1788).

242. F. borealis M. K. (Zabel 1858) in der Peene bei Upost unweit Dargun.

243. Festuca arundinacea Schreb. (T. 1791).

244. Festuca elatior L. (L. Sch. 1777).

(244 + 263). F. loliacea Huds. (Röp. 1844) ein Bastard von F. elatior und Lolium perenne L. (Röp.) bei Rostock (zwischen den Stammeltern) und bei Neustrelitz auf der Wiese am Zierker See gefunden.

245. Brachypodium sylvaticum Mönch. sp. (Brück. 1803).

246. Brachypodium pinnatum L. sp. (T. 1788).

* 247. Bromus secalinus L. (L. Sch. 1777) unter dem Getreide eingebürgert.

* 248. Bromus mollis (L.) Babington. (T. 1788) wahr= scheinlich nur eingebürgert.

β. racemosus L. (D. 1828).

γ. commutatus Schrad. (Schultz 1819).

* 249. Bromus arvensis L. (L. Sch. 1777) eingebürgert.

β. patulus Wimm. M. K. für M. noch sehr zweifelhaft (Röper).

250. Bromus asper Murr. (T. 1795) z. B. bei Mal=chin im Pinnower und Rempliner Walde (Zab.).

251. Bromus erectus Huds. (D. 1828) bei Mechow unweit Ratzeburg.

252. Bromus inermis Leys. (Schmidt 1828) bei Kessin unw. Rostock, auf der Inf. Buchwerder im Dassower See, am Elbufer bei Dömitz und Boizenburg.

253. Bromus sterilis L. (T. 1788).

254. Bromus tectorum L. (L. Sch. 1777) häufig, im Haidegebiet aber nur am hohen Elbufer bei Wend. Wehningen (G. Brück.).

* 255. Gaudinia fragilis L. sp. (Griew. 1847) auf einer Wiese bei Dassow mit fremdem Grassamen einge=schleppt und dort seit 1835 beobachtet; desgl. im Geb. d. Flora von Hamburg.

256. Triticum junceum L. (T. 1791) auf der See=seite der Dünen; selten auf Pöl, häufig bei Warnemünde und Dassow; auf dem Fischlande (Zabel).

257. Triticum repens L. (L. Sch. 1777) S. 38. 125.

β. glaucum Desf. (Röp. 1844).

(256 + 57.) T. acutum DC. (D. 1828) in Gemeinschaft der Stammeltern am sandigen Meeresstrande.

(256. 57 + 59.) T. strictum Deth. 1828, wahrschein=lich ein Abkömmling des voraufgehenden Bastards und des Elymus arenarius (Röper); auf niedrigen, im Winter und

bei ftarten Stürmen von der See befpülten Stellen der Dünen bei Warnemünde, zwifchen den Stammeltern.

Anm. Wenn Garcke (ed. 4.) meint, T. strictum fei vielleicht nur eine Abart von T. repens, fo hat er wahrfcheinlich nie authentifche Ex. davon gefehen! Es gleicht (wie fchon Röper z. Fl. M. II, 269 bemerkt,) vielmehr einem fchlanken Elymus arenarius.

258. **Triticum caninum L.** (Link 1795).

259. **Elymus arenarius L.** (T. 1788) auf den Dünen und auf Flugfandfeldern im Binnenlande z. B. bei Ludwigsluft, Neuftrelitz und in der Roftocker Haide.

260. **Elymus europaeus L.** (Prahl 1837) in feuchten, fumpfigen Laubhölzern (befonders auf Kalkboden): am h. Damm, bei Güftrow im Töpferkuhlenbruch (von Drewes dort aber vergebens gefucht), bei Teterow.

* 261. **Hordeum murinum L.** (L. Sch. 1777) eingebürgert. S. 32.

262. **Hordeum secalinum Schreb.** (T. 1795) auf Wiefen b. Warnemünde und an d. Wismarfchen Bucht häufig.

Hordeum maritimum L. (Rathsack bei Röper 1846) an der neuen Ballaftftelle bei Warnemünde, wohl von der Nordfeeküfte durch Ballafterde dorthin verfchleppt.

* 263. **Lolium perenne L.** (L. Sch. 1777) eingebürgert?

Lolium italicum A. Br. (Röp. 1844) cult. und hin und wieder verwildert z. B. bei Roftock, Grabow und Daffow.

* 264. **Lolium temulentum L.** (L. Sch. 1777) zw. dem Sommergetreide eingebürgert. S. 138.

* 265. **Lolium arvense Schrad.** (A. Br. 1803) zw. Lein eingebürgert. S. 36.

266. **Lepturus incurvatus L. sp.** (Häcker 1844! 47) auf dem Priwal in großer Menge, zw. der Pötenitzer Wiek und der Oftfee, auch bei Fliemftorf an der Wism. Bucht.

Anm. Vergl. über diese Art C. Griewank im Archiv V. 159 und VIII. 178. In einer neueren brieflichen Mittheilung meint Gr., daß an den Küsten der Nord= und Ostsee nur diese Art vorkomme, nicht aber der echte L. filiformis Trin. Ich glaube daß Gr., wenig= stens was die deutsche Ostseeküste betrifft, Recht hat, denn Ex. des an= geblichen L. filiformis von Mönchgut, die ich kürzlich durch Herrn Zabel erhielt, sind dem mir von Griewank mitgetheilten L. incurvatus völlig gleich! Beide unterscheiden sich aber auf den ersten Blick in ihrem ganzen Habitus von dem echten L. filiformis Trin., den ich aus dem Gebiete der Flora von Rom besitze: bei diesem ist der Halm in der That dünn wie ein Faden, und die Aehre bleibt auch im trockenen Zustande ganz gerade gestreckt; die ganze Pflanze ist viel zarter und schlanker, und bildet keine solche nach allen Seiten hin ausgebreitete rasenförmige Büschel, wie L. incurvatus.

267. Nardus stricta L. (T. 1788).

III. Filicoideae.

(Vergl. Röper 1843.)

104. Polypo-
diaceae.

1. Pteris aquilina L. (L. Sch. 1777) Röp. S. 64.

2. Blechnum Spicant L. sp. (v. Kamptz 1806) Röp. 67: bei Loissow unweit Mirow in der Haide; in der großen Haideebene an m. O. (Grabow, Neu=Karstädt, Bokup).

3. Asplenium septentrionale L. sp. (Schultz 1819) Röp. 69, mit dem folgenden, und auch bei Neubrandenburg bei der hintersten Mühle sehr selten (wo ich diese Art bis jetzt noch nicht habe auffinden können).

4. Asplenium Breynii Retz. (Schultz 1819) Röp. 73; bei Veseritz an der Steinmauer im Holz am Wege nach Friedland.

5. Asplenium Ruta muraria L. (L. Sch. 1777) Röp. 74; an alten Stadt= und Kirchhofsmauern nicht eben selten!

6. **Asplenium Filix femina L. sp. (L. Sch. 1777)**
Röp. 73.

7. **Asplenium Trichomanes L. (T. 1788)** Röp. 74,
durch ganz M., aber immer nur auf kleine Räume be=
schränkt: bei Neubrandenburg nur bei der hintersten Mühle!
bei Hinrichshagen an den Ruinen der rothen Kirche, an
der Kirchhofsmauer in Zachow unw. Stargard! zwischen
Ulrichshusen und Sagel in einem Hohlwege! desgl. im
Hainholz bei Malchin; an der Kirchhofsmauer zu Dempzin
und zu Gresse (im Klützer Ort); auch im Geb. der Fl.
von Grabow a. m. O.

8. **Cystopteris fragilis L. sp. (L. Sch. 1777)** Röp.
78, an aus Geröllen aufgeführten Kirchhofsmauern der
Dörfer nicht selten.

9. **Polystichum cristatum L. sp. Callipteris Ehr.**
(T. 1788).

10. **Polystichum spinulosum Sw. sp. (T. 1788)** Röp. 82.
β. **dilatatum Hoff. sp. (Schultz 1819).**

11. **Polystichum Filix mas L. sp. (L. Sch. 1777).**
Vergl. S. 125.

12. **Polystichum Oreopteris Sw. sp. (Brück. 1803)**
Röp. 81, in den Tannen am Wege von Neubrandenburg
nach Rowa; im Hufen bei Penzlin.

13. **Polystichum Thelypteris L. sp. (T. 1788)** Röp. 80.

14. **Aspidium aculeatum Sw. (Röp. 1843 p. 97)** in
einem kleinen Tannengehölz bei Rostock; bei Sülz in 2 Ex.
von Dr. Weidner gefunden; Güstrow in den Röwer Tannen?

15. **Polypodium Dryopteris L. (T. 1788)** Röp. 63.

Anm. Nach dem ähnlichen, kalkliebenden P. Robertianum Hoff.
(calcareum Sm.) habe ich sowohl im mecklenburgischen als auch im

rügianiſchen Kreidegebiete vergebens geſucht; es kommt dort nur immer Dryopteris vor.

16. **Polypodium Phegopteris L.** (Thede 1806) Röp. 62: Neubrandenburg im Brodaſchen Holz; Neuſtrelitz beim Schweizerhauſe; Malchin im Kalenſchen Holz u. ſ. w., im Geb. der Fl. von Güſtrow und Grabow aber noch nicht gefunden.

17. **Polypodium vulgare L.** (L. Sch. 1777). S. 125.

105. Osmun-
daceae.

18. **Osmunda regalis L.** (T. 1788) Röp. 103; bei Ribnitz zw. Körkvitz und Neuhuſen (Zabel), bei Malchin im Kalenſchen Holz am Moor hinter der Ziegelei; am Torfgraben hinter Markgrafenheide nicht ſelten; bei Wolbeck in der Nähe der Wolfshagenſchen Ziegelei, bei Neuſtrelitz in der Kalthorſt (ausgerottet?); — im Geb. der Flora von Grabow a. m. O.

106. Ophio-
glosseae.

19. **Ophioglossum vulgatum L.** (T. 1788) Röp. 123; Neubrandenburg auf den Wieſen hinter der Kuhweide! Malchin auf den Remplischen Wieſen nahe an der Peene; Sülz auf den Recknitzwieſen; bei Warnemünde; Grabow b. d. Lehmkuhlen; Ludwigsluſt nur auf G. Brückners Wieſe gefunden.

20. **Botrychium Lunaria Sw.** (L. Sch. 1777), weit durch M. verbreitet, auch in den Dünenkeſſeln bei Warnemünde.

21. **B. simplex Hitchk.** (Roep. 1859) auf ſandigem, mit ſpärlicher Grasdecke bewachſenem Boden am nördlichen Rande der Barnsdorfer Tannen, ¼ M. von Roſtock, zuſammen mit B. Lunaria und matricariaefolium in einem einzigen Ex. ein einziges Mal gefunden am 22. Juni 1847.

22. **B. matricariaefolium A. Braun** (Roep. 1850) in den Barnsdorfer Tannen mit den beiden vorigen; in den

Dünenkesseln bei Warnemünde sparsam, häufiger aber in den Dünen bei Dierhagen auf dem Fischlande, — an letzteren beiden Orten mit B. Lunaria und rutaefolium.

23. B. rutaefolium Al. Br. (T. 1788) bei Malchin an zwei Stellen im J. 1847 gefunden, bei Dargun (Zabel); in den Dünenkesseln bei Warnemünde, Dierhagen und Neuhusen auf dem Fischlande (Zabel).

Anm. Nur Röpers gewichtige Autorität (s. dessen Abhandlung in der bot. Zeitung 1859 No. 2) veranlaßt mich diese vier zusammen und durcheinander vorkommenden Botrychien als ebenso viele Species aufzuführen.

24. Lycopodium complanatum L. (T. 1788) Röp. 130. [107. Lycopodiaceae.]

β. **Chamaecyparissus A. Br.** (G. Brück. 1849) früher bei Quast unweit Ludwigslust, jetzt soll es dort wieder ausgerottet sein.

25. Lycopodium clavatum L. (L. Sch. 1777). S. 125.

26. Lycopodium inundatum L. (Brück. 1803) Röp. 129; auf dem Wulkenzinschen Felde in einem Bruch nach dem Brobaer Holz zu; bei Sülz in der Haideebene an vielen Orten.

27. Lycopodium annotinum L. (T. 1788) Röp. 137; nicht selten in M., in der Haideebene aber nur erst bei Hagenow gefunden.

28. Lycopodium Selago L. (T. 1788) Röp. 128.

29. Pilularia globulifera L. (T. 1791) Röp. S. 155; [108. Marsileaceae.] am See bei dem Basedower Theerofen; auf dem Görries'er Moor bei Schwerin.

30. Equisetum hiemale L. (L. Sch. 1777) Röp. [109. Equisetaceae.] S. 150; durch ganz M., wenn auch an den einzelnen Orten nicht häufig, — bei Neubrandenburg z. B. am

Ufer des Teiches bei der hintersten Mühle! und im Ne=
merower Holz am Seeufer! Malchin, Rothenmoor! u. s. w.
(S. 39 und 126).

31. Equisetum limosum L. (T. 1788) Röp. S. 149.

32. Equisetum palustre L. (T. 1788) Röp. S. 149.

33. Equisetum pratense Ehrh. (Schultz 1819 als
umbrosum) Röp. S. 147. in den Wäldern um Neu=
brandenburg nicht selten! Neustrelitz in der Bürgerhorst;
in der Wolkowschen Haide (Zabel), bei Güstrow in den
Hasenhören, — gewiß auch noch weiter verbreitet, aber
nicht beachtet.

34. Equisetum silvaticum L. (L. Sch. 1777) Röp. 146.

35. Equisetum Telmateja Ehr. (Röp. 1843 S. 146)
bei Klocksin und Grubenhagen am Malchiner See und
zwar die var. serotina; am Ufer der Trave und des
Dassower Sees; in der Römnitz bei Ratzeburg. — In
M. Strelitz (namentlich bei Neubrandenburg), wo es nach
Schultz 2. Nachtrag wachsen soll, noch nicht gefunden.

36. Equisetum arvense L. (L. Sch. 1777). Vergl.
S. 32 und 126.

β. serotinum Mey. = E. campestre Schultz sup.
1, vergl. Milde in der Denkschrift d. Schlesischen Gesell.
u. s. w. 1853 S. 186.

IV. Musci frondosi.

(Nach Fiebler 1844, mit einigen Emendationen.)

110. Sphag-
neae.

1. Sphagnum cymbifolium Dill. (L. Sch. 1777).
β. compactum Brid.

2. Sphagnum squarrosum Pers. (Bland. 1804).

3. Sph. subsecundum N. E. (Schultz 1819).

β. contortum Schultz bei Saßke unw. Friedland!

4. Sph. acutifolium Ehr. (T. 1788).

5. Sph. cuspidatum Ehr. (Crome 1803).

β. plumosum Brid. (Schultz 1828) = Sph. laxifolium C. Müll.

6. Splachnum ampullaceum L. (T. 1788).   111. Splachnaceae.

7. Physcomitrium pyriforme Brid. (T. 1788).   112. Funariaceae.

8. Ph. sphaericum Schwäg. sp. (Schultz 1819) bei Neubrandenburg am fl. Ihlenpohl.

9. Ph. fasciculare Hedw. sp. (Bl. 1804).

10. Funaria hibernica Hook. (Crome 1805) selten, z. B. an den Zippendorfer Anhöhen bei Schwerin.

11. F. hygrometrica Hedw. (L. Sch. 1777).

12. Phascum serratum Schreb. (T. 1788).   113. Phascaceae.

13. Ph. muticum Schr. (T. 1788).

14. Ph. Floerkeanum W. M. (Flörke nach 1816) bei Rostock.

15. Ph. patens Hedw. (Sch. 1806) auf feuchtem Lehm- und Thonboden ziemlich selten.

16. Ph. cuspidatum Schr. (T. 1788).

17. Ph. bryoides Dick. (Sch. 1806) auf sandigem, nacktem Boden ziemlich selten.

18. Ph. curvicollum Hedw. (Fied. 1844) in hoch gelegenen Wäldern an Grabenrändern selten.

19. Ph. nitidum Hedw. (T. 1788).

20. Ph. crispum Hedw. (Sch. 1806) ziemlich selten.

21. Ph. subulatum L. (T. 1788).

22. Pottia cavifolia Ehr. (T. 1788).   114 Pottiaceae.

23. P. minutula Fürn. (Sch. 1806).

24. Pottia truncata Hedw. sp. (T. 1788).

β. intermedia Schwägr. sp.

25. Anacalypta lanceolata Hedw. sp. (T. 1788).

β. aciphylla Wahlb. (Bl. 1809).

115. Tricho-
stomeae.
26. Barbula unguiculata Hedw. (T. 1788). — Hier=
her gehören als. Var.: B. cuspidata, apiculata, microcarpa, obtusifolia Schultz.

27. B. fallax Hedw. (Bl. 1804).

28. B. brevicaulis Schwäg. (Sch. 1823) „in prae-
ruptis sylvestribus Duc. Megap. Starg.", fehlt bei Fiebler.

29. B. gracilis Schwäg. (F. 1844) selten auf thonig=
sandigen Feldern.

30. B. Hornschuchiana Schultz (1819 als revoluta)
Neubrandenburg bei der Brandmühle.

31. B. convoluta Hedw. (T. 1788).

32. B. muralis L. sp. (L. Sch. 1777).

33. B. subulata L. sp. (T. 1788).

34. B. laevipila Br. Sch. (Wüst. 1844) bei Schwe=
rin am alten Wege nach Ludwigslust an Weiden.

35. B. latifolia Br. Sch. (F. 1844) bei Schwerin an
alten Bäumen in der Pappelallee am faulen See.

36. B. ruralis L. sp. (L. Sch. 1777).

37. Trichostomum rigidulum Hedw. sp.(Bl. 1809)selten.

38. Tr. tortile Schr. (T. 1788) nicht häufig.

39. Tr. homomallum Hedw. sp. (Sch. 1806) in Wäl=
dern an Hohlwegen nicht häufig.

40. Tr. pallidum Hedw. (Bl. 1803) im Brodaer Holz
bei Neubrandenburg; Malchin am Fuchsberge.

41. Distichium capillaceum Hedw. sp. (Sch. 1806)
Fiebler No. 46.

42. **Gymnostomum rutilans** Hedw. (Sch. 1828) ſel= ten an ſchattigen, ſandigen, nackten Anhöhen und Graben= rändern (in M. Strelitz, — nach Schultz).

43. Hymenostomum microstomum Hedw. sp. (Bl. 1803).

β. obliquum N. H. (Sch. 1828).

44. Weisia controversa Hedw. (T. 1788).

45. W. cirrhata L. sp. (T. 1788).

46. W. recurvirostra Hedw. (T. 1788).

47. Trematodon ambiguus Horn. (G. Brück. 1818), nur bei Ludwigsluſt gefunden, wo es aber in neuerer Zeit vergebens geſucht iſt.

48. Ceratodon cylindricus Hedw. sp. (Sch. 1819) auf ſandigen Anhöhen bei Neubrandenburg.

49. C. purpureus L. sp. (T. 1788).

50. Dicranum cerviculatum Hedw. (Bl. 1804).

β. pusillum Hedw. (Sch. 1806).

51. D. pellucidum L. sp. (T. 1788).

52. D. strumiferum Hedw. sp. (Sch. 1806) ſelten auf ſchwammigen, bewaldeten Wieſen an alten Wurzelſtöcken.

53. D. flexuosum L. sp. (T. 1788).

54. D. Schreberi Sw. (Sch. 1806).

55. D. varium Hedw. (T. 1788).

β. rigidulum Sw. (Sch. 1819).

56. D. rufescens Sm. (Sch. 1806) nicht häufig.

57. D. crispum Hedw. (F. 1844) auf feuchtem Sand= boden am Rande der Wege und Gräben nicht häufig.

58. D. heteromallum L. sp. (T. 1788).

59. D. subulatum Hedw. (Sch. 1819) ſeltener.

60. D. longifolium Ehr. (Bl. 1804) im Mühlenholz bei Neubrandenburg am Fußſteige nach der h. Mühle an Steinen.

61. Dicranum flagellare Timm! (1791) in Wäldern auf verfaultem, an der Erde liegendem Holz: bei Malchin, Ballin (unw. Stargard), Mildenitz.

62. D. scoparium L. sp. (L. Sch. 1777).

β. orthophyllum Brid. (Sch. 1819).

63. D. majus Sm. (Sch. 1806 als recurvatum, welches hierher, und nicht zur vorhergehenden Art gehört, vergl. Archiv VIII. 95); bei Neubrandenburg, Malchin, Sternberg.

64. D. undulatum Ehr. (T. 1788).

65. D. Schraderi W. M. (Bl. 1804) ziemlich selten.

66. D. spurium Hedw. (T. 1788) am Wege von Malchin nach Schwinkendorf auf den Hügeln in den Tannen; in den Hufentannen bei Stargard.

67. D. glaucum L. sp. (T. 1788).

68. Thysanomitrion pyriforme Schultz sp. (1819) Fiebler Nr. 45; bei Ballin unw. Stargard im Holz hinter dem Hofgarten.

117. Brya-
ceae.

69. Mnium stygium Sw. sp. (Bl. 1808) bei Neubrandenburg im Brüderbruch, unweit Kratzburg am Wege nach Neustrelitz, Waren, Rövershagen, Schwerin.

70. M. punctatum Schreb. sp. (T. 1788).

71. M. undulatum Hedw. (T. 1788).

72. M. hornum L. sp. (T. 1788).

73. M. serratum Brid. (Bl. 1804) Neubrandenburg am Starg. Berge.

β. orthorrhynchum Blandow sec. Schultz 1828.

74. M. rostratum Schwäg. (Bl. 1804) Neubrandenburg am hohen Ufer auf Steinen, Loitz unw. Stargard.

75. M. cuspidatum Schreb. sp. (T. 1788).

76. M. affine Blandow (1804).

77. Mnium stellare Dill. sp. (T. 1788) Malchin im Kalen=
schen Holz im ersten Hohlwege; Neubrandenburg im Mühlen=
holz, bei Loitz in dem Holz an der Balliner Gränze an
dem Ufer eines Wasserlaufes.

78. Bryum cernuum Br. Sch. (Fiedl. 1860!) auf
dem Kalkwerder bei Schwerin auf ausgeschütteten Kalkresten.

79. B. lacustre Blandow (1804) bei Waren; auch am
Wentower See an der Südgränze von M. Strelitz durch
Struck entdeckt.

80. B. inclinatum Sw. sp. (Bl. 1804) selten in Wäldern
an feuchter Erde.

81. B. strictum Schultz (1828) an feuchten, grasigen
und übersandeten Orten bei Neubrandenburg.

82. B. Warneum Blandow (1806) bei Waren.

83. B. latifolium Br. Sch. (Bland. 1809?) sehr selten,
fehlt bei Fiedler!

Anm. Diese Art wurde von Bl. in Mecklenburg gefunden und
ohne nähere Angabe des Standortes an Bridel mitgetheilt, der sie
als Weisia fornicata bestimmte; vergl. C. Müller Synopsis Muscorum II. p. 571. (Mittheilung von Hrn. Struck).

84. B. nutans Schreb. (T. 1788).

85. B. elongatum Hedw. sp. (Bl. 1809) seltener.

86. B. crudum L. sp. (T. 1788).

87. B. annotinum L. sp. (T. 1791).

88. B. carneum L. (T. 1788) nicht häufig.

89. B. pyriforme L. sp. (L. Sch. 1777).

90. B. intermedium Brid. (Sch. 1806) nicht häufig.

91. B. bimum Schreb. (Schultz 1806).

92. B. pseudo-triquetrum Hedw. sp. (T. 1788).

93. B. Duvalii Voith. (Sch. 1828).

94. Bryum roseum Schreb. (T. 1788).

95. B. turbinatum Hedw. (Crome 1803) Schwerin am Osterfer See beim Galgenberge.

96. B. capillare L. sp. (T. 1788).

97. B. pallens Sw. (Bl. 1817) bisher nur bei Neu= brandenburg, Waren und Schwerin (auf dem Kalkwerder, von Fiebler!) gefunden.

98. B. caespiticium L. (T. 1788).

99. B. erythrocarpon Schwäg. (Sch. 1806) bei Mil= denitz an der Wolfshagener Gränze bei dem alten Thurme (nicht bei Stargard!).

100. B. atropurpureum W. M. (Bl. 1808) nicht häufig.

101. B. argenteum L. (T. 1788).

102. Timmia megapolitana Hedw. (T. 1788) nur bei Malchin am Lalärberge gefunden.

103. Aulacomnion palustre Schreb. sp. (T. 1788).

104. A. androgynum L. sp. (T. 1788).

118. Meesia-
ceae.

105. Paludella squarrosa L. sp. (T. 1788).

106. Meesia uliginosa Hedw. sp. (T. 1788).

107. M. longiseta Hedw. sp. (T. 1788).

108. M. Albertini Br. Sch. (Beuthe! ap. Sch. 1828) bei Neustrelitz (nicht: Neubrandenburg!) und Schwerin.

109. M. tristicha Br. Sch. (Sch. 1828).

110. Amblyodon dealbatus Hedw. sp. (Bl. 1804).

119. Bartra-
micae.

111. Bartramia ithyphylla Brid. (Sch. 1806).

112. B. pomiformis L. sp. (T. 1788).

β. crispa Sw. (Sch. 1806).

113. B. marchica Brid. (Bl. 1806 in b. N. B.) bei Wolbeck am Todtensee, bei Ludwigslust auf den Techen= tiner Wiesen.

114. Bartramia fontana L. sp. (T. 1788).

115. Schistidium ciliatum Hedw. sp. (T. 1788).

120. Grimmieae.

116. Grimmia apocarpa L. sp. (T. 1788).

117. G. pulvinata L. sp. (T. 1788).

118. G. trichophylla Grev. (Sch. 1819) bei Gerezin (nicht: Neubrandenburg!) an Granitblöcken.

119. Gümbelia crinita Brid. sp. (Struck 1860!) bei Wismar vor dem Alt-Wismar. Thore zwischen dem Schutt der abgebrochenen Wassermühle.

120. Racomitrium lanuginosum Hedw. sp. (T. 1788) selten an Granitblöcken.

121. R. heterostichum Hedw. sp. (T. 1788).

122. R. canescens Weis sp. (T. 1788).

123. R. ericoides Schrad. (Sch. 1819).

121. Orthotrichaceae.

124. Orthotrichum cupulatum Hoffm. (Sch. 1806, Crome?).

125. O. anomalum Hedw. (T. 1788).

126. O. Ludwigii Schwäg. (Fied. 1844) Schwerin im Steinfelder Holz.

127. O. obtusifolium Schrad. (Bl. 1804).

128. O. pumilum Schwägr. (Bl. 1804).

129. O. tenellum Bruch (Fied. 1844) an Pappeln am faulen See bei Schwerin.

130. O. fallax Bruch (Fied. 1844).

131. O. affine Schr. (Sch. 1806).

132. O. fastigiatum Bruch (Fied. 1844) an alten Bäumen am faulen See bei Schwerin.

133. O. speciosum N. E. (Fied. 1844).

134. O. coarctatum P. B. (Fied. 1844).

135. O. crispum Hedw. (T. 1788).

136. Orthotrichum crispulum Horn. (Fied. 1844) ſelten.

137. O. stramineum Horn. (Fied. 1844).

138. O. diaphanum Sch. (Bl. 1803).

139. O. Lyellii Hook. (Fied. 1844).

140. O. leiocarpum Br. Sch. (T. 1788).

122. Enca-
lypteae.

141. Encalypta vulgaris Hedw. (T. 1788).

142. E. streptocarpa Hedw. (Sch. 1819).

123. Buxbau-
mieae.

143. Diphyscium foliosum L. sp. (T. 1788).

144. Buxbaumia aphylla Hall. (T. 1788).

124. Tetra-
phideae.

145. Tetraphis pellucida L. sp. (T. 1788).

125. Polytri-
chaceae.

146. Polytrichum undulatum L. sp. (T. 1788).

147. P. tenellum Röhl. (T. 1788 undul. β.).

148. P. angustatum Brid. (Sch. 1819) Neubranben=
burg vor dem Burgholze unb bei der hinterſten Mühle.

149. P. nanum Dill. (T. 1788).

150. P. aloides Hedw. (T. 1788).

151. P. urnigerum L. (T. 1788).

152. P. gracile Menz. (Sch. 1806).

153. P. juniperinum W. (T. 1788).

154. P. strictum Menz. (Bl. 1804 junip. var. affine).

155. P. piliferum Schreb. (T. 1788).

156. P. formosum Hedw. (Sch. 1806).

157. P. commune L. (L. Sch. 1777). Vergl. S. 126.

126. Fonti-
naleae.

158. Fontinalis antipyretica L. (T. 1788).

159. F. squamosa L. (Sch. 1806) Neubrandenburg
im Bach bei der Zirzowſchen Mühle unter der Freiarche.

127. Riparia-
ceae.

160. Cinclidotus fontinaloides P. B. (Fied. 1844)
an Steinen in einem Waldbach im Wahrholze bei Schwerin.

128. Hyp-
neae.

161. Leucodon sciuroides L. sp. (T. 1788).

162. Leptohymenium filiforme Timm sp. (1788).

163. Anomodon viticulosus L. sp. (T. 1788 p. 221).

164. A. curtipendulus L. sp. (T. 1788).

165. Neckera pennata Hedw. (Sch. 1806).

166. N. crispa L. (T. 1788).

167. Leskea trichomanoides Schreb. (T. 1788).

168. L. complanata L. sp. (L. Sch. 1777).

169. L. sericea L. sp. (T. 1788).

170. L. subtilis Hedw. (Sch. 1819) bei Stolpe unweit Stargard im Holz am See.

171. L. polyantha Schreb. (T. 1789).

172. L. paludosa Hedw. (Bl. 1806).

173. L. polycarpa Ehr. (Bl. 1808) nicht häufig.

174. L. attenuata Schreb. (T. 1788).

175. Climacium dendroides L. sp. (T. 1788).

176. Hypnum exiguum Blandow (1804).

Anm. — Nach Trebiranus eine gute, selbstständige Art, die auch auf den Ruinen der Burg Godesberg bei Bonn wächst. Treb. sagt über dieselbe: „Dies Moos wird in Weber und Mohrs Flora Deutschlands mit H. serpens verbunden, von dem es sich durch den Standort sehr unterscheidet, sowie durch die lineal-pfriemenförmigen, ziemlich gedrängt stehenden Blätter, deren Nerv bis zur Spitze läuft, die kleinere, heller gefärbte Frucht, vor Allem aber durch den Deckel, der sich mit einer langen, aufwärts gebogenen Spitze endigt. Schwägrichen vereinigt dasselbe mit H. tenellum Dicks., aber Beschreibung und Abbildung desselben entsprechen dem Godesberger Moose so wenig, als Exemplare des H. tenellum, welche ich Hrn. Dr. Hooker verdanke. Dagegen stimmt dasselbe mit der Beschreibung und Abbildung des H. exiguum von Blandow in Sturms Flora, so wie mit einem Ex. der auf der Stadtmauer von Neubrandenburg (hinter dem Schauspielhause!) aufgenommenen Pflanze, welches ich von Hrn. Dr. A. F. Brückner daselbst habe, aufs vollkommenste überein." (Verhandl. des naturhist. Ver. der preuß. Rheinlande III. S. 18 f.). Auch bei Rostock entdeckte Blandow dies Laubmoos.

22*

177. Hypnum serpens L. (T. 1788).

178. H. velutinum L. (T. 1788).

179. H. Starkii Brid. (Bl. 181?) ſelten).

180. H. piliferum L. (Crome 1803).

181. H. incurvatum Schr. (Bl. 1806) bei ber Zirzow=
ſchen Mühle unw. Neubrandenburg vor der Freiarche.

182. H. albicans Neck. (Sch. 1806. Crome?)

183. H. glareosum Br. Sch. (Fied. 1844) bei Schwe=
rin nicht ſelten.

184. H. salebrosum Hoffm. (Crome 1803).

185. H. nitens Schreb. (T. 1788). ·

186. H. lutescens Huds. (T. 1788).

187. H. populeum Hedw. (Bl. 1804). ·

188. H. plumosum L. (Sch. 1806) ſelten.

189. H. rutabulum L. (T. 1788).

190. H. cordifolium Hedw. (Bl. 1804).

191. H. cuspidatum L. (T. 1788).

192. H. Schreberi W. (T. 1788).

193. H. purum L. (T. 1788).

194. H. trifarium W. M. (Sch. 1806) ſelten: bei
Wolbeck am Todten See, Zatzke im Bruch an der Eich=
horſter Gränze, Schwerin a. m. O.

195. H. stramineum Dicks. (Bl. 1808).

196. H. myurum Poll. (T. 1788).

197. H. myosuroides L. (Sch. 1828) ſeltener als das
vorige und mit dieſem zuſammen.

198. H. alopecurum L. (Sch. 1806) ſelten.

199. H. abietinum L. (T. 1788).

200. H. Blandowii W. M. (Bl. 1807 ap. W. M.).

201. H. tamariscinum Hedw. (L. Sch. 1777).

202. Hypnum splendens Hedw. (L. Sch. 1777).

203. H. sylvaticum L. (Crome 1803).

204. H. denticulatum L. (T. 1788).

205. H. undulatum L. (Häcker 1848 ap. Rabh.) an d. meklenb. Gränze bei Lübeck, im Ludwigsluster Schloß=garten bei dem Mausoleum (Dr. A. Brückn. jun.).

206. H. riparium L. (T. 1788).

207. H. ruscifolium Neck. (Brück. 1803).

208. H. murale Neck. (T. 1791) selten, z. B. an der Neubrandenburger und Malchiner Stadtmauer.

209. H. confertum Dick. (Fied. 1844).

210. H. megapolitanum Bland. (1804).

211. H. Schleicheri Hedw. (Fied. 1844) um Schwerin nicht selten.

212. H. praelongum L. (T. 1788).

213. H. Stockesii Turn. (Bl. 1808).

214. H. strigosum Hedw. (T. 1788).

β. obtusifolium.

215. H. longirostrum Ehr. (T. 1788).

216. H. brevirostre Ehr. (Crome 1803).

217. H. triquetrum L. (T. 1788).

218. H. loreum L. (T. 1788).

219. H. stellatum Schreb. (T. 1788) bei Malchin auf der Weide beim Palärberge, bei der Brandmühle unw. Neubrandenburg.

220. H. chrysophyllum Bried. (Sch. 1806).

221. H. squarrosum L. (T. 1788).

222. H. cupressiforme L. (T. 1788).

223. H. silesiacum P. B. (Häcker 1848) an der meklenb. Gränze unw. Lübeck.

224. Hypnum fluviatile Sw. (Sch. 1806).

225. H. filicinum Hedw. (T. 1788).

226. H. commutatum Hedw. (Bl. 1808).

227. H. Crista castrensis L. (T. 1788).

228. H. molluscum Hedw. (T. 1788).

229. H. fluitans L. (T. 1788).

230. H. aduncum L. (T. 1788).

231. H. uncinatum Hedw. (Sch. 1806).

232. H. lycopodioides Schwäg. (Sch. 1806) bei Neu=
brantenburg unb Eichhorſt an ſumpfigen Stellen.

233. H. scorpioides L. (T. 1788).

234. H. palustre L. (Bl. 1806).

129. Fissi-
denteae. 235. Fissidens incurvus Schwäg. (Fied. 1844) an
Grabenränbern an ber Weſtſeite bes Neuſtäbtiſchen Kirch=
hofs bei Schwerin.

236. F. bryoides L. sp. (T. 1788).

237. F. osmundoides Hedw. (Bl. 1803).

238. F. taxifolius L. sp. (T. 1788).

239. F. adiantoides L. sp. (T. 1788).

V. Hepaticae.

(Nach Wüſtnei 1854.)

130. Riccia-
eeae. 1. Riccia fluitans L. (T. 1788).

2. R. crystallina L. (T. 1788).

3. R. natans L. (Sch. 1819) bei Eichhorſt unweit
Frieblanb, unb von Wüſtnei (briefliche Mitth.) auch bei
Schwerin gefunben.

4. R. ciliata Hoffm. (Sch. 1806) nur bei Neubran=
tenburg auf lehmigen Brachäckern gefunben.

5. R. glauca L. (T. 1788).

6. Anthoceros laevis L. (T. 1788).

7. A. punctatus L. (T. 1788) seltener als d. vorige.

8. Rebouillia hemisphaerica L. sp. (Sch. 1806) bei 131. Marchantiaceae.
Jatzke (unw. Friedland) im Bruch der Pferdekoppel; bei Schwerin am hohen Ufer (am Wege nach Zippendorf).

9. Fegatella conica L. sp. (T. 1788).

10. Preissia commutata N. E. (Wüst. 1855! in litt.) bei Schwerin.

11. Marchantia polymorpha L. (L. Sch. 1777).

 * 12. Lunularia vulgaris Mich. (Huth 1854) aus dem südl. Europa mit Topfgewächsen eingeschleppt.

13. Metzgeria furcata L. sp. (T. 1788).   132. Jungermanniaceae.

14. Aneura pinguis L. sp. (T. 1788).

15. A. multifida L. sp. (T. 1788).

16. A. palmata Hedw. (T. 1788).

17. Blasia pusilla Mich. (T. 1788) Malchin im Hohlwege des Hainholzes an der Glelower Gränze; bei Schwerin am Rande der Neumühler Wiese. In M. Strelitz noch nicht gefunden.

18. Pellia epiphylla L. sp. (T. 1788).

19. Fossombronia pusilla Schmidel sp. (T. 1788).

20. Lejeunia serpyllifolia Dicks. sp. (L. Sch. 1819) nur bei Neubrandenburg im Brodaschen Holz und bei Ballin unw. Stargard gefunden.

21. Frullania dilatata L. sp. (T. 1788).

22. F. tamariscifolia L. sp. (T. 1788).

23. Madotheca platyphylla L. sp. (T. 1788).

24. Radula complanata L. sp. (L. Sch. 1777).

25. Ptilidium ciliare L. sp. (T. 1788).

26. Trichocolea Tomentella Ehr. sp. (T. 1788) nur

bei Malchin im Kalenschen Holz an dem Bach beim Mühlenbruch gefunden.

27. **Mastigobryum trilobatum L. sp.** (Sch. 1819) nur bei Neubrandenburg im Burgholze gefunden.

28. **Lepidozia reptans L. sp.** ('T. 1788).

29. **Calypogeia Trichomanis Scop. sp.** (T. 1788). schon bei Neubrandenburg, Malchin, Güstrow und Schwerin gefunden.

30. **Chiloscyphus polyanthos N. E.** (Sch. 1819) bei Güstrow auf einer Wiese.

β. **rivularis Schultz sup. p. 89.** Kl. Nemerow am Mühlenbach an Baumwurzeln.

31. **Ch. pallescens Schrad. sp.** (Sch. 1806) Neubrandenburg im Brodaschen Holz.

32. **Lophoclea heterophylla Schrad. sp.** (Sch. 1819).

33. **L. bidentata L. sp.** (T. 1788).

34. **L. minor N. E.** (Wüst. 1854) bei Schwerin im Gehölze von Görölow an einer Quelle.

35. **Liochlaena lanceolata L. sp.** (T. 1791) Neubrandenburg im Brodaer Holz, Malchin im Kahlenschen Holz (im ersten Hohlwege), Schwerin im Steinfelder Holz.

36. **Sphagnocoetis communis N. E., Dicks. sp.** (Sch. 1806).

37. **Jungermannia trichophylla L.** (T. 1788) Neubrandenburg im Brodaschen, Malchin im Kalenschen Holz.

38. **J. setacea Web.** (Sch. 1819 = **J. Schultzii Spr.**) bei Krumbeck hinter dem Hofgarten „in turfosis paludosis"; bei Schwerin an ähnl. Localität auf dem Werder.

39. **J. connivens Dick.** (Sch. 1819).

40. **J. bicuspidata L.** (T. 1788).

41. Jungermannia divaricata E. B. (Sch. 1806).

42. J. barbata Schreb. (Sch. 1819).

43. J. excisa Dicks. (Sch. 1819) Neubrandenburg an den steilen Abstürzen des hohen Ufers, Schwerin auf Sand= und Haideboden.

44. J. ventricosa N. E. (T. 1788) bei Witzerhof un= weit Malchin auf den Hügeln in den Tannen.

45. J. inflata Huds. (Sch. 1819) „in schattigen Wäl= dern auf der Erde."

46. J. Schultzii N. E. (Sch. 1838); von Schultz bei Neubrandenburg gefunden.

47. J. crenulata Sm. (Wüst. 1854) bei Schwerin im Hasel= und Steinfelder Holz auf feuchtem Sandboden.

48. J. exsecta Schm. (Sch. 1806).

49. obtusifolia Hook. (W. 1854) bei Schwerin im Hasel= und Steinfelder Holz in Wegen und Vertiefungen.

50. J. albicans L. (W. 1854) bei Schwerin und Crivitz auf sandigem Waldboden.

51. Scapania nemorosa L. sp. (Sch. 1819) Neu= brandenburg im Nemerower Holz, auch bei Schwerin nicht selten.

52. S. uliginosa N. E. (Sch. 1834 ap. Hübener) „in Mecklenburg" — aber wo?

53. S. undulata L. (Sch. 1819) bei Ballin hinter dem Hofgarten in Gräben.

β. resupinata L. Neubrandenburg im Nemerower Holz, bei Schwerin auf dem Sachsenberger Gebiet.

54. S. compacta N. E. (Treviranus 1834 ap. Hüb.) „in Mecklenburg" — aber wo?

55. Plagiochila asplenioides L. sp. (T. 1788).

56. Alicularia scalaris Schr. sp. (Sch. 1806).

57. Sarcoscyphus Ehrharti Corda (Sch. 1819) bei Neuendorf unw. Neubrandenburg am Eingang des Holzes, bei Krumbeck in einem Bruche.

VI. Algae.

(Geordnet nach Rabenhorst Krypt. Flora 1847.)

Anm. Ueber das Mangelhafte der nachfolgenden Aufzählung vergl. S. 194 ff. — Die Süßwasser-Algen habe ich durch einen vorgesetzten * bezeichnet.

133. Diato-
maceae.

1. Eunotia granulata Ehrb. (Koch 1860!) Ostsee: Doberan.

2. E. turgida Ehrb. (Koch 1860!) ebend.

3. E. zebrina Ehrb. (Koch 1860!) desgl.

4. Diatoma tenue Ag. (Ditm. 1806) Ostsee.

5. Bacillaria paradoxa Gmel. (Rab. 1847) Ostsee: Wismar.

6. Surirella thermalis Kütz. (Rab. 1847) desgl.

7. S. Lamella Ehrb. (1840) desgl.

8. S. Testudo Ehrb. (1840) desgl.

9. S. fastuosa Ehrb. (Koch 1860!) Ostsee: Doberan.

10. S. splendida Ehrb. (Koch 1860!) desgl.

11. Synedra Gallionii Ehrb. (1840) Ostsee: Wismar.

12. S. Ulna Ehrb. (Koch 1860!) Ostsee: Doberan.

13. Ceratoneïs Fasciola Ehrb. (1840) Wismar.

14. C. Closterium Ehrb. (1840) desgl.

* 15. Navicula gibba Ehrb. (1840) Wismar im süßen W.

16. N. Scalprum G. T. (Ehrb. 1840) Ostsee: Wismar.

17. N. Hippocampus Ehrb. (1840) desgl.

18. N. inversa Ehrb. (1840) desgl.

19. N. fulva Ehrb. (Koch 1860!) Oſtſee: Doberan.

20. N. Silicula Ehrb. (Koch 1860!) beßgl.

21. Pinnularia viridis Ehrb. (Koch 1860!) beßgl.

22. P. flexipinna Ehrb. nov. sp. (Koch 1860!) beßgl.

23. Cocconema Boekii Ehrb. (1840) Oſtſee: Wismar.

24. Syncyclia Salpa Ehrb. (1840) beßgl.

* 25. Tabellaria flocculosa Roth sp. (Ditm. 1806).

26. Grammatophora oceanica Ehrb. (Koch 1860!) Oſtſee: Doberan.

27. G. stricta Ehrb. (Koch 1860!) beßgl.

28. Achnanthes longipes Ehrb. (Koch 1860!) beßgl.

29. Striatella arcuata Ehrb. (Koch 1860!) beßgl.

30. Coscinodiscus lineatus Ehrb. (Koch 1860!) beßgl.

31. Actinocyclus bioctonarius Ehrb. (Koch 1860!) beßgleichen.

32. A. septendenarius Ehrb. (Koch 1860!) beßgl.

33. A. nonarius Ehrb. (Koch 1860!) beßgl.

34. Campylodiscus Remora Ehrb. (1841) Oſtſee: Wismar.

35. C. Echnëis Ehrb. (1841) beßgl.

36. C. Clypeus Ehrb. (Koch 1860!) Oſtſee: Doberan.

37. Gallionella granulata Ehrb. (Koch 1860!) beßgl.

38. G. laevis Ehrb. (Koch 1860!) beßgl.

39. G. sulcata Ehrb. (Koch 1860!) beßgl.

40. G. varians Ehrb. (Koch 1860!) beßgl.

41. Cocconëis undulata Ehrb. (1840) Oſtſee: Wismar.

42. C. Navicula Ehrb. (1840) beßgl.

43. C. borealis Ehrb. (Koch 1860!) beßgl.

44. C. fennica Ehrb. (Koch 1860!) beßgl.

45. C. lineata Ehrb. (Koch 1860!) beßgl.

46. Cocconëis striata Ehrb. (Koch 1860!) deßgl.

47. Dictyocha Fibula Ehrb. (1840) Ostsee: Wismar.

48. Auliscus cylindricus Ehrb. (Koch 1860!) Ostsee: Doberan.

49. Diplonëis didyma Ehrb. (Koch 1860!) deßgl.

134. Desmi-
dieae.
50. Merismopoedia glauca Ehrb. sp. (Rose 1845); im Seewasser bei Wismar.

135. Nosto-
chinae.
* 51. Palmella cruenta Ag. (Fiedler 1860!) auf Steinen in dem schnellfließenden Canale unterhalb der kleinen Schleuse im Ludwigsluster Schloßgarten.

* 52. Tetraspora bullosa Roth. sp. (T. 1788) häufig in Gräben und stehenden Gewässern.

* 53. Nostoc commune Vauch. (T. 1788 als Tremella Nostoc L.) nach Regen auf Wiesen bei Malchin u. s. w. S. 40.

* 54. Nostoc pruniforme L. sp. (T. 1793) Rostock im Wallgraben und in der Warnow; im Siggelkower See sehr häufig; Schwerin im Ostorfer See, Ludwigslust im Schloßgarten.

* 55. Anabaina flos aquae Lyngb. (v. Flotow 1845 bei Kützing Phycol. germ. S. 188. — ob auch Timms Byssus flos aq. 1788?).

* 56. Cylindrospermum spirale Ktz. (Link 1806 als Oscillatoria decorticans, in den N. Beitr. St. 20).

136. Oscilla-
torieae.
* 57. Oscillaria viridis Vauch. (Link 1806 in den N. Beitr. St. 46).

* 58. Oscillaria princeps Vauch. (Link l. c. 1806).

* 59. Microcolëus autumnalis Ag. sp. (Schultz 1806 als Conferva velutina); in ausgetrockneten Gräben häufig.

* 60. Calothrix distorta Dillw. sp. (Ditmar 1808 als Epiphysium dist. in N. Beitr. St. 50).

* 61. Sphaeroplea annulina Roth. sp. (Link 1806 in den N. Beitr. St. 46).

62. Physactis durissima Ktz. Phyc. Germ. p. 186. (v. Flotow 1845) auf Ceramium rubrum bei Doberan.

* 63. Rivularia pygmaea Ktz. l. c. p. 188. (v. Flotow 1845).

* 64. Draparnaldia glomerata Ag. (Ditmar 1808 als Batrachospermum gl. in den N. Beitr. St. 50). 137. Confervaceae.

* 65. Saprolegnia ferax Ktz. (Fiedler 1860! in litt.) auf Fliegen im Wasser macerirend.

* 66. Oedogonium vesicatum Vauch. sp. (Link 1806 als Prolifera ves. l. c. St. 46).

* 67. Oedogonium tumidulum Sm. sp. (Link l. c. 1806 als Prolifera parasitica).

* 68. Conferva rivularis L. (T. 1788) nicht selten in Bächen.

* 69. Conferva floccosa Vauch. sp. (Ditmar 1806) als Prolifera fl. in den N. Beitr. St. 20).

* 70. Conferva fracta Dillw. (Link 1806 l. c. St. 46).

* 71. Conferva canalicularis Roth. (T. 1788).

72. Conferva sericea Huds. (Kahle 1860!) in der Ostsee bei A. Gaarz.

* 73. Conferva glomerata L. (T. 1788) in Bächen.

74. Conferva laetevirens Dillw. var. marina (Link 1806 als Polysperma abbreviata l. c. St. 46) in der Ostsee.

75. Conferva rupestris L. (T. 1791) an Steinen bei Warnemünde!

76. Aegagropila Linnaei Ktz. (Rabenhorst 1847) in der Ostsee bei Warnemünde.

* 77. Aegagropila Froelichiana Ktz. (T. 1791 als

Conferva Aegagr.) im Mechower See (Sonder), und auch im Krakower See und in der Müritz! besonders bei Melz (wo nach Stürmen fußhohe Haufen dieser Alge am Ufer ausgeworfen vorkommen sollen, wie Siemssen 1791 berichtet).

78. Ectocarpus ochraceus Ktz. (Huth 1860!) in der Ostsee bei Kägsdorf.

* 79. Spirogyra quinina Müll. sp. (Link 1806 l. c. St. 46).

* 80. Spirogyra elongata Vauch. sp. (Ditmar 1806).

* 81. Spirogyra condensata Vauch. sp. (Ditm. 1806).

* 82. Spirogyra nitida Fl. Dan. (Ditm. 1806 als Conjugata princeps l. c.).

* 83. Spirogyra decimina Müll. sp. (Link 1806 l. c. St. 46).

* 84. Zygnema cruciatum Vauch. sp. (Ditm. 1806 l. c. St. 20).

* 85. Zygogonium ericetorum Roth. sp. (Link 1806 l. c. St. 46); auf Torf- und Haideboden.

* 86. Hydrodictyon utriculatum Roth. (G. Brückner 1860!) Ludwigslust am Bassin.

138. Ulvaceae. * 87. Botrydium granulatum L. sp. (T. 1788) an überschwemmt gewesenen und wieder ausgetrockneten Orten z. B. bei Malchin auf dem Gerichtsberge.

* 88. Vaucheria bursata Müll. sp. (Ditm. 1806 als Ectosperma ovata l. c. St. 20).

* 89. Vaucheria hamata Vauch. sp. (Ditm. 1806).

* 90. Vaucheria Dillwynii W. M. sp. (Link 1806 l. c.).

* 91. Vaucheria geminata Vauch. sp. (Ditm. 1806 l. c.).

* 92. **Vaucheria caespitosa** Vauch. sp (T. 1788 als Conferva amphibia).

93. **Enteromorpha intestinalis** L. sp. (T. 1788) häufig in der Oſtſee und um Salzquellen!

94. **Enteromorpha compressa** L. sp. (T. 1788) in der Oſtſee bei Warnemünde!

95. **Ulva latissima** L. (T. 1788) Oſtſee bei Warne= münde!

96. **Phycoseris Linza** L. sp. (T. 1788) Oſtſee bei Warnemünde! auch am Fiſchlande (Zabel).

97. **Callithamnion repens** Dillw. sp. (T. 1793 als Conferva tomentosa) in der Oſtſee.

139. Ceramiaceae.

98. **Ceramium diaphanum** Light. sp. (T. 1788 als Conferva corallina) in der Oſtſee bei Warnemünde! und auch noch am Fiſchlande (Zabel).

99. **Ceramium rubrum** Huds. sp. (Link 1806 als C. virgatum) in der Oſtſee bei Doberan! Warnemünde! und auch noch am Fiſchlande! (Zabel).

100. **Nemalion multifidum** W. M. sp. (Huth 1860!) in der Oſtſee bei Kägsdorf.

101. **Furcellaria lumbricalis** Ag. sp. (G. Brück. 1860!) in der Oſtſee bei Doberan! am Fiſchlande (Zabel)!

102. **Furcellaria fastigiata** Huds. sp. (T. 1788 als Fucus) in der Oſtſee bei Doberan! Warnemünde!

103. **Ahnfeltia plicata** Huds. sp. (Deth. 1811 in d. N. Beitr. St. 7 als Fucus) in der Oſtſee; auch von Zabel am Fiſchlande gefunden.

104. **Phyllophora membranifolia** Ag. sp.? (Huth 1860!) in der Oſtſee bei Kägsdorf.

105. Phyllophora Brodiaei Turn. sp. (Huth 1860!) bei Kägsborf und auch noch am Fischlaube! (Zabel).

106. Chondrus crispus Lyng. var. aequalis (T. 1788 Fucus rubens) bei Warnemünde und am Strande des Fischlandes.

Anm. Gelidium cartilagineum L. sp. (T. 1793) ist wohl nur durch Zufall an den Strand von Warnemünde verschleppt worden.

140. Sphae-rococceae.
107. Polysiphonia violacea Ag. sp. (Link 1806 als Ceramium in der Ostsee, auch noch am Fischlaube (Zab.)!

108. Polysiphonia allochroa Ag. sp. (Huth 1860!) am Strande bei Kägsborf.

109. Polysiphonia nigrescens Lyngb. sp. (Zabel 1860!) am Fischlaube.

110. Rhodomela subfusca Wood. sp. (G. Brück. 1860!) bei Doberan; am Fischlande (Zabel)!

111. Sphaerococcus confervoides L. sp. (Link 1806) Ostsee.

112. Delesseria sanguinea L. sp. (T. 1788) in der Ostsee, auch am Fischlaube (Zabel)!

113. Hypoglossum alatum Huds. sp. (Deth. 1811 in b. N. Beitr. St. 7) Ostsee; auch von Zabel am Fisch-laube gefunden!

114. Phycodrys sinuosa Ag. sp. (Huth 1860!) in der Ostsee bei Kägsborf und am Fischlaube (Zabel).

141. Phy-ceae.
115. Mesogloia vermicularis Ag. sp. (Zabel 1860!) am Fischlaube.

116. Chorda Filum L. sp. (T. 1788 als Fucus).

β. thrix. γ. tomentosa; beide Var. am Fisch-laube (Zabel).

117. Stilephora rhizodes Ag. sp. (A. F. T. Brück. 1798) nach Ausweis meines Herbariums in der Ostsee bei Warnemünde!

118. Desmarestia viridis Müll. sp. (Zab. 1860!) am Fischlande.

119. Laminaria saccharina L. sp. (Deth. 1788 bei Timm, als Fucus), in der Ostsee.

120. Laminaria digitata L. sp. (Huth 1860!) in der Ostsee bei Kägsdorf; auch noch am Fischlande (Zabel).

121. Fucus vesiculosus L. (T. 1788) gemein am Ostseestrande!

Anm. F. ceranoides L. (T. 1793) ist wohl durch Zufall an die meklenburgische Küste verschlagen.

122. Fucus serratus L. (T. 1788; setaceus Druck= fehler!) am Ostseestrande bei Warnemünde! auch noch an der Küste Rügens!

123. Fucus canaliculatus L.? (T. 1791) auf Steinen bei Warnemünde.

124. Himanthalia lorea L. sp. (C. Griewank 1860!) in der Ostsee bei Boltenhagen.

125. Halidrys siliquosa L. sp. (T. 1791 Fucus) bei Warnemünde! und auch noch am Fischlande (Zabel)!

* 126. Nitella gracilis Sm. sp. (Fiedler ap. Raben- horst 1847), bei Schwerin.

142. Chara- ceae.

* 127. Nitella mucronata A. Br. (Fiedler l. c. 1847) bei Schwerin.

* 128. Nitella syncarpa Thuill. (Fiedler l. c. 1847) bei Schwerin.

* 129. Nitella flexilis L. sp. (T. 1788 Chara).

* 130. Nitella tenuissima Desv. (Fiedler l. c. 1847) bei Schwerin.

* 131. Chara scoparia Bauer (Fiedler l. c. p. 1847) bei Schwerin. — Vergl. S. 37.

* 132. Chara foetida A. Br. (T. 1788 als vulgaris).

133. Chara ceratophylla Wallr. (Zabel 1860!) im Saaler Bodden.

* 134. Chara latifolia W. (Schultz 1806? als tomentosa) Toleuse, Goldberger See.

135. Chara hispida L. (T. 1788) in Gräben und Teichen, aber nach Zabel auch im Saaler Bodden.

* 136. Chara horridula Deth. N. Beitr. 1811 St. 7, in alten Torflöchern hinter Markgrafenheide.

137. Chara crinita Wallr. (Zabel 1860!) im Saaler Bodden.

138. Chara baltica Fr. (Zab. 1860!) im Saaler Bodden.

139. Chara aspera Willd. (Deth. 1809) in der südlichen Hälfte von M. Strelitz häufig, aber auch im Saaler Bodden (Zabel), und im heiligen See bei Markgrafenheide.

* 140. Chara fragilis Desv. (Beuthe 1837) in Gräben bei Zierke unweit Neustrelitz.

Anm. Nicht unterzubringen weiß ich: Batrachospermum intricatum (Vauch.) Link, Ceramium frondulosum und utriculare Lk., Conferva arenaria (Roth) Lk. und furcata Timm, Conjugata angulata, porticalis und variabilis Ditmar, Fucus prolifer (Esp.) Dethard., Oscillatoria Adansonii, leptonema und parietina Ditm., Saccosphaera aggregata und Spirogyra aeruginosa Link, welche in den Nützl. Beitr. 1806, 1808 und 1811, in Timms Prodromus und in Lint's dissert. bot. noch erwähnt werden.

VII. Lichenes.

(Geordnet nach Rabenhorst 1845.)

Anm. Unsere Kenntniß auch dieser Classe ist noch sehr mangel-
haft und das nachfolgende Verzeichniß der Arten ist nur ein Lücken-
büßer, von dem ich wünsche, daß er bald durch eine neue, gründliche
Arbeit verdrängt werden möge. Um Raum zu sparen, gebe ich daher
hier nur wenige Standorte an. Vergl. S. 197.

1. Verrucaria epidermidis Ach. (Schultz 1806). 143. Verru-
cariaceae.

2. Verrucaria carpinea Pers. (Schultz 1806).

3. Verrucaria nitida Schrad. (T. 1788 als Sphaeria).

4. Verrucaria punctiformis Pers. (Sch. 1806).

5. Pertusaria Wulfenii var. agelaca Ach. (Sch. 1806
als Urceolaria).

6. Pertusaria communis DC. (T. 1791 als Lichen
pertusus).

7. Graphis scripta L. sp. (T. 1788 als Lichen). 144. Graphi-
deae.
β. pulverulenta (Sch. 1806 als Opegrapha).

γ. serpentina (Sch. 1806 als Opegrapha).

8. Opegrapha herpetica Ach. (Sch.1806 als rubella).

9. Opegrapha atra Pers. (Sch. 1806 vulgata, macularis, epipasta).

10. Opegrapha varia Pers. (Sch. 1806 notha).

11. Urceolaria cinerea L. sp. (Sch. 1806). 115. Limbo-
rieae.

12. Urceolaria scruposa L. sp. (Sch. 1806).

13. Placodium lentigerum Web.? (Sch. 1806 als 146. Leca-
norinae.
Parmelia).

14. Placodium saxicola Poll. (Sch. 1806 Parmelia).

15. Placodium elegans Lk. (Sch. 1806 Parmelia).

16. Placodium murorum Hoffm. (Sch. 1806 Parmelia).

17. Zeora brunnea Sw. (Sch. 1806 Parmelia).

18. Zeora hypnorum Ach. (Wüstnei 1860!) auf Sandboden bei Schwerin.

19. Zeora glaucoma Ach. (Sch. 1806 Parmelia).

20. Zeora icmadophila Ehr. (Sch. 1806 Lecidea).

21. Zeora vitellina Ehr. var. aurella Schaer. (Dr. A. Brück. 1860!) bei Ludwigslust.

22. Zeora rubra Hoffm. (Thede 1806 in den N. Beitr.) bei Wittenburg und Rostock.

23. Zeora cerina Hedw. (Sch. 1806 Parmelia).

24. Lecanora atra Huds. (Sch. 1806 Parmelia).

25. Lecanora subfusca L. (T. 1788 Lichen).

26. Lecanora sophodes Ach. (Sch. 1806 Parmelia).

27. Lecanora varia Ehr. (Sch. 1806 Parm.).

28. Lecanora albella Hoffm. (Sch. 1806 Parm.).

29. Lecanora Hageni Ach. (Sch. 1806 Parm.).

147. Parme-liaceae. 30. Collema atro-coeruleum Schaer. (T. 1788 Tremella lichenoides).

31. Collema crispum Hoffm. (T. 1788 Lichen).

32. Micaraea Wüstneii Auerswald (Wüstnei 1857), bei Schwerin am Ufer des Medeweger Sees.

33. Imbricaria tiliacea Ehr. (Sch. 1806 als Parm.).

34. Imbricaria saxatilis L. (T. 1788 Lichen).

35. Imbricaria physodes L. (Sch. 1806).

36. Imbricaria Acetabulum Neck. (Sch. 1806 Parmelia corrugata).

37. Imbricaria olivacea L. (T. 1788 Lichen).

38. Imbricaria caperata L. (T. 1788 Lichen).

39. Imbricaria conspersa Ehr. (T. 1793 als Lichen centrifugus?).

40. I. diffusa Körb. (Wüst. 1860!) an Kiefern b. Schwerin.

41. Imbricaria parietina L. (T. 1788 Lichen). S. 126.

42. Imbricaria aspera Körb. (Wüstnei 1860!) bei Schwerin an Sorbus und Pappeln.

43. Parmelia obscura Ehr. (Sch. 1806) auch bei Schwerin.

44. Parmelia stellaris L. (T. 1788 Lichen).

45. Parmelia caesia Hoffm. (Sch. 1806).

46. Parmelia pulverulenta Schreb. (T. 1788 Lichen orbicularis).

47. Sticta scrobiculata Scop. (Sch. 1806 Parm.).

48. Lobaria pulmonaria L. sp. (T. 1788). S. 36. 126.

49. Peltigera venosa L. (T. 1788).

50. Peltigera horizontalis L. (T. 1788).

51. Peltigera canina L. (T. 1788).

52. Peltigera polydactyla Hoffm. (Sch. 1806).

53. Peltigera aphtosa L. (T. 1788).

54. Peltigera malacea Ach. (Flörke 182?).

55. Calycium adspersum Pers. (T. 1788 Mucor lichenoides). ¹⁴⁸. Calycineus

56. Calycium chlorellum Wahlb. (Sch. 1806).

57. Calycium hyperellum Ach. (Sch. 1806).

58. Calycium lenticulare Ach. (T. 1788 Mucor sphaerocephalus).

59. Coniocybe furfuracea L. sp. (T. 1788 Mucor).

60. Lecidea citrinella Ach. (Sch. 1806). ¹⁴⁹. Lecideaceae.

61. Lecidea abietina Ach. (Thede 1806 in d. N. Beitr.).

62. Lecidea albo-atra Schaer. (Sch. 1806 L. corticola).

63. Lecidea dolosa Wahl. (Sch. 1806 Parmelia exigua).

64. Lecidea sanguinaria Hoffm. (T. 1788 Lichen).

65. Lecidea enteroleuca Ach. (Wüstnei 1860!) bei Schwerin an alten Weiden.

66. Lecidea parasema Ach. (Sch. 1806).

67. Lecidea punctata Fr. (Wüst. 1860!) bei Schwe=
rin an alten Kiefern die der Sonne ausgesetzt sind.

68. Lecidea geographica L. (T. 1791 als Lichen).

69. Biatora ferruginea Fr. (Dr. A. Brück. 1860!)
bei Schwerin.

70. Biatora uliginosa Schrad. (Sch. 1806 Lecidea).

71. Biatora microphylla Schrad.? (Sch. 1806 Lecidea?)

72. Biatora anomala Spr. sp. (Sch. 1806 Lecid. cyrtella).

73. Biatora granulosa Ehr. (Wüst. 1860!) auf Sand=
boden bei Schwerin.

74. Biatora sphaeroides Schaer. β. effusa (Dr. A.
Brück. 1860!) Schwerin am Haselholz und auf dem
Werder an Pinus und Fagus.

75. Biatora rubella Ehr. (Sch. 1806 Lecid. vernalis).

76. Biatora rosella Pers. (Sch. 1806 Lecidea).

77. Biatora byssoides L. (Sch. 1806 Bacomyces
rupestris).

78. Baeomyces roseus Pers. (T. 1788 Lichen Baeomyces).

150. Clado-
niaceae. Anm. Um die ohnehin schon große Verwirrung, welche in der nachfolgenden Gattung Cladonia herrscht, nicht meinerseits durch vielleicht irrthümliche Unterbringung der von unseren Floristen auf= gezählten Arten unter die von Rabenhorst recipirten deutschen Species noch zu vermehren, werde ich für diese Gattung Flörke's Commen- tatio de Cladoniis (Rostock 1828) zu Grunde legen, in welcher die mecklenburgischen Cladonien ganz speciell berücksichtigt sind; nur einige Aenderungen in den Namen habe ich nach J. v. Flotow Lichenes Florae Silesiae (in der Uebersicht der Arbeiten der Schlesischen Ge= sellschaft u. s. w. Breslau 1850 S. 98 ff.) vorgenommen.

79. Cladonia papillaria L. Flörke p. 5. (1828) auf Torf= und Schlammboden bei Markgrafenheide.

β. stipata p. 6. in dem Walde „Damerow" un= weit Barnsdorf.

80. Cladonia delicata Ach. sp. Fl. p. 7 (Sch. 1806 als Baeomyces) in der Rostocker und Milbenitzer Haide.

81. Cladonia caespiticia Ach. sp. Flörke p. 8 (1828) in der Rostocker Haide bei Meyer's Hofstelle.

82. Cladonia decorticata L. Fl. p. 10 (1828) in den Gehlsdorfer=Fähr=Tannen, und auf dem Harkenberge bei Pohnsdorf unweit Teterow.

83. Cladonia cariosa L. Fl. p. 12 (Sch. 1806), auf sandigem Boden an Wegen und Grabenrändern in den Wäldern Damerow und Kramonberg unweit Rostock; zw. Sponholz und Warlin in M. Strelitz.

β. strepsilis Ach. Fl. p. 14 in Nadelholzwaldungen der Rostocker Gegend.

γ. symphycarpia Ach. Fl. p. 15 (Sch. 1806) auf Haideboden und in Nadelholzwaldungen ziemlich verbreitet.

84. Cladonia botrytes L. Fl. p. 18 (Sch. 1806) in der Rostocker Haide und in Nadelholzwald. bei Friedland.

85. Cladonia incrassata Flörke p. 21 (1828) in der Rostocker Haide.

86. Cladonia alcicornis Ach. Fl. p. 23 (Sch. 1806) nicht selten in M.

87. Cladonia cervicornis Ach. = verticillata Fl. p. 26 (1823) häufig in M.

β. phyllophora Fl. p. 28.

88. Cladonia gracilis L. Fl. p. 30 (Sch. 1806) desgl. in manchen Abänderungen.

β. aspera p. 40.

89. Cladonia degenerans L. Fl. p. 41. (1828) In vielen Varietäten weit verbreitet.

90. Cladonia pyxidata L. = neglecta Fl. p. 49 (1828) bei Roftod.

91. Cladonia fimbriata L. = pyxidata Flörke p. 51 (Sch. 1806).

β. costata p. 66. γ. expansa p. 68.

δ. pterygota p. 69. ε. chlorophaea p. 70.

92. Cladonia ochrochlora Flör. p. 75 (1828) häufig.

β. phyllostrota p. 79. γ. nana p. 79.

93. Cladonia pityrea L. Fl. p. 79 (Fl. 1828) häufig.

β. cladomorpha p. 81. γ. pellucida p. 82.

δ. hololepis p. 83.

94. Cladonia coniocraea L. Flör. p. 84 (T. 1788 Lichen cornutus).

β. phyllotoca p. 87.

95. Cladonia coccifera L. Fl. p. 89 (T. 1788) gemein.

β. phyllocoma p. 94. γ. ochrocarpia p. 95.

96. Cladonia Flörkeana Fr. Fl. p. 99 (1828) hin und wieder durch M.

β. leucophylla p. 101.

96. Cladonia digitata L. Fl. p. 102 (T. 1788) gemein.

98. Cladonia deformis L. = crenulata Flör. p. 105 (1828), nicht selten.

β. pleurota p. 107.

99. Cladonia macilenta Ehr. = polydactyla Flör. p. 103 (Sch. 1806 als Baeomyces bacillaris), häufig.

100. Cladonia uncinata Hoffm. = cenotea Fl. p. 125 (1828).

β. brachiata Fr. (Wüstnei 1860!) bei Schwerin und Güstrow.

101. Cladonia squamosa L. Fl. p. 129 (1828).

β. asperella p. 132. γ. lactea p. 136.

δ. polychonia p. 136.

102. Cladonia glauca Flör. p. 140 (1828) auf Sand-boden in Nadelholzwäldern bei Waren und im Damerow.

103. Cladonia furcata L. Fl. p. 141 (Sch. 1806).

β. spadicea p. 146. γ. recurva p. 147.

δ. crispatella p. 148. ε. crispata p. 148.

ζ. fissa p. 151. η. racemosa p. 152.

104. Cladonia pungens Flörke p. 156 (1828) gemein.

β. nivea p. 158. γ. foliosa p. 159.

105. Cladonia rangiferina L. Fl. p. 160 (T. 1788), gemein.

β. major p. 163. γ. tenuis p. 164.

δ. alpestris p. 165. ε. sylvatica p. 167.

106. Cladonia Arbuscula W. C. (Flörke 1828 als C. rangif. grandis p. 169) bei Rostock; ist nach v. Flotow und Rabenhorst von der vorausgehenden als Species zu trennen.

107. Cladonia stellata Schaer. Fl. p. 172 (1828).

108. Stereocaulon condensatum Hoff.(Wüstnei 1860!) in den Tannen bei Neumühl umw. Schwerin nicht selten.

109. Stereocaulon tomentosum Wahl. (T. 1788 als Lichen paschalis) durch ganz Meklenburg.

110. Cetraria glauca L. sp. (T. 1788).

111. Cetraria saepincola Ehr. (Sch. 1806).

112. Cetraria juniperina L. (T. 1788).

113. C. pinastri Scop. (Thede 1806 in d. N. Beitr.).

151. Ramali-
neae.

114. Hagenia ciliaris L. sp. (T. 1788).
115. Evernia furfuracea L. (Sch. 1806 Parmelia).
116. Evernia prunastri L. (T. 1788).
117. Ramalina pollinaria Ach. (Sch. 1806 Parmelia).
118. Ramalina fraxinea L. (T. 1788).
119. Ramalina calicaris L. (T. 1788).
120. Ramalina farinacea L. (T. 1788). •

152. Usnea-ceae.

121. Cornicularia aculeata Schreb. (T. 1788).
122. Bryopogon jubatus L. (T. 1788).
123. Usnea barbata L. (T. 1788).
124. Usnea florida L. (T. 1788).

VIII. Fungi.
(Geordnet nach Rabenhorst 1844.)

Anm. Aus dieser Classe sind in neuerer Zeit nur einige Familien genauer durchforscht und von Dr. Fiebler (vergl. S. 154) bearbeitet worden, nämlich die Familien 153 und 160 ff.; die Kenntniß der übrigen läßt noch sehr viel zu wünschen übrig. — Hinsichtlich der Standorte muß ich der Raumersparniß wegen auf die Quellenschriften und auf Rabenhorst's Kryptogamen-Flora verweisen.

Ordo 1. Coniomycetes (Rostpilze).

153. Uredi-nei.

1. Rhizosporium Solani Wal. Rabh. 3. (Boll 1860).
Uredo utriculosa Cord. R. 8 (F. 1848).
U. olivacea DC. R. 9 (F. 1858).
U. Caricis Pers. R. 10. (T. 1848).
U. silophila Ditm. 1812 t. 34. R. 11.
U. segetum Pers. R. 12. Ditm. t. 33. (Sch. 1806).
U. Maydis DC. R. 14. (F. 1848).
U. longissima Sow. R. 18. (F. 1848).
U. Anemones Pers. R. 20. (Sch. 1806).
10. U. apiculata Strauss R. 26. (F. 1848).
U. Ficariae Alb. Schw. R. 29. (F. 1848).
U. Geranii DC. R. 32. (F. 1848).

13. Uredo argentatum Schultz sp. 1806. R. 35. (= Impatientis Rab.).

 U. appendiculata Pers. R. 38. (Sch. 1806).

 U. muricella Wallr. R. 42. (F. 1848).

 U. Scrophulariae Lasch. R. p. 579 (F. 1848).

 U. suaveolens Pers. R. 43. (Sch. 1806).

 U. flosculosorum Alb. Schw. R. 44. (Sch. 1806).

 U. formosa Rab. 45. (F. 1848).

20. U. Polygonorum DC. R. 47. (F. 1848).

 U. Rumicum DC. R. 48. (F. 1848).

 U. Violarum DC. R. 49. (F. 1848).

 U. Betae Pers. R. 50. (F. 1848).

 U. Galii Rab. 53. (F. 1848).

 U. Armeriae Dub. R. 61. (F. 1848).

 U. Leguminosarum Rab. 62. (Sch. 1806).

 U. Evonymi Mart. R. 64. (F. 1848).

 U. Poterii R. 67. (F. 1848).

 U. Lini DC. R. 68. (F. 1848).

30. U. Euphorbiae Pers. R. 70. (Sch. 1806).

 U. Capraearum DC. R. 72. (Sch. 1806).

 U. epitea Kze. Rab. 73. (F. 1848).

 U. mixta Steud. R. 75. (F. 1848).

 U. gyrosa Reb. R. 78. (F. 1848).

 U. populina Jacq. R. 79. (Sch. 1806).

 U. Valerianae DC. R. 80. (F. 1848).

 U. Pulsatillae Steud. R. 81. (F. 1860).

 U. Potentillarum DC. R. 84. (F. 1848).

 U. Pyrolae Schultz sp. 1806 R. 85.

40. U. Labiatarum DC. R. 86. (Sch. 1806).

 U. Alchemillae Pers. R. 87. (F. 1800).

 U. Campanularum Pers. R. 95. (F. 1848).

 U. Rhinanthacearum DC. R. 96. (1848).

 U. Circeae Alb. Schw. R. 98. (Siems. 1806).

 U. Caryophyllacearum Rab. 100. (F. 1848).

 U. miniata Pers. R. 102. (F. 1848).

47. Uredo Ruborum DC. R. 103. (Sch. 1806).
U. Rosae Pers. R. 104. (Sch. 1806).
U. Hypericorum DC. R. 106. (F. 1848).
• 50. U. fulva Schum. C. 109. (Sch. 1806).
U. Senecionis Schum. R. 110. (F. 1848).
U. Artemisiae Rab. 111. (F. 1848).
U. oblonga R. 113. (F. 1860).
U. linearis Pers. R. 117. (F. 1848).
U. Rubigo-vera DC. R. 118. (F. 1848).
U. candida Pers. R. 123. (Sch. 1806.)
Physoderma gibbosum Wallr. R. 125. (F. 1848).
Aecidium Convallariae Schum. R. 145. (F. 1848).
Ae. Compositarum Mart. R. 149. (Sch. 1806).
60. Ae. rubellatum Rab. 150. (Sch. 1806).
Ae. Cichoriacearum DC. R. 152. (F. 1848).
Ae. Asperifolii Pers. R. 161. (F. 1848).
Ae. Urticae Schum. R. 162. (F. 1848).
Ae. Grossulariae DC. R. 163. (Sch. 1806).
Ae. Violae Schum. R. 166. (F. 1860).
Ae. Parnassiae Rab. 168. (F. 1848).
Ae. punctatum Pers. R. 169. (Sch. 1806).
Ae. leucospermum DC. R. 170. (Sch. 1806).
Ae. Ranunculacearum DC. R. 181. (F. 1848).
70. Ae. Periclymeni DC. R. 182. (F. 1860).
Ae. Euphorbiae Pers. R. 185. (Sch. 1806).
Ae. Leguminosarum Lk. sp. R. 186. (Sch. 1806).
Ae. elongatum Rab. 187. (Sch. 1806).
Ae. Phascolorum Wallr. R. 189. (F. 1848).
Ae. cornutum Pers. R. 190. (Sch. 1806).
Ae. Scrophularinarum Lsch. R. p. 579 (F. 1848).
Ae. Ari Rudolphi (F. 1848).
Ae. Umbelliferarum Schl. (Sch. 1806 No. 1286).
Ae. Adoxae Grav. (F. 1860).
80. Ae. Orchidearum Fied. ed. 1. No. 1690 (1860).
Ae. Sweertiae Ditm. (Siems. 1806).

82. Roestelia cancellata L. sp. R. 192. (Sch. 1806).
Peridermium Pini Wallr. R. 193. (Tode 1793).
Puccinia Graminis Pers. R. 198. (Sch. 1806).
P. arundinacea Hedw. R. 199. (F. 1848).
P. Caricis DC. R. 201. (F. 1848).
P. Asparagi DC. R. 204. (F. 1848).
P. Polygonorum Schl. R. 207. (Sch. 1806).
P. Calthae Lk. R. 208. (Sch. 1806).
90. P. Circeae Pers. R. 213. (Sch. 1806).
P. Glechomatis DC. R. 215. (Sch. 1806).
P. Veronicarum DC. R. 216. (F. 1848).
P. Menthae Pers. R. 218. (F. 1848).
P. Compositarum Schl. R. 221. (F. 1848).
P. Discoidearum Lk. R. 222. (F. 1860).
P. Bardanae Corda R. 231. (F. 1848).
P. Tragopoginis Corda R. 232. (F. 1848).
P. Galiorum Lk. R. 235. (F. 1848).
P. Umbelliferarum DC. R. 237. (F. 1848).
100. P. Aegopodii Lk. R. 238. (F. 1848).
P. Aethusae Lk. R. 239. (F. 1848).
P. Pimpinellae Lk. R. 240. (F. 1848).
P. Saniculae Rab. ed. 2. No. 350 (F. 1860).
P. Cicutae Lasch. (F. 1848).
P. Adoxae DC. R. 241. (F. 1848).
P. Ribis DC. R. 243. (F. 1848).
P. Epilobii DC. R. 244. (F. 1843).
P. Prunorum Lk. R. 247. (F. 1848).
P. Anemones Pers. R. 248. (Sch. 1806).
10. P. Noli tangeris Corda R. 249. (F. 1848).
P. Acerum Lk. R. 250. (Siems. ap. Link 1813).
P. Violarum Lk. R. 251. (F. 1848).
P. Lychnidearum Lk. R. 252. (Sch. 1806).
P. Spergulae Lasch (F. 1860).
P. Stellariae Dub. R. 253. (F. 1848).
Triphragmium Ulmariae Lk. R. 265. (F. 1848).

117. Sporidesmium atrum Lk. R. 298. (Lk. 1809).
Phragmidium incrassatum Lk. R. 311. (Sch. 1806).
Ph. asperum Wallr. R. 314. (F. 1848).
20. Exosporium Tiliae Lk. R. 317. (Lk. 1809).
Torula expansa Pers. 328. (F. 1860).
T. herbarum Lk. R. 341. (Lk. 1809).
T. aurea Pers. sp R. 356. (Lk. 1809).
T. heterospora Rab. Herb. 1268. (F. 1860).
T. Casei Corda Rab. ed. 2 No. 674 (F. 1860).
Helicomyces roseus Lk. R. 370. (Dit. 1809 ap. Lk.).
Conoplea hispidula Pers. R. 378. (F. 1860).
Bispora monilioides Rab. 380. (Dit. 1806).
Phragmotrichum Bullaria Corda. R. 387. (F. 1848).

154. Tuber-
cularii.
30. Fusidium griseum Lk. R. 397. (Dit. 1809; unb
1812 t. 17).
F. flavo-virens Ditm. 1812, 18. R. 398.
F. aureum Lk. 18' 9. R. 401.
F. candidum Lk. 1809. R. 405.
Septoria populi Desmz. Rab. Herb. 1958. (F. 1860).
Melanconium sphaerospermum Pers. sp. R. 421.
(Sch. 1806).
M. glomeratum Lk. 1809 (atrum). R. 438.
Stilbospora angustata Pers. R. 461. (F. 1860).
Sporocadus Fiedleri Rab. Herb. 882. (F. 1860).
Myrothecium inundatum Tode 1790. R. 486. Dit. t. 3.
40. M. Verrucaria A. S., R. 487. (Ditm. 1812, 4.).
M. roridum Tode 1790. R. 488.
Fusarium roseum Lk. 1809. R. 493.
F. lateritium Nees. R. 504. (F. 1860).
F. Stilbaster Lk. R. 505. (Dit. 1809. ap. Lk.).
F. Betae Rab. Fungi europ. No. 69. (F. 1860).
Dacryomyces Urticae Pers. sp. R. 517. (Sch. 1806).
D. lacrymalis Pers. sp. R. 519. (Ditm. 1806).
Tubercularia vulgaris Tode 1790. R. 527. (T. 1788).
T. confluens Pers. (F. 1858).

150. Tubercularia granulata Pers. (F. 1858).
   T. ciliata Ditm. 1812, 14. R. 538.
   T. persicina Ditm. 1812, 49. R. 539.
   Dermatea carpinea Fr. (Tode 1790).
   Ditiola paradoxa Hedw. sp. R. 550. (F. 1858).
   D. radicata Fr. (F. 1858).
   D. volvata Tode sp. 1790. R. 551.
   D.-sulcata Tode sp. 1790. R. 552.
   Epicoccum versicolor R. 562. (Lk. 1813).
       α. nigrum Lk.
       β. purpurascens Ehrb. (Fiedl.).

Ordo 2. Hyphomycetes (Schimmelpilze).

Hypha papyracea Pers. sp. R. 578. (Sch. 1806). 155. Byssa-
60. Xylostroma corium R. 580. (Tode 1790). cei.
   Ozonium auricomum Lk. 1809. R. 581.
   O. candidum Huds. sp. R. 584. (Sch. 1806).
   Dematium nigrum Lk. 1809. R. 601.
   Rhizomorpha subcorticalis Pers. R. 611. (Sch. 1806).
   R. subterranea Pers. R. 612. (Sch. 1806).
   Taphrina populina Schum. sp. R. 618. (Sch. 1806).
   Erineum roseum Schultz 1806. R. 621.
   E. betulinum Schum. R. 622. (Lk. 1809).
   E. populinum Pers. R. 625. (Sch. 1806).
70. E. alneum Pers. R. 626. (Sch. 1806).
   E. fagineum Pers. R. 627. (Sch. 1806).
   E. purpurascens Gärtn. R. 631. (Lk. 1809).
   Phyllerium tiliaceum Pers. R. 633. (Sch. 1806).
   Ph. pyrinum Pers. sp. R. 638. (Sch. 1806).
   Ph. acerinum Pers. sp. R. 639. (Sch. 1806).
   Epochnium monilioides Lk. 1809. R. 656. 156. Muce-
   Collarium nigrospermum Lk. R. 663. (Siems. ap. dinei.
       Lk. 1809).
   Mycogone rosea Lk. 1809. R. 665.
   M. cervina Ditm. 1812, 53. R. 666.

180. Sepedonium mycophilum Lk. 1809. R. 667.

Chloridium viride Lk. R. 693. (Ditm. ap. Lk. 1809).

Geotrichum candidum Lk. 1809. R. 720.

Sporotrichum laxum N. E. R. 726. (F. 1860).

Sp. candidum Lk. 1809. R. 727.

Sp. Fiedleri Rab. Herb. N. 1573. (F. 1860).

Sp. densum Lk. R. 735. (Ditm. ap. Lk. 1809).

Sp. griseum Lk. 1809. R. 746.

Sp. luteo-album Lk. 1809. R. 749.

Sp. vitellinum Lk. R. 752. (Siems. 1808).

90. Sp. aureum Lk. 1809. R. 754.

Sp. croceum Pers. Lk. sp. R. 756. (Sch. 1806).

Sp. roseum Lk. 1813. R. 757.

Sp fuscum R. 766. (Lk. 1809).

Sp. virescens Lk. R. 770. (Medusula labyr. Tode 1790).

Sp. olivaceum Pers. sp. R. 772. (Lk. 1809).

Byssocladium fenestrale Roth sp. R. 777. (Ditm. sp. 1812. t. 1).

Fusisporium aurantiacum Lk. 1809. R. 778.

F. Solani Mast. R. p. 579. (Boll 1860).

Acremonium verticillatum Lk. 1809. R. 796.

200. A. alternatum Lk. R. 797. (Ditm. 1809. ap. Sturm 1812 t. 2).

Trichothecium roseum Lk. 1809. R. 808.

Oidium Fusisporioides Fr. R. 822. (F. 1860).

O. Aceris Rab. Herb. 1892. (F. 1860).

O. Lamii R. l. c. 1777. (F. 1860).

Peronospora Rumicis Corda. R. 830. (F. 1860).

P. Umbelliferarum Rab. Herb. ed. 2. 169. (F. 1860).

Stachylidium terrestre Lk. 1809. R. 832.

St. bicolor Lk. 1809. R. 833.

Monilia digitata Pers. R. 841. (T. 1788).

10. Penicillium glaucum Lk. R. 844 (T. 1788).

P. candidum Lk. 1809. R. 845.

212. Coremium vulgare Corda. R. 863. (Lk. 1809).
Aspergillus glaucus L. sp. R. 866. (T. 1788).
A. virens Lk. 1809 R. 868.
A. candidus Lk. 1809. R. 871.
A. flavus Lk. 1809. R. 874.
Dactylium nigrum Lk. sp. R. 878. (Ditm. 1809).
D. macrosporum Ditm. sp. 1809 und 1812, 50. R. 884.
D. dendroides Fr. R. 886. (Ditm. 1812 t. 51).
20. Botrytis grisea Lk. 1809. R. 889.
B. vulgaris Lk. 1809. R. 895.
B. umbellata Pers. sp. R. 905. (Lk. ap. Fries 1832).
B. parasitica Pers. R. 907. (Lk. 1809).
B. elegans Lk. 1809. R. 909.
B. densa Ditm. 1812, 52. R. 910.
B. nigra Lk. R. 913. (Ditm. 1809).
B. polyspora Lk. 1809. Ditm. 1812, 35. R. 914.
B. bruneola Rab. ed. 2, 771. (F. 1860).
Acrostalagmus cinnabarinus Corda R 916. (F. 1860).
30. Verticillium allochroum Lk. sp. R. 922. (Ditm. 1809).
Haplotrichum capitatum Lk. 1809. R. 932.
Acladium conspersum Lk. 1809. R. 936.
A. microspermum Lk. 1809. R. 937.
Gonosporium puccinoides Lk. R. 950. (F. 1860). 157. Mucorini.
Arthrinium caricicola Kze. R. 951. (F. 1860).
Rhacodium cellare Pers. R. 959. (Lk. 1809).
Myxotrichum murinum Ditm. sp. 1812, 36. R. 964.
Helminthosporium velutinum Lk. 1809. R. 982.
H. arundinaceum Corda. R. 995. (F. 1860).
40. Cladosporium herbarum Lk. R. 1028. (Sch. 1806).
C. epiphyllum Pers. sp. R. 1033. (Sch. 1806).
C. fasciculare Fr. R. 1037. (Sch. 1806).
C. nodulosum Corda. R. 1046. (F. 1860).
Cephalotrichum rigescens Lk. R. 1065. (Ditm. 1809).
Periconia Stemonitis Pers. R. 1071 (Dit. 1806).

246. Stilbum vulgare Tode 1790. R. 1093. Dit. t. 58.

St. bulbosum Tode 1790. R. 1094.

St. turbinatum Tode 1790. R. 1097.

St. luteum Pers. R. 1098. (Tode 1790).

50. St. xanthocephalum Ditm. 1812, 60. R. 1105. (Tode 1790).

St. erythrocephalum Ditm. 1812, 45. R. 1106.

St. rigidum Pers. (Ditm. 1812 t. 59.). R. 1107.

St. pubidum Tode 1790. R. 1109.

St. tomentosum Schrad. R. 1111. (Ditm. 1812, 46).

St. rubicundum Tode 1790. R. 1120.

St. herbarum Rab. ed. 2, 763. (F. 1860).

Ceratium hydnoides Alb. Schw. R. 1136. (Lk. 1809).

Epichysium argenteum Tode 1791. R. 1142.

Isaria farinosa Dicks. sp. R. 1155. (Dit. 1812, 54).

60. I. arachnophila Ditm. 1812, 55. R. 1156.

I. sphaecophila Ditm. 1812, 57. R. 1159.

I. citrina Pers. R. 1161. (Ditm. 1812, 37).

I. clavata Ditm. 1812, 56. R. 1165.

I. glauca Ditm. 1812, 19. R. 1166.

I. sulphurea Fiedler 1860. Rab. Fung. europ. 60.

Sporodinia grandis Lk. R. 1174. (Ditm. 1809).

Ascophora Mucedo Tode 1790. R. 1177.

A. elegans Lk. sp. R. 1183. (Ditm. 1809).

Mucor Mucedo L. R. 1188. (Sch. 1806).

70. M. caninus Pers. R. 1189. (Sch. 1806).

M. minimus Tode sp. 1791. R. 1198.

M. tenellus Tode sp. 1791. R. 1199.

M. stercoreus Tode sp. 1791. R. 1200.

M. fimetarius Lk. 1809. R. 1204.

M. Juglandis Lk. 1809. R. 1207.

M. flavidus Pers. R. 1210. (Ditm. 1806).

Eurotium herbariorum Wig. sp. R. 1214. (Sch. 1806).

Syzygites megalocarpus Ehrb. R. 1220. (Sch. 1806).

279. Chordostylum capillare Todc 1790. R. 1228.
80. Pilobolus crystallinus Tode 1790. R. 1229.

Ordo 3. Dermatomycetes.

Depazea juglandina Fr. R. 1240. (F. 1860).　　158. Sphae-
D. Ribicola Fr. R. 1244. (F. 1860).　　riacei.
D. Linnaeae Ditm. R. 1249. (v. Kptz. 1806).
D. Brassicaecola Fr. R. 1255. (F. 1860).
D. Calthaecola DC. R. 1261. (F. 1860).
D. vagans Fr. R. 1265. (F. 1860).
D. Lysimachiae Lsch. R. Herb. N. 989. (F. 1860).
D. Aquilegiae R. l. c. N. 1651. (F. 1860).
D. Saponariae DC. R. l. c. N. 1653. (F. 1860).
90. D. Petroselini Fiedler 1860.
Leptostroma scirpinum Fr. R. 1273. (F. 1858).
L. Scirpi Rab. 1274 (F. 1858).
L. caricinum Fr. R. 1275. (F. 1858).
L. juncinum Fr. R. 1276. (F. 1858).
L. filicinum Fr. R. 1277 (F. 1858).
L. Spiraeae Fr. R. 1278 (F. 1858).
L. areolatum Lk. R. 1281. (Wust. 1858).
L. herbarum Fr. R. 1282. (F. 1858).
L. hysterioides Fr. R. 1285 (F. 1858).
300. L. Sedi Lk. R. 1290. (Wust. 1858).
L. Loniceraecola Rab. (F. 1858).
L. Phragmitis Fr. (F. 1858).
Actinothyrium graminis Kze. R. 1291. (F. 1860).
Labrella Ptarmicis Desmz. R. Herb. 1394. (F. 1860).
Phoma saligna Pers. sp. R. 1296. (Sch. 1806).
P. Pustula Pers. sp. R. 1297. (Sch. 1806).
Ascochyta Heraclei Lib. R. 1318. (F. 1860).
Nemaspora aurea Fr. R. ed. 2. 584. (F. 1860).
Cytispora leucomyxa R. Herb. 1352. (F. 1860).
10. C. rubescens Fr. R. 1346. (F. 1860).
Sphaeronema subulatum Tode sp. 1791. R. 1349.
24*

312. Sphaeronema aciculare Fr. R. 1351. (Tode 1791).
Sph. Acrospermum Tode sp. 1791. R. 1353.
Sph. conicum Tode sp. 1791. R. 1356.
Sph. cylindricum Tode sp. 1791. R. 1357.
Sph, parabolicum Tode sp. 1791. R. 1358.
Sph. Uredineorum Fiedler 1860. R. Herb. 1659.
Sph. Piceae Fiedl. 1860. R. l. c. 664.
Excipula strigosa Lib. sp. R. 1379. (F. 1860).
20. Hysterium pulicare Pers. R. 1393. (Sch. 1806).
H. contortum Ditm. 1812, 32. R. 1396.
H. elongatum Wahlb. R. 1397. (F. 1858).
H. angustatum Pers. R. 1402. (Sch. 1806).
H. lineare Fr. R. 1403 (Wüst. 1858).
H. degenerans Fr. R. 1408. (F. 1858).
H. Fraxini Pers. R. 1409. (F. 1858).
H. conigenum MN. R. 1410. (F. 1858).
Anm. H. quercinum Pers. cf. No. 650.
H. Rubi Pers. R. 1415. (F. 1858).
H. Pinastri Schr. R 1417. (Sch. 1806).
30. H. apiculatum Fr. R. 1428 (F. 1858).
H. herbarum Fr. R. 1430. (F. 1858).
H. commune Fr. R. 1431. (F. 1858).
H. scirpinum Fr. R. 1432. (F. 1858).
H. arundinaceum Schr. R. 1433. (F. 1858).
H. culmigenum Fr. R. 1434. (F. 1858).
H. Taxi Pers. (F. 1858) R. 1448?
Phacidium coronatum Fr. Dit. t. 63. R. 1438 (T. 1788).
Ph. Rubi Fr. 1440. (F. 1858).
Ph. dentatum Schm. R. 1442 (F. 1806).
40. Ph. Pini Fr. R. 1450. (F. 1858).
Ph. carbonaceum Fr. R. 1453. (F. 1858).
Ph. pulverulentum Schm. R. 1455. (F. 1858).
Ph. Patella Tode sp. 1791. R. 1457.
Ph. caliciiforme Spr. R. 1459. (F. 1858).
Ph. pityum Fr. R. 1461. (F. 1858).

346. Phacidium Plinthis Fr. (F. 1858).
Ph. Buxi Lasch. (F. 1858).
Rhytisma Urticae Fr. R. 1463. (Sch. 1806 No. 1017).
R. punctatum Fr. R. 1465 (F. 1858).
50. R. acerinum Fr. R. 1466. (Sch. 1806).
R. confluens Fr. (Wust. 1858).
R. salicinum F. R. 1467 (F. 1858).
R. Andromedae Fr. R. 1468 (Sch. 1806).
R. Euphorbiae Schub. R. 1469 (F. 1858).
R. giganteum Fr. R. 1470 (F. 1858).
R. umbonatum Rab. 1471 (F. 1858).
Actidium hysterioides Fr. R. 1472 (Sch. 1806).
Lophium mytilinum Pers. sp. R. 1473 (Sch. 1806).
Stegilla Ilicis R. 1478 (F. 1858).
60. Dothidea Ribesia Pers. sp. R. 1481 (Sch. 1806),
D. Sambuci Pers. sp. R. 1482 (Sch. 1806).
Polystigma rubrum Pers. sp. R. 1503. (Sch. 1806).
P. Ulmi Schultz sp. No. 1190 (1806) R. 1506.
P. Pteridis Reb. sp. R. 1507 (Thede 1806).
Pestalozzia phacidioides Cesati. R. Herb. 724
(F. 1860).
Sphaeria punctiformis Pers. R. 1514 (Sch. 1806).
S. maculaeformis Pers. R. 1515 (Sch. 1806).
S. alnea Pers. sp. R. 1530 (Sch. 1806).
S. Grossulariae Fr. R. 1531 (F. 1860).
70. S. Artocreas Tode 1791 R. 1534.
S. Eryngii Fr. R. 1537 (F. 1860).
S. tubaeformis Tode 1791 R. 1550.
S. Gnomon Tode 1791 R. 1551.
S. setacea Pers. R. 1558 (Sch. 1806).
S. Lingam Tode 1791 R. 1561.
S. Doliolum Pers. R. 1562. (Sch. 1806).
S. pulveracea Ehr. = mollis Tode 1791 R. 1563.
S. sanguinea Sibth. R. 1571. (Ditm. 1806).
S. herbarum Pers. R. 1576 (Tode 1791).

380. Sphaeria acuta Hoffm. R. 1579. (F. 1851).

S. comata Tode 1791. R. 1581.

S. pulvis pyrius Pers. R. 1585 (Sch. 1806).

S. spermoides Hoffm. R. 1588 (Tode 1793).

S. moriformis Tode 1791 R. 1590.

S. mammaeformis Pers. R. 1592 (Sch. 1806)

S. Bombarda Batsch. R. 1593 (Sch. 1806).

S. mobilis Tode 1791. R. 1599.

S. trichostoma Wallr. R. 1614. (F. 1851).

S. orthoceras Fr. R. 1619 (F. 1860).

90. S. rubella Pers. R. 1620 (Tode 1791).

S. foveolaris Fr. R. 1632 (F. 1851).

S. inquinans Tode 1791 R. 1637.

S. Xylostei Pers. R. 1639 (Sch. 1806).

S. ditopa Fr. R. 1648 (F. 1851).

S. ocellata Fr. R. 1651 (F. 1851).

S. pileata Tode 1791 R. 1660.

S. macrostoma Tode 1791 R. 1663.

S. Arundinis Fr. R. 1667 (F. 1851).

S. rostellata Fr. R. 1678 (F. 1851).

400. S. stricta Pers. R. 1683 (Ditm. 1806).

S. rostrata Tode 1791 R. 1684.

S. dryina Pers. R. 1686 (F. 1851).

S. lagenaria Pers. R. 1689 (F. 1851).

S. Trifolii Pers. R. 1694 (Sch. 1806).

S. Podagrariae Roth. R. 1695 (F. 1851).

S. Aegopodii Schultz! 1806. R. p. 580.

S. Asteroma Wallr. R. 1704 (F. 1851).

S. Anemones DC. sp. R. 1705 (F. 1851).

S. frondicola Fr. R. 1706 (Sch. 1806).

10. S. fimbriata Pers. R. 1707 (T. 1788).

S. Evonymi Kze. R. 1709 (F. 1851).

S. Graminis Pers. R. 1711 (Sch. 1806).

S. episphaerica Tode 1691. R. 1714.

S. Peziza Tode 1791. R. 1715.

415. Sphaeria lecanodes Cesati. R. ed. 2. 525 (F. 1860).
S. Anethi Pers. R. 1724 (F. 1851).
S. nebulosa Pers. R. 1725 (Sch. 1806).
S. longissima Pers. R. 1726. (F. 1851).
S. rudis Fr. R. 1741 (F. 1851).
20. S. exigua Fiedler 1860 R. Herb. 970.

> Anm. „S. exili A. S. simillima, sed differt perithecio globoso, ascis clavatis, sporis ellipticis. — Ad ligna pinea." Fiedler.

S. calva Tode 1791. R. 1747.
S. pilosa Pers. R. 1750 (Ditm. 1806).
S. hispida Tode 1791. R. 1752.
S. mutabilis Pers. R. 1765 (Ditm. 1812, 64).
S. mucida Fr. R. 1767 (Tode 1791).
S. ovina Pers. R. 1768 (Tode 1791).
S. tristis Tode 1791. R. 1776.
S. byssiseda Tode 1791. R. 1778.
S. Aquila Fr. R. 1779. (Tode 1791).
30. S. fissa Pers. (= Myrothecium dubium Tode 1790) R. 1791.
S. Spartii NE. R. 1792 (F. 1851).
S. Dulcamarae Schm. R. 1796 (F. 1851).
S. Dothidea Moug. R. 1799 (F. 1851).
S. Berberidis Pers. R. 1807 (F. 1851).
S. Cucurbitula Tode 1791. R. 1810.
S. Laburni Pers. R. 1816 (F. 1851).
S. Coluteae Rab. Herb. 1239 (F. 1860).
S. Pteleae Rab. Herb. 1238 (F. 1860).
S. Ribis Tode 1791 R. 1818.
40. S. coccinea Pers. R. 1819 (Tode 1791).
S. cinnabarina Tode 1791. R. 1823.
S. convergens Tode 1791. R. 1825.
S. quaternata Pers. R. 1830 (Sch. 1806).
S. pulchella Pers. R. 1840 (Sch. 1806).
Sphaeria stilbostoma Fr. R. 1845. (Tode 1791).

446. S. ambiens Pers. R. 1846 (Tode 1791).
 S. salicina Pers. R. 1848 (Tode 1791).
 S. deplanata NE. R. 1849 (F. 1860).
 S. turgida Pers. R. 1851 (Sch. 1806).
50. S. tesselata Pers. R. 1860 (Thede 1806).
 S. leucostoma Pers. R. 1874 (Tode 1791).
 S. nivea Hoffm. R. 1875 (Tode 1791).
 S. Carpini Pers. R. 1877 (Sch. 1806).
 S. Hystrix Tode 1791 R. 1886.
 S. ceratosperma Tode 1791. R. 1887.
 S. ferruginea Pers. R. 1888 (F. 1851).
 S. lata Pers. R. 1897 (Tode 1791).
 S. spinosa Pers. R. 1900. (F. 1851).
 S. insitiva Tode 1791. R. 1903.
60. S. quercina Pers. R. 1906 (Sch. 1806).
 S. scabrosa DC. R. 1909. (Ditm. 1808).
 S. uda Pers. R. 1910 (Ditm. 1806).
 S. flavovirens Pers. R. 1911 (Sch. 1806).
 S. disciformis Hoffm. R. 1915 (Sch. 1806).
 S. Stigma Hoffm. R. 1917 (Sch. 1806).
 S. bullata Ehr. R. 1919 (Tode 1791).
 S. lenta Tode 1791. R. 1920.
 S. succenturiata Tode 1791. R. 1923.
 S. nummularia DC. R. 1924 (Tode 1791).
70. S. deusta Hoffm. R. 1927 (Tode 1791).
 S. incrustans Pers. R. 1928 (Sch. 1806).
 S. confluens Tode 1791. R. 1930.
 S. rubiginosa Pers.? Tode 1791. R. 1934.
 S. rosea Pers. R. 1939 (Ditm. 1808).
 S. gelatinosa Tode 1791. R. 1944.
 S. multiformis Fr. R. 1946. (F. 1851).
 S. cohaerens Pers. R. 1948 (Sch. 1806).
 S. fusca Pers. R. 1949 (Sch. 1806).
 S. fragiformis Pers. R. 1952 (Tode 1791).
480. S. concentrica Bolt. R. 1953 (T. 1788).

481. Sphaeria Delphinii Rab. Herb. 747 (F. 1860).

S. Carduorum Wallr. R. l. c. 1560 (F. 1860).

S. Racodium Pers. R. l. c. ed. 2. 649 (F. 1860).

Hypoxylon vulgare Lk. R. 1954 (Sch. 1806).

H. polymorphum Pers. sp. R. 1956. (Sch. 1806).

H. carpophilum Pers. sp. R. 1958 (Sch. 1806).

Poronia punctata L. sp. R. 1961 (T. 1788).

Cordyceps ophioglossoides Ehr. sp. R. 1965 (Sch. 1806).

Illosporium roseum Fr. R. 1967 (Sch. 1806).

90. Perisporium populinum Pers. sp. R. 1992 (Sch. 1806).

159. Lycoperdacei.

Erysibe macularis Schl. R. 2011. (T. 1788).

E. holosericea Lk. R. 2014. (F. 1860).

E. lamprocarpa Lk. R. 2016 (F. 1860).

E. communis Lk. R. 2019 (F. 1851).

E. lenticularis Wallr. sp. R. 2020 (F. 1860).

E. guttata Lk. R. 2021 (Sch. 1806).

E. horridula Wallr. sp. R. 2025 (F. 1860).

E. adunca Wallr. sp. R. 2026 (F. 1860).

E. penicillata Wallr. sp. R. 2027 (F. 1860).

500. E. tridactyla Wallr R. 2030 (F. 1860).

Antennataria cellaris Fr. R. 2034 (Sch. 1806).

Sclerotium Clavus DC. R. 2037 (F. 1851).

S. Pustula DC. R. 2039 (Sch. 1806).

S. immersum Tode 1790 R. 2058.

S. muscorum Pers. R. 2065 (Tode 1790).

S. truncorum Fr. R. 2066 (Tode 1790).

S. fungorum Pers R. 2067 (Sch. 1806).

S. Semen Tode 1790 R. 2077.

S. complanatum Tode 1790. R. 2080.

10. S. aurantiaco-fuscum Rab. Herb. 936 (F. 1860).

S. populinum Pers. R. l. c. ed. 2. 494. (F. 1860).

S. calathiforme Lk. 1813 p. 45.

Anm. „Flavicans, durum, hinc convexum, inde excavatum. In superficie terrae tanta copia et tam subito saepe provenit in Ducatu Megapolitano, ut crediderint semina e coelo delapsa. Interior compages vesiculosa seminum contextum vesiculosum non malo refert. Aestate praesertim pluviosa provenit."

513. Acrospermum: pyramidale Tode 1790. R. 2084.

A. compressum Tode 1790. R. 2088.

A. graminum Lib. R. 2090 (F. 1860).

Anixia glabra Fr. R. 2091 (Tode 1790).

Endogone pisiforme Lk. 1809. R. 2094.

Tuber cibarium Sib.? R. 2103 (Boll 1860: foll auf bem Sonnenberge bei Parchim gefunden fein).

Spumaria alba DC. R. 2131 (Sch. 1806).

20. Aethalium septicum L. sp. R. 2133 (T. 1788).

Reticularia maxima Fr. R. 2135 (Lk. 1809).

R. umbrina Fr. R. 2137 (Ditm. 1808 u. 1817, 38).

R. muscorum AS. sp. R. 2140 (Ditm. 1809).

Lycogala epidendron Buxb. sp. R. 2145. (T. 1788).

Arcyria ochroleuca Trentep. sp. R. 2149 (Ditm. 1817, 8).

A. nutans Bull. sp. R. 2151 (Sch. 1806).

A. cinerea Pers. R. 2153 (Sch. 1806).

A. incarnata Pers. R. 2157 Ditm. t. 44. (Sch. 1806).

A. punicea Pers. R. 2159 (T. 1788).

30. Trichia varia Pers. R. 2162 (Sch. 1806).

T. circumscissa Wallr. R. 2163 (F. 1860).

T. chrysosperma Bull. R. 2164 (T. 1788).

T. clavata Pers. R. 2168 Ditm. t. 25. (Sch. 1806).

T. fallax Pers. R. 2169 (Ditm. 1806).

T. pyriformis Hoff. R. 2172 (Ditm. 1806).

T. rubiformis Pers. R. 2173 (T. 1788).

Perichaena strobilina AS. sp. R. 2176. (Ditm. 1817, 20).

Licea contorta Ditm. sp. 1817, 5. R. 2189.

L. variabilis Schr. R. 2192 (Thede 1806).

40. Tubulina cylindrica DC. R. 2193 (Sch. 1806).

541. Dictydium umbilicatum Schr. R. 2205 (Sch. 1806).
D. trichioides Bull. sp. R. 2207 (Sch. 1806).
Stemonitis fusca Roth. R. 2211 (T. 1788).
St. typhoides Bull. sp. R. 2213 (Sch. 1806).
St. ovata Pers. R. 2216 (T. 1788).
Diachea elegans Trent. sp. R. 2223 (Dit. 1806).
Cupularia leucocephala Pers. sp. R. 2224 (Ditm. 1817, 11.).
Craterium pedunculatum Trent. R. 2227 Dit. t. 9. (Lk. 1809).
C. pyriforme Ditm. 1817, 10. R. 2228.
50. Physarum album Fr. R. 2234 (F. 1860).
Ph. sinuosum Bull. sp. R. 2237 (Ditm. 1808).
Ph. conglobatum Ditm. 1817, 40. R. 2240.
Ph. virescens Ditm. 1817, 61. R. 2241.
Ph. bullatum Ditm. 1817, 22. R. 2257.
Ph. psittacinum Ditm. 1817, 62. R. 2258.
Ph. alatum Trentepohl 1800? R. 2262.
Ph. sulcatum Lk. 1809. R. 2263.
Ph. aureum Pers. R. 2267. (Ditm. 1817, 23).
Ph. nutans Pers. R. 2268. Ditm. t. 24 u. 41 (Lk. 1809).
60. Cionium farinaceum Lk. 1809. R. 2269.
C. xanthopus Dit. 1817, 43. R. 2270.
C. Iridis Lk. 1809. R. 2271. Dit. t. 7.
Didymium cinereum Pers. sp. R. 2273 (Sch. 1806).
D. rufipes Fr. R. 2281 (Sch. 1806).
D. farinaceum Pers. sp. R. 2287 (Sch. 1806).
D. nigripes Lk. sp. 1809. R. 2288. Dit. t. 42.
D. leucopus Lk. sp. 1809. R. 2291.
Diderma muscicola Lk. 1809. R. 2292.
D. contextum Pers. R. 2294 (Dit. 1817, 39).
70. D. ochraceum Hoffm. R. 2295 (Sch. 1806).
D. globosum Pers. R. 2305 (Ditm. 1817, 6).
Leocarpus vernicosus Pers. sp. R. 2312 (Sch. 1806).
L. spermoides Lk. 1809. R. 2313.

574. Leocarpus calcareus Lk. R. 2314 (Dit. 1809).

L. cyanescens Fr. R. Herb. 992 (F. 1860).

Leangium floriforme Pers. sp. R. 2315 (Lk. 1809).

L. stellare Pers. sp. R. 2316 (Dit. 1806).

L. lepidotum Ditm. 1817, 21. R. 2318.

Aegerita candida Pers. R. 2321 (Lk. 1809).

80. Trichoderma viridis Pers. R. 2328 (Tode 1790).

T. dubium AS. R. 2330 (Tode 1790).

Hyphelia terrestris Fr. R. 2332 (F. 1860).

Onygena equina Pers. R. 2338 (Sch. 1806).

O. corvina AS. R. 2339 (Dit. 1817, 12).

Asterophora agaricoides Fr. R. 2341 (Dit. 1817, 26).

Elaphomyces granulatus NE. R. 2346 (T. 1788).

Scleroderma vulgare Fr. R. 2370. (Sch. 1806).

Tulostoma mammosum Fr. R. 2376 (Lk. 1795).

T. fimbriatum Fr. R. 2378. (Sch. 1806).

90. Lycoperdon pyriforme Schäf. R. 2381 (Sch. 1806).

L. gemmatum Batsch. R. 2382 (T. 1788).

L. Bovista L. R. 2385 (Sch. 1806).

Bovista plumbea Pers. R. 2388 (Lk. 1809).

B. nigrescens Pers. R. 2390 (Sch. 1806).

Geaster rufescens Pers. sp. R. 2393 (Sch. 1806).

G. fimbriatus Batsch sp. R. 2396 (Lk. 1795).

G. striatus Fr. R. 2398 (Lk. 1832? pr. Rostock).

Sphaerobolus stellatus Tode 1790. (R. 2400).

Thelebolus stercoreus Tode 1790 R. 2403.

600. Polyangium vitellinum Lk. R. 2405 (Dit. 1809; 1817, 27).

Cyathus Crucibulum Hoffm. R. 2411 (T. 1788).

C. Olla Pers. R. 2412 (T. 1788).

C. striatus W. R. 2413 (T. 1788).

Phallus impudicus L. R. 2415 (Sch. 1806).

Ph. caninus Huds. R. 2416 (Tode 1792 semel tantum lectum!)

160 Tremel-
liui. Pyrenium terrestre Tode 1790. R. 2427.

607. Tremella sarcoides With. R. 2435 (Tode 1790).
Exidia repanda Fr. R. 2446 (F. 1855).
E. glandulosa Fr. R. 2449 (T. 1788).
10. E. recisa Fr. R. 2451 (Dit. 1808 u. 1817 t. 13).
E. Auricula Judae Fr. R. 2452 (Sch. 1806).
Cyphella muscigena Fr. R. 2457 (F. 1855).
Helotium glabrum Tode 1790. R. 2461.
H. hirsutum Tode 1790. R. 2462.
Pistillaria pusilla Fr. R. 2464 (F. 1855).   161. Clavari-
P. ovata Fr. R. 2466 (F. 1855).   aceae.
P. quisquilinaris Fr. R. 2467 (F. 1855).
P. culmigena Fr. R. 2468 (F. 1855).
P. coccinea Fr. R. 2469 (F. 1855).
20. P. micans Fr. R. 2470 (F. 1855).
Typhula Todei Fr. R. 2472 (Tode 1790).
Calocera cornea Fr. R. 2483 (T. 1788).
C. viscosa Fr. R. 2485 (Boll 1845!).
Clavaria contorta Holms. R. 2494 (F. 1855).
C. Lingula Schaef. R. 2495 (Lk. 1795).
C. pistillaris L. R. 2496 (T. 1788).
C. fragilis Holms. R. 2501 (F. 1855).
C. inaequalis Mull. R. 2504 (F. 1855).
C. formosa Pers. R. 2522 (Ditm. 1806).
30. C. rugosa Bull. R. 2531 (Ditm. 1809).
C. cristata Pers. R. 2532 (F. 1855).
C. coralloides L. R. 2534 (T. 1788).
C. muscoides L. R. 2536 (T. 1788).
C. fastigiata L. R. 2537 (T. 1788).
C. amethystina Bull. R. 2538 (F. 1855).
C. flava Pers. R. 2540 (Lk. 1795).
Geoglossum carneum Schultz 1806. R. 2541.
G. hirsutum Pers. R. 2544 (Sch. 1806).
G. viride Pers. Ditm. t. 48. R. 2550 (Sch. 1806).
40. Mitrula paludosa Fr. R. 2552 (F. 1858).
M. cucullata Fr. R. 2553 (Thede 1806).

642. Spathulea flavida Fr. R. 2554 (F. 1858).

Sparassis crispa Fr. R. 2555 (Sch. 1806).

162. Helvellacei.

Stictis versicolor Fr. R. 2557 (F. 1858).

St. radiata Fr. R. 2567 (Tode 1790).

St. arundinacea Pers. R. 2569 (F. 1858).

St. Lecanora Fr. R. 2572 (F. 1858).

St. longa Reb. 2574 (Sch. 1806).

St. Tiliae Lasch (F. 1858).

50. Cenangium ferruginosum Fr. R. 2575 (F. 1858).

C. quercinum Fr. R. 1411 (Tode 1791).

C. Urceolus Fr. R. 2576 (F. 1858).

C. Aucupariae Fr. R. 2580 (Tode 1791).

C. Prunastri Fr. R. 2581 (F. 1858).

C. Ribis Fr. R. 2583 (Sch. 1806).

C. Populi Lasch (F. 1858).

Tympanis conspersa Fr. R. 2585 (Tode 1791 Sphaeria fissivela).

T. cupularis Wallr. R. 2586 (Tode 1791).

T. saligna Tode 1790. R. 2587.

60. T. obtexta Wallr. R. 2596 (F. 1860).

T. viticola Schw. R. Herb. 139 (F. 1860).

Volutella volvata Tode 1790 R. 2602.

Bulgaria sarcoides Fr. R. 2604 (Sch. 1806).

B. inquinans Fr. 2606 (T. 1788).

Ascobolus furfuraceus Pers. R. 2619 (Ditm. 1805).

A. denudatus Fr. R. 2620 (Tode 1790).

Lecanidion atrum R. 2623 (F. 1858).

Peziza fimetaria Fr. R. 2626. (F. 1858).

P. acicularis Fr. R. 2628 (Ditm. 1806).

70. P. aurea Fr. R. 2629 (F. 1858).

P. epiblastematica Wallr. R. 2632 (F. 1858).

P. Artemisiae Lasch. R. 2636 (F. 1858).

P. atrata Pers. R. 2651 (F. 1858).

P. Pteridis Alb. Schw. R. 2662 (Thede 1806).

P. lacustris Fr. R. 2663 (F. 1858).

676. Peziza cinerea Batsch. R. 2664 (F. 1858).
P. uda Pers. 2665 (Ditm. 1806).
P. chrysocoma Bull. R. 2671 (F. 1858).
P. Ulmariae Lasch (F. 1858).
80. P. epiphylla Pers. R. 2677 (F. 1858).
P. faginea Pers. R. 2678 (F. 1858.
P. Humuli Lasch (F. 1858).
P. herbarum Pers. R. 2679 (F. 1858).
P. salicella Fr. R. 2686 (F. 1858).
P. lenticularis Bull. R. 2688 (Sch. 1806).
P. chionea Fr. R. 2690 (F. 1858).
P. citrina Batsch. R. 2692 (T. 1788).
P. aeruginosa Pers. R. 2694 (Ditm. 1806).
P. Calyculus Sow. R. 2697 (T. 1788).
90. P. Volutella Fr. R. 2701 (Tode 1790).
P. cyathoidea Bull. R. 2705 (F. 1858).
P. Capula Act. Hafn. R. 2706 (F. 1858).
P. striata Nees. R. 2708 (F. 1858).
P. Personii Moug. R. 2715 (F. 1858).
P. coronata Bull. R. 2718 (F. 1858).
P. fructigena Bull. R. 2721 (F. 1858).
P. Lonicerae Alb. Schw. R. 2724 (F. 1858).
P. Pinicola Reb. R. 2732 (W. 1858).
P. sanguinea Pers. R. 2741 (Schultz 1806 N. 1500).
700. P. Kneiffii Wallr. R. 2744 (F. 1858).
P. caesia Pers. R. 2746 (Ditm. 1817. 31).
P. fibrillosa Wallr. R. 2747. (F. 1858).
P. poriaeformis DC. R. 2749 (F. 1858).
P. anomala Pers. R. 2750 (F. 1858).
P. punctiformis Fr. R. 2753 (F. 1858).
P. Arundinis Fr. R. 2754 (F. 1858).
P. sulphurea Pers. R. 2757 (Sch. 1806).
P. aterrima Lasch. R. 2763 (W. 1858).
P. pineti Batsch. R. 2765 (W. 1858).
10. P. flavo-fuliginea Alb. Schw. R. 2768 (Ditm. 1809).

711. Peziza rufo-olivacea Alb. Schw. R. 2769 (W. 1858).

P. hispidula Schr. R. 2773 (F. 1858).

P. flammea Alb. Schw. R. 2774 (Wüst. 1858).

P. corticalis Pers. R. 2775 (F. 1858).

P. sphaerocephala Wallr. R. 2783 (F. 1858).

P. caulicola Fr. R. 2784 (F. 1858).

P. clandestina Bull. R. 2785 (F. 1858).

P. sericea Alb. Schw. R. 2788 (Wüst. 1858).

P. cerina Pers. R. 2789 (Wüst. 1858).

20. P. bicolor Bull. R. 2790 (F. 1858).

P. calycina Schum. R. 2791 (Sch. 1806).

P. nivea Fr. R. 2794 (Link 1795).

P. virginea Batsch. R. 2796 (Sch. 1806).

P. ciliaris Schr. R. 2797 (F. 1858).

P. stercorea Pers. R. 2802 (Sch. 1806).

P. scutellata L. R. 2805 (T. 1788).

P. umbrosa L. R. 2807 (F. 1858).

P. hemisphaerica Wig. R. 2815 (Tode 1790?).

P. fusco-atra Reb. R. 2817 (Sch. 1806).

30. P. coccinea Jacq. R. 2821 (T. 1788).

P. leucoloma Rebent. R. 2840 (Sch. 1806).

P. cupularis L. R. 2855 (Link 1795).

P. tuberosa Bull. R. 2863 (T. 1788).

P. macropus Pers. R. 2866 (Sch. 1806).

P. vesiculosa Bull. R. 2873 (T. 1788).

P. Marsupium Pers. R. 2874 (A. Brück. 1858).

P. repanda Wahl. R. 2876 (F. 1858).

P. cochleata Huds. R. 2878 (Link 1795).

P. aurantia Oed. R. 2879 (Sch. 1806).

40. P. onotica Pers. R. 2880 (Ditm. 1817 t. 16).

P. leporina Batsch. R. 2881 (L. Sch. 1777).

P. abietina Pers. R. 2883 (Ditm. 1808).

P. Acetabulum L. R. 2889 (T. 1788).

Leotia lubrica Pers. R. 2892 (Ditm. 1808).

Verpa conica Sw. R. 2895 (T. 1788).

746. Helvella esculenta Pers. R. 2911 (F. 1858).
H. lacunosa Afz. R. 2913 (L. Sch. 1777).
H. crispa Fr. R. 2914 (A. Brück. 1858).
H. sulcata Afz. (Lk. 1795).

50. Morchella esculenta Pers. R. 2915 (L. Sch. 1777).
Vergl. S. 112.
Phlebia merismoides Fr. R. 2932 (F. 1855). 163. Pileati.
Thelephora calcea Pers. R. 2934 (Sch. 1806 N. 1499).
Th. comedens Fr. R. 2938 (F. 1855).
Th. incarnata Pers. R. 2945 (F. 1855).
Th. cinerea Pers. R. 2946 (F. 1855).
Th. quercina Pers. R. 2947 (Sch. 1806).
Th. cinnamomea Pers. R. 2953 (F. 1855).
Th. sulphurea Fr. R. 2954 (Sch. 1806).
Th. radiosa Fr. R. 2959 (F. 1855).

60. Th. lactea Fr. R. 2960 (Sch. 1806).
Th. gigantea Fr. R. 2961 (F. 1855).
Th. aurea Schaef. (A. Brück. 1858).
Th. mesenterica Pers. R. 2970 (T. 1788).
Th. Pini Fr. R. 2976 (F. 1858).
Th. rugosa Pers. R. 2978 (F. 1858).
Th. tabacina Fr. R. 2984 (F. 1855).
Th. rubiginosa Schr. R. 2985 (F. 1855).
Th. sanguinolenta Alb. Schw. R. 2987 (F. 1855).
Th. spadicea Pers. R. 2988 (F. 1855).

70. Th. hirsuta Willd. R. 2989 (Lk. 1795).
Th. purpurea Schum. R. 2990 (Sch. 1806 N. 1498).
Th. ferruginea Pers. R. 2995 (Sch. 1806).
Th. chalybaea Pers. R. 2996 (F. 1855).
Th. domestica Fr. R. 2997 (Sch. 1806).
Th. puteana Schum. R. 3001 (F. 1855).
Th. laciniata Pers. R. 3007 (T. 1788).
Th. terrestris Ehr. R. 3011 (F. 1855).
Th. caryophyllea Pers. R. 3014 (F. 1855).
Th. radiata Fl. D. R. 3016 (F. 1855).

780. Craterellus cornucopioides Fr. R. 3021 (T. 1788).
Grandinia crustosa Fr. R. 3023 (F. 1855).
Radulum fagineum Fr. R. 3028 (Sch. 1806).
R. quercinum Fr. R. 3031 (Sch. 1806).
R. orbiculare Fr. R. 3032 (F. 1855).
Jrpex fusco-violaceus Fr. R. 3040 (F. 1858).
Hydnum mucidum Pers. R. 3052 (F. 1855).
H. macrodon Pers. R. 3055 (F. 1855).
H. cirrhatum Pers. R. 3066 (Sch. 1806).
H. gelatinosum L. R. 3067 (T. 1788).
90. H. Erinaceus Bull. R. 3068 (Dr. A. Brück. 1855).
H. coralloides Scop. R. 3069 (G. Brück. 1855).
H. Auriscalpium L. R. 3070 (T. 1788).
H. tomentosum L. R. 3072 (F. 1855).
H. connatum Schultz 1806. R. 3075.
H. ferrugineum Fr. R. 3081 (F. 1855).
H. compactum Pers. R. 3083 (F. 1855).
H. repandum L. R. 3088 (T. 1788).
H. laevigatum Sw. R. 3090 (Sch. 1806).
H. imbricatum L. R. 3093 (T. 1788).
800. Fistulina hepatica Fr. R. 3094 (T. 1788).
Merulius lacrymans Schum. R. 3099 (Tode 1790?)
M. serpens Tode 1790? R. 3100.
M. Corium Fr. R. 3105 (F. 1855).
M. tremellosus Schr. R. 3106 (F. 1855).
Daedalea unicolor Fr. R. 3108 (Sch. 1806).
D. quercina Pers. R. 3109 (T. 1788).
Trametes gibbosa Fr. R. 3110 (F. 1855).
Tr. suaveolens Fr. R. 3113 (T. 1788). S. 126.
Polyporus reticulatus NE. R. 3116 (F. 1855).
10. P. vaporarius Fr. R. 3118 (F. 1855).
P. Radula Fr. R. 3119 (F. 1855).
P. sanguinolentus Fr. R. 3120 (W. 1855).
P. obducens Fr. R. 3125 (F. 1855).
P. mucidus Fr. R. 3127 (W. 1855).

815. Polyporus Medulla panis Fr. R. 3128 (T. 1788).
P. micans Fr. R. 3129 (F. 1855).
P. violaccus Fr. R. 3130 (F. 1855).
P. rufus Fr. R. 3132 (F. 1855).
P. contiguus Fr. R. 3135 (Sch. 1806).
20. P. abietinus Fr. R. 3138 (T. 1788).
P. versicolor Fr. R. 3140 (T. 1788).
P. velutinus Fr. R. 3142 (W. 1855).
P. hirsutus Fr. R. 3143 (Link 1795).
P. radiatus Fr. R. 3149 (W. 1855).
P. marginatus Fr. R. 3159 (Sch. 1806).
P. salicinus Fr. R. 3162 (F. 1855).
P. conchatus Fr. R. 3163 (F. 1855).
P. Ribis Fr. R. 3164 (W. 1855).
P. fulvus Fr. R. 3165 (Sch. 1806).
30. P. ignarius Fr. R. 3166 (T. 1788).
P. nigricans Fr. R. 3167 (Siemerling 1858).
P. fomentarius Fr. R. 3168 (T. 1788). S. 126.
P. applanatus Fr. R. 3169 (F. 1855).
P. betulinus Fr. R. 3171 (Sch. 1806).
P. hispidus Fr. R. 3178 (F. 1855).
P. amorphus Fr. R. 3179 (W. 1855).
P. adustus Fr. R. 3182 (F. 1855).
P. fumosus Fr. R. 3183 (F. 1855).
P. rutilans Fr. R. 3184 (Sch. 1806).
40. P. destructor Fr. R. 3187 (F. 1855).
P. alligatus Fr. R. 3196 (F. 1855).
P. sulphureus Fr. R. 3198 (F. 1855).
P. giganteus Fr. R. 3200 (Sch. 1806).
P. cristatus Fr. R. 3203 (F. 1855).
P. frondosus Fr. R. 3205 (F. 1855).
P. umbellatus Fr. R. 3206 (Sch. 1806).
P. lucidus Fr. R. 3207 (T. 1788).
P. varius Fr. R. 3210 (T. 1788).
P. Michelii Fr. R. 3215 (F. 1855).

850. Polyporus squamosus Fr. R. 3217 (T. 1788).

P. pictus Fr. R. 3219 (Sch. 1806).

P. perennis Fr. R. 3220 (T. 1788).

P. leptocephalus Fr. R. 3223 (Sch. 1806).

P. brumalis Fr. R. 3226 (F. 1855).

Boletus cyanescens Bull. R. 3236. (F. 1855).

B. scaber Bull. R. 3238. (Sch. 1806).

B. edulis Bull. R. 3243. (G. Brück. 1849).

B. luridus Schaef. R. 3246. (F. 1855).

B. pachypus Fr. R. 3250. (F. 1855).

60. B. subtomentosus L. R. 3255. (Link 1795).

B. variegatus Fr. R. 3257. (F. 1855).

B. piperatus Bull. R. 3260. (Dit. 1806).

B. bovinus L. R. 3264. (T. 1788).

B. luteus L. R. 3267. (T. 1788).

Lenzites sepiaria Fr. R. 3270. (Sch. 1806).

L. trabea Fr. R. 3271. (W. 1855).

L. betulina Fr. R. 3273 (F. 1855).

Schizophyllum commune Fr. R. 3274 (T. 1788).

Cantharellus crispus Fr. R. 3275 (Sch. 1806).

70. C. lobatus Fr. R. 3278 (F. 1855).

C. retirugus Fr. R. 3279 (F. 1855).

C. muscigenus Fr. R. 3283 (Sch. 1806).

C. cinereus Fr. R. 3284 (Dr. A. Brück. 1858).

C. lutescens Fr. R. 3286 (W. 1855).

C. tubaeformis Bull. sp. R. 3287 (Ditm. 1806
unb 1817 t. 30).

C. umbonatus Fr. R. 3289 (F. 1855).

C. aurantiacus Fr. R. 3290 (Sch. 1806).

C. cibarius Fr. R. 3291 (T. 1788).

Nyctalis asterophora Fr. R. 3292 (Ditm. 1806).

80. Russula alutacea Pers. R. 3298 (F. 1855).

R. emetica Fr. R. 3307 (T. 1788).

R. virescens Pers. R. 3310 (Ditm. 1817 t. 47).

R. adusta Pers. R. 3318 (Sch. 1806).

884. Gomphidius glutinosus Fr. R. 3320 (Link 1795).
Rhymovis pannoides Fr. R. 3322 (F. 1855).
R. atro-tomentosa Fr. R. 3323 (Sch. 1806).
R. involuta Fr. R. 3324 (Link 1795).
Agaricus domesticus Pers. R. 3329 (Lk. 1795).
A. radiatus Bolt. R. 3330 (Dit. 1808).
90. A. narcoticus Batsch. R. 3331 (T. 1788).
A. deliquescens Bull. R. 3335 (F. 1858).
A. papillatus Batsch. R. 3337 (Lk. 1795).
A. micaceus Bull. R. 3339 (Sch. 1806).
A. fimetarius L. R. 3341 (T. 1788).
A. atramentarius Bull. R. 3346 (Sch. 1806).
A. comatus Müll. R. 3348 (Sch. 1806).
A. disseminatus Pers. R. 3349 (Sch. 1806).
A. papilionaceus Bull. R. 3362 (Sch. 1806).
A. campanulatus L. R. 3363 (T. 1788).
900. A. titubans Bull. R. 3366 (Sch. 1806).
A. spadiceo-griseus Schäf. R. 3375 (Sch. 1806).
A. callosus Fr. R. 3381 (Sch. 1806).
A. fascicularis Huds. R. 3399 (T. 1788).
A. lateritius Batsch. R. 3401 (Sch. 1806).
A. semiglobatus Batsch. R. 3403 (Sch. 1806).
A. stercorarius Schum. R. 3404 (A. Brück. 1858).
A. squamosus Pers. R. 3405 (Lk. 1795).
A. aeruginosus Curt. R. 3407 (F. 1855).
A. arvensis Schäf. R. 3414 (Lk. 1795).
10. A. campestris L. R. 3415 (T. 1788). S. 112.
A. depluens Batsch. R. 3419 (Sch. 1806).
A. variabilis Pers. R. 3420 (Sch. 1806).
A. mollis Schäf. R. 3424 (Lk. 1795).
A. Hypnorum Bat. R. 3430 (Sch. 1806).
A. tener Schäf. R. 3436 (Dit. 1808).
A. carbonarius Fr.? R. 3468 (Lk. 1795).
A. fastibilis Pers. R. 3484 (Sch. 1806).
A. geophyllus Bull. R. 3488 (Ditm. 1806).

919. Agaricus rimosus Bull. 3491 (Sch. 1806).
20. A. mutabilis Schäf. R. 3502 (Lk. 1795).
A. adiposus Bat. R. 3508 (F. 1855).
A. squarrosus Müll. R. 3511 (T. 1788).
A. radicosus Bull. R. 3513 (Lk. 1795).
A. praecox Pers. R. 3514 (F. 1855).
A. castaneus Bull. R. 3526 (W. 1855).
A. bulbosus Sow.? R. 3546 (Dit. 1806).
A. bivelus Fr. R. 3547 (Dit. 1808).
A. cinnamomeus L. R. 3552 (T. 1788).
A. violaceus L. R. 3568 (T. 1788).
30. A. fulgens A. Schw. R. 3585 (F. 1855).
A. euchrous Pers. R. 3619 (Dit. 1806).
A. clypeatus L. R. 3636 (T. 1788).
A. phlebophorus Dit. 1817 t. 15. R. 3642.
A. nanus Pers. R. 3646 (F. 1858).
A. cervinus Schäf. R. 3652. Dit. t. 28 (Lk. 1795).
A. volvaceus Bull. R. 3656 (Wüst. 1855).
A. applicatus Bat. R. 3662 (T. 1788).
A. nidulans Pers. R. 3667 (T. 1855).
A. mitis Pers. R. 3672 (Sch. 1806).
40. A. stypticus Bull. R. 3673 (T. 1788).
A. serotinus Pers. R. 3674 (F. 1855).
A. petaloides Bull. R. 3675 (F. 1855).
A. conchatus Bull. R. 3676 (T. 1788).
A. ulmarius Bull. R. 3686 (Wüst. 1855).
A. tigrinus Bull. R. 3692 (F. Koch 1858).
A. umbelliferus L. R. 3701 (T. 1788).
A. pyxidatus Bull. R. 3706 (F. 1855).
A. corticola Pers. R. 3715 (Sch. 1806).
A. stylobates Pers. R. 3720 (Dit. 1817 t. 29).
50. A. citrinellus Pers. R. 3722 (Sch. 1806).
A. vulgaris Pers. R. 3723 (Sch. 1806).
A. alliaceus Jacq. R. 3732 (T. 1788).
A. atro-albus Bolt. R. 3741 (Sch. 1806).

954. Agaricus galericulatus Scop. R. 3743 (F. 1855).

A. lacteus Pers. R. 3749 (Lk. 1795).

A. rosellus Fr. R. 3757 (Sch. 1806).

A. epiphyllus Pers. R. 3763 (Sch. 1806).

A. perforans Hoffm. R. 3764 (Wüst. 1855).

A. Rotula Scop. R. 3765 (Sch. 1806).

60. A. androsaceus L. R. 3766 (T. 1788).

A. ramealis Bull. R. 3769 (Sch. 1806).

A. scorodonius Fr. R. 3771 (W. 1855).

A. Clavus L. R. 3779 (T. 1788).

A. dryophilus Bull. R. 3781 (Sch. 1806).

A. oreades Bolt. R. 3790 (F. 1855).

A. tuberosus Bull. R. 3798 (Sch. 1806).

A. confluens Pers. R. 3802 (Sch. 1806).

A. velutipes Curt. R. 3804 (Sch. 1806).

A. radicatus Relh. R. 3812 (F. 1855).

70. A. laccatus Scop. R. 3813 (Lk. 1795).

A. gibbus Pers. R. 3828 (Dit. 1806).

A. candicans Pers. R. 3835 (Sch. 1806).

A. odorus Bull. R. 3847 (A. Brück. 1855).

A. nebularis Bat. R. 3864 (Sch. 1806).

A. glyciosmus Fr. R. 3869 (W. 1855).

A. rufus Scop. R. 3873 (F. 1855).

A. subdulcis Bull. R. 3876 (Sch. 1806).

A. volemus Fr. R. 3880 (W. 1855).

A. deliciosus L. R. 3894 (Lk. 1795).

80. A. vellereus Fr. R. 3895 (F. 1855).

A. piperatus L. R. 3896 (T. 1788).

A. pergamenus Sw. R. 3898 (Lk. 1795).

A. torminosus Schäf. R. 3918 (F. 1855).

A. scrobiculatus Scop. R. 3919 (F. 1855).

A. brevipes Bull. R. 3923 (F. 1855).

A. personatus Fr. R. 3928 (F. 1855).

A. graveolens Pers. R. 3934 (W. 1855).

A. chrysenterus Bull. R. 2940 (Fleischer 1844).

989. Agaricus sulphureus Bull. R. 3945 (W. 1855).

90. A. vaccinus Pers. R. 3957 (Lk. 1795).

A. Columbetta Fr. R. 3959 (Sch. 1806).

A. rutilans Schaef. R. 3963 (F. 1855).

A. Russula Schaef. R. 3964 (Lk. 1795).

A. equestris L. R. 3973 (F. 1855).

A. conicus Scop. R. 3978 (Sch. 1806).

A. puniceus Fr. R. 3980 (F. 1855).

A. coccineus Pers. R. 3982 (Sch. 1806).

A. virgineus Jacq. R. 3990 (F. 1855).

A. pratensis Pers. R. 3991 (Lk. 1795).

1000. A. limacinus Scop. R. 3997 (Sch. 1806).

A. hypothejus Fr. R. 4000 (W. 1855).

A. eburneus Bull. R. 4004 (Sch. 1806).

A. mucidus Schr. R. 4008 (W. 1855).

A. melleus Vahl. R. 4011 (Sch. 1806).

A. granulosus Bat. R. 4023 (Sch. 1806).

A. cepaestipes Sow. R. 4024 (Lehmeyer 1855).

A. cristatus Fr. R. 4030 (Sch. 1806).

A. excoriatus Schaef. R. 4036 (W. 1855).

A. procerus Scop. R. 4037 (Sch. 1806).

10. A. vaginatus Bull. R. 4038 (F. 1855).

A. rubescens Fr. R. 4044 (W. 1855).

A. pantherinus DC. R. 4049 (Sch. 1806).

A. muscarius L. R. 4050 (T. 1788). S. 140.

A. phalloides Fr. R. 4052 (Sch. 1806).

*
*   *

1015. Wüstneia sordida Rab. (W. 1859) vergl. Archiv
XIII. S. 3. — Wo diese Pilzgattung einzureihen
sei, habe ich noch nicht in Erfahrung bringen
können.

X. Schluß.
(Berichtigungen und Zusätze.)

Hiermit hätte ich den vaterländischen Botanikern die erste vollständige, d. h. alle Pflanzenclassen und Landestheile umfassende Flora von Meklenburg vorgelegt. Ich weiß sehr wohl, daß diese Arbeit nicht ohne Mängel ist, bitte aber, sie deswegen nicht etwa sogleich in Bausch und Bogen zu verwerfen, sondern wenigstens zu versuchen, ob nicht durch Beseitigung derselben in ihr ein Fundament für einen weiteren Fortbau gewonnen werden könnte. Begründete Kritiken und Berichtigungen, die man mir **sine ira** giebt, werden mir immer willkommen sein. Ich bitte im Interesse der Sache recht sehr um solche, und damit man sehe, daß es mir mit dieser Bitte Ernst sei, will ich selbst mit Angabe der Berichtigungen und Zusätze, die sich noch während des Druckes mir herausgestellt haben, hier vorangehen. Dieselben scheinen zahlreicher, als sie es in der That sind, weil die Anlage meiner Arbeit es mit sich bringt, daß ein und derselbe Fehler in verschiedenen Capiteln wiederkehrt, also an mehreren Stellen berichtigt werden muß, was in den späteren Abschnitten zum Theil während des Druckes schon geschehen ist. Manche derselben hätte ich vermieden, wenn ich den IX. Abschnitt, die systematische Aufzählung der Pflanzen, zuerst definitiv abgeschlossen und, da er die Grundlage für die übrigen Capitel bildet, dem Ganzen vorangestellt hätte, was mir auch noch in anderer Weise die Arbeit wesentlich erleichtert haben würde; ich erwähne diesen Umstand, damit vielleicht Andere durch diese von mir zu meinem Nachtheile gemachte Erfahrung bei ähnlichen Arbeiten vor einem gleichen Miß-

griffe ſich warnen laſſen. Die Berichtigungen und Zu=
ſätze, welche ich jetzt ſchon zu geben habe, ſind folgende:

S. 18 Col. 2 unten iſt hinter Viola Rivin. einzuſchieben: Viola
lactea.

S. 19 Col. 1 iſt Elatine triandra zu ſtreichen und Col. 2 das
Wort Moenchii etwas einzurücken und ſtatt Potentilla opaca zu leſen
„Viola“ opaca; ebenda iſt hinter Rumex palustris einzuſchieben Po-
lygonum mite und Hydropiper, zu ſtreichen aber Salix angustifolia.

S. 23 iſt hinter Salix Russel. einzuſchieben: Smithiana.

S. 30 Z. 4 v. u. hinter „Erbbeeren“ einzuſchieben: auch im
holländiſchen heißen dieſelben aardbezie.

S. 31 iſt hinter dem Artikel „Brookwied“ einzuſchieben: „Buchweizen ſ. Archiv VIII. S. 137.

S. 36 Z. 1 v. u. l. Molinia ſtatt Melica.

S. 37 Z. 10 v. o. l. Stellaria ſt. Alsine.

Z. 4 v. u. iſt hinter Ledum palustre einzuſchieben:
(vergl. S. 269 unten).

S. 38 hinter Quitſchenboom iſt hinzu zu fügen: (Sorbus Aucuparia).

S. 38 Z. 7 v. u. hinter (Franz) einzuſchalten: „Convallaria
Polygonatum und.“

S. 39 Z. 9 v. o. l. Ribes ſt. Rubus.

Z. 7 u. 6 v. u. ſind zu ſtreichen die Worte „(vielleicht
aus“ u. „corrumpirt)“.

S. 41 Z. 5 v. o. l. catharctica.

S. 49 Col. 1 Z. 8 v. u. l. carinata ſt. coronata u. Col. 2
Z. 7 v. u. l. ochroleuca.

S. 53 Col. 1 iſt hinter Dianthus aren. einzuſchieben: Geranium
sylvaticum, Col. 2 aber Narthecium ossifragum zu ſtreichen.

S. 91 Z. 3 v. o. ſtatt Linnaei Griew. (officinalis und anglica
L.), zu leſen: „Cochlearia anglica L.“

S. 93 Z. 5 v. o. ſind die Worte: c. var.? filiformis zu ſtreichen.

S. 96 Z. 14 v. o. l. derſelben ſt. denſelben.

S. 123 Z. 14 v. o. l. Verbascum phlomoides ſt. Thapsus.

S. 133 Z. 12 v. u. ist Viburnum Opulus zu streichen.

S. 135 Z. 5 v. u. l. Wasser-Schierling.

S. 144 ist hinter Z. 3 einzuschalten: 1860 Eggers Flora excurs.

S. 148 Z. 7 v. o. hinter Arundo varia einzuschieben: Meesia Albertini.

S. 150 Z. 8 v. u. hinzuzufügen: Stilephora rhizoides.

Z. 5 v. u. statt „seit 1814 ff." zu lesen: seit 1813 praktischer Arzt in Ludwigslust und gestorben daselbst am 30. März 1860; einen ausführlicheren Nekrolog über ihn findet man in dem vorliegenden XIV. Jahrgange dieses Archivs.

S. 151 Z. 3 v. o. Fucus serratus zu streichen.

S. 153 Z. 14 v. u. l. 95 Pilzarten.

Hinter dem Artikel „Drewes" ist einzuschieben:

Eggers G., Lieutenant in Neustrelitz, veröffentlichte während des Druckes dieser Arbeit eine „Flora excursoria. Botanisches Taschenbuch zum Gebrauch auf Excursionen in Meklenburg. Neustrelitz 1860." 12mo. 195 S. 10 Sgr.; dieselbe ist nach dem linneischen Systeme geordnet, und hat mehr einen populären als einen kritischen Zweck.

S. 154 Z. 8 v. u. l. 359 Pilzarten.

S. 155. Nach Flörke trägt auch die in den süddeutschen Alpen wachsende Primula Flörkeana Schr. den Namen.

S. 156 Z. 3 v. o. ist Lepturus incurvatus zu streichen und in Z. 13 v. o. zu versetzen, da nach einem Briefe G. Brückners an mich d. d. 8. April 1845 dies Gras damals schon von Häder in M. entdeckt war.

S. 156 Z. 12 v. u. Stilephora rhizoides zu streichen.

S. 157 Koch F., Baumeister, bereicherte unsere Flora auch noch durch die Entdeckung von 29 mikroskopischen Algen, vergl. S. 194 Anm.

S. 159 Z. 11 v. o. ist Narthecium ossifragum einzuschieben.

S. 159. Nach v. Oertzen benannte F. Schultz ein von jenem auf dem Monte Rosa entdecktes Laubmoos Grimmia Oertzeniana (Syll. Ratisb. 1828 p. 124), und auch eine Mikrolepidoptere trägt nach ihm den Namen Eudorea Oertziella (Archiv IV. 13).

S. 160. A. Schmidt ist am 23. März 1860 in seinem 92. Lebensjahre gestorben.

S. 162 Z. 12 v. u. Meesia Albertini zu streichen.

S. 163 Z. 13 v. o. l. 220 neue Arten.

S. 173 Z. 9 v. u. l. 78.

S. 174 Z. 15 v. o. l. 106 Arten st. 108.

S. 179 ff. Tabelle A. ist folgendermaßen zu ändern:

Col. 1 Phan. zu lesen: Griewank 17. Häcker 1. Nolte 4. — S. 1023.

Col. 3 M. Fr.: Beuthe 1. Schulz 45.

Col. 5 Alg.: Koch F. 29. — S. 140.

Col. 7 Fungi: Ditmar 95. Fiebler 359. Schulz 220. Timm J. 78. Tode 106. — S. 1015.

Col. 8 S. S. Beuthe 6. Ditmar 108. Fiebler 385. Griewank 18. Häcker 3. Koch F. 30. Nolte 4. Schulz 375. Timm 643. Tode 106. — S. 2634.

Diese Aenderungen der Zahlen bitte ich auch bei den statistischen Angaben S. 187 ff. zu berücksichtigen.

S. 182 Tabelle B. ist zu ändern.

Col. 1 Phan. VI. 62. — S. 1023.

Col. 5 Alg. IX. 49. — S. 140.

Col. 7 Fung. II. 121. IV. 340. V. 46. IX. 336. — S. 1015.

Col. 8 S. S. II. 396. IV. 614. V. 93. VI. 87. IX. 419. — S. 2634.

S. 184 Z. 2 v. o. lies statt Sanguisorbeae und der dahin gehörigen Zahlen: (S. G.)

Sanguisorbeae 4 . . . . . 4 . 4

Pomaceae 5 . 1 . . 6 . 6

S. 186 bei Liliaceae ist aus der Columne der zweifelhaften Arten die Zahl 1 zu streichen, und dafür in der ersten Col. st. 12 zu lesen 13. Die Summe der eingebor. Monocotyledonen ist demnach 245, die der zweifelhaften nur 1.

S. 191 Z. 16 v. o. Nartheeium ossifr. zu streichen; Z. 4 v. u. st. 94 zu lesen 93.

S. 192 Z. 5 v. o. l. „Istriens" statt Italiens.

S. 217 Z. 10 v. u. l. meinem st. mein.

S. 252 No. 358. Hr. Arndt fand am 21. April d. Js. im Finkenthaler Holz bei Gnoien zwei Exemplare blühenden Epheus.

S. 362—376, wo mehrere Male Ditmar 1812 steht, ist statt jener Zahl 1817 zu lesen. Die vier von Ditmar bearbeiteten Hefte von Sturms Flora sind nämlich in verschiedenen Jahren erschienen, und haben erst im J. 1817 einen Gesammttitel erhalten; da ich S. 153 letzteres Jahr, als das, worin jene Arbeit veröffentlicht ist, angegeben habe, muß dies auch hier, um Irrthümern vorzubeugen, festgehalten werden.

S. 362 in der Anm. Z. 3 l. 158 ff. statt 160 ff.

S. 372 in der Anm. lies 651.

* * *

Sollte es möglich sein, die vorliegende Arbeit auf dem von mir angedeuteten Wege zu einem von unsern botanischen Autoritäten anerkannten floristischen Codex umzugestalten, der die Resultate der sämmtlichen bisherigen Forschungen im Bereiche der meklenburgischen Flora umfaßte, so würde man letztere für die Zukunft vor neuen Verwirrungen wohl am besten dadurch bewahren können, daß (etwa von Seiten unseres Vereins) ein Normal-Herbarium angelegt würde, in welchem alle neuen Entdeckungen, welche in der Landesflora Aufnahme beanspruchten, niedergelegt werden müßten. Andere deutsche Länder sind uns in dieser zweckmäßigen Einrichtung schon vorangegangen, warum sollten wir zurückbleiben?

Register der Gattungsnamen.

(Wo mehrere Seitenzahlen stehen, bezieht sich die letzte auf die systematische Aufzählung der Pflanzen in Abschnitt IX.)

Druck von H. Genß in Neubrandenburg.